CONSTITUIÇÃO E DIREITO NA MODERNIDADE PERIFÉRICA

MARCELO NEVES

CONSTITUIÇÃO E DIREITO NA MODERNIDADE PERIFÉRICA

UMA ABORDAGEM TEÓRICA E UMA INTERPRETAÇÃO DO CASO BRASILEIRO

TRADUÇÃO DO ORIGINAL ALEMÃO POR ANTÔNIO LUZ COSTA

REVISÃO TÉCNICO-JURÍDICA DE EDVALDO MOITA,
COM A COLABORAÇÃO DE AGNES MACEDO

PREFÁCIO ORIGINAL DE NIKLAS LUHMANN

wmf martinsfontes
SÃO PAULO 2020

Esta obra foi publicada originalmente em alemão com o título
VERFASSUNG UND POSITIVITÄT DES RECHTS IN DER PERIPHEREN MODERNE: EINE THEORETISCHE BETRACHTUNG UND EINE INTERPRETATION DES FALLS BRASILIEN
por Duncker & Humblot, Berlim, Alemanha, 1992.

1ª edição 2018
2ª tiragem 2020

Tradução *Antônio Luz Costa*
Acompanhamento editorial *Helena Guimarães Bittencourt*
Revisões *Ana Paula Luccisano, Letícia Braun e Marisa Rosa Teixeira*
Produção gráfica *Geraldo Alves*
Paginação *Renato de Carvalho Carbone*

Dados Internacionais de Catalogação na Publicação (CIP)
(Câmara Brasileira do Livro, SP, Brasil)

Neves, Marcelo
Constituição e direito na modernidade periférica : uma abordagem teórica e uma interpretação do caso brasileiro / Marcelo Neves ; tradução do original alemão por Antônio Luz Costa ; revisão técnico-jurídica de Edvaldo Moita ; com a colaboração de Agnes Macedo ; prefácio original de Niklas Luhmann. – São Paulo : Editora WMF Martins Fontes, 2018. – (Biblioteca jurídica WMF).

Título original: Verfassung und Positivität des Rechts in der peripheren Moderne : eine theoretische Betrachtung und eine interpretation des Falls Brasilien.
ISBN 978-85-469-0205-7

1. Brasil – Constituição 2. Constituição 3. Direito positivo 4. Luhmann, Niklas, 1927-1998 5. Teoria dos sistemas I. Moita, Edvaldo. II. Macedo, Agnes. III. Luhmann, Niklas. IV. Título.

18-13813 CDU-342

Índices para catálogo sistemático:
1. Direito constitucional 342

Todos os direitos desta edição reservados à
Editora WMF Martins Fontes Ltda.
Rua Prof. Laerte Ramos de Carvalho, 133 01325.030 São Paulo SP Brasil
Tel. (11) 3293.8150 e-mail: info@wmfmartinsfontes.com.br
http://www.wmfmartinsfontes.com.br

SUMÁRIO

NOTA DO TRADUTOR

Este é o primeiro livro que traduzo do alemão para o português cujo autor está vivo. Essa circunstância possibilitou um debate contínuo com o próprio autor, especialmente sobre certas questões controversas de tradução.

O autor acompanhou a maioria das minhas buscas por soluções de traduções mais delicadas de termos, expressões e orações. Durante essa atividade, aceitei várias de suas sugestões, sobretudo em matéria de natureza técnico-jurídica. Por exemplo, segui a sua orientação ao traduzir "*Rechtssetzung*" por "legiferação" e "*rechtssetzende*" por "legiferante". Seu argumento convincente foi o seguinte: legiferação engloba todo o campo do estabelecimento de lei em sentido material, ou seja, referente às normas gerais e abstratas, escritas e postas por decisão, abrangendo não só a legislação em sentido formal moderno, mas também, por exemplo, a edição de éditos no direito romano, atos normativos do Executivo, emendas constitucionais e atividade constituinte. Esse conteúdo parece corresponder mais adequadamente à abrangência do termo em alemão.

A cooperação do autor tornou a presente tradução um interessante espaço de debate acadêmico com um colega que atua a partir de pressupostos teóricos próximos daqueles que também me servem de pano de fundo, principalmente a teoria dos sistemas sociais de Niklas Luhmann.

Espero ter contribuído para entregar ao leitor um texto que lhe permita compreender corretamente a brilhante construção do argumento original do professor Marcelo Neves.

Antônio Luz Costa

PREFÁCIO À EDIÇÃO BRASILEIRA

Em março de 1987, parti para a Alemanha, com Bolsa do Serviço Alemão de Intercâmbio Acadêmico (Daad), para realizar doutorado em direito. Acabava de ser instaurada a "Assembleia Nacional Constituinte", que significava o último passo para a superação do regime jurídico-político autoritário que se iniciara em 1964. Tratava-se de uma transição fundada em uma conciliação típica da experiência histórica brasileira, em que membros da elite que deu sustentação ao regime encerrado chegaram a um compromisso com os grupos que se lhes opuseram.

O país se encontrava em uma situação social gravíssima, com marcante exclusão de amplos setores da população, inclusive com a falta de acesso aos remédios jurídicos. E tal estado de coisas não era resultante apenas do autoritarismo, mas também de um longo processo histórico que remonta à formação do Estado brasileiro, entre privilégios de minorias e subalternidade de amplas parcelas de população. A ideia de uma nova Constituição criava em certos setores a ilusão de que um texto constitucional poderia servir à superação de nossos graves problemas sociais e políticos, tal qual uma panaceia para os nossos "males".

Ao mesmo tempo, teorias construídas em contextos estrangeiros começavam a se afirmar como modelos de explicação e compreensão da realidade jurídica e constitucional brasileira. Nesse particular, distinguia-se, nos meios jurídicos, a teoria dos sistemas de Niklas Luhmann. Segundo sua recepção, no Brasil haveria plena diferenciação funcional da sociedade e do direito. Quando isso não era considerado presente, tratava-se o Brasil como um país atrasado, tradicional, que estaria se desenvolvendo no sentido da diferenciação funcional nos termos dos seus modelos estrangeiros definidos conforme a teoria luhmanniana.

Essa importação acrítica da teoria dos sistemas preocupou-me e instigou-me a reflexões sobre as diferenças que caracterizaram o desenvolvimento constitucional do Brasil e de outros países periféricos, em comparação com modelos dos países centrais. Nessa perspectiva, o foco da pesquisa dirigiu-se a esclarecer por que o modelo de diferenciação funcional e inclusão, que seria característico da sociedade moderna (mundial) para Luhmann, não poderia ser aplicado acriticamente ao caso brasileiro, como vinha começando a ocorrer, embora o Brasil fizesse parte dessa sociedade. A tese era dirigida ao direito constitucional, questionando conceitos como autopoiese do direito nos termos do constitucionalismo.

Em junho de 1991, concluí o meu doutorado na Universidade de Bremen, sob a orientação de Karl-Heinz Ladeur (primeiro orientador, direito, Bremen) e Niklas Luhmann (segundo orientador, sociologia, Bielefeld). O trabalho foi publicado em 1992 pela Editora Duncker und Humblot, de Berlim.

Sem dúvida, muito se modificou no Brasil e no mundo desde a publicação deste livro em alemão. Enquanto tivemos certas melhoras na questão social e de inclusão, os países centrais passaram a ter problemas crescentes nessa área, de tal maneira que cheguei a falar paradoxalmente de "periferização do centro" em trabalho posterior[1].

---

[1] Neves, 2007: 191-200. Originalmente, Neves, 1998: 153-9.

Também nos defrontamos com problemas constitucionais novos a partir de 1988, como a chamada "judicialização", que exigiram revisões e atualizações de alguns aspectos do original ora publicado em português.

Em alguns trabalhos que publiquei após o original da presente obra, tratei de temas referentes a este livro, mas sempre considerando dimensões particulares, sem abarcar o conjunto da obra[2]. Nesses trabalhos, procurei afastar o caráter peremptório de certas formulações do presente livro, discutir aspectos do desenvolvimento posterior da teoria dos sistemas e considerar novas perspectivas decorrentes das transformações no Brasil e na sociedade mundial. Entretanto, tendo em vista principalmente minha decisão de preservar o prefácio da edição alemã, de Niklas Luhmann, resolvi manter a tradução fiel do original, sem fazer uma revisão, só admitindo que o tradutor fizesse algumas correções formais e adequações práticas para a melhor fluência e compreensão do texto em português. Acrescente-se que uma revisão do livro, depois de 26 anos de sua publicação, considerando as mudanças de pano de fundo teórico e contexto empírico, exigiria, a rigor, a elaboração de uma nova obra.

Por preferir manter fidelidade ao original, decidi acrescentar um posfácio que pode servir, em certa medida, para uma discussão atualizada do tema. Nele, faço alguns esclarecimentos conceituais, evitando simplificações do meu argumento e enfrentando, nesse particular, algumas críticas que me parecem inapropriadas e teorias concorrentes. Também apresentarei meus argumentos sobre o desenvolvimento da teoria dos sistemas após a edição original deste livro, debatendo particularmente a reação de Luhmann

---

[2] Cf., por ex., Neves, 1994a; 1994b; 1995a; 1995b; 1996; 2007: 170-89; 2008: 236-58; 2012a; 2015a; 2015b.

às minhas críticas e as respectivas mudanças de sua teoria em obras posteriores. Enfim, tratarei de algumas modificações que ocorreram tanto nas condições sociais do país quanto na prática e na teoria constitucional brasileira após a edição original deste livro, encerrando com algumas observações sobre a presente crise constitucional no Brasil.

Foi com grande satisfação que recebi da WMF Martins Fontes a cuidadosa tradução de Antônio Luz Costa, que contou com a revisão técnico-jurídica acurada de Edvaldo Moita, auxiliado por Agnes Macedo. As dificuldades inerentes a uma tradução de obra dessa natureza são notórias. Antônio Luz Costa esteve sempre aberto para me consultar sobre determinadas soluções delicadas de tradução de termos, expressões e frases, embora tenha mantido a autonomia na condução do trabalho. A presente tradução expande imensamente a amplitude dos leitores interessados no tema, que antes eram apenas aqueles com acesso à língua alemã. E ela surge num momento em que muitos dos aspectos tratados no livro readquiriram uma relevância empírica enfática no direito e na política brasileira, com eloquentes consequências sociais.

Brasília, 20 de janeiro de 2018

Marcelo Neves

PREFÁCIO À EDIÇÃO ALEMÃ

O conceito de Constituição sustentado nos Estados democraticamente legitimados do chamado mundo "ocidental" provém do ideário do liberalismo político. Portanto, em seus fundamentos, é um conceito com mais de dois séculos de existência. Quase nenhuma outra instituição moderna atingiu essa idade. A derrocada dos sistemas socialistas do Leste e a iniludível fraqueza da polêmica antiliberal, de proveniência religiosa, romântica ou mesmo platônico-aristotélica, permitem que esse conceito de Constituição sobreviva, por assim dizer, livre de concorrência. É certo que algumas coisas mudaram. Adicionou-se, sobretudo, a formação de partidos políticos, com o que ninguém havia contado na Filadélfia em 1787 e em Paris em 1790/91. Nesse processo, algumas coisas se tornaram floreios de retórica, como o compromisso de consciência dos deputados. A política é acertada antes de chegar aos órgãos constitucionalmente previstos. Isso significa também que a extensão da participação de interesses, à qual Madison conferia importância, não atingiu o significado previsto. Ela é substituída pela avaliação do peso dos votos dos grupos de interesses por parte dos partidos políticos. A garantia política da inviolabilidade da propriedade – algo que, segundo a avaliação liberal, é um requisito indispensável para a possibilidade do dissenso político e da oposição política pública – continua, como antes, imprescindível. As ingerências políticas na propriedade, no entanto, ganharam proporções que ninguém podia imaginar no final do século XVIII; isso ocorre, precisamente, porque elas são executadas sob o abrigo da Constituição e não assumem a forma da expropriação. O Estado de bem-estar social produziu seus efeitos, sobretudo na jurisprudência sobre questões de direitos fundamentais. Mesmo assim, é difícil escapar da vinculação dos direitos fundamentais à forma dos direitos subjetivos; pois quem outro, que não o detentor de um direito, deve decidir se exerce ou não o seu direito? Do programa dos direitos fundamentais foi retirado um programa de valores que, porém, serve principalmente para submeter o legislador ao controle dos tribunais constitucionais. Com isso, as delimitações entre política e justiça estão cada vez mais escorregadias. Temos, por fim, uma antiga discussão sobre direito constitucional e realidade constitucional que perpassa todas essas variações – e por aí para.

A apresentação da Constituição brasileira, de sua história e de sua realidade atual, como Marcelo Neves expõe, persegue fins inteiramente diversos. Seu esforço não é para adaptar o discurso liberal às relações de fato existentes. Ela pressupõe a dação de sentido inerente a esse discurso. A questão de Neves é se aquele universo conceitual pode mesmo ser transportado à sociedade brasileira.

A característica típica do Estado constitucional preservou-se nos países dos centros da sociedade moderna – ou pelo menos parece ser assim. Ela foi adotada como uma espécie de imperativo cultural e político por quase todos os Estados do mundo. Não se pode pensar em um Estado sem constituição. Sempre que Estados são fundados ou passam por uma revolução, parece ser inevitável a fixação, por escrito, de uma Constituição; pois, do contrário, como deveriam ser reconhecidas orientações e regras para as atividades políticas? Já na primeira sociedade que se descolonizou, a outrora colônia inglesa da América do Norte, a elaboração de uma constituição foi a forma de se evidenciar a unidade nacional e política. Desde então, *corpus* de texto e algumas poucas opções organizatórias (regime presidencialista ou democracia parlamentar, jurisdição constitucional) pertencem aos elementos canônicos. Outros, como um Banco Central independente, mais por razões contingentes de surgimento histórico tardio, não fazem parte do direito constitucional formal, mas sim, na melhor das hipóteses, do direito constitucional material. O *Bill of Rights* foi adotado no decorrer do século XIX. Somaram-se a ele algumas disposições sobre os fins do Estado. A massa de textos cresceu. Juristas, irrefletidamente, esperam poder transplantar o conteúdo desses textos a relações muito diferentes – como ocorreu com os transplantes do direito civil romano ou com as grandes codificações europeias dos séculos XVIII e XIX. Mas esse pressuposto procede quando se olha além do nível semântico do texto? E, se não procede, em que, exatamente, essa tentativa falha?

Neves retira os instrumentos conceituais de sua análise do arsenal teórico usualmente conhecido na área. Ainda que posições sistêmico-teóricas, portanto controversas, sejam aplicadas, não há, em um primeiro momento, nada de incomum nisso. O direito é visto como direito positivo, a sociedade moderna como determinada por diferenciação funcional. Mas disso resulta, então, naturalmente, a questão-chave: o direito positivo, apesar de toda a controvérsia sobre a legitimidade do direito legislado ou do direito jurisprudencial, não pressupõe, em primeiro lugar, nem sequer a diferenciação de um sistema jurídico com autonomia funcional e auto-organização? Independentemente de todos valores e interesses que são considerados, não é nem sequer de se esperar que decisões juridicamente reguladas sejam, de qualquer maneira, determinadas pelo direito? E ainda mais: não seria de se esperar que modos de comportamento sujeitos a julgamento jurídico, em casos de litígio, sejam de fato tratados do ponto de vista do lícito e ilícito e sujeitos ao direito vigente?

Neves parte do princípio de que no Brasil esses pressupostos não se realizam. É verdade que no Brasil também se têm de pagar as contas do hotel, caso se queiram evitar as dificuldades que da mesma forma aqui na Alemanha normalmente se enfrentariam no caso de um não pagamento. Mas isso é acrescido de um entrelaçamento muito forte entre Estado e economia, que faz parecer que ele teria sido inventado para fins de corrupção; além de uma disponibilidade apenas limitada e seletiva da polícia; e, por fim, cada vez mais, a falta de controle da violência física. Sob tais condições, mal se pode falar de autonomia do direito. E, se o direito não opera autonomamente, também a superestrutura de uma Constituição terá poucas possibilidades de ser empregada. O problema não reside apenas na constitucionalidade do direito, reside, antes de tudo, na própria juridicidade da Constituição. E ele tem uma forma e uma dimensão que escapam à correção mediante comportamento bem-intencionado e fiel à lei no caso individual concreto. Um juiz deve ordenar a prisão somente nos casos previstos na Constituição, mesmo sabendo que o culpado será assassinado se for deixado em liberdade?

A interpretação sociológica de Neves pretende gerar dúvida na questão de se, em um caso como esse, pode-se mesmo falar de diferenciação funcional do sistema da sociedade. Além disso, vê-se o quão forte o conceito de sociedade do início da era moderna, depois liberal e, por fim, o contemporâneo atribuíram ao direito – por que precisamente ao direito? – um papel fundamental. O direito é, por conseguinte, ele mesmo um sistema que se diferenciou do ambiente social – e justamente por isso está em condições de garantir funções de divisão em outras áreas (religião/política, religião/ciência, política/meios de comunicação de massa, economia/política). Por outro lado: se não é a diferenciação funcional, que outra concepção explicaria, então, a situação no Brasil? Dominação de classes ou exploração das massas por um pequeno estrato superior? Com certeza não, pois, quando se examina atentamente o estado dos estratos inferiores, não se encontra aí, então, algo para dominar ou algo para explorar. Simplesmente não há um potencial aplicável disponível – e tal circunstância ocorre em relação a uma parte da população que cresce rapidamente.

Isso remete a problemas para os quais nem a teoria marxista de classes, ou de proveniência pós-marxista, nem a concepção usual de diferenciação funcional da sociedade sabem dar uma resposta. Essas teorias são, por isso, refutadas? Mas como, senão por outra teoria?

Talvez a constelação de fatos aqui esboçada já permita perceber que outras distinções se sobrepõem às teorias de nossa tradição, construídas de maneira demasiadamente simples. Talvez ainda falte muito para que a realização da diferenciação funcional no plano de uma sociedade mundial, com uma elevada dinâmica própria de economia, ciência, meios de comunicação de massa e política, signifique que as condições correspondentes possam também se realizar regionalmente. E talvez já existam, entrementes, indícios para uma diferença preordenada, primordial, que regule o acesso às vantagens da diferenciação funcional, a saber, a diferença entre inclusão e exclusão, com a qual o sistema reage, também com relevância, ao descontrolado crescimento demográfico. Isso significaria que a sociedade no Brasil está duplamente integrada, isto é, integrada positivamente pela rede de gentilezas, de favores, de relações patrão/cliente, de corrupções, e integrada negativamente pela exclusão prática de muitos da participação em todos os sistemas funcionais, considerando-se que uma exclusão (sem identidade, sem trabalho, sem alimentação regular, sem educação fundamental, sem atendimento hospitalar, sem garantia de nada para viver) traz consigo, forçosamente, as outras respectivas exclusões. Assim também o direito, em ambos os níveis positivo e negativo dessa integração, não encontra apoio nas atitudes e expectativas da população. *E atitudes são sempre mais fortes do que textos.*

Espera-se que o livro de Marcelo Neves não seja lido apenas como informação sobre as relações jurídicas um tanto exóticas em um país da modernidade periférica, mas também sirva de estímulo para se refletir em que tipo de sociedade vivemos hoje.

Niklas Luhmann

INTRODUÇÃO

No presente trabalho pretende-se abrir, no campo de tensão que envolve a teoria constitucional e a sociologia jurídica, uma discussão interdisciplinar sobre o problema do desenvolvimento constitucional e jurídico dos países periféricos. Como este estudo tem pretensões interdisciplinares e, além disso, é desenvolvido em dois níveis diferentes de argumentação – um abstrato, teórico-geral (primeira parte), e outro concreto, focalizado no caso brasileiro (segunda parte) –, exige-se o manuseio de abordagens muito heterogêneas. Porém, dele não deve resultar, absolutamente, uma dispersão eclética. Serve de ideia-diretriz a confrontação dos conceitos de Constituição e positividade do direito no âmbito do aparato conceitual da teoria dos sistemas de Luhmann com a realidade jurídica e constitucional das sociedades periféricas. Também não se trata de uma refutação nem de uma confirmação da construção teórica altamente abstrata de Luhmann, mas sim de um questionamento crítico de sua concreta aplicação ou dos limites de sua aplicação: a advertência sobre transferências levianas para os países periféricos de uma teoria que ganha plausibilidade empírica quando se tem em vista as sociedades centrais da Europa Ocidental e da América do Norte. Contudo, na medida em que se trata de uma única sociedade, a sociedade mundial, e, ao mesmo tempo, questiona-se a plausibilidade empírica da construção conceitual, a exposição que segue contém "irritações" para o modelo luhmanniano de diferenciação sistêmica funcional (horizontal) como princípio dominante da sociedade moderna (mundial) e, com isso, para a sua concepção de positivação do direito.

Por outro lado, a sociologia luhmanniana do direito é empregada como antídoto à tendência para o sociologismo jurídico nos países periféricos. A jurisprudência sociológica pode contribuir apenas para a dissolução da autonomia do sistema jurídico ou promover sua desdiferenciação. De maneira nenhuma ela pode conduzir à solução adequada do problema. Neste trabalho, parte-se do entendimento de que o problema da função e prestação do sistema jurídico sob condições de subdesenvolvimento reside antes no seu insuficiente fechamento operacional perante o ambiente com o qual ele se confronta do que no seu fechamento cognitivo.

Este livro está dividido em duas partes. Na primeira, faço reflexões sobre os conceitos de positividade do direito (Cap. I) e Constituição (Cap. II). Essas reflexões são realizadas considerando-se principalmente o modelo luhmanniano, embora ele seja posto em relação com outras constelações teóricas (Cap. I.1, Cap. II.3 e 4) e se tomem em conta concepções usuais do direito positivo e da Constituição para fins de precisão semântica (Cap. I.2, Cap. II.1). A partir desses pressupostos conceituais, desenvolve-se uma discussão teórica geral sobre a relevância do direito positivo e da Constituição para as "sociedad*es* periférica*s*", que fazem parte da sociedade moderna (mundial) (Cap. III).

Na segunda parte, o caso brasileiro será interpretado à luz dessa abordagem teórica. Primeiramente, será apresentada uma visão panorâmica do "desenvolvimento constitucional" no Brasil (Cap. IV); a esse respeito, referências a acontecimentos e fontes bibliográficas serviram, no original, de informação principalmente ao leitor alemão. Em íntima conexão com a teoria dos sistemas luhmanniana serão tratados, por fim, os problemas da heterorreferência e autorreferência do sistema jurídico na experiência brasileira, com base nos conceitos de função (Cap. V.1), prestação (Cap. V.2) e reflexão (Cap. VI). Especialmente para a segunda parte, foram ainda incluídas algumas notas preliminares (pp. 159-67).

Este estudo não foi concebido como resultado final de reflexões teóricas, mas como ponto de partida para uma abordagem teórica sobre a bifurcação do desenvolvimento dos sistemas jurídico e constitucional no "centro" e na "periferia" da sociedade *moderna*.

PRIMEIRA PARTE

UMA ABORDAGEM TEÓRICA

CAPÍTULO I

POSITIVAÇÃO DO DIREITO

1. A DICOTOMIA TRADIÇÃO/MODERNIDADE

Uma vez que o conceito de "positivação do direito" está estreitamente associado ao de "sociedade moderna"[1], justificam-se aqui algumas observações preliminares sobre a dicotomia "sociedade tradicional/sociedade moderna"[2].

No que se refere aos clássicos da sociologia, os conceitos de "comunidade" e "sociedade" de Tönnies já serviam como problematização para as discussões posteriores sobre a modernidade. Partindo dos conceitos psicológicos de "vontade essencial" e "vontade arbitrária"[3], Tönnies apresenta, entre outras, as seguintes características para distinguir a ("antiga") comunidade, com "formação orgânica", da ("nova") sociedade, com "formação mecânica"[4]: 1) comunhão essencial *versus* separação essencial dos seres humanos[5]; 2) atividades orientadas com respeito a sentimentos *versus* atividades

---

[1] Cf., por exemplo, Luhmann, 1981b.

[2] Em relação ao modo de vida hodierno, pode-se aqui, apoiando-se em Offe (1986), empregar a expressão "critério de qualidade" ["*Gütekriterium*"], sem, no entanto, assumir suas implicações "normativas".

[3] Cf. Tönnies, 1979: 73 ss.

[4] Cf. Tönnies, 1979: 3-6.

[5] Tönnies, 1979: 34.

orientadas com respeito a fins[6]; 3) fechamento *versus* abertura[7]; 4) referência ao passado *versus* referência ao futuro[8]. Abstraindo-se do psicologismo[9], do pessimismo[10] e do fatalismo[11] como características intrínsecas da obra de Tönnies, é de se observar que, em sua contribuição, encontram-se formas embrionárias dos conceitos de "diferenciação social", "racionalidade-com-respeito-a-fins" e "abertura para o futuro", os quais foram mais tarde desenvolvidos pelas ciências sociais. Especialmente os conceitos de "comunhão" e "separação" já forneciam elementos para as discussões atuais sobre a carência contemporânea de orientação comportamental homogênea.

Mediante a diferença entre solidariedade mecânica, protegida pelo "direito repressivo", e solidariedade orgânica, protegida pelo "direito restitutivo", expressou-se em Durkheim a dicotomia tradição/modernidade[12]. Enquanto a primeira estaria fundada em semelhanças e envolveria o tipo segmentário de estruturas sociais[13], a última, ao contrário, pressuporia dessemelhanças[14], dependeria da divisão do trabalho[15] e corresponderia ao tipo "organizado" de

---

6 Tönnies, 1979: 74, 106 ss.

7 "Toda a convivência íntima, privada, familiar, exclusiva (assim entendemos) é compreendida como vida em comunidade. Sociedade é o público, é o mundo" (Tönnies, 1979: 3).

8 Cf. Tönnies, 1979: 73.

9 Cf. Blüm, 1967: 77 ss.

10 Cf. Blüm, 1967: 111. Sobre a troca de correspondência entre Tönnies e H. Höffding acerca da questão do pessimismo social, ver Jacoby, 1971: 72 ss. Ver também a primeira carta de Höffdings a Tönnies (de 02/07/1888) e a resposta de Tönnies a Höffding (de 10/1888), em Blüm, 1967: 145-57.

11 Cf. Blüm, 1967: 112-4.

12 Cf. Durkheim, 1986: 35-102 (Livro I, Caps. 2 e 3).

13 Cf. Durkheim, 1986: 149-57 (Livro I, Cap. 6, seção I).

14 "Todavia, nem toda dessemelhança é suficiente para produzir esse efeito. [...] Logo, só as diferenças de certo gênero tendem assim uma para a outra; são as que, em vez de se oporem e se excluírem, completam-se mutuamente" (Durkheim, 1986: 18). Cf., em sentido contrário, Souto, 1984: 58-9.

15 "Mas a divisão do trabalho não é específica do mundo econômico; pode-se observar sua influência crescente nas regiões mais diferentes da sociedade" (Durkheim,

estruturas sociais[16]. Em consonância com sua perspectiva evolucionária, Durkheim fala de preponderância progressiva da solidariedade orgânica[17]. Esse processo evolutivo teria, em primeira linha, um significado moral: "[...] os serviços econômicos que ela [a divisão do trabalho] pode prestar são pouca coisa em comparação com o efeito moral que ela produz, e sua verdadeira função é criar um sentimento de solidariedade entre duas ou várias pessoas"[18]. A esse respeito, surge a crítica luhmanniana ao fundamento moral do conceito de divisão do trabalho em Durkheim[19]. "O que é mais surpreendente", assim discorre Luhmann, "o que surpreende sobretudo em uma teoria desenvolvida após Karl Marx, é que os efeitos do *mecanismo monetário* em neutralizar a moral na interação permaneçam fora de consideração"[20]. Esse "ponto cego", o deixar fora do foco de análise as consequências da divisão moderna do trabalho para a neutralização da moral, estaria relacionado com o fato de a solidariedade orgânica ainda constituir um mecanismo tradicional: "Para Luhmann,[...] essa solidariedade ainda estabelece normas sociais que, embora sejam altamente generalizadas, são comuns a todos os subsistemas..."[21] Contudo, no que se refere ao conceito de modernidade, a concepção clássica

---

1986: 2). "Por um lado, Durkheim equipara a diferenciação social, ainda como no século XIX, à divisão do trabalho, mas, por outro lado, demole este conceito, por exemplo, mediante a assimilação da diferença funcional dos papéis [dos gêneros] sexuais" (Luhmann, 1984a: 111, nota 30).

[16] Cf. Durkheim, 1986: 157-67 (Livro I, Cap. 6, seção II). Cabe observar aqui que, com os conceitos de "mecânico" e "orgânico", Durkheim, ao contrário de Tönnies, refere-se, respectivamente, ao antigo e ao novo. O fato de Durkheim mostrar-se otimista e Tönnies pessimista em relação à era moderna pode ser explicado pela recepção, por ambos, do então influente organicismo moral, combinado com a interpretação das estruturas sociais modernas, respectivamente, como orgânicas ou mecânicas.

[17] Cf. Durkheim, 1986: 119-76 (Livro I, Caps. 5 e 6).

[18] Durkheim, 1986: 19.

[19] Cf. Luhmann, 1977: espec. 25 ss.

[20] Luhmann, 1977: 31-2

[21] Teubner, 1982: 46.

durkheimiana de divisão do trabalho contribuiu para a colocação do problema, não para a sua solução[22]. Sob essa perspectiva, pode-se entender melhor a relevância de Durkheim para a posterior construção científico-social do conceito de "diferenciação social" como característica da modernidade.

A abordagem weberiana da modernidade acentua o processo de racionalização da sociedade. Conforme os diferentes motivos determinantes, o agir social distingue-se como tradicional, afetivo, racional-com-respeito-a-valores ou racional-com-respeito-a-fins[23]. Aos dois primeiros tipos (irracionais) corresponde a relação social "comunitária" (*Vergemeinschaftung*); aos dois últimos (racionais), a relação social "associativa" (*Vergesellschaftung*)[24]. No que se refere ao agir racional, trata-se, porém, de um escalonamento, na medida em que o agir racional-com-respeito-a-valores é caracterizado como irracional em relação ao agir racional-com-respeito-a-fins[25]. Em conexão com essa tipologia, Weber classifica os três tipos puros de dominação legítima: a racional-legal (válida por força de ordens estatuídas), a tradicional e a carismática (extracotidiano-afetiva)[26]. A modernização implica, portanto, a racionalização-com-respeito-a-fins da condução da vida, institucionalizada mediante a racionalização legal da dominação. Embora seja possível falar de "condições de partida" racionais-com-respeito-a-valores (ética protestante), verifica-se, a partir da concepção weberiana, que o desenvolvimento da relação associativa ra-

---

22 Cf. Luhmann, 1977: 19.

23 Cf. Weber, 1985: 12-3; Schluchter, 1979: espec. 191-5; Habermas, 1982a I: 379-84.

24 Weber, 1985: 21-3.

25 Cf. Weber, 1985: 13. "Os quatro tipos weberianos de ação", segundo Schluchter (1979: 191), "[...] parecem ordenados ao longo de uma escala de racionalidade". Nessa escala, a ação "puramente" tradicional encontra-se na fronteira entre a ação dotada de sentido e um "comportamento meramente reativo" (Weber, 1985: 2).

26 Cf. Weber, 1968a; 1985: 124 ss.

cional-com-respeito-a-fins exigiu o desacoplamento da economia e do direito de seus fundamentos éticos (racionais-com-respeito--a-valores)[27]. Assim, o direito formal, moralmente neutralizado, atua como ordem normativo-institucional da luta estratégica pelo poder e do livre mercado, o qual funciona de maneira racional-com--respeito-a-fins[28]. Conforme a perspectiva de Weber, modernidade significa, principalmente, racionalismo-com-respeito-a-fins, em detrimento dos fundamentos tradicionais, afetivos e racionais-com--respeito-a-valores de determinação do agir social; mas isso envolve, reciprocamente, diferenciação social.

Se voltarmos a Marx, pode-se constatar que nele a modernização da sociedade como diferenciação da economia e do Estado, em termos de racionalidade-com-respeito-a-fins e de neutralização moral dessas esferas, já havia sido compreendida[29]. Nesse sentido, ele destaca: "Somente no século XVIII, na 'sociedade burguesa', as diversas formas de relação social apresentam-se ao indivíduo como mero meio para os seus fins privados, como necessidade externa"[30]. Até mesmo o conceito de "justiça" seria passível de ser medido segundo as regras racionais-com--respeito-a-fins do mercado[31].

---

[27] Cf. Habermas, 1982a I: 314, 330. Isso vale também para o direito natural moderno (cf. Weber, 1985: 502).

[28] Cf., por exemplo, Weber, 1985: 198. A respeito, ver também a interpretação crítica de Habermas, 1982a I: 331 ss. Sobre as qualidades racional-formais do direito moderno e as tendências contrárias, ver Weber, 1985: 503-13; cf. também as considerações críticas de Teubner, 1982: espec. 14-6, 24 ss.; Teubner; Willke, 1984: espec. 20-1; Eder, 1986: espec. 6-9. Luhmann (1987a: 17) posiciona-se criticamente em relação aos "conceitos rotuladores 'formal' e 'material'" em Weber.

[29] Cf. Habermas, 1982a I: 226.

[30] Marx, 1983: 20.

[31] Cf. Marx, 1987: 351-2. A esse respeito cabe observar que, no contexto do neoliberalismo atual – portanto, em oposição à postura crítica de Marx –, Nozick (1976: 143 ss.), posicionando-se "normativamente", reduz a justiça exclusivamente aos princípios do mercado.

Se é possível, de um ponto de vista descritivo, traçar esse paralelo entre Marx e Weber, deve-se considerar evidentemente a diferença radical entre os respectivos modelos de esclarecimento. Um parte "de cima" (ética protestante)[32]; o outro, "de baixo" (dialética das forças produtivas e das relações de produção)[33]. Mas o que interessa aqui é a leitura segundo a qual, para ambos, a modernidade é compreendida como processo progressivo de diferenciação racional-com-respeito-a-fins, moralmente neutralizadora, dos sistemas econômico, político e jurídico.

A "reconstrução" habermasiana[34] das contribuições de Weber e Marx para o conceito de modernidade aponta em ambas a ausência da consideração do aspecto normativo do conceito[35]. Ao distinguir o agir racional-com-respeito-a-fins (instrumental e estratégico) do agir comunicativo[36], Habermas assinala o reducionismo racional-com-respeito-a-fins em ambas as concepções de modernidade. O surgimento e o desenvolvimento da sociedade moderna pressupuseram a evolução das estruturas de consciência (representação universalista pós-convencional do direito e da moral), quer dizer, dependeram de uma lógica autônoma de desenvolvimento[37]. A hipertrofia empírica da relação social associativa, racional-com-respeito-a-fins, não deve significar que o conceito de modernidade se limite a essa dimensão. O seu significado verdadeiro é: a modernidade realizou-se apenas parcialmente, à medida que não se efetuou como projeto contrafactual a racionaliza-

---

32 Habermas, 1982a I: 299-300, 307.

33 Ver, por exemplo, como passagem clássica, Marx, 1975: 8-9. A respeito, cf. também Zapf, 1975: 218. Sobre as perspectivas weberiana e marxista de análise dos problemas estruturais da sociedade moderna, ver Münch, 1982: 428-70.

34 Sobre o conceito de "reconstrução", ver Habermas, 1982b: 9.

35 Cf. Habermas, 1982b: 9-48; 1982a I: 207-366 (Cap. II).

36 Cf. Habermas, 1969: 62-5; 1982a I: 384 ss.

37 Cf. Habermas, 1982b: espec. 12 ss.

ção intersubjetivo-prática da sociedade[38]. Assim, Habermas exige a consideração da dimensão normativa, racional-comunicativa, do conceito "modernidade". Sob esse ponto de vista, é possível falar de uma modernidade (empírica) não moderna (normativamente).

Embora se tenha de reconhecer o significado filosófico e científico-social da reflexão sobre a "racionalidade normativa"[39] como dimensão do conceito de modernidade, parto de uma perspectiva empírica, na qual os problemas de fundamentação só se tornam objeto de reflexão desde que, de fato, tenham efeitos sociais. Desse modo, mantém-se de Habermas especialmente o reconhecimento de que, vista empiricamente, a modernidade é o período do agir racional-com-respeito-a-fins (instrumental e estratégico).

Com a pretensão de obter um modelo explicativo mais abrangente para a dicotomia "tradição/modernidade", Niklas Luhmann emprega, em primeiro lugar, o critério de "complexidade"[40], com base no qual a diferenciação (sistêmica) e a racionalidade (sistêmica)[41] tornam-se mais bem compreendidas como características da modernidade. Partindo da distinção "evolução exógena/endógena" e da caracterização dos três mecanismos da evolução endógena (va-

---

38 Cf., por exemplo, Habermas, 1982a I: 304-6. Ver também, em perspectiva semelhante, Offe, 1986: 98 ss.

39 Sobre esse conceito cf. Habermas, 1982b: 262.

40 "Por *complexidade* sugerimos o entendimento de que há sempre mais possibilidades do que as que podem ser atualizadas" (Luhmann, 1987a: 31).

41 Em Luhmann, o problema da racionalidade pressupõe a questão de "como é possível, mediante a redução de complexidade, aumentar a complexidade apreensível" (1987b: 236). Em relação à teoria luhmanniana, Habermas (1982b: 261) afirma: "*Racionalidade sistêmica* é a racionalidade-com-respeito-a-fins transportada para os sistemas autorregulados". Essa interpretação não me parece correta, porque, segundo Luhmann, no processo de redução de complexidade os modelos orientados para fins só "são empregados quando os problemas já adquiriram estruturas mais específicas, quando, portanto, a complexidade já está amplamente absorvida" (Luhmann, 1973a: 156; cf. também Luhmann, 1983a: 223; 1971: 294).

riação, seleção e estabilização)[42], pode-se, segundo o modelo luhmanniano, entender como o aumento conexo da complexidade do sistema e do ambiente[43] conduz ao aumento da pressão seletiva[44]. De acordo com esse modelo, a sociedade moderna distingue-se por sua alta complexidade: "Considerando o número, a diversidade e a interdependência de ações possíveis, a sociedade moderna é supercomplexa – muito mais complexa do que qualquer uma das formações sociais regionalmente limitadas de tipo mais antigo"[45].

Por um lado, a supercomplexidade envolve supercontingência[46] e abertura para o futuro[47]; por outro, estimula a pressão seletiva e a diferenciação sistêmica. Nesse contexto, a diferenciação sistêmico-funcional é concebida, então, como característica distintiva da sociedade moderna[48].

O modelo luhmanniano, no entanto, é passível de outra leitura, em cujo âmbito o conceito empírico da modernidade é ampliado. Uma sociedade torna-se moderna na medida em que atinge um alto grau de complexidade, contingência e abertura para o fu-

---

[42] Cf. Luhmann, 1981c: 14 ss.

[43] "O motor da evolução [...] é a crescente complexidade da sociedade [...]" (Luhmann, 1987a: 106). "A evolução ainda é entendida [...] como aumento de complexidade" (Luhmann, 1981c: 13). Parsons falava de aumento de capacidade de adaptação (cf. Parsons, 1975: 40, 46).

[44] "Complexidade significa, portanto, fundamentalmente, pressão seletiva" (Luhmann, 1987a: 31).

[45] Luhmann, 1981d: 80.

[46] "Por *contingência* sugerimos o entendimento" – assim define Luhmann (1987a: 31) – "de que as possibilidades anunciadas de experiências seguintes poderiam também resultar diferentes das esperadas". Ele afirma, então (1987a: 136): "O princípio do desenvolvimento é a crescente complexidade e contingência da sociedade."

[47] "Sociedades que ultrapassaram o limiar da civilização distanciam-se de seu passado e abrem-se para o seu futuro em uma proporção muito mais intensa..." (Luhmann, 1987a: 344).

[48] Cf. Luhmann, 1981e: 159. Para Parsons, o desenvolvimento central na passagem da sociedade "intermediária" para a moderna encontra-se na institucionalização do sistema jurídico autônomo (cf. Parsons, 1975: 46, 48).

turo. É verdade que isso exige diferenciação funcional sistêmico-racional; mas, muito frequentemente, a realização desta é insuficiente, sem que dessa insuficiência resulte que a sociedade se torne menos complexa, menos contingente e menos aberta para o futuro (talvez ela se torne, ao contrário, mais complexa, mais contingente e mais aberta para o futuro). Não se trata aqui de um "desnível de complexidade entre sistema e ambiente" como "impulso e regulador da evolução"[49]. Trata-se, sim, da insuficiência de complexidade dos "acoplamentos entre sistema e ambiente", que levam à degeneração da "correspondente segurança das expectativas"[50] e permitem o surgimento de um excesso de novos problemas (mais possibilidades). Nesse caso, não há relação seletiva adequada entre sistemas (complexos) e seus respectivos ambientes (complexos): faltam o aumento adequado da complexidade sistêmica e a correspondente redução da complexidade do ambiente. Há uma carência muito elevada de capacidade funcional e capacidade de desempenho dos sistemas diferenciados; eles não estão em condição de estruturar ou determinar suficientemente a complexidade[51].

Essa situação caracteriza, muito frequentemente, os países periféricos, na medida em que estão integrados ao mercado mundial e participam das relações internacionais. Nesse sentido, parece-me ser possível falar de uma modernidade periférica em contraposição a uma modernidade central na sociedade mundial do presente. Se há de se reconhecer como "normativa" a afirmação de que, por falta de mecanismos de regulação e coordenação, as sociedades dos países "desenvolvidos" (centrais) não são modernas,

---

[49] Luhmann, 1987a: 136.

[50] Luhmann, 1981f: 96.

[51] Sobre a distinção entre complexidade estruturada e não estruturada, ver Luhmann, 1987a: 6-7; 1987b: 383. Paralelamente, ele propõe o esquema "complexidade indeterminada/indeterminável *versus* complexidade determinada/determinável" (cf., por exemplo, Luhmann, 1971: 300-2; 1975a: 209 ss.).

mas sim os seus subsistemas enquanto são funcionalmente eficientes[52], também seria contrafactualmente normativo afirmar que, em virtude da deficiente diferenciação funcional em termos sistêmico-racionais, as "sociedades" da periferia, caracterizadas como supercomplexas, supercontingentes e abertas para o futuro, não são modernas. Pelo menos não se deve tratá-las como sociedades tradicionais: é de se reconhecer sua "*condition moderne*"[53]. Volto a esse tema, especialmente no Capítulo III.1.

2. DIREITO POSITIVO: UMA EXPRESSÃO AMBÍGUA

No âmbito do presente estudo, a expressão "direito positivo" assume um significado preciso, bem específico. Mas sua plurivocidade conduz, frequentemente, a falácias de ambiguidade[54] no decorrer das discussões jurídicas de caráter dogmático, sociológico ou filosófico. Para evitar que a argumentação aqui desenvolvida seja eventualmente interpretada nesses termos, faço algumas observações sobre a ambiguidade da expressão antes de me ocupar, especificamente, com o conceito de "direito positivo" empregado neste trabalho (ver seções 3 e 4 deste capítulo).

"O conceito 'direito positivo' é, do ponto de vista histórico, um resíduo da antiga divisão do direito em direito natural e direito positivo."[55] Segundo essa dicotomia[56], o direito "eterno", "inalterá-

---

[52] Nesse sentido, cf. Offe, 1986: espec. 106, 110.

[53] Aqui parafraseio Lyotard (1979), para afirmar que: se não há o "fim" (a ordenação da supercomplexidade) ou a "ideia" (a realização da consciência moral emancipatória), há, no entanto, a condição moderna.

[54] Sobre falácias de ambiguidade, cf. Copi, 1961: 73 ss.

[55] Opałek, 1982: 449.

[56] Para suas formulações na tradição ocidental, cf. Bobbio, 1979: 5-15. No direito natural cristão, porém, esse dualismo converte-se "numa tricotomia: *iuspositivum, iusnaturale humanum* e *ius divinum voluntarium*, o inalienável patrimônio jurídico da revelação" (Wieacker, 1967: 262). Em Tomás de Aquino (Thomas von Aquin, 1977: 16 ss., questão 91) acrescenta-se a "lei eterna"; cf. também Bobbio, 1979: 10-1.

vel", "essencial", "racional" (natural) atua como medida de correção ou até mesmo de qualidade jurídica[57] do direito "real", "existencial", "alterável", "empírico" (positivo)[58]. "Ora o direito natural serve a uma consolidação mais profunda do direito positivo, ora, exatamente ao contrário, à luta contra o direito positivo."[59] Mas, às vezes, as concepções jusnaturalistas permitem "a dissolução do direito natural no direito positivo"[60].

De acordo com esse dualismo, o termo "direito positivo" envolve um conceito muito abrangente: em geral, entende-se por direito positivo a ordem normativa coercitiva realmente dominante em sociedades humanas do passado, presente e futuro. Nesse sentido, importa apenas secundariamente se se trata de direito estabelecido por decisão ou consuetudinário, de direito tradicional ou moderno. Não há nenhuma limitação a um determinado estádio de desenvolvimento histórico do direito ou a formas específicas de sua "manifestação"[61]. Caso se rejeitem os pressupostos

---

[57] Encontramos, por exemplo, em Tomás de Aquino (Thomas von Aquin, 1977: 97, questão 95, 2): "Com isso, toda lei decretada pelo ser humano só tem razão de lei na medida em que derive da lei natural. Quando, no entanto, em algum ponto, ela se desvia da lei natural, não é mais lei, mas sim corrupção de lei." Em Kant, o direito positivo só adquire qualidade jurídica no âmbito do conceito de direito (racional). Cf. Kant, 1986: 37-8; também Habermas, 1987a: 7.

[58] Luhmann afirma o caráter progressivo da ideia de direito natural na medida em que "não mais *todo o* direito é referido unitariamente ao passado e legitimado pela tradição. É concedido ao direito um âmbito parcial de poder ser diverso" (Luhmann, 1981b: 119-20).

[59] Radbruch, 1973: 102.

[60] Assim Wieacker (1967: 269) considera as doutrinas jusnaturalistas de Hobbes e Rousseau. Posicionamento semelhante encontra-se em Welzel, 1962: espec. 116, 122, 156-7. Em relação a Hobbes, convém observar que seu sistema do direito natural não se destina a uma justificação irrestrita do poder estatal: "A obrigação dos súditos para com o soberano dura somente enquanto ele puder protegê-los com base no seu poder, e não por mais tempo. Pois o direito natural dos homens de proteger a si mesmos se ninguém estiver em condições de fazê-lo não pode ser abdicado por nenhum contrato" (Hobbes, 1966: 171). A respeito, cf. Neumann, 1980: 128 ss.; Welzel, 1962: espec. 121.

[61] Mas Hobbes falava especificamente das leis civis, das regras estabelecidas por ato de vontade do poder estatal (cf. Hobbes, 1966: 203). Em Bodin (1977: 150), o direito

jusnaturalistas ou, pelo menos, o "direito natural" (ideia de direito) como dimensão constitutiva do conceito de direito, o direito positivo significará, em todas as suas possíveis "aparições" históricas, o direito em geral[62].

A escola histórica do direito introduz um novo e especial conceito do direito positivo. Considerado direito do povo, ele viveria "na consciência comum do povo"[63], seu "produtor e portador"[64]. Desse modo, o direito consuetudinário, as leis e o "direito científico" seriam marcas, órgãos, complemento ou suporte do direito positivo já existente[65]. Embora Savigny reconheça que em determinados estádios de desenvolvimento e situações da história de cada povo a legislação tenha uma preponderância[66], o direito positivo ("direito do povo") constitui para ele um direito tradicional, na medida em que sua "constante manutenção" é mantida "mediante tradição", e esta é condicionada e fundada "mediante uma mudança não repentina, mas sim gradual das gerações"[67]. O conteúdo da lei, órgão do "direito do povo" (direito positivo), seria esse já existente "direito tradicional do povo"[68].

A discussão metodológica deste século [século XX] entre positivismo jurídico e realismo jurídico levanta a questão de se o direito positivo constitui uma estrutura ideal de sentido ou um

---

positivo constitui uma estrutura hierárquica (de baixo para cima): (1) contratos e testamentos entre indivíduos, (2) éditos dos magistrados, (3) direito consuetudinário e (4) leis dos príncipes soberanos.

[62] Cf. Somló, 1917: 130; Stammler, 1922: 94-5; 1911: 120-1, 123; Opałek, 1982: 449.

[63] Savigny, 1840: 14.

[64] Savigny, 1840: 20. Segundo Kelsen, a teoria savignyana do direito do povo é uma variante da doutrina do direito natural, assim como a teoria da "*solidarité sociale*" de León Duguit (cf. Kelsen, 1960: 233-4; 1946: 126-7). Sobre a teoria da "*solidarité sociale*", ver Duguit, 1901: espec. 16-105.

[65] Cf. Savigny, 1840: 35 ss.

[66] Cf. Savigny, 1840: 17-8, 42-3, 50-1.

[67] Savigny, 1840: 20.

[68] Savigny, 1840: 39.

fenômeno real. Em Kelsen, o direito positivo é uma ordem ideal-normativa coercitiva[69] fundada na norma fundamental pressuposta[70]. A eficácia da ordem jurídica como um todo e a eficácia de determinada norma seriam simplesmente condição de sua validade, e não fundamento de validade[71]. As normas gerais e individuais podem ser interpretadas como sentido *ideal-objetivo* de atos de vontade[72]. Mas Kelsen não restringe o conceito de direito positivo ao direito legislativo (*lato sensu*) nem ao direito moderno. Ele enfatiza que a validade do direito consuetudinário não depende de seu reconhecimento no direito legislado (constituição, leis) ou por tribunais[73]. A derrogação das normas legais e até mesmo das normas constitucionais pelo direito consuetudinário seria, jurídico-positivamente, sempre possível[74]. Neste último caso (normas constitucionais), o direito consuetudinário basear-se-ia diretamente na norma fundamental[75]. Relacionado a isso, também a ordem jurídica primitiva e o direito internacional público constituem direito positivo[76]. Nessa perspectiva, o direito arcaico, o direito das civilizações pré-modernas e o direito moderno formariam, na mesma medida, como ordens ideal-normativas coercitivas, direito positivo, o que torna discutível pretender, sob

---

69 Cf. Kelsen, 1960: *passim*. Especificamente sobre a ordem jurídica estatal, cf. Kelsen, 1966: 13 ss.

70 Sobre a norma fundamental "pressuposta" como fundamento de validade de uma ordem jurídica, ver Kelsen, 1960: espec. 200 ss.; Bobbio, 1960: 51 ss. Ao caracterizar, posteriormente, a norma fundamental como uma ficção, Kelsen retira-lhe o caráter de uma hipótese (cf. Kelsen, 1979: 206-7).

71 Cf. Kelsen, 1960: espec. 218-9; 1979: 112-3; 1946: 41-2, 118-20.

72 Cf. Kelsen, 1960: 4-9; 1979: 2. Em sentido contrário, ver Luhmann, 1987a: 43-4.

73 Kelsen, 1946: 127-8; 1960: 9, 230-5.

74 Cf. Kelsen, 1946: 119, 260; 1960: 220, 232-3.

75 Cf. Kelsen, 1960: 229, 232.

76 Cf. Kelsen, 1946: 338-41; 1960: 64, 289-90, 323-4. Mas ele observa que a "ordem coercitiva descentralizada da autodefesa primitiva" é direito *in statu nascendi* (Kelsen, 1946: 339).

esse aspecto, "uma exposição amplamente congruente" entre Kelsen e Luhmann[77].

Em contraposição epistemológica à concepção de Kelsen, Alf Ross define o direito positivo como um sistema normativo *real*[78]. A positividade da norma jurídica basear-se-ia na realidade da vontade social e pressuporia um sistema de ações voluntárias coordenadas[79]. A partir desse ponto de vista, pode-se dizer "que o direito é função de uma totalidade de vontade"[80] e disso concluir: "Assim, a positividade de uma norma reside, expresso corretamente, em seu pertencimento a um sistema, o qual é função de uma correspondente totalidade real de vontade"[81]. Abstraindo-se das particularidades epistemológicas da concepção rossiana de positividade (totalidade de vontade → validade das normas)[82], cumpre observar no âmbito deste trabalho que, em Ross, direito positivo significa simplesmente direito "existente", "real" e "válido"[83]. O conceito não remete a determinado momento histórico da evolução do direito e abrange, portanto, também o direito tradicional.

Em uma perspectiva axiológica, o conceito de positividade assume, em Radbruch, um lugar diferente daquele ocupado na disputa metodológica entre o positivismo jurídico e o realismo jurídico. Ao se compreender o direito como "*a realidade que tem o*

---

77 Como, apesar disso, sugere H. Dreier (1983: 427). O conceito luhmanniano de positivação será aprofundado nas próximas duas seções.

78 Cf. Ross, 1929: espec. 279-88.

79 Ross, 1929: 280.

80 Ross, 1929: 285.

81 Ross, 1929: 286. Diferentemente de Stammler, Ross não caracteriza a "vontade social" como uma realidade independente, nem a positividade como sua "capacidade de impor-se" (cf. Ross, 1929: 285; Stammler, 1922: 98; 1911: 117).

82 Para um posicionamento crítico em relação a tal construção, ver Luhmann, 1981g: 217-8.

83 Ross, 1929: 279-80.

sentido de servir ao valor jurídico, à ideia de direito"[84], e a justiça, a utilidade e a segurança jurídica como componentes da ideia de direito[85], afirma-se que a segurança jurídica exigiria a positividade do direito[86], isto é, que esta seria a dimensão do direito que serviria à segurança jurídica como componente da ideia de direito. Mas as exigências da segurança jurídica poderiam entrar em contradição com a positividade quando, no interesse da segurança jurídica, o direito consuetudinário derrogatório ou o direito revolucionário se impusessem como vigentes[87]. Segundo esse entendimento, o conceito de direito positivo assume, sob dois aspectos, um sentido mais estrito: 1) como a positividade serviria à ideia de direito, o direito positivo seria pressuposto da justiça (ideal) do direito e teria a tarefa de ser justo em seu conteúdo[88]; 2) a positividade limita-se ao direito estabelecido por um poder[89]. Mas, por outro lado, o conceito tem um significado mais abrangente, tendo em vista que não é remetido, exclusivamente, ao direito moderno: o estabelecimento do direito por decisão encontra-se na Antiguidade e na Idade Média, sem que as características de decidibilidade e alterabilidade possam ser atribuídas ao direito (ver *infra* pp. 30-1).

A discussão sobre o conceito de direito positivo toma outra direção quando se levanta a controvérsia de se a positividade reside no estabelecimento do direito (legiferação), na sua aplicação ou na sua observância. Nessa discussão clássica, o positivismo legalista[90], o movimento do direito livre e o realismo jurídico-

---

84 Radbruch, 1973: 119.

85 Cf. Radbruch, 1973: 164 ss.

86 Radbruch, 1973: 164-6.

87 Radbruch, 1973: 167.

88 Radbruch, 1973: 165. Para uma concepção diferente cf. Somló: 1917: 126.

89 Cf. Radbruch, 1973: 165-6.

90 Para uma visão panorâmica do positivismo legalista, ver Bobbio, 1979: espec. 54 ss., 67 ss. Especificamente em relação ao impacto do positivismo legalista sobre o direito privado, ver Wieacker, 1967: 458 ss.

-sociológico[91] tendem a localizar a positividade do direito, respectivamente, na lei (*lato sensu*: nas normas gerais e abstratas estabelecidas pelos órgãos estatais), na atividade criadora do juiz ou na observância jurídica. A unilateralidade de tais perspectivas torna, evidentemente, difícil a compreensão do fenômeno jurídico[92]. O sentido da legiferação só é apreendido no âmbito da aplicação e da observância jurídica; em contrapartida, as atividades de aplicação do direito e o comportamento de sua observância adquirem seu sentido jurídico no âmbito do direito posto por decisão. A implicação recíproca dessas dimensões do jurídico – ou, expresso sistêmico-teoricamente: a relação circular entre esses elementos[93] – aponta para o caráter abrangente e complexo do conceito de direito positivo. Mas, por outro lado, as perspectivas unilaterais acima mencionadas não pretendem restringir o conceito de direito positivo a determinada fase da história do direito, a do direito moderno. Mesmo no positivismo legalista, a decidibilidade e a alterabilidade como características do direito positivo (moderno) não estavam claras[94].

3. POSITIVAÇÃO DO DIREITO (LUHMANN)

No presente trabalho, o conceito luhmanniano de positividade do direito é empregado, o que não significa adotar irrestritamente a sua dimensão explicativa em termos de teoria dos sistemas e teoria da evolução. Mas, estrategicamente, a concepção luhman-

[91] Sobre essas duas correntes "realistas", ver, sinteticamente, Larenz, 1975: 64-74.

[92] A esse respeito, cf. Opałek, 1982: 453 ss. Esse autor (1982: 452 ss.) tenta demonstrar como o conceito filosófico de positividade de Comte ("positivo" como "real", "útil", "seguro", "preciso" e "construtivo", em contraposição a "imaginário", "improfícuo", "instável", "vago" e "destrutivo") influenciou a discussão científico-jurídica sobre o conceito do direito positivo e provocou dificuldades. A esse respeito, cf. Comte, 1987: 63-9 (seções 30-3).

[93] A esse respeito, cf. Luhmann, 1983b: 140-1.

[94] A esse respeito, Luhmann (1981h: 434) esclarece: "Uma concepção teórica (inevitavelmente explosiva e altamente contingente) de positividade escapou inicialmente à sociedade burguesa que se estava estabelecendo."

niana do direito positivo será tratada nesta e na próxima seção sem que se assuma determinada posição crítica. Quer dizer: pretendo aqui considerar a positividade jurídica no interior do aparato conceitual sistêmico-teórico e, assim, imanentemente ancorado, somente abaixo (a partir do Cap. III) considerar as eventuais insuficiências teórico-explicativas ou limites de aplicação.

O conceito luhmanniano de direito positivo é mais bem compreendido no âmbito das conceituações sistêmico-teóricas que lhe estão diretamente relacionadas. Essas serão tratadas a seguir de forma resumida.

3.1. O direito no contexto do sistema da sociedade

Em Luhmann, a distinção entre expectativas normativas e expectativas cognitivas desempenha um papel central[95]. As expectativas normativas implicam, em princípio, que os expectantes assumam uma postura avessa ao aprendizado, ou seja, não estejam dispostos a aprender diante dos casos de desapontamento. Os expectantes não estão prontos para aprender perante a realidade desapontadora. Eles insistem em suas expectativas, protestam contra a realidade e não são capazes de a ela se adaptar. Em oposição a isso, no caso de expectativas cognitivas, os expectantes mantêm um posicionamento favorável ao aprendizado em relação aos casos de desapontamento. Nelas, a disposição para o aprendizado é característica. Os expectantes mostram-se prontos para se adaptar à realidade, a renunciar às suas expectativas ou alterá-las nos casos de desapontamento[96]. Em suma, enquanto as expectativas normativas

---

[95] Cf. a esse respeito Luhmann, 1987a: 40-53; 1987b: 436-43.

[96] Cf. Luhmann, 1987a: espec. 42; 1981b: 115-6; 1987b: espec. 437. "Nessa acepção (inusual), a distinção entre o cognitivo e o normativo não é definida em termos semânticos ou pragmáticos, nem é relacionada ao sistema de enunciados fundante ou à oposição entre afirmações informativas e diretivas, mas sim relacionada funcionalmente à solução de determinado problema" (Luhmann, 1987a: 42).

se distinguem "pela determinação de não aprender com os desapontamentos"[97], as expectativas cognitivas caracterizam-se pela disposição de adaptar-se à realidade desapontadora.

Essa dicotomia está associada ao clássico dualismo "ser/dever-ser". Mas, em Luhmann, o sentido contrafático do dever-ser não significa sua idealidade ou sua irrealidade. Contrapondo-se diretamente a Kelsen (ver *supra* pp. 18-20), ele afirma o caráter fático do dever-ser: "Embora seja orientado em termos contrafáticos, o sentido do dever-ser não é menos fático do que o sentido do ser. Todo expectar é fático, tanto na sua satisfação quanto no seu desapontamento. O fático abrange o normativo. A oposição que habitualmente se faz entre o fático e o normativo deveria, por isso, ser abandonada. [...] O normativo não encontra sua oposição no fático, mas sim no cognitivo"[98]. Além disso, é ressaltado que a separação entre ser e dever-ser – e com isso o dualismo "*expectativas cognitivas/expectativas normativas*" – não é "uma estrutura do mundo dada *a priori*, mas sim uma aquisição evolucionária"[99]. Assim, nas sociedades mais simples, a distinção entre o normativo e o cognitivo ainda não é clara[100]. Por outro lado, é de se observar que o limite entre expectativas normativas e cognitivas sempre permanece fluido. "A mistura de componentes cognitivos e normativos nas expectativas é um fato normal do mundo cotidiano..."[101] Ademais, aquilo que hoje promove expectativas normativas pode amanhã exigir expectativas cognitivas, e, de modo

---

97 Luhmann, 1987a: 43; 1981b: 116.

98 Luhmann, 1987a: 43-4. Contra isso, Cossio (1964: espec. 554-5; 1965), mediante uma construção muito complicada e confusa, atribui qualidade cognitiva às normas como "conceitos de conduta".

99 Luhmann, 1987a: 44.

100 Luhmann, 1981b: 116. A esse respeito, ver, em outra perspectiva, Kelsen, 1982: 7 ss.; 1960: 86-8.

101 Luhmann, 1987b: 438; sobre esse tema, cf. também Luhmann, 1987a: 44-6.

inverso, o conteúdo de expectativas cognitivas de ontem pode tornar-se conteúdo de expectativas normativas de hoje.

Conforme essa distinção, podem-se definir normas como "*expectativas de comportamento estabilizadas em termos contrafáticos*"[102]. O caráter contrafático significa que o cumprimento ou o não cumprimento fático das normas é, em princípio, irrelevante para sua validade[103]. O expectante orientado por normas não irá contestar sua validade no caso de um não cumprimento, mas sim confirmá-las, na medida em que ele persiste em suas expectativas e se queixa do comportamento infringente das normas. Mas, em determinada proporção, o constante não cumprimento das normas pode afetar sua validade de tal modo que o persistir nas respectivas expectativas pode afigurar-se como "anormal", "absurdo", "ridículo" ou até mesmo "perigoso". Nesses casos, as expectativas normativas não se fundamentam mais em normas socialmente válidas (retomarei esse tema em outras partes do texto).

Após as normas terem sido conceituadas como expectativas de comportamento estabilizadas em termos contrafáticos, Luhmann define o direito "*como estrutura de um sistema social baseada na generalização congruente de expectativas normativas de comportamento*"[104]. Essa generalização congruente compreende as dimensões temporal, social e material, isto é, baseia-se na normatização, institucionalização e identificação-de-sentido como mecanismos de generalização[105]. O direito adquire sua função so-

---

[102] Luhmann, 1987a: 43; cf. também Luhmann, 1981c: 17.

[103] Luhmann, 1987a: 43.

[104] Luhmann, 1987a: 105. Em outra parte (1987a: 99), o direito é caracterizado simplesmente como essas "*expectativas normativas de comportamento congruentemente generalizadas*". Formulado de outra maneira, isso significa "que o direito cumpre funções abrangentes de generalização e estabilização de expectativas de comportamento" (Luhmann, 1974: 24).

[105] Cf. Luhmann, 1987a: 94 ss. O conceito de institucionalização refere-se aqui apenas à dimensão social (consenso suposto) (cf. também Luhmann, 1987a: 64 ss.);

cial atendendo à incongruência natural desses mecanismos de generalização, incongruência que compõe um problema estrutural de toda sociedade[106]. Essa tarefa funcional-seletiva do direito não significa a crença nas normas jurídicas nem o assentimento dos expectantes para com a estrutura jurídica válida. As expectativas normativas de comportamento congruentemente generalizadas não desfrutam de assentimento geral quanto ao conteúdo, mas meramente de "proeminência e segurança especiais"[107], que promovem a adaptação instrumental ou expressiva dos afetados às respectivas normas[108]. A orientação recíproca conforme as expectativas de comportamento congruentemente generalizadas estabiliza as comunicações sociais entre os expectantes, ou, pelo menos, reduz a instabilidade a um nível suportável[109]. Por outro lado, até mesmo os criminosos que pretendam obter sucesso têm de se orientar "negativamente" pelo direito como expectativas de comportamento congruentemente generalizadas[110]. O grupo revolucionário não pode, ingenuamente, afastar-se das normas vigentes: para poder transgredi-las ou até mesmo suprimi-las, tem de considerá-las como expectativas de comportamento congruentemente generalizadas[111]. Dessa maneira, "a proeminência e a segu-

---

mas, em outra passagem, o conceito de "instituição" assume um significado abrangente: "Instituições são expectativas de comportamento generalizadas temporal, material e socialmente e, como tais, formam a estrutura dos sistemas sociais" (Luhmann, 1965: 13).

106 Cf. Luhmann, 1987a: 95-8.

107 Luhmann, 1987a: 99.

108 Sobre variáveis instrumentais e expressivas, ver Luhmann, 1983a: 223-32; 1987a: 315 ss.

109 Em consonância com isso, Luhmann (1987a: 100) afirma: "o direito não é de nenhuma maneira primariamente uma ordem coercitiva, mas sim um alívio para as expectativas".

110 Ainda que com outros pressupostos ("vigência baseada na crença"), Weber (1985: 16-7) manifesta-se de modo semelhante.

111 É claro que não se pode mais falar de generalização congruente das expectativas de comportamento caso a carência de observância e execução ultrapasse determi-

rança especiais" de determinadas expectativas de comportamento são destacadas pelo direito independentemente de assentimento ao conteúdo ou da crença dos agentes.

3.2. O desenvolvimento para a positivação do direito

O modo como o direito cumpre essa função congruentemente generalizante, no entanto, varia de forma marcante no decorrer da história. Segundo Luhmann, distinguem-se três estádios principais de evolução social: as sociedades arcaicas, as civilizações pré-modernas e a sociedade moderna. As sociedades arcaicas "fundam-se primariamente no princípio do parentesco"[112] e são segmentariamente diferenciadas. Elas se distinguem pela falta de alternativa[113]. As civilizações pré-modernas são diferenciadas "incompletamente em termos funcionais", prevalecendo a diferenciação pelo princípio hierárquico de organização[114]. A sociedade moderna é caracterizada pela supercomplexidade, supercontingência e abertura para o futuro, baseando-se na diferenciação funcional (ver *supra* pp. 13-4)[115].

De acordo com Luhmann, a cada um desses três estádios da evolução social corresponde determinado tipo fundamental do direito, quer dizer, uma forma fundamental específica de atingir e assegurar a generalização congruente de expectativas normativas

---

nado limite, a partir do qual o direito perca sua função de assegurar as expectativas. Em outra perspectiva, Weber (1985: 17) faz uma observação semelhante a essa. Segundo a interpretação "realística" de Geiger, a "vigência" ou vinculatoriedade das normas jurídicas seria gradual, mensurável (cf. Geiger, 1970: espec. 207 ss.; para uma posição crítica a esse respeito, ver Luhmann, 1987a: 43, nota 32). Retomarei esse tema em III.2.3.

[112] Luhmann, 1987a: 148.

[113] Luhmann, 1987a: 148; 1981c: 28.

[114] Cf. Luhmann, 1987a: 166 ss.; 1981e: 159.

[115] Sobre as três fases da evolução social em Luhmann ver, complementarmente, Kiss, 1986: 50-9.

de comportamento. "Satisfazemo-nos com uma classificação aproximativa, simplesmente verificando se existem ou não procedimentos jurídicos decisórios diferenciados e se estes se referem apenas à aplicação do direito ou também à legiferação. [...] Nesse sentido, distinguimos o direito arcaico, o direito das civilizações pré-modernas e o direito positivo da sociedade moderna."[116]

Nas sociedades arcaicas, carentes de alternativas, nos casos de desapontamento o direito é afirmado mediante autodefesa da vítima ou de seu clã. A institucionalização dessa reação imediata daquele que foi desapontado torna inconcebível um procedimento de aplicação ou execução jurídica. O direito não é primariamente aplicado ou executado (instrumentalmente), mas sim garantido e afirmado (expressivamente) pela vítima[117]. Ele é verificado e confirmado concretamente no presente[118], de modo que ainda não há uma separação clara entre norma e ação[119]. A generalização congruente das expectativas de comportamento nas dimensões temporal e social manifesta-se mediante represália e reciprocidade[120],

---

[116] Luhmann, 1987a: 147. Essa tipologia de três níveis encontra-se também em Eder (1980: 158-66), embora sua classificação se baseie na evolução da representação moral. Em uma perspectiva weberiana, Schluchter (1979: 145 ss.) distingue o direito revelado, o tradicional, o deduzido e o estatuído, conforme o conteúdo e a base de validade do direito consistam, respectivamente, em ação, norma, princípio metajurídico ou princípio jurídico. O terceiro tipo (o direito deduzido) corresponde, na classificação luhmanniana, à fase jusnaturalista de transição para a positivação do direito (ver *infra* p. 30). Gurvitch (1940: 210-42) propunha uma tipologia de sete níveis.

[117] Cf. Luhmann, 1987a: 150.

[118] "Assim também o juízo de deus é experimentado concreta e presentemente como verificação do direito, mas não é interpretado como precedente para casos futuros ou, tampouco, como revelação de uma regra universal" (Luhmann, 1987a: 154).

[119] Cf. Schluchter, 1979: 146. Segundo Hart (1961: 89 ss.), trata-se de um *complexo de regras primárias de obrigação*, caracterizado por três defeitos principais: incerteza, caráter estático e ineficiência. O remédio para esses defeitos seria substituir as regras *primárias* pelas três modalidades de regras *secundárias* (respectivamente: regras de reconhecimento, alteração e julgamento) (Hart, 1961: 91 ss.).

[120] Cf. Luhmann, 1987a: 154-7.

não por meio de procedimento. No que diz respeito à evolução do direito arcaico, o "impasse" reside no mecanismo da variação, a saber, na possibilidade de atingir suficiente variabilidade em estruturas normativas[121].

O direito das civilizações pré-modernas envolve a institucionalização do procedimento de aplicação jurídica[122]. Isso pressupõe uma diferenciação hierárquica das sociedades, segundo a qual a dominação política encontra-se no topo. Assim, o direito não é mais primariamente representado pela afirmação concreta das partes, mas aplicado e executado pela decisão de um terceiro conforme normas e valores abstratos. Em sua função de generalização congruente de expectativas normativas de comportamento, o direito das civilizações pré-modernas baseia-se no procedimento de aplicação jurídica[123], que pressupõe a incerteza do desfecho[124]. Mas princípios e normas abstratos, de acordo com os quais a atividade de aplicação jurídica dos juízes deve orientar-se, não são – inclusive quando introduzidos por legislação – compreendidos como alteráveis[125]. Relacionado a isso, o direito é "concebido como *verdadeiro*, quer dizer, apesar de sua normatividade, subordinado ao modo de tratamento de expectativas cognitivas"[126]. Desse ponto de vista, pode-se afirmar que o "impasse" evolutivo no direito das civilizações pré-modernas reside no problema da seletividade diante da crescente variação de expectativas norma-

121 Luhmann, 1981c: 27; 1987a: 297; Teubner, 1989: 70; 1982: 36.

122 A este respeito, ver Luhmann, 1987a: espec. 171 ss. Segundo Hart (1961: 94-5), tratar-se-ia aqui da introdução das "regras [secundárias] de julgamento" (ver *supra* nota 119). Luhmann (1987a: 79) fala de "institucionalização da institucionalização de expectativas de comportamento".

123 Luhmann, 1987a: 182.

124 Luhmann, 1987a: 172; 1983a: 116.

125 Luhmann, 1987a: 183.

126 Luhmann, 1987a: 185.

tivas, portanto, no problema da "capacidade dos procedimentos decisórios" de cumprir sua função seletiva[127].

Na transição das civilizações pré-modernas para a sociedade moderna, a concepção de direito natural desempenha um importante papel evolutivo no sentido da positivação do direito. A dicotomia "*direito natural/direito positivo*" (ver *supra* pp. 16-8) implica a delimitação do âmbito do direito invariável pela noção de direito variável, alterável[128]. De acordo com a concepção jusnaturalista, porém, o mutável permanece ainda subordinado ao imutável: assim, o direito positivo é válido em virtude de sua conformidade ao direito natural inalterável. A pretensão de validade do direito posto por decisão expressa-se no apelo aos princípios jusnaturalistas. Ainda não está presente a noção de um direito plena e constantemente alterável. Ela só surge com a positivação do direito como aquisição da sociedade moderna[129].

3.3. Positividade como decidibilidade e alterabilidade do direito

Com a introdução do procedimento legiferante como critério de validação do direito, surge, na era contemporânea, a ordem jurídica positiva. O fato de as normas "aparecerem" mediante legislação não é suficiente para a caracterização do direito positivo. A legislação já se encontra em civilizações antigas[130]. Mas, "apesar de aceitar a legislação, o direito era, no seu todo, um direito antigo, válido por força da verdade, da instituição sagrada ou da tradição, e não um direito positivo, produzido, alterável a qualquer

---

[127] Luhmann, 1987a: 297; 1981c: 27, 29; Teubner, 1982: 36; 1989: 70.

[128] Cf. Luhmann, 1987a: 186; 1981b: 119-20.

[129] A esse respeito, ver, de forma genérica, Luhmann, 1981b; 1987a: 190 ss.; 1983a: 141-50.

[130] Luhmann, 1987a: 192 ss.; 1981b: 124-5.

momento"[131]. Somente quando decidibilidade e alterabilidade tornam-se características principais do direito é que se pode falar de positividade. A legiferação não se destina mais, então, simplesmente, à identificação e à compilação do direito já vigente, mas sim atua como fundamento da validade jurídica[132]. "A rigor", ressalta Luhmann, "somente se pode falar de positividade – no sentido de que o direito vale com base em sua decidibilidade – desde quando a legiferação, ou seja, a decisão, tornou-se fundamento do direito"[133]. A entrada e a saída em vigor das normas jurídicas dependem, portanto, em primeiro lugar, de decisões. Em conformidade com isso, Luhmann define: "Por direito positivo devem-se entender normas jurídicas que são postas em vigor mediante decisão e, correspondentemente, podem ser novamente colocadas fora de vigor mediante decisão"[134].

Poder-se-ia objetar que já em Weber fora deixado claro que o direito moderno, diferentemente das ordens normativas das sociedades tradicionais, caracteriza-se como direito válido por força de ser estatuído, o que implica sua constante revisibilidade[135]. No entanto, parece-me que, em Luhmann, o conceito de direito positivo, nos termos do aparato conceitual sistêmico-teórico, assume um significado mais exigente em seus pressupostos. Em conexão

---

[131] Luhmann, 1987a: 195. Ver, em sentido semelhante, Weber, 1985: 131.

[132] Cf. Luhmann, 1987a: 196.

[133] Luhmann, 1987a: 203.

[134] Luhmann, 1983a: 141. "Na era do direito positivo", acrescenta Luhmann (1981b: 145), "o móvel não pode mais ser fundado no fixo; ao contrário, o fixo tem de se fundar no móvel. O direito que vale em cada caso retira seu direito de valer da possibilidade de ser alterado" (cf. também Luhmann, 1981b: 125). Não obstante, ele faz a seguinte reserva: "É verdade que numa ordem jurídica positivada todo o direito pode ser alterado por decisão, mas não tudo de uma vez" (1983a: 149; cf. também 1987a: 349).

[135] Cf. Weber, 1968a: 215-6; 1985: 125; Schluchter, 1979: 146. Apesar de outro pressuposto ("justificabilidade"), Habermas (1982a I: 351-2; 1982b: 264) define a positividade do direito de modo semelhante.

com conceitos como complexidade, contingência, abertura para o futuro, seletividade e outros semelhantes, a concepção de positividade jurídica adquire uma pretensão de esclarecimento mais abrangente.

Somente nas condições supercomplexas e supercontingentes da sociedade moderna é que a positivação do direito pode realizar-se[136]. No âmbito do direito, essa situação manifesta-se mediante o excedente de expectativas normativas. A complexidade estende-se às dimensões temporal, material e social: as diferentes expectativas transformam-se no decorrer do tempo; o volume dos temas juridificáveis cresce intensamente; os expectantes apresentam as mais diferentes e contraditórias reivindicações[137]. A complexidade do ambiente exige a inserção complexa e seletiva do sistema jurídico. "Faz parte da positividade o fato de o direito válido em cada caso ser concebido como seleção de outras possibilidades e vigorar em virtude dessa seleção."[138] A validade jurídica resulta da redução seletiva de complexidade/contingência mediante legiferação, na medida em que as expectativas normativas selecionadas tornem-se congruentemente generalizadas. Não se trata, então, de produção do direito pelo legislador. Pode-se caracterizar o procedimento legiferante como processo de filtragem, o que significa que o legislador trabalha com base em uma abundância de expectativas normativas[139]. A função seletiva da legiferação na sociedade moderna implica, pois, destacar, dentro da multiplicidade de expectativas normativas em princípio incongruentes, o direito válido, quer dizer, as expectativas normativas de comportamento congruentemente generalizadas.

---

136 Cf., por exemplo, Luhmann, 1987a: 190-2.

137 Cf. Luhmann, 1987a: 211-2; 1983a: 144; 1981b: 128-9, 132.

138 Luhmann, 1981b: 125.

139 Cf. Luhmann, 1981b: 123; 1983a: 141, nota 2.

A alterabilidade do direito positivo, válido por força de decisão, reflete a abertura para o futuro da sociedade moderna. O ambiente, em processo de rápida transformação, compele o sistema jurídico a alterar-se constantemente mediante decisões. O direito presente orienta-se agora pela perspectiva futura. A positividade conduz ao fato de que "o presente é visto como consequência do futuro"[140]. Nas palavras de Geiger: no lugar da estrutura *retrospectiva* das normas habituais, aparece a estrutura *prospectiva* das normas estatuídas (positivação)[141].

O excesso de complexidade social em relação às dimensões temporal, social e material produz uma elevada necessidade de inserção seletiva e congruentemente generalizante do sistema jurídico mediante normatização, institucionalização e identificação-de-sentido como mecanismos de generalização relativos a contextos de expectativas[142]. Pode-se, portanto, conceituar a positividade como "*seletividade intensificada do direito*"[143], o que pressupõe a diferenciação estrutural e a especialização funcional do sistema jurídico[144]. A função seletiva e congruentemente generalizante do direito positivo é, então, também excludente perante uma abundância de expectativas normativas de comportamento. Não se trata de consenso fático ou de "vontade geral", mas sim de suposição de consenso[145]. O processamento de desapontamentos por meio de *sanção*, a institucionalização mediante *procedimento*

---

140 Luhmann, 1987a: 345.

141 Cf. Geiger, 1970: 120-2.

142 "A sociedade torna-se sobrecomplexa porque ela constitui mais possibilidades do que pode atualizar. E ela precisa, correspondentemente, de mecanismos seletivos mais eficazes" (Luhmann, 1981b: 130).

143 Luhmann, 1987a: 204.

144 Sobre essa temática, ver, de forma genérica, Luhmann, 1981i; 1987a: 217-26. Cf. também Luhmann, 1983a: 145-6.

145 Cf., por exemplo, Luhmann, 1981b: 132; 1987a: 67-8, 94, 261-2.

e a identificação de contextos de expectativas por programas[146], tudo isso apoiado na função simbólica da força física[147] e em um alto nível de indiferença[148], conduzem à adaptação instrumental e expressiva dos expectantes ao sistema jurídico. De acordo com essa construção sistêmico-teórica, porém, não se pode negar que o direito cumpre sua função seletiva (excludente), congruentemente generalizante, em detrimento de interesses, classes e grupos "inferiores", "mais fracos", uma vez que a diferenciação funcional-horizontal, como *meio* da seletividade, não exclui a estratificação social como *fator* da seleção.

A programação condicional do procedimento jurisdicional relaciona-se com o caráter excludente da função congruentemente generalizante do direito positivo[149]. Além da redução de insegurança para as partes expectantes, da abertura de possibilidades de variação, da possibilidade de tecnicização e do dispêndio de comunicação[150], a relação "se/então" do programa condicional permite "*o desencargo de atenção e responsabilidade para com as consequências da decisão*"[151]. Perante as partes concretamente desapontadas, o juiz fica isento de uma justificação que não pertença ao procedimento condicionalmente programado[152]. Isso serve à chamada "independência dos tribunais"[153] e à concreta neutralização política do procedimento jurisdicional[154].

---

146 Cf. Luhmann, 1987a: 102-3.

147 Cf. Luhmann, 1981b: 138-40; 1987a: 106-15, 262-3.

148 Cf. Luhmann, 1987a: 212-3.

149 Sobre a programação condicional como característica do direito positivo, ver Luhmann, 1987a: 227-34; 1981b: 140-3; 1981j: 275 ss.; 1973a: 88 ss. (espec. 99).

150 Luhmann, 1987a: 229 ss.; 1981b: 141-3.

151 Luhmann, 1987a: 231.

152 Luhmann, 1987a: 231.

153 Luhmann, 1987a: 232.

154 Mas a programação condicional dos procedimentos jurisdicionais não exclui o "direito dos juízes" (cf. Luhmann, 1981c: 127). A programação condicionada da deci-

O procedimento condicionalmente programado de aplicação jurídica pressupõe, no âmbito do direito positivo, o procedimento programador da legiferação[155]. A decisão legiferante, orientada politicamente do ponto de vista finalístico, está em condições de corrigir a unilateralidade da ótica de programas condicionais[156]. Pode-se afirmar que o legislador age conforme programas finalísticos[157]. Mediante sua atividade, o sistema jurídico, de caráter *normativo*, revela-se capaz de aprender. Embora a estrutura descarregante não deva ser questionada nem alterada na situação que ela estrutura, suas modificações legitimam-se no nível estruturador[158]. O ambiente "altamente veloz" exige do procedimento legiferante uma postura cognitivamente aberta em relação à estrutura normativa. O normativo e o cognitivo complementam-se no interesse de conservação e continuidade do sistema jurídico. "Para o direito", enfatiza Luhmann, "tal ordem de simultaneidade entre não aprendizado e aprendizado é obtida pela positivação"[159]. Como se verá na seção 4.2. deste capítulo, positividade significa

---

são jurisdicional foi considerada por Weber (muito insuficientemente, no parecer de Luhmann, 1987a: 228, nota 43) mediante o conceito de racionalidade formal do direito (ver *supra* pp. 10-1). Weber destaca a concatenação com o capitalismo: "o que ele precisa é de um direito que possa ser calculado de maneira semelhante a uma máquina" (Weber, 1985: 817).

[155] Sobre a diferenciação desses procedimentos decisórios como qualidade do direito positivo, ver Luhmann, 1987a: 234-42; 1981b: 133 ss. Mais tarde, Luhmann (1990a: espec. 10 ss.) distinguiu, de forma análoga, a legislação voltada primariamente para *interesses* (*heterorreferência*) e a jurisdição orientada primariamente por *conceitos* (*autorreferência*), designando essa diferenciação interna de procedimentos como "*contradiferenciação* que neutraliza determinadas diferenciações sociais preexistentes" (4-5).

[156] Luhmann, 1987a: 234.

[157] Luhmann, 1987a: 241. Sobre a relação complementar seletivo-legitimadora de programas finalísticos e programas condicionais, ver Luhmann, 1983a: 130 ss.; 1973a: 101 ss.

[158] Cf. Luhmann, 1981b: 128; 1987a: 238; 1983a: 146.

[159] Luhmann, 1981b: 128.

fechamento normativo e abertura cognitiva do sistema jurídico, quer dizer, variabilidade consciente de sua estrutura *normativa.*

3.4. Positivação do direito e juridificação

O aumento do número de temas juridificáveis em consequência da positivação do direito[160] levanta a questão sobre a relação entre este processo histórico e a juridificação da sociedade. Compreendido "para fora" como expansão do direito e "para dentro" como seu detalhamento e especialização (condensação)[161], a juridificação é classificada em três tipos básicos: legalização, burocratização e justicialização[162]. Os efeitos juridificantes sobre a sociedade são, por um lado, avaliados negativamente (alienação, burocratização, "colonização do mundo da vida"), por outro, positivamente (garantia da liberdade e do *status)*[163].

Segundo Habermas, podem-se distinguir quatro fases do processo de juridificação, que correspondem, respectivamente, ao Estado burguês, ao Estado burguês de direito, ao Estado democrático de direito e ao Estado democrático e social de direito[164]. No Estado burguês, a juridificação conduziu aos clássicos direitos subjetivos privados. No Estado burguês de direito, ela conduziu aos direitos subjetivos públicos *liberais*. No Estado democrático de direito, os direitos subjetivos públicos *democráticos* (juridificação do processo de legitimização) impuseram-se "na forma do direito de voto geral e igual, assim como do reconhecimento da liberdade de organização para

---

[160] Cf. Luhmann, 1981b: 129; 1987a: 211; 1983a: 144.

[161] Voigt, 1980: 16; Habermas, 1982a II: 524; Werle, 1982: 4.

[162] Voigt, 1980: 18-23. Werle (1982: 5-6) defende a limitação do conceito de juridificação ao aumento de leis e decretos em determinado período. Contra essa posição, ver a consideração dos "aspectos qualitativos" da juridificação em Voigt, 1983: 18-9.

[163] Voigt, 1980: 30.

[164] Habermas, 1982a II: 524 ss. Cf. também Voigt, 1983: 21-2; Werle, 1982: 9-10.

associações políticas e partidos"[165]. Especificamente quanto ao Estado democrático e social de direito, a juridificação implica o surgimento dos direitos sociais, a intervenção compensatória na estrutura de classes e na economia, a política social do Estado e a regulamentação jurídica das relações familiares e educacionais.

Em relação a essa fase "social e democrática", Habermas avalia a juridificação da sociedade com base na distinção entre "direito como *meio*" ("Medium Recht") e "direito como *instituição*". No primeiro caso, "o direito é combinado com os meios [*Medien*] dinheiro e poder de tal forma que ele mesmo assume o papel de um meio de controle [*Steuerungsmedium*]"[166], como nas esferas do direito econômico, comercial, empresarial e administrativo. Por *instituições* jurídicas Habermas compreende "normas jurídicas que não podem ser suficientemente legitimadas mediante as referências positivistas a procedimentos"[167]. Enquanto elas pertencem "às ordens legítimas do mundo da vida" (âmbito do agir comunicativo), precisam de "uma justificação material"[168]. O direito como meio teria, portanto, força *constitutiva*; o direito como instituição, apenas função regulativa[169]. À medida que o direito atuasse como meio nas esferas informalmente reguladas do mundo da vida, como o direito de família e o da educação, a juridificação teria efeitos negativos e disfuncionais. Aqui se fala de colonização interna do mundo da vida: "A tese da colonização interna afirma que os subsistemas economia e Estado, em consequência do crescimento capitalista, tornam-se cada vez mais complexos e infiltram-se cada vez mais profundamente na reprodução simbólica

---

165 Habermas, 1982a II: 529.

166 Habermas, 1982a II: 536.

167 Habermas, 1982a II: 536.

168 Habermas, 1982a II: 536.

169 Habermas, 1982a II: 537.

do mundo da vida"[170]. Mas, por outro lado, para Habermas, a juridificação pode ter também caráter positivo e funcional, quando o direito como instituição desempenha seu papel regulativo em benefício do plexo de ação do mundo da vida, orientado para o entendimento, ou serve de meio de controle para os sistemas de ação da economia e do Estado[171].

Na perspectiva da teoria dos sistemas, o problema da juridificação é tratado não com base no dualismo "sistema/mundo da vida", mas sim com esteio na dicotomia "sistema/ambiente". Dessa maneira, a juridificação, por exemplo, poderia ser definida como "expansão do sistema jurídico à custa de outros sistemas sociais"[172]. Nesse sentido, a juridificação seria disfuncional. Parece-me, porém, que a juridificação, segundo a teoria luhmanniana dos sistemas, deve ser interpretada de outra maneira. Na medida em que a positivação do direito envolve a juridificabilidade das mais diferentes relações sociais (supercomplexidade material), cumpre contar, tendencialmente, com consequências juridificantes da positividade. Mas essas podem ser adequadas ao ambiente ou disfuncionais. Em princípio, a juridificação não é negativa. Desde que, com base no fechamento normativo e abertura cognitiva, o sistema jurídico responda à demanda de seu ambiente por regulação, sem

---

[170] Habermas, 1982a II: 539.

[171] Cf. Habermas, 1982a II: 536 ss. Desse modo, justifica-se a crítica de Nahamowitz (1985) a Teubner e Willke, uma vez que estes, em sua tentativa de unir a ética do discurso de Habermas à teoria dos sistemas de Luhmann (ver *infra* pp. 52-4), tiraram consequências neoliberais da concepção habermasiana de juridificação (cf. Teubner; Willke, 1984: 24, 29; Teubner, 1982: 26-7, 41-4; mas posição diferente é assumida por Teubner, 1989: 81-2, 85-6). "Para Habermas", segundo Nahamowitz (1985: 42), "o direito intervencionista é um meio de controle adequado e efetivo para os subsistemas economia e administração, mas não para as áreas comunicativamente estruturadas como educação e família. Por isso, a distinção de Habermas entre sistema e mundo da vida desmantela-se no conceito de 'direito reflexivo'".

[172] Voigt, 1980: 27.

violar a autonomia de outros sistemas sociais, a juridificação será vista como adequada e funcional. Além disso, é de se observar aqui, por fim, que a positivação não conduz, necessariamente, à juridificação: mediante o estabelecimento do direito, tendências desjuridificantes[173] podem impor-se, sem que seja reduzido o significado dos princípios da decidibilidade e alterabilidade. De acordo com essa observação, pode-se afirmar que o conceito de direito positivo em Luhmann compreende tanto o direito liberal quanto o direito do Estado social.

3.5. Os pressupostos político e econômico da positivação do direito

Segundo a abordagem sistêmico-teórica luhmanniana, devem-se considerar duas precondições da positivação do direito: a *democracia* e a sociedade *econômica*[174].

No que diz respeito à primeira precondição, apresenta-se o seguinte argumento: na medida em que o sistema político assume a plena responsabilidade pelo direito e se vale de uma elevada liberdade de decisão[175], por conseguinte, desde que perde seu fundamento ético, verdadeiro, ele necessita de apoio social mediante mecanismos democráticos descarregantes e absorvedores de conflitos como eleição, partidos políticos e legislação pluralista, tendo de manter-se aberto às influências sociais contraditórias e tratar valores de modo oportunista e pluralista[176].

A outra precondição para uma "plena" positivação do direito, a sociedade econômica, tem de ser considerada com restrição.

---

173 Sobre desjuridificação como contratendência à juridificação, ver Voigt, 1983: espec. 28 ss.

174 Cf. Luhmann, 1981b: 148-53.

175 Luhmann, 1981b: 147.

176 A esse respeito, cf. também Luhmann, 1987a: 247 ss.; 1983a: 151-4.

As hipóteses "de que o subsistema político da sociedade cede à economia sua posição dirigente, quer dizer, subordina-se primariamente a problematizações econômicas", e "de que a positivação do direito pressupõe um primado social da economia, uma transição da sociedade política (*societas civilis*) para a sociedade econômica"[177], esmaecem no âmbito da teoria dos sistemas luhmanniana, pois, nela, a autorregulação é cada vez mais realçada: "Todo sistema, portanto, pode 'regular' apenas a si mesmo, porque todas as distinções são construções próprias do sistema."[178] Correspondentemente, no que diz respeito especificamente à relação entre economia e política, não se trata, pois, de *subordinação*, mas de "distinções funcionalmente condicionadas" e "paralelismos na estrutura sistêmica"[179]. Por isso, parece-me que, em Luhmann, a segunda precondição para uma "plena" positivação do direito não pode mais ser designada pela expressão "sociedade econômica". Na perspectiva sistêmico-teórica de Luhmann trata-se, antes, de uma diferenciação funcional plena do sistema econômico, a qual conduziria à alta complexidade e, com isso, demandaria um sistema jurídico capaz de aprender, constantemente alterável e livre de valores "absolutos".

3.6. O "impasse" na evolução do direito positivo

Por fim, deve-se observar que, segundo Luhmann, o impasse da evolução do direito positivo não reside mais na variação (direito arcaico) ou na seletividade (direito das civilizações pré-modernas), mas nos mecanismos de estabilização, isto é, na insuficiência

---

177 Luhmann, 1981b: 149-50 Cf. também Luhmann, 1973b: 5; 1981c: 32.

178 Luhmann, 1988a: 27.

179 Luhmann, 1988a: 26. Cf. Nahamowitz, 1985: 41, em posição crítica a essa alteração na teoria dos sistemas de Luhmann. Retornarei a essa questão (ver espec. nota 23 do Cap. III).

do aparato conceitual da "ciência do direito", primariamente dirigido à aplicação jurídica, para atuar na estrutura jurídica de um modo que favoreça o aprendizado e a estabilização[180]. Para Luhmann, por outro lado, há carência de aparato conceitual jurídico-político que permitiria aprender de modo estabilizante no procedimento legislativo, o que implica um "estilo de política quase arcaico", baseado em interesses muito concretos[181]. De acordo com a teoria dos sistemas, portanto, a crise atual do direito positivo resultaria desses problemas de estabilização.

4. POSITIVIDADE COMO AUTODETERMINAÇÃO DO DIREITO (LUHMANN)

Com o desenvolvimento da teoria luhmanniana dos sistemas, pode-se caracterizar a positividade sobretudo como autodeterminação do direito[182]. Isso significa que a manutenção/alteração do sistema jurídico não resulta diretamente das determinações do ambiente, mas de seus próprios critérios, operações e elementos. A seguir, tratarei, em primeiro lugar, da autorreferência como característica dos sistemas sociais em geral (4.1); no segundo momento, a discussão deve concentrar-se, especificamente, na diferenciação do código jurídico e na autonomia/capacidade de aprendizado do direito positivo (4.2); por último, será tomada em consideração a leitura pós-moderna da positividade como autodeterminação do direito (4.3).

4.1. Sistemas sociais como sistemas autorreferentes

A caracterização do direito como sistema autodeterminado é examinada no âmbito da teoria dos sistemas autorreferentes ou

---

180 Cf. Luhmann, 1981c: 27, 30; 1987a: 297-8; Teubner, 1982: 36; 1989: 70-1.

181 Luhmann, 1981c: 30-1.

182 Cf. Luhmann, 1988b; 1983b; 1985; 1981h.

autopoiéticos[183]. "Pode-se caracterizar um sistema", afirma Luhmann, "como autorreferente, se ele, por si mesmo, constituir como unidades funcionais os elementos dos quais ele se compõe..."[184]. Aqui se trata, primariamente, da reprodução unitária dos elementos constituídos pelo sistema e que constituem o sistema[185], não da auto-organização, da manutenção estrutural do sistema[186]. Com base na teoria biológica da autopoiese, desenvolvida sobretudo por Maturana e Varela[187], Luhmann compreende a unidade do sistema, em primeiro lugar, como "unidade dos elementos últimos dos quais o sistema se compõe e unidade dos processos nos quais as operações do sistema reúnem esses elementos"[188]. Em conformidade com isso, Luhmann afirma "que um sistema autopoiético constitui os elementos de que é composto através dos elementos de que é composto e, dessa maneira, demarca fronteiras que não existem na complexidade infraestrutural do ambiente do sistema"[189]. Em outra passagem, são distinguidas três formas de autorreferência: autorreferência de base ou elementar, reflexividade (autorreferência processual) e reflexão, conforme lhes sirva de fundamento, respectivamente, a diferença entre *elemento* e *relação*, *antes* e *depois* ou *sistema* e *ambiente*[190]. Somente no último caso (reflexão),

---

183 A esse respeito, ver, sobretudo, Luhmann, 1987b. Habermas (1988) apresenta uma revisão crítica do ponto de vista da teoria do discurso.

184 Luhmann, 1987b: 59.

185 "Elementos são elementos apenas para os sistemas que os empregam como unidade, e eles o são apenas mediante esses sistemas" (Luhmann, 1987b: 43).

186 Luhmann, 1983b: 132.

187 Sobre essa teoria, ver Maturana; Varela, 1987: espec. 55-60; Maturana, 1982: espec. 141-2, 157 ss., 279-80. Para uma crítica da recepção científico-social do conceito de autopoiese, ver Bühl, 1989, com referência especial ao paradigma luhmanniano (229 ss.).

188 Luhmann, 1983b: 131.

189 Luhmann, 1983b: 132. Ver *infra* pp. 266-7.

190 Cf. Luhmann, 1987b: 600-2.

coincidem autorreferência e referência ao sistema: "Nesse caso, o 'auto' é o sistema, ao qual se atribui a operação autorreferencial. Ela se realiza como operação com a qual o próprio sistema designa-se a si mesmo como distinto do seu ambiente"[191]. Mas a reflexão, como mecanismo mais abrangente, pressupõe as autorreferências de base e processual (retomarei esse tema no Cap. VI).

Nessa perspectiva, se entendermos a autorreferência como autoprodução operacional de elementos e relações[192] sucessivamente selecionados no interior do sistema, deparar-nos-emos com o problema do fechamento. Nesse particular, Luhmann afasta-se da concepção de autopoiese de Maturana, na medida em que distingue entre sistemas constituintes de sentido (psíquicos e sociais) e sistemas não constituintes de sentido (químicos e orgânicos)[193]. Na autopoiese biológica, segundo Luhmann, há uma concepção radical de fechamento, uma vez que para a produção das relações entre sistema e ambiente é exigido um observador fora do sistema, ou seja, outro sistema[194]. No caso de sistemas constituintes de sentido, porém, a "auto-observação torna-se componente necessário da reprodução autopoiética"[195]. Sistemas constituintes de sentido mantêm seu caráter autopoiético ao se referirem, paralelamente, a si mesmos (para dentro) e ao seu ambiente (para fora), operando, dessa maneira, internamente, com a diferença fundamental entre sistema e ambiente[196]. Seu pleno fechamento não é

---

[191] Luhmann, 1987b: 601.

[192] "Assim como não há sistemas sem ambientes, tampouco há elementos sem vínculo relacional ou relações sem elementos" (Luhmann, 1987b: 41).

[193] Ladeur (1985: 408-1) desenvolve outra interpretação. Cf. também Teubner, 1988: 51; 1989: 38, 43, 46, que se posiciona contra a tese sustentada por Luhmann (1985: 2), com base em Maturana (1982: 301), da impossibilidade de autopoiese parcial também nos sistemas sociais.

[194] Luhmann, 1987b: 64.

[195] Luhmann, 1987b: 64.

[196] Luhmann, 1987b: 64.

prejudicado por isso, visto que sentido se relaciona apenas com sentido e só pode ser alterado por sentido[197]. Mas a inserção da diferença "sistema/ambiente" no interior dos sistemas constituintes de sentido (a auto-observação como "momento operacional da autopoiese")[198] possibilita uma nova combinação de fechamento e abertura para o ambiente, de tal modo que a circularidade da autopoiese pode ser interrompida mediante referência ao ambiente[199]. Portanto, de acordo com Luhmann, o ambiente não atua perante o sistema meramente como "condição infraestrutural da possibilidade de constituição dos elementos"[200], nem apenas como perturbação, ruído, "*bruit*"[201]: ele é algo mais, "o *fundamento* do sistema"[202]. Sobre o sistema atuam diversificadas determinações do ambiente, mas a inserção dessas determinações no sistema só ocorre quando este, conforme suas próprias diferenças, atribui-lhes sua forma[203].

Se, por um lado, o enfoque luhmanniano do fechamento dos sistemas autorreferenciais constituintes de sentido distingue-se da teoria biológica da autopoiese, por outro, sua divergência em relação à clássica oposição entre sistemas fechados e abertos[204] pode ser constatada ainda mais claramente[205]. O conceito de sistemas fechados ganha, "em comparação com a antiga teoria dos sistemas, um novo sentido. Ele não designa mais sistemas que

---

197 Luhmann, 1987b: 64.

198 Luhmann, 1987b: 63.

199 Luhamnn, 1987b: 64-5.

200 Luhmann, 1987b: 60.

201 Para Varela (1983), o ruído ("*bruit*" – "*couplage par clôture*" em oposição à "*couplage par input*") atua como forma típica da influência do ambiente sobre os sistemas autônomos.

202 Luhmann, 1987b: 602.

203 "Fundamento é sempre algo *sem* forma" (Luhmann, 1987b: 602).

204 Nessa tradição ver Bertalanffy, 1957: 10 ss.

205 Luhmann, 1987b: 63-4.

existem (quase) sem ambiente, ou seja, que podem determinar-se (quase) integralmente a si mesmos"[206]. Portanto: "Fechamento não significa agora falta de ambiente nem determinação integral por si mesmo"[207]. Trata-se de autonomia do sistema, não de sua autarquia[208]. O fechamento operacional "é, ao contrário, condição de possibilidade para abertura. Toda abertura baseia-se no fechamento"[209]. A combinação de fechamento e abertura pode ser considerada sob duas perspectivas: 1) embora um sistema constituinte de sentido exerça o "*controle das próprias possibilidades de negação por ocasião da produção dos próprios elementos*"[210] (fechamento), esse controle depende das condições de escolha entre "sim" e "não" (abertura)[211]; 2) o controle das possibilidades de negação (fechamento) proporciona uma relação seletiva contínua e estável (ou, no mínimo, menos instável) do sistema com o seu ambiente (abertura adequada).

Quanto aos sistemas sociais "como constituídos sobre a base de uma conexão unitária (autorreferencial) de comunicações"[212], a sociedade é o sistema mais abrangente. Suas unidades elementares, as comunicações[213], que esse sistema constitui mediante a síntese de informação, mensagem e compreensão[214], somente estão presentes no seu interior, não em seu ambiente, de tal modo que ele pode ser caracterizado como "real-necessariamente fe-

---

206 Luhmann, 1987b: 602.

207 Luhmann, 1983b: 133.

208 Luhmann, 1983a: 69; Teubner, 1982: 20. "Autonomia do direito refere-se à circularidade de sua autorreprodução e não à sua independência causal em relação ao ambiente" (Teubner, 1989: 47).

209 Luhmann, 1987b: 606.

210 Luhmann, 1987b: 603.

211 Luhmann, 1987b: 603. Cf. Luhmann, 1986a: 83.

212 Luhmann, 1987b: 92.

213 Luhmann, 1987b: 192-3.

214 Luhmann, 1983b: 137. A esse respeito, ver Luhmann, 1987b: 193 ss.

chado"[215]. Embora a reprodução de comunicações ocorra exclusivamente dentro da sociedade (fechamento autorreferencial), existem, inevitavelmente, comunicações sobre seu ambiente psíquico, orgânico e químico (abertura)[216].

O caráter autopoiético dos sistemas parciais da sociedade não pode, porém, ser esclarecido desse mesmo modo, pois a comunicação é a unidade elementar de todos os sistemas sociais; no ambiente de todos os subsistemas da sociedade há comunicação. Nesses sistemas parciais desenvolvem-se não apenas comunicações *sobre* seu ambiente, mas também comunicações *com* seu ambiente[217]. Somente quando um sistema social dispõe de um código-diferença específico "sim/não" é que pode ser caracterizado como autorreferencialmente fechado (mas aberto ao ambiente)[218]. Por meio de codificação binária "sim/não" própria do sistema, as unidades sistêmicas elementares são reproduzidas internamente e distinguidas de forma clara das comunicações exteriores[219].

4.2. A diferenciação do código do direito. Positividade como combinação de fechamento normativo e abertura cognitiva do direito

A diferenciação do direito na sociedade moderna pode ser interpretada como controle do código-diferença "lícito/ilícito" por um sistema funcional para isso especializado[220]. Segundo Luhmann, essa nova posição do direito pressupõe a superação da sociedade pré-moderna, diferenciada conforme o princípio da estratifica-

---

215 Luhmann, 1987b: 60-1.

216 Luhmann, 1983b: 137.

217 Luhmann, 1983b: 137-8.

218 Cf. Luhmann, 1983b: 134; 1987b: 603; 1986a: 83; 1986c: 171-2.

219 Sobre codificação binária em geral, ver Luhmann, 1986a: 75 ss.

220 Luhmann, 1986c: 171. Cf., em relação aos sistemas sociais em geral, Luhmann, 1986a: 85-6.

ção (verticalmente). Enquanto o princípio de diferenciação se baseava numa distinção entre superior e inferior, apenas o sistema supremo, o político, tinha a autonomia autorreferencial[221]. O direito permanecia supradeterminado pela política e pelo ideário moral estático, político-legitimador, não dispondo, exclusivamente, de um código-diferença "sim/não" específico. A positivação do direito na sociedade moderna implica, portanto, o controle do código-diferença "lícito/ilícito" *exclusivamente* pelo sistema jurídico, o qual, desse modo, adquire seu fechamento operacional[222].

Nesse contexto, a positividade é compreendida como autodeterminação do direito. Assim como ocorre em relação aos outros sistemas sociais diferenciados, não se trata aqui de autarquia, de (quase) ausência de ambiente. Se o fato de dispor do código-diferença "lícito/ilícito" conduz ao fechamento operacional, a escolha entre lícito e ilícito é condicionada pelo ambiente (ver *supra* pp. 44-5). Por outro lado, a autodeterminação do direito baseia-se na distinguibilidade entre expectativas normativas e cognitivas[223], que só se torna clara com a codificação binária "lícito/ilícito" exclusivamente pelo sistema jurídico. Apoiado na distinção "normativo/cognitivo", o fechamento operacional do sistema jurídico é assegurado, simultaneamente, com sua abertura ao ambiente. A respeito, escreve Luhmann: "Sistemas jurídicos utilizam essa diferença para combinar o fechamento da autoprodução recursiva e a abertura de sua referência ao ambiente. O direito constitui, em outras palavras, um *sistema normativamente fechado*, mas *cognitivamente aberto* [...]. A qualidade normativa serve à autopoiese

[221] Luhmann, 1981e: 159-60.

[222] Luhmann, 1986a: 125-6. Especificamente sobre o código binário do sistema jurídico, ver, abrangentemente, Luhmann, 1986c. Deve-se observar aqui que o direito, na perspectiva de observação do sistema político, pode ser caracterizado como um segundo código do poder político (Luhmann, 1986c: 199; 1988c: 34, 48 ss., 56).

[223] Luhmann, 1983b: 138 ss.

do sistema, à sua autocontinuação diferenciada do ambiente. A qualidade cognitiva serve à coordenação desse processo com o ambiente do sistema."[224] Com isso se relaciona o fato de "que o sistema jurídico 'fatorializa' a autorreferência por meio de conceitos, a heterorreferência, ao contrário, mediante interesses"[225].

Dessa maneira, o sistema jurídico pode assimilar os *fatores* do ambiente de acordo com seus próprios critérios, mas não ser influenciado diretamente por esses fatores. A vigência jurídica das expectativas normativas não pode ser determinada, imediatamente, conforme interesses econômicos, critérios políticos, representações éticas, nem mesmo por proposições científicas[226], pois depende de processos seletivos de filtragem conceitual no interior do sistema jurídico[227]. A capacidade de aprendizagem (dimensão cognitivamente aberta) do direito positivo possibilita que ele se altere para adaptar-se ao ambiente complexo e "veloz". O fechamento normativo impede a confusão entre sistema jurídico e seu ambiente, exigindo a "digitalização" interna de informações provenientes do ambiente. A diferenciação do direito na sociedade não é outra coisa senão o tornar possível, nos termos do próprio

---

224 Luhmann, 1983b: 139. Cf. também Luhmann, 1984b: 110 ss.

225 Luhmann, 1990a: 10.

226 Quanto ao conhecimento científico, especificamente, Luhmann (1985: 17) afirma em consonância com isso: "Para o sistema jurídico, porém, seria certamente fatal – e sobretudo politicamente fatal – se ele pudesse ser revolucionado mediante uma substituição de elementos teóricos centrais, ou ainda mediante uma mudança de paradigma." Em oposição a isso, na perspectiva singular de C. Souto e S. Souto, pode-se definir o direito, em parte, *conforme os critérios do conhecimento científico empírico* (cf. Souto; Souto, 1981: espec. 101, 106-13; Souto, 1984: 82-4, 91-2; 1978: 85-117).

227 "Desenvolvimentos externos", assim enfatiza Teubner (1982: 21), ainda que com outras conclusões, "não são, por um lado, ignorados, nem, por outro, convertidos diretamente em efeitos internos, conforme o 'esquema estímulo-resposta', mas sim filtrados e ajustados à lógica interna do desenvolvimento normativo, de acordo com critérios próprios de seletividade."

sistema jurídico, a intermediação dessas duas orientações[228]. A alterabilidade do direito é, desse modo, fortificada, não impedida, como seria de se afirmar com respeito a um fechamento sem ambiente; mas ela ocorre conforme os critérios internos e específicos de um sistema capaz de aprender e sensível ao ambiente[229].

Nessa perspectiva, o fechamento autorreferencial, ou seja, a normatividade para o sistema jurídico, não é um fim em si mesmo do sistema, mas, antes, condição para abertura[230]. A radicalização da tese do fechamento como ausência de ambiente desconhece o problema central da capacidade de conexão (em contraposição ao problema da repetição) entre acontecimentos elementares[231]. Somente sob as condições de abertura cognitiva ao ambiente (capacidade de aprendizagem), o sistema jurídico pode tomar providências para a desparadoxização da autorreferência, para a capacidade de conexão[232]. O fechamento cognitivo do sistema jurídico produziria um paradoxo insuperável da autopoiese e não permitiria a interrupção da interdependência dos componentes internos mediante referência ao ambiente[233].

Por outro lado, entretanto, a interrupção do fechamento normativo através do questionamento do código-diferença "lícito/ilícito" afetaria a autonomia do sistema jurídico, provocando paradoxos heteronomizantes: "Se um sistema emprega uma diferença-guia como código da totalidade de suas operações, essa autoaplicação do código ao código tem de ser excluída. A autorreferência só é admitida dentro do código e, aqui, operacionalizada como

[228] Luhmann, 1983b: 152-3.
[229] Cf. Luhmann, 1983b: 136.
[230] Luhmann, 1987b: 606.
[231] Cf. Luhmann, 1987b: 62.
[232] Cf. Luhmann, 1987b: 59.
[233] Cf. Luhmann, 1987b: 65.

negação. [...] A *autonomia* do sistema não é, então, nada mais do que o *operar conforme o próprio código*, e, mais precisamente, *porque esse desparadoxiza o paradoxo da autorreferência*"[234]. De acordo com a concepção de Luhmann, a "autoaplicação do código ao código" não implicaria apenas efeitos heteronomizantes, mas também imobilidade do sistema jurídico, uma vez que a capacidade de conexão da reprodução autopoiética seria, dessa maneira, bloqueada.

Especialmente nesse ponto emergem as divergências entre a teoria luhmanniana da positividade e as novas concepções axiológicas ou morais do direito[235]. Pressuposto que à positividade do direito é inerente não apenas a supressão da determinação imediata do direito pelos interesses, vontades e critérios políticos dos detentores do poder, mas também a neutralização moral do sistema jurídico, torna-se irrelevante para Luhmann uma teoria da justiça como critério exterior ou superior ao direito positivo: "Todos os valores que possam circular no discurso geral da sociedade são, após a diferenciação de um sistema jurídico, ou juridicamente irrelevantes, ou valores próprios do direito"[236]. Portanto, a justiça só pode ser considerada no interior do sistema jurídico como complexidade adequada (justiça externa) ou como consistência das decisões (justiça interna)[237]. Em outras palavras, trata-se, por um lado (externamente), de abertura cognitiva adequada ao ambiente, capacidade de aprendizagem para adaptar-se; por

---

[234] Luhmann, 1985: 6. Em relação aos sistemas sociais em geral, cf. também Luhmann, 1986a: 76-7, 80-1.

[235] Ver, sobretudo, Luhmann, 1981k; 1988b; e, a respeito, criticamente, R. Dreier, 1981. Cf. também, posicionando-se como crítico em relação à abordagem luhmanniana, Alexy, 1983: 161-5; e, como defensora da mesma abordagem, Kasprzik, 1985.

[236] Luhmann, 1988b: 27. Por isso, Kasprzik (1985: 368 ss.) designa a abordagem de Luhmann como "desfundamentação".

[237] Luhmann, 1988b: 26-7. Cf. também Luhmann, 1981k: 388 ss.

outro (internamente), de capacidade de conexão da reprodução normativa autopoiética. Nesses termos, a positividade do direito não se limita ao *deslocamento* dos problemas de fundamentação no sentido da ética do discurso habermasiana[238], ela significa a *eliminação* da problemática da fundamentação. O fato de que o direito preenche sua função de generalização congruente de expectativas comportamentais perante um ambiente hipercomplexo, inundado das mais diversas expectativas normativas, exige, segundo Luhmann, um desencargo mais radical com respeito à fundamentação ética, seja ela material ou argumentativo-procedimental[239]. A relevância eventual de ponderações axiológicas teria como consequência, nessa perspectiva, a imobilidade do sistema jurídico, o bloqueio de sua tarefa seletiva, portanto, efeitos disfuncionais. Em suma: segundo a concepção luhmanniana da positividade do direito, isto é, do fechamento normativo e abertura cognitiva do direito moderno, o problema da justiça é reorientado para a questão da *complexidade* adequada do sistema jurídico e da *consistência* de suas decisões.

---

238 "A função característica da positivação da ordem jurídica consiste em *deslocar problemas de fundamentação*, portanto, em descarregar a aplicação técnica do direito, *em amplos espaços*, de problemas de fundamentação, mas não em *eliminar* a problemática da fundamentação" (Habermas, 1982a I: 354). Mais tarde, a oposição à concepção luhmanniana da positividade como autonomia sistêmica será expressa de forma mais vigorosa: "Um sistema jurídico adquire autonomia não apenas para si. Ele é autônomo apenas na medida em que os procedimentos institucionalizados para legislação e jurisdição garantam formação imparcial de julgamento e vontade e, por esse caminho, proporcionem a uma racionalidade ético-procedimental ingresso igualmente no direito e na política" (Habermas, 1987a: 16).

239 De acordo com Luhmann (1981k: 389, nota 33), "[...] formas discursivo-racionais de esclarecimento de posições valorativas aceitáveis ou inaceitáveis ficam hoje encravadas no domínio do mero vivenciar. O pressuposto central da filosofia prática, segundo o qual, ao argumentar-se sobre o que hoje se designam valores, poderia compreender-se melhor o *agir*, não é mais sustentável nas condições hodiernas de um mundo mais rico em possibilidades".

4.3. Positividade do direito e abordagens pós-modernistas

No âmbito do conceito de "direito reflexivo", de Teubner e Willke, a concepção de autonomia sistêmica adquire um sentido diferente daquele da abordagem de Luhmann. Numa tentativa de compatibilizar a teoria do direito "responsivo" (Nonet/Selznick) com as teorias da racionalidade procedimental (Habermas) e da positividade jurídica (Luhmann), Teubner distingue três dimensões (racionalidades interna, normativa e sistêmica) e três tipos (formal, material e reflexivo) da racionalidade jurídica[240] para afirmar o ponto de convergência, "*estruturas reflexivas e discurso democrático nos subsistemas da sociedade*", que deveria ser promovido pelo direito reflexivo[241]. Nessa variante da teoria dos sistemas, o mais importante é "que a autorreferência no desenvolvimento jurídico conduz, imediatamente, a um conceito do direito pós-moderno"[242]. Essa construção foi reelaborada mais tarde por Teubner e Willke[243].

Trata-se aqui da questão de como o direito, na qualidade de subsistema social autônomo, pode contribuir para a regulação do seu contexto social em uma sociedade hipercomplexa. Por meio de uma reformulação das diferenciações habermasianas em relação à racionalidade do direito moderno (formal)[244], os tipos jurídicos, em Teubner e Willke, distinguem-se, "especificamente, (1) na sistematização interna da matéria jurídica ('*racionalidade interna*'), (2) no *modus* específico da justificação de pretensões de validade ('*racionalidade normativa*') e (3) na sua contribuição para a con-

---

240 Teubner, 1982: 22-9.

241 Teubner, 1982: 47 ss.

242 Teubner, 1982: 21-2.

243 Cf. Teubner; Willke, 1984. Para uma posição crítica em relação a esse modelo, ver, em perspectivas diversas, Luhmann, 1985; Nahamowitz, 1985; Münch, 1985. Considerando as diferentes críticas, Teubner formulou, mais tarde (1989: 81 ss.), com algumas revisões, sua concepção de direito reflexivo.

244 Cf. Habermas, 1982a: 351 ss.; 1982b: 262 ss.

servação da sociedade ('*racionalidade sistêmica*')"[245]. Conforme esse modelo, o direito formal-racional caracteriza-se como (1) orientado por regras, (2) proscritivo e (3) orientado para a sociedade de mercado; o direito material-racional, como (1) orientado para fins, (2) prescritivo e (3) intervencionista; o direito reflexivo (pós-moderno), por sua (1) orientação procedimental, (2) racionalidade normativa facilitadora e (3) função integrativa[246]. Associada a isso – em comparação com a baixa complexidade externa (apesar da hipercomplexidade interna) do tipo estrutural liberal e da baixa complexidade interna (apesar da hipercomplexidade externa) do socialista –, destaca-se a hipercomplexidade interna e externa do tipo estrutural da sociedade pós-moderna (→ regulação reflexiva)[247]. De acordo com esse entendimento, a sociedade pós-moderna exigiria, em primeiro plano, regulação descentralizada em vez de regulação residual (liberalista) ou diretiva (nos termos de Estado social)[248]. Segundo Teubner e Willke, o direito reflexivo surge como reação à diferenciação funcional da sociedade (Luhmann) e como "constituição exterior" para a autorreflexão discursiva nos outros sistemas sociais (Habermas)[249]. "O papel do direito reflexivo", afirmam, "consiste, então, em ele próprio pôr à disposição mecanismos integrativos para procedimento e organização no interior dos subsistemas atingidos, dando-lhes uma constituição social que respeita a sua dinâmica própria, mas, ao mesmo tempo, impõe-lhes aquelas restrições sociais que resultam, como regras do contexto para cada parte, das condições da

---

[245] Teubner, 1982: 23; Teubner; Willke, 1984: 19.

[246] Teubner; Willke, 1984: 20-4; Teubner, 1982: 24-9.

[247] Teubner; Willke, 1984: 12-3.

[248] Cf. Teubner; Willke, 1984: 32-3.

[249] Teubner; Willke, 1984: 24-30; Teubner, 1982: 44-51.

cooperação de todas as partes"[250]. De acordo com esse modelo, fala-se de dupla autopoiese do direito e dos subsistemas sociais[251]. Mas, divergindo do modelo de Luhmann, essa construção pressupõe que os subsistemas sociais não se encontram apenas em relações de observações recíprocas: não são excluídas interferência e comunicação por meio de organização[252].

Em outra direção, mas também à procura de um direito pós-moderno, Ladeur critica a concepção luhmanniana em consequência de sua "forte ênfase na autorreferência do sistema no nível da reprodução dos 'elementos'", mediante o que "as possibilidades do conceito de autopoiese, fascinantes precisamente em virtude da perspectiva que se sugere de uma nova construção teórica integrativa e interdisciplinar, não se esgotam"[253]. Ladeur acentua, entre outras coisas, a determinação da função do sistema "antes em relação a outros *sub*sistemas"[254]; a pluralidade das "posições do observador" no interior do sistema[255]; a "compatibilização em vez da generalização de expectativas"[256]; a orientação estratégica do sistema jurídico[257]; o operar flexível com a incerteza, o que implica um equilíbrio não linear[258]; e uma lógica local para a dogmática[259]. No âmbito do pós-modernismo, ele parte da crise da identidade subjetiva[260] e, em conexão, da virtualidade da linguagem[261].

---

250 Teubner; Willke, 1984: 7.
251 Cf. Teubner, 1988: 46-8; 1989: 88 ss.
252 Cf. Teubner, 1988: 52 ss.; 1989: 96 ss.
253 Ladeur, 1985: 407.
254 Ladeur, 1985: 407.
255 Ladeur, 1985: 412.
256 Ladeur, 1985: 418.
257 Ladeur, 1985: 419 ss.
258 Ladeur, 1985: 421 ss.
259 Ladeur, 1985: 426.
260 Cf. espec. Ladeur, 1983: 466 ss.; 1984: 160 ss.
261 Cf. Ladeur, 1983: 476. Nesse ponto, ele acompanha Atlan (1983).

A noção do direito como generalização congruente de expectativas comportamentais é criticada porque a isso está associada uma teoria da linguagem "para a qual a linguagem atua como 'sistema de signos', como meio de transmissão"[262], de tal modo que a heterogeneidade e a descontinuidade históricas dos "jogos de linguagem" não são consideradas[263]. Daí resulta que a questão não é de (suposto) consenso, mas sim de compatibilização do dissenso[264]. A autopoiese é flexibilizada, na medida em que o plano da virtualização de estrutura e função[265] possibilita a formação de redes entre os diversos sistemas sociais[266]. Radicalizando a sua tese, Ladeur propõe pluralização (em vez de unidade) do direito[267] e o caráter constitutivo da "desordem" para a ponderação como paradigma jurídico[268].

Tudo isso pressupõe "a crescente heterogeneidade e diferenciação situativa das arenas do agir social e administrativo"[269] e exige aplicação situativo-tópica do direito ("ponderação")[270]. Na perspectiva paradoxal do pós-modernismo, o paradigma geral (a ponderação) é a negação de paradigmas gerais.

Para Teubner, Willke e Ladeur, somente um direito pós-moderno seria realmente direito reflexivo, autopoiético. Para Luhmann, o direito positivo (autodeterminado) é o direito especificamente

---

262 Ladeur, 1985: 415 (cf. também 417-8, nota 131).

263 Ladeur, 1986: 268, nota 8.

264 Cf. Ladeur, 1986: 273.

265 Cf. Ladeur, 1985: 414.

266 A esse respeito, Ladeur (1985: 423) afirma: "É necessário um modelo de regulação de *redes* complexas de ação e causas em vez de regulação de cadeias de ação, o que implica uma cultura jurídica da incerteza". Sobre esse tema, ver mais tarde Ladeur, 1990.

267 Cf. Ladeur, 1983: espec. 479 ss.

268 Ladeur, 1983: 478. Como aplicação desse modelo teórico a uma questão constitucional concreta, ver Ladeur, 1987; e, em controvérsia, Blanke, 1987.

269 Ladeur, 1986: 273.

270 Ladeur, 1983: 472. A esse respeito, também Ladeur, 1984: espec. 205 ss.

moderno, que se desenvolve em diferentes graus. A abordagem de Luhmann, pois, não inclui apenas o direito "reflexivo" e "pós-moderno" aproximativamente ao sentido apresentado por Teubner/Willke ou Ladeur, mas também o direito liberal ("racionalidade formal") e o direito do Estado social ("racionalidade material"), na medida em que essas formas de manifestação do direito possam ser caracterizadas, numa outra perspectiva, como sistemas jurídicos postos/alterados por decisão e, sobretudo, operativamente autodeterminados. Para os fins desta pesquisa, é empregado especificamente o conceito de positividade de Luhmann, sendo consideradas apenas em caráter complementar as contribuições de Ladeur, Teubner e Willke. Mas, no concernente à abordagem pós-modernista de Ladeur, pode-se, curiosamente, constatar que o caráter situativo-difuso do direito tem muito a ver com a realidade jurídica dos países periféricos, que, muito frequentemente, é caracterizada como (quase) pré-moderna ou tradicional. Nesse ponto, há uma interessante aproximação entre a hipótese do direito pós-moderno e a realidade jurídica da periferia, ao que retornarei.

CAPÍTULO II

A CONCEPÇÃO DE CONSTITUIÇÃO

1. CONCEITOS TRADICIONAIS DE CONSTITUIÇÃO

Assim como ocorre com muitas expressões no domínio das ciências sociais, o termo "Constituição" é caracterizado por ambiguidade e mudanças semânticas. Desse modo, encontramos-lhe as mais diferentes definições, o que justifica algumas observações preliminares sobre os conceitos tradicionais de Constituição, antes de ser apresentado aquele que será empregado neste trabalho (ver *infra* seção 2 deste capítulo).

A discussão sobre o conceito de Constituição remonta a Aristóteles. Para ele a Constituição (*politeía*) era concebida, em um sentido muito abrangente, como ordem da *pólis*: "[...] Constituição é a ordem (*táxis*) dos Estados em relação à distribuição dos cargos governamentais (*arkhé*) e à determinação do poder governamental supremo no Estado, como também da finalidade (*télos*) da respectiva comunidade (*koinonía*)"[1]. Esse conceito de organização da *pólis*, o qual incluía elementos estruturais e teleológicos e, segundo o qual, Constituição e Estado podiam ser equiparados[2],

[1] Aristóteles, 1968: 124-5 (IV, 1, 1289a); cf. também 80 (III, 1, 1274b) e 91-2 (III, 6, 1278b).

[2] Smend, 1968: 196. A esse respeito, cf. Aristóteles, 1968: 85 (III, 3, 1276b).

desempenhava um papel importante até o início da época moderna[3]. Porém, na transição para a sociedade moderna, abre-se uma nova constelação semântica, no âmbito da qual a Constituição é conceituada como carta de liberdade ou pacto de poder[4]. Diferentemente do caráter apenas "modificador do poder", "casuístico" e "particular" dos pactos de poder, surge, no quadro das revoluções burguesas do fim do século XVIII, o constitucionalismo moderno, cuja semântica aponta tanto para o sentido normativo quanto para a função e validade "constituinte de poder", "abrangente" e "universal" da Constituição[5].

A esse uso linguístico inovador, vinculado às transformações revolucionárias[6], não se seguiu, contudo, de modo algum, univocidade em relação ao conceito de Constituição. Ao contrário, desde o surgimento dos Estados modernos liberais intensificou-se o problema da plurivocidade da palavra "Constituição". Isso se manifestou marcantemente na teoria alemã "clássica" do Estado e da Constituição; mas, apesar da pluralidade de conceitos que foram formulados naquele contexto[7], eles são suscetíveis de ser classificados em quatro tendências fundamentais, que podem ser de-

---

[3] A respeito, cf. Stourzh, 1975: 99 ss. ou 1989a: 3 ss. Mas ele acentua: "Somente a partir do final do século XVIII e [início] do século XIX tornou-se usual, nas traduções de Aristóteles, verter *politeía* em 'Constituição'" (1975: 101; 1989a: 5). No início da época moderna, traduzia-se *politeía* especialmente pela palavra inglesa *government* (1975: 102 ss.; 1989a: 6 ss.).

[4] A respeito, cf. Böckenförde, 1983: 7 ss.

[5] Grimm, 1987a: espec. 48 ss. Cf. também Grimm, 1989: 633-4.

[6] "Concentrando-se nas questões da política relativa a conceitos e da inovação semântica, então é fácil reconhecer que transformações revolucionárias motivam um uso linguístico inovador" (Luhmann, 1990b: 177).

[7] Cf. Schmitt, 1970: 3 ss.; Heller, 1934: 249 ss. (espec. 274-6). Essa pluralidade de conceitos de Constituição poderia, segundo Vilanova (1953: espec. 19 e 98-9), ser atribuída à complexidade do dado. Já de acordo com Luhmann (1990b: 212), as diferentes definições de Constituição formuladas no âmbito da teoria alemã do Estado teriam servido para encobrir o déficit em relação à capacidade de compreender claramente ou esclarecer "a função própria e, daí, também o conceito de Constituição".

signadas, respectivamente, pelas palavras-chave "sociológica", "jurídico-normativa", "ideal" e "cultural-dialética", as quais até hoje ainda desempenham um papel importante.

Em sua célebre conferência de abril de 1862, Lassalle formulou a definição "sociológica" clássica de Constituição: "as relações factuais de poder existentes em um país"[8]. Mas ele não se limitou a esse tipo de definição: o conceito de Constituição foi também restringido simplesmente à sua dimensão socioeconômica, uma vez que as normas constitucionais teriam de ser consideradas mera expressão da Constituição "real", da qual seriam absolutamente dependentes, sem nenhuma reação condicionadora[9]. Esse posicionamento "sociologista" (até mesmo "economicista") e "mecanicista" de Lassalle desconhece que a ordem (normativo-jurídica) constitucional tem uma autonomia relativa e, em certa medida, atua como condição limitadora das relações reais de poder. Não se observa que os fatores "materiais" de poder e a ordem "jurídica" constitucional encontram-se, permanentemente, em relações de implicação recíproca, especialmente mediante delimitação de fronteiras, o que também é reconhecido no âmbito da teoria marxista[10]. Por outro lado, cabe observar que Lassalle pressupunha uma equiparação entre texto e norma constitucio-

---

[8] Lassalle, 1987: 130. Com base em Lassalle, cf. Weber, 1985: 27. A análise de Engels da "Constituição inglesa" (1988: espec. 572 ss.) pode ser associada à concepção de Constituição de Lassalle.

[9] "As relações factuais de poder existentes em uma sociedade qualquer são a força ativamente efetiva que determina todas as leis e instituições jurídicas dessa sociedade, de tal sorte que elas não poderiam ser de nenhuma maneira diferentes do que precisamente são" (Lassalle, 1987: 125). "Questões constitucionais não são, originalmente, questões jurídicas, mas questões de poder; a Constituição real de um país existe apenas nas relações factuais, reais, de poder existentes num país; Constituições escritas têm valor e duração apenas quando são a expressão exata das relações reais de poder existentes na sociedade" (Lassalle, 1987: 147).

[10] Cf., por exemplo, Poulantzas, 1967: 160; Nersesiants, 1982: 177-8.

nal[11], e partia da suposição de que as normas constitucionais não seriam integrantes da realidade. Dessa maneira, a atividade constituinte não é compreendida como um processo de filtragem de expectativas normativas de comportamento, e a Constituição, portanto, não é concebida como expectativas jurídico-normativas vigentes (ver *infra* seção 2 deste capítulo).

Em oposição à clássica concepção "sociológica" de Constituição, apresentam-se os conceitos exclusivamente jurídico-normativos de Constituição, nos termos da Teoria Pura do Direito: "o escalão mais elevado do direito positivo" (Constituição em sentido material) ou as normas jurídicas que, em comparação com as leis ordinárias, são alteráveis somente sob exigências mais severas (Constituição em sentido formal)[12]. Nessa perspectiva, é pressuposta uma identificação do ordenamento jurídico estatal com o Estado[13], assim como as normas são concebidas como objetos de sentido ideal (ver *supra* p. 19). Embora nesse caso não se trate de identidade de norma e texto normativo[14], desconhece-se a reali-

---

[11] Em posição depreciativa, Lassalle (1987: 134 e 136) designa a Constituição escrita moderna como "folha de papel".

[12] Kelsen, 1960: 228-30; 1946: 124-5; 1966: 251-3, com variações em relação ao conteúdo da "Constituição em sentido material" (cf. Neves, 1988: 56-7). Partindo de que a questão de estabelecer quais as normas que devem ser consideradas parte da "Constituição material de um Estado" seria "um problema contingente de classificação" (Vernengo, 1976: 310), muitos autores foram levados, na tradicional discussão da Teoria do Estado, a atribuir significação normativo-jurídica apenas ao conceito de "Constituição em sentido formal" (cf., por exemplo, Jellinek, 1976: 534; Carré de Malberg, 1922: 572 ss.; Heller, 1934: 274; Ferreira, 1975: 433-4). Em oposição a isso, ver Kelsen, 1946: 258-9.

[13] Cf. Kelsen, 1966: 13-21; 1946: 181-92; 1960: 289-320.

[14] "Para o problema lógico, o que importa não é a expressão linguística, mas o sentido; e não se pode sempre reconhecer esse sentido na expressão linguística em si. O sentido depende da intenção daquele que emprega a expressão linguística. [...] A norma pode, *mas não tem de* ser expressa numa sentença, isto é, em uma forma linguística composta de sujeito e predicado" (Kelsen, 1979: 120; grifei). Müller (1984: 148 e 268) interpreta de forma diferente. A esse respeito, em controvérsia com Müller, cf. Walter, 1975: 444.

dade das expectativas normativas constitucionais, o que torna tal modelo de Constituição inapropriado para o presente estudo. Porém, uma vez que a Teoria Pura do Direito – em contraposição a outras abordagens jurídico-dogmáticas – reconhece que determinado grau de eficácia da ordem jurídica e de uma única norma é condição de sua validade (ver *supra* p. 19), ela já deixa um espaço de possibilidades – sem que essa seja sua orientação – para uma interpretação jurídico-sociológica da relação "validade/eficácia" da Constituição.

Em uma terceira perspectiva, a Constituição é concebida nos termos do chamado "constitucionalismo", que se impôs principalmente com as revoluções burguesas dos séculos XVIII e XIX, correspondendo, portanto, ao ideal constitucional do Estado burguês de direito[15]. Nesse contexto, o conceito de "Constituição" está relacionado com o de "Estado constitucional"[16]. Dessa maneira, fala-se de Estados "constitucionais" *versus* Estados "não constitucionais", "até mesmo de uma 'Constituição constitucional do Estado'"[17]. O problema da Constituição torna-se, então, limitado à sua dimensão axiológica: nessa orientação, só seria uma "verdadeira" Constituição aquela que correspondesse a determinado padrão valorativo ideal. Uma expressão clássica do idealismo constitucional encontra-se no art. 16 da Declaração dos Direitos do Homem e do Cidadão de 1789: "Qualquer sociedade em que não esteja assegurada a garantia dos direitos, nem estabelecida a separação dos poderes, não tem Constituição"[18]. De acordo com esse modelo, a

---

[15] Cf. Schmitt, 1970: 36-41.

[16] Hollerbach, 1969: 47.

[17] Schmitt, 1970: 36.

[18] "Toute société dans laquelle la garantie des droits n'est pas assurée, ni la séparation des pouvoirs déterminée, n'a point de constitution" (entre outros, em Duverger [org.], 1966: 3-4).

Constituição implica um sistema de garantias da liberdade burguesa, a divisão de poderes e uma forma escrita[19]. Caso se rejeite essa visão liberal do constitucionalismo em proveito de uma concepção democrática – inclusive social-democrática – de Estado constitucional, ainda assim permanece como núcleo conteudístico do conceito a "garantia" dos chamados direitos fundamentais e a limitação jurídica do poder estatal. Nesse sentido, os Estados autoritários e totalitários[20] não teriam Constituição, uma vez que não realizam os *princípios* constitucionais[21]. Esse conceito de Constituição está apenas indiretamente relacionado com a concepção empregada no âmbito desta pesquisa: como a Constituição, no seu sentido moderno, só surge mediante a positivação do direito (ver seção 2 deste capítulo), pode-se também afirmar, do ponto de vista da teoria dos sistemas, a falta de Constituição nos Estados pré-modernos, assim como nos Estados totalitários e autoritários da época moderna. Entretanto, os modelos de interpretação são bem diferentes. Um parte da "declaração" de valores fundamentais essencialmente jurídicos ou da evolução da consciência moral; o outro, da diferenciação do sistema jurídico.

A esses conceitos "unilaterais" de Constituição opõem-se as chamadas concepções "cultural-dialéticas" de Constituição, segundo as quais a Constituição deve ser compreendida como síntese mais abrangente das três dimensões básicas mencionadas. A Constituição do Estado resultaria da relação recíproca entre dever-ser constitucional ("ideal") e ser constitucional ("real"). Em Heller, essa fórmula expressa-se através da dialética "normatividade/normalidade"[22], que conduz a um conceito muito amplo: "A Constitui-

---

[19] Schmitt, 1970: 38-40.

[20] Sobre a diferença entre autoritarismo e totalitarismo, ver *infra* p. 95.

[21] Nessa orientação, por exemplo, Loewenstein, 1975: 128-9.

[22] Cf. Heller, 1934: 249 ss.

ção do Estado que assim surge forma um todo em que normalidade e normatividade, como também normatividades jurídica e extrajurídica, aparecem em uma relação de complementação recíproca."[23] Desse modo, compreendida a Constituição – em oposição às concepções unilaterais de Kelsen e Schmitt[24] e ao dualismo de Jellinek[25] – como síntese de ser e dever-ser, as análises parciais da Constituição pressupõem sua concepção integral e a Constituição do Estado, normatizada juridicamente, é compreendida como expressão parcial de um todo[26]. A Constituição jurídica como dever-ser ideal "é e permanece", portanto, "a expressão das relações de poder tanto físicas quanto psíquicas"[27].

Uma variante da concepção "cultural-dialética" de Constituição encontra-se em Rudolf Smend. De acordo com esse modelo, o Estado é concebido como processo de integração[28] e a Constituição como sua ordem jurídica, isto é, como "a normatização legal de aspectos particulares desse processo"[29]. Mas, nessa perspectiva, a Constituição, em sentido estritamente jurídico, consiste – diferentemente das construções de Jellinek, Kelsen, Schmitt e Heller – não apenas em uma estrutura de sentido normativa (ideal): "Como Direito positivo a Constituição não é somente norma, mas também realidade."[30] Disso resulta uma concepção dinâmica, segundo

---

[23] Heller, 1934: 254.

[24] Heller, 1934: 259 e 276-7.

[25] Heller, 1934: 259. A respeito, cf. Jellinek, 1976: 10-12, 20.

[26] "Por essa razão, o preceito jurídico particular só pode ser fundamentalmente concebido, de modo pleno, a partir da totalidade da Constituição política" (Heller, 1934: 255).

[27] Heller, 1934: 259-60.

[28] Cf. Smend, 1968: 136 ss. Em relação ao efeito da concepção de Smend sobre a mudança do significado de Constituição no direito público da República Federal da Alemanha, cf. Böckenförde, 1983: 17 ss.

[29] Smend, 1968: 189.

[30] Smend, 1968: 192.

a qual o sistema constitucional, "dado o caso, completa-se e transforma-se por si mesmo"[31], na medida em que a Constituição se converte em vida política[32] e, com isso, exige interpretações constitucionais divergentes[33].

Nas abordagens "cultural-dialéticas" de Heller e Smend a respeito de Constituição, o dever-ser constitucional é conceituado como conexão (ideal) de sentido, a qual, porém, é condicionada pelo ser (real) ou dele recebe o seu significado social. Uma diferença consiste, entre outras coisas, no fato de que, para Heller, a Constituição em sentido estritamente jurídico é uma estrutura normativa (ideal), enquanto para Smend a realidade política pertence ao direito constitucional. Em ambas as concepções, não se reconhece que o dever-ser constitucional é suscetível de ser designado como realidade, quer dizer, que as normas constitucionais podem ser designadas como expectativas estabilizadas de comportamento. Nessa perspectiva, as normas constitucionais, como se pode ver na próxima seção, são as expectativas jurídico-normativas de comportamento especificamente filtradas pelos procedimentos decisórios constituintes e pelos de concretização constitucional. Não se trata de uma estrutura ideal de sentido em relações recíprocas com a realidade social, mas sim de um subsistema normativo-jurídico, o qual, de um lado, tem uma relativa autonomia e, de outro, encontra-se em relações permanentes e variadas com os sistemas sociais primariamente cognitivos, com os outros sistemas primariamente normativos e, especialmente, com outras dimensões do sistema jurídico.

---

31 Smend, 1968: 191.

32 Smend, 1968: 189. Stern (1984: 73) fala de uma "inclusão mais forte do *processo político* no direito constitucional" em Smend.

33 Smend, 1968: 190.

2. UM CONCEITO SISTÊMICO-TEÓRICO DE CONSTITUIÇÃO

Dando seguimento às considerações sobre a positivação do direito (ver *supra* Cap. I.3 e 4), será apresentado nesta seção um conceito sistêmico-teórico de Constituição, com base no qual podem ser mais bem investigadas as questões a serem levantadas nos próximos capítulos sobre a insuficiente positividade (como autodeterminação) do direito nos países periféricos[34]. Não se trata aqui, primariamente, nem de um conceito político-sociológico, segundo o qual a Constituição estaria inserida no sistema político[35], nem da abrangente concepção de Constituição como acoplamento estrutural entre política e direito[36], mas de um conceito a ser construído com base na sociologia jurídica de Luhmann, mais especificamente de sua teoria da positivação do direito, segundo a qual a Constituição faz parte do sistema jurídico como seu subsistema (direito constitucional)[37]. Porém, no que se refere à relação específica do sistema jurídico com o sistema político (ver espec. Cap. V.2.2), as duas concepções inicialmente mencionadas adquirem relevância (sobretudo a concepção de Constituição como acoplamento estrutural – cf. Cap. V.2.2.4), na medida em que elas não entrem em contradição com a perspectiva aqui designada como primária.

Nessa perspectiva, a norma constitucional, como um caso particular de norma jurídica, representa um tipo de expectativa de comportamento estabilizada em termos contrafáticos. Ela não é compreendida como dever-ser ideal[38]. Isso não implica, forçosa-

---

[34] "O que é Constituição? A direção na qual essa questão tem de ser orientada depende da tarefa que deve ser resolvida com o conceito a ser obtido" (Hesse, 1980: 3).

[35] Nesse particular, ver Luhmann, 1973b.

[36] A respeito, ver Luhmann, 1990b: espec. 193 ss.

[37] Sobre essa possibilidade, cf. mais tarde Luhmann, 1990b: 185 ss.

[38] Embora Luhmann, numa perspectiva jurídico-sociológica (observação externa), conceitue a norma jurídica como fato (expectativa de comportamento) (ver *supra*

mente, o conceito de Constituição como ordem jurídica fundamental da coletividade[39], o qual pressupõe "que, também em nossa sociedade, estruturas 'constituintes' possam tomar a forma de expectativas normativas de comportamento"[40]. Porém, se a Constituição, sob um ponto de vista jurídico-sociológico, também pode ser conceituada como um subsistema do direito, então se podem entender as normas constitucionais como expectativas de comportamento congruentemente generalizadas e estabilizadas em termos contrafáticos (ver *supra* pp. 25-6). Desse ponto de vista, levantam-se as seguintes questões: Que significado a Constituição (moderna) tem para a positivação do direito? Que função social cumpre o direito constitucional positivo? Não se trata apenas especificamente da questão concernente à *prestação* da Constituição perante o sistema político[41].

Um dos pontos mais importantes da abordagem jurídico-sociológica luhmanniana é o de que a diferenciação funcional da sociedade moderna conduz à positivação do direito. A esse entendimento associa-se a ideia de que à positivação do direito corresponde o surgimento da Constituição no sentido moderno[42], ou seja, a diferenciação interna do direito constitucional no sistema

p. 24), ele reconhece que, sob o ponto de vista da teoria do direito (auto-observação), as normas não são dedutíveis de fatos (cf. Luhmann, 1986b: 21).

39 Cf., por exemplo, Hesse, 1980: 11; Hollerbach, 1969: 46; Böckenförde, 1983: 16 ss.

40 Luhmann, 1973b: 2. "Consequentemente, o interesse na realidade constitucional cai em uma perspectiva que indaga se o comportamento é conforme ou desviante à norma" (*ibid.*).

41 Essa questão corresponderia à seguinte tese de Luhmann (1973b: 171): "Constituições teriam de reformular as condições de compatibilidade social para o sistema político da sociedade." Mas, nessa abordagem, a Constituição é considerada mecanismo reflexivo *do* sistema político, uma vez que "deve ser compreendida, sociologicamente, como um regulador para as relações sistema/ambiente do sistema político da sociedade" (165).

42 De modo que a "promulgação" (?) de Constituições é designada como prova para a realidade da positivação do direito (Luhmann, 1984a: 95-6).

jurídico. Na medida em que as representações moral-legitimadoras, válidas para todas as esferas sociais, perderam sua função e seu significado social, a validade das decisões aplicadoras de direito e legiferantes não podia mais, evidentemente, fundamentar-se nelas. A positividade como autodeterminação do direito significa a exclusão de qualquer supradeterminação imediata do direito por outros sistemas sociais: política, economia, ciência etc. (ver *supra* Cap. I.4). Nessa perspectiva, a relação entre sistemas jurídico e político é horizontal-funcional, portanto, não mais vertical-hierárquica. Nesse novo contexto, sem seus fundamentos políticos e morais[43], o sistema jurídico precisa de critérios internos não apenas para a aplicação do direito, mas também para a legiferação. Esse papel é atribuído ao direito constitucional. Nesse sentido, "a Constituição é a forma com a qual o sistema jurídico reage à própria autonomia. Em outras palavras, a Constituição tem de substituir orientações externas, tais como as que o direito natural havia postulado"[44]. Na sociedade moderna, altamente complexa e contingente, a falta de Constituição juridicamente diferenciada conduz à manipulação política arbitrária do direito, o que impede sua positivação. Decidibilidade e alterabilidade estão, portanto, em contradição com a determinação externa do direito.

A uma legislação ilimitada, que tem como consequência a quebra da autopoiese do sistema jurídico, isto é, a alopoiese da reprodução da comunicação jurídica, opõe-se a forma interna de hierarquização mediante a validade supralegal do direito consti-

[43] A tese de Timasheff de que o direito, como fenômeno secundário, é a combinação de ética e política como fenômenos primários (Timasheff, 1937-38: 230-1; 1936: espec. 143 e 155 ss.) não é mais válida para o direito moderno, embora tenha significado para as sociedades pré-modernas.

[44] Luhmann, 1990b: 187.

tucional[45]. Isso não tem apenas significação técnico-jurídica[46]. Não se trata de vários planos opostos isolados em relação uns aos outros, mas de "hierarquias entrelaçadas" ["*tangled hierarchies*"][47]: a validade e o sentido do direito constitucional dependem da atividade legislativa e da atividade de aplicação concreta do direito. A hierarquização interna "direito constitucional/direito legal ordinário" atua como condição da reprodução autopoiética do direito moderno, servindo, portanto, ao seu fechamento normativo e operacional[48]. Desse modo, qualquer intervenção legiferante do sistema político no sistema jurídico é mediatizada pelas normas constitucionais. O sistema jurídico ganha, com isso, *critérios* para a aplicação do código "lícito/ilícito" aos procedimentos legislativos[49]. Sob esse ponto de vista, pode-se afirmar que a positivação do direito na sociedade moderna, além da separação "aplicação jurídica/legiferação" (ver *supra* pp. 35-6), pressupõe a distinção entre Constituição e lei. À luz do conceito de "mecanismos reflexivos"[50], pode-se exprimir isso da seguinte forma: a Constituição como normatização da normatização de normatização é imprescindível à positividade como autodeterminação do direito.

Pode-se afirmar, jurídico-sociologicamente, que o direito constitucional funciona como limite sistêmico-interno para a ca-

---

[45] Cf. Luhmann, 1990b: 190.

[46] De modo diverso, porém, ver Luhmann, 1973b: 1.

[47] Um conceito de Hofstadter (1979: 10 e 684 ss.), empregado nesse contexto por Luhmann (1986b: 15-6). Cf. também Teubner, 1989: 9.

[48] Nesse sentido, Luhmann mais tarde (1990b: 187) acentuou: "a Constituição fecha o sistema jurídico, enquanto o regula como um domínio no qual ela mesma reaparece. Ela constitui o sistema jurídico como sistema fechado mediante reingresso no sistema".

[49] Sobre a diferença entre códigos e critérios (ou programas), cf. Luhmann, 1986a: 82-3, 89 ss.; especificamente em relação ao sistema jurídico, ver Luhmann, 1986c: 194 ss.

[50] A respeito, ver Luhmann, 1984a.

pacidade de aprendizado do direito positivo; em outras palavras: a Constituição determina como e até que ponto o sistema jurídico pode aprender sem perder sua autonomia[51]. Uma regulação não estritamente jurídica da capacidade de aprendizado do sistema jurídico conduz – numa sociedade hipercomplexa, com consequências muito problemáticas – a intervenções diretas de outros sistemas sociais no direito, sobretudo do sistema político. Mas também é de observar que o sistema constitucional é, ao mesmo tempo, capaz de aprender a respeito do que ele mesmo prescreve. Embora esse caráter cognitivo do sistema constitucional se expresse através do procedimento específico de reforma constitucional, ele também se manifesta certamente no decorrer do processo de concretização constitucional. Não se trata, portanto, de uma hierarquização absoluta. Principalmente as leis ordinárias e as decisões dos tribunais competentes para questões constitucionais, que do ponto de vista técnico-jurídico constituem direito infraconstitucional, determinam o sentido e condicionam a validade das normas constitucionais[52]. A circularidade é mantida, pelo menos na "relação de mistura" entre criação e aplicação do direito[53].

---

[51] Em consonância com isso, escreve Luhmann (1973b: 165): "Distinguem-se o sentido e a função da Constituição pelo emprego de negações explícitas, negações de negações, demarcações, impedimentos; a própria Constituição é, conforme sua compreensão formal, a negação da alterabilidade ilimitada do direito."

[52] "Pode haver diferenças de influência, hierarquias, assimetrizações, mas nenhuma parte do sistema pode controlar outras sem se submeter, por sua vez, ao controle; e, em tais circunstâncias, é possível, em sistemas orientados pelo sentido até mesmo altamente provável, que cada controle seja exercido com base na antecipação do controle inverso" (Luhmann, 1987b: 63; em relação específica ao sistema jurídico, cf. Luhmann, 1981o: 254-5).

[53] Da teoria da "estrutura escalonada" do ordenamento jurídico formulada por Öhlinger (1975), uma variante da Teoria Pura do Direito, Luhmann faz uma leitura no sentido de que o escalonamento do "sistema jurídico" se refere apenas à "relação de mistura" entre criação e aplicação jurídica, para acrescentar: "Um passo além disso seria conceituar a relação de criação/aplicação do direito a cada grau como circular, portanto, como autorreferencial. Então, a estrutura escalonada seria uma

Segundo o enfoque da teoria dos sistemas, a Constituição desempenha uma função descarregante para o direito positivo como subsistema da sociedade moderna hipercomplexa. Ela impede o bloqueio do sistema jurídico pelas mais diversas expectativas de comportamento que se desenvolvem no seu ambiente. Essa função descarregante é possível apenas mediante a adoção do "princípio da não identificação"[54]. Para a Constituição, ele significa a não identificação com concepções abrangentes de natureza religiosa, moral, filosófica ou ideológica[55]. A identificação da Constituição com uma dessas concepções bloquearia o sistema jurídico, de tal maneira que ele não poderia produzir uma complexidade interna adequada ao seu ambiente hipercomplexo. Uma "Constituição que se identifica" poderia funcionar em consonância com seu ambiente somente sob as condições de uma sociedade pré-moderna. Nesse caso, o domínio de representações morais válidas para todos os âmbitos sociais pressupõe uma sociedade simples, pobre em possibilidades, que não possibilita uma diferenciação (positivação) plena do sistema jurídico. Sob as condições contemporâneas de alta complexidade e contingência da sociedade, uma "Constituição que se identifica" produz efeitos disfuncionais desdiferenciantes para o direito, na medida em que falta sintonização entre sistema jurídico subcomplexo e ambiente hipercom-

---

decomposição e hierarquização da autorreferência fundamental do sistema" (Luhmann, 1983b: 141, nota 26; cf. também Luhmann, 1990a: 11).

[54] Emprego aqui, à luz da teoria dos sistemas, o conceito de não identificação (do Estado) de Krüger (1966: 178-85), que Hollerbach (1969: 52-7) adotou em relação à Constituição; esse conceito, aliás, desempenha um forte papel ideológico no debate sobre "inimigos da Constituição". Na perspectiva ético-procedimental de Habermas, tratar-se-ia aqui da indisponibilidade do direito ou da imparcialidade do Estado de direito (cf. Habermas, 1987a: 3-6, 11-2).

[55] Hollerbach, 1969: 52. Nesse sentido, embora sob outra perspectiva, afirma Grimmer (1976: 9): "As finalidades de grupos sociais ou partidos políticos e os desejos, interesses e necessidades de ação estatal que estão na base dessas finalidades não têm nenhuma validade geral imediata."

plexo. Nessa perspectiva, pode-se até mesmo acrescentar que uma "Constituição que se identifica" não é Constituição no sentido moderno, uma vez que, em virtude da "identificação", não consiste em uma Constituição juridicamente diferenciada, mas em determinados princípios constitutivos supremos, que têm a pretensão de valer para todos os domínios ou mecanismos sociais.

Pode-se esclarecer, sistêmico-teoricamente, considerando-se o "princípio da não identificação", quais funções as Constituições modernas desempenham mediante a institucionalização dos direitos fundamentais, da divisão dos poderes e da eleição política. Mediante a "declaração" dos direitos fundamentais, a Constituição reconhece a hipercomplexidade da sociedade, a dissolução de critérios de orientação do comportamento relativos à totalidade social, a inexistência de um sistema social supremo. Os direitos fundamentais servem ao desenvolvimento de comunicações em diversos níveis diferenciados; por exemplo: a determinação *imediata* das relações amorosas ou da moda pela política ou religião é excluída, assim como o efeito direto da economia ou das relações familiares sobre a comunicação política. A função dos direitos fundamentais relaciona-se, portanto, ao "perigo da desdiferenciação" (especialmente da "politização"), quer dizer, expressando-se positivamente, à "manutenção de uma ordem diferenciada de comunicação"[56]. No âmbito de uma "Constituição que se identifica", a instituição dos direitos fundamentais é excluída ou deturpada, a pluralidade e a contingência das expectativas são desconsideradas e é produzida uma desdiferenciação inadequada à complexidade da sociedade contemporânea[57]. Em resumo: por intermédio

[56] Luhmann, 1965: 23-5.

[57] A isso se pode relacionar a crítica de Lefort (1981) às tendências totalitárias direcionadas contra os "*droits de l'homme*", visto que ele reconduz a institucionalização dos "direitos humanos" à diferenciação ("desintrincamento" – "*désintrication*") entre poder, lei e saber (1981: 64).

dos direitos fundamentais, as Constituições modernas respondem às exigências do ambiente por livre desenvolvimento da comunicação (e da personalidade) conforme diversos códigos diferenciados[58].

As Constituições modernas institucionalizam a "divisão de poderes" especificamente contra a possibilidade da desdiferenciação política do direito. A influência da comunicação conforme o código do poder sobre a comunicação segundo o código jurídico é, desse modo, intermediada pelo direito. Luhmann acrescenta: "Mediante a divisão de poderes, o código do poder é, então, em princípio, vinculado ao direito. Processos decisórios são conduzidos pela via do direito"[59]. Por outro lado, cabe observar que a introdução de procedimentos horizontalmente diferenciados, mediante a institucionalização da "divisão de poderes", aumenta a capacidade de prestação do sistema jurídico e da política para responder às exigências do ambiente repleto das mais distintas expectativas[60]. A ausência ou deformação da "divisão de poderes" conduz à desdiferenciação (politização) e revela-se, por isso, incompatível com a hipercomplexidade da sociedade atual (retomo esse ponto especialmente no Cap. V.2.2.3).

A instituição da eleição política também se conecta com o "princípio da não identificação" da Constituição, uma vez que a *universalidade* do direito de voto, a *igualdade* do peso dos votos e a garantia do voto *secreto* asseguram a indiferença perante outros papéis sociais dos eleitores[61] e, desse modo, imunizam o procedimento eleitoral contra as diferenças de *status* e opinião[62]. Segundo

---

58 Retomo esse assunto especialmente no Cap. V.1, em que também se discute o problema da inclusão.

59 Luhmann, 1973b: 11.

60 A respeito, Luhmann, 1983a.

61 Luhmann, 1983a: 159.

62 "Todas as diferenças podem ou devem ser ignoradas, salvo aquelas que, num contexto funcional específico, possam ser justificadas como convenientes" (Luhmann, 1983a: 160).

Luhmann, em relação à ocupação de papéis políticos, isso implica a transição de critérios baseados em atributos (estáticos) para critérios orientados pela aptidão ou desempenho (dinâmicos)[63]. Nessa nova constelação, a eleição democrática atua como apoio descarregante para o sistema político, que assume "a plena responsabilidade pelo direito"[64]. Sem a instituição da eleição democrática ou de um equivalente funcional, seria inimaginável que a política e, com ela, o sistema jurídico não se identificassem com determinadas concepções ideológicas abrangentes ou com grupos privilegiados. Como o procedimento eleitoral também tem a "função essencial" de "formular e deixar em aberto alternativas"[65], ele serve ao aumento da complexidade do sistema político e, com isso, do jurídico – uma exigência da hipercomplexidade dos respectivos ambientes. Uma supressão de eleições democráticas nas Constituições atuais conduz à identificação do Estado com determinados grupos[66] e, dessa maneira, a uma desdiferenciação dos sistemas jurídico e político, inadequada à complexidade da sociedade (ver *infra* pp. 137-8 e Cap. V.2.2.1).

Ao se caracterizar a Constituição, jurídico-sociologicamente, como subsistema do direito positivo, podem-se também designar as normas constitucionais como expectativas normativas de comportamento congruentemente generalizadas (ver *supra* pp. 25-6).

---

[63] Luhmann, 1983a: 156-8. Mas uma interpretação que superestime a transição para um recrutamento orientado pelo desempenho na sociedade moderna, como se a democracia conduzisse à eleição dos melhores candidatos, não resiste, evidentemente, a uma crítica de modelos ideológicos; cf. Rubinstein (1988: 539-40), no âmbito de uma crítica à concepção de "*achievement*" como princípio geral de distribuição na sociedade moderna.

[64] Luhmann, 1981b: 147.

[65] Luhmann, 1983a: 161.

[66] Assim, "o ordenamento sem direito de voto exige que o cidadão se identifique em suas comunicações com o sistema político de ação (e não, porventura, apenas com uma ordem normativa básica: a Constituição), portanto, que se apresente como inteiramente leal" (Luhmann, 1965: 149).

As expectativas normativas constitucionais adquirem sua validade não apenas com a atividade constituinte e a reforma constitucional como processos de filtragem voltados especificamente para isso, mas também com a concretização constitucional como multiplicidade de processos de filtragem. – Disso resulta que a Constituição não deve ser definida apenas pelo aspecto estrutural (como expectativas); simultaneamente, sob o ponto de vista operativo, ela inclui as comunicações que, por um lado, baseiam-se em expectativas constitucionais vigentes e, por outro, servem de suporte à vigência destas. – As normas constitucionais vigentes já oferecem critérios para aplicação do código jurídico, de tal maneira que em várias situações apenas com as normas constitucionais é possível distinguir, com relativa segurança, se a situação é lícita ou ilícita[67]. A Constituição, portanto, serve também à garantia de expectativa e ao controle de comportamento[68]. Porém, a "Constituição" muitas vezes falha em sua função de generalização congruente de expectativas de comportamento. Mais precisamente: expectativas congruentemente generalizadas de comportamento com frequência não correspondem ao texto constitucional. Isso quer dizer: cidadãos, servidores públicos e até mesmo os mais elevados órgãos estatais não se orientam conforme as disposições do texto constitucional. Essa situação relaciona-se, principalmente, com os problemas da positivação do direito constitucional nos países periféricos. Tais problemas serão especificamente analisados a partir do Capítulo III com base no arcabouço conceitual selecionado neste e no primeiro capítulo.

Por fim, deve-se acrescentar que, sob determinados aspectos, pode-se questionar se o modelo conceitual aqui exposto corres-

---

67 Tal segurança pressupõe que "apenas um único sistema da sociedade" (ou seja: o sistema jurídico) emprega "este código" (Luhmann, 1986a: 126).

68 A esse respeito, v. Luhmann, 1981d.

ponde à realidade dos atuais Estados constitucionais da Europa Ocidental e da América do Norte[69]; limitar-me-ei, no entanto, a examinar até que ponto ele *não* corresponde à realidade dos países periféricos da *modernidade*.

3. TEXTO CONSTITUCIONAL E REALIDADE CONSTITUCIONAL

3.1. A relação entre texto constitucional e realidade constitucional como concretização de normas constitucionais

Pode-se complementar esse conceito sistêmico-teórico de Constituição frutiferamente com a discussão teórico-constitucional sobre a relação entre texto e realidade constitucional. Não se trata, aqui, da antiga dicotomia "norma constitucional/realidade constitucional"[70]. Trata-se, antes, da questão concernente à "concretização" da norma constitucional[71], que, nessa perspectiva, não se confunde com o texto constitucional[72]. Sob esse novo ponto de vista, o texto e a realidade constitucionais relacionam-se mediante a normatividade constitucional que se obtém no decurso do processo de

---

[69] Cf., por exemplo, Burdeau, 1962; Loewenstein, 1975: 157-66.

[70] A teoria de Jellinek da força normativa do fático (1976: 337 ss.) não se desvincula dessa tradição. Hesse (1984) permanece, em parte, ainda vinculado a esse dualismo, na medida em que, no seu modelo, trata-se apenas da "*relação da Constituição jurídica com a realidade*" (p. 8). A respeito, criticamente, cf. Müller (1984: 77-93). Ver também, sob outro ponto de vista, as ponderações de Ritter (1968) sobre a concepção da realidade constitucional como fonte do direito. Luhmann (1973b: 2), por sua vez, critica a discussão tradicional sobre a discrepância entre *texto* e realidade constitucionais, argumentando que, "para isso, não se precisaria de nenhum conceito de Constituição e de nenhuma teoria da Constituição", o que, evidentemente, não é o caso no presente trabalho. Por fim, é de observar que, na perspectiva deste estudo, a distinção entre *direito* e realidade constitucionais só se manifesta como expressão jurídico-constitucional da diferença entre sistema e ambiente (ver *infra* pp. 81-2, 128).

[71] A esse respeito, cf. Müller, 1984: *passim*; Hesse, 1980: 24 ss.

[72] A esse respeito, cf. Müller, 1984: espec. 147-67, 234-40.

concretização. Na teoria constitucional alemã destacam-se, nessa orientação, as abordagens de Friedrich Müller e Peter Häberle.

De acordo com a concepção de Müller, a norma jurídica compõe-se do programa normativo (dados linguísticos) e do âmbito normativo (dados reais)[73]. A estrutura normativa resulta da conexão desses dois componentes da norma jurídica[74]. Nesse sentido, a *concretização* da norma jurídica, sobretudo da norma constitucional, não pode ser reduzida à "interpretação aplicadora" do texto normativo, o qual oferece diversas possibilidades de compreensão[75] e constitui apenas um aspecto parcial do programa normativo[76]; ela inclui, além do programa, o âmbito normativo como "o conjunto dos dados reais normativamente relevantes para a concretização específica"[77]. Müller define, assim, a normatividade em duas dimensões: "'Normatividade' significa a propriedade dinâmica, da assim concebida norma jurídica, de influenciar a realidade a ela relacionada (*normatividade concreta*) e de ser, ao mesmo tempo, influenciada e estruturada por esse aspecto de realidade (*normatividade materialmente determinada*)."[78] Se falhar o âmbito normativo, que pressupõe uma prestação seletiva perante os âmbitos da matéria e do caso[79], a normatividade do respectivo texto constitucional é prejudicada[80]. Faltam as condições e os pressupostos para a "produção" da norma jurídica, "que rege mediatamente um caso determinado", e, portanto, da norma de decisão,

---

73 Müller, 1984: 232-4; 1975: 38 s.

74 Müller, 1984: 17 e 250.

75 "Os problemas hermenêuticos complexos residem no espaço que o texto normativo deixa aberto às diversas possibilidades de compreensão" (Müller, 1984: 160).

76 Müller, 1984: 252.

77 Müller, 1984: 253.

78 Müller, 1984: 258.

79 Cf. Müller, 1984: 253-6.

80 Cf. Müller, 1984: 171.

"imediatamente normativa, reguladora do caso determinado"[81]. Nesse contexto, não se fala de legislação e de atividade constituinte, mas de "emissão de texto legal" [*Gesetzestextgebung*] ou de "emissão de texto constitucional" [*Verfassungstextgebung*][82]. A norma jurídica, especialmente a norma constitucional, é produzida no decorrer do processo de concretização[83].

Com a perspectiva de Müller, "referente à matéria", compatibiliza-se a orientação de Peter Häberle, "relativa a pessoas e grupos"[84]. Através do ensaio "A sociedade aberta dos intérpretes da Constituição"[85], Häberle, além de indagar os fins e os métodos da interpretação constitucional, levanta sobretudo a "questão dos *participantes*", para propor a tese: "Nos processos de interpretação da *Constituição*, estão envolvidos, potencialmente, *todos* os órgãos estatais, todos os poderes públicos, todos os cidadãos e grupos."[86] O fato de, nessa perspectiva, o direito constitucional "material" surgir de uma multiplicidade de interesses e funções implica a diversidade prática da interpretação da *Constituição*[87]. Desse modo, o significado do texto constitucional não é supervalorizado como na doutrina tradicional da interpretação[88]. No primeiro plano do processo interpretativo encontra-se a "esfera pública pluralística"[89]. Ao se-

---

81 Sobre a distinção "norma jurídica/norma decisória", ver Müller, 1984: 264 ss.

82 Cf. Müller, 1984: 264 e 270.

83 "Somente no decorrer da solução do caso é que a própria norma jurídica é produzida" (Müller, 1984: 273).

84 Assim qualificadas por Ladeur, 1985: 384-5.

85 Häberle, 1980.

86 Häberle, 1980: 79-80.

87 Häberle, 1980: 93-4.

88 Häberle, 1980: 90.

89 "O juiz constitucional é apenas um portador intermediário" (Häberle, 1980: 90). Desse modo, a meu ver, Häberle não considera o papel seletivo que os participantes, em sentido estrito, do procedimento de interpretação (cf. Häberle, 1980: 82-3), desempenham perante a "esfera pública". Como a "esfera pública" não constitui uma unidade, mas uma pluralidade de interesses distintos, surgem expectativas entre si

guir-se essa perspectiva, pode-se afirmar que o texto constitucional só adquire sua normatividade com a inserção da "esfera pública pluralista" no processo interpretativo, ou seja, no processo de concretização constitucional.

3.2. Concretização constitucional e semiótica

As abordagens constitucionais de Müller e Häberle estão sujeitas a uma consideração segundo a diferença semiótica entre sintática, semântica e pragmática[90]. Em Müller, trata-se da característica semântica da linguagem jurídica, especialmente da linguagem constitucional, de ser ambígua e vaga[91], o que exige um "processo de concretização" e não simplesmente um "procedimento de aplicação" conforme regras de subsunção. Em Häberle, trata-se da característica pragmática da linguagem constitucional de se referir a diferentes expectantes e "utentes", o que implica um discurso conflituoso e "ideológico". Os aspectos semânticos e pragmáticos, no entanto, relacionam-se mutuamente: a ambiguidade e a vagueza da linguagem constitucional provocam o surgimento de expectativas normativas diferentes e contraditórias perante os textos normativos; por outro lado, as contradições de interesses e de opiniões

---

contraditórias, que serão selecionadas ou excluídas no procedimento de interpretação da Constituição.

[90] Essa classificação da semiótica em três dimensões, que remonta ao conceito de Peirce de "*thirdness*" como relação triádica entre um signo, um objeto e o interpretante (cf. Peirce, 1985: espec. 149 ss.), foi formulada por Morris (1938: 6 ss.) e adotada por Carnap (1948: 8-11). Ela foi empregada por diversas correntes da teoria jurídica; cf., por exemplo, Schreiber, 1962: 10-4; Viehweg, 1974: 111 ss.; Ross, 1971: 14-6; Kalinowski, 1971: 77-8, 82-93; Capella, 1968: 22 e 76; Warat, 1972: 44-8; 1984: 39-48; Reale, 1968: 173.

[91] Ainda que essa afirmação seja amplamente reconhecida, dela são retiradas diferentes conclusões – cf., por exemplo, Kelsen, 1960: 348-9; Smend, 1968: 236; Ehrlich, 1967: 295; Ross, 1971: 111-2, 130. Especificamente sobre a ambiguidade e a vagueza da linguagem jurídica, ver Carrió, 1986: 28 ss.; Koch, 1977: 41 ss.; Warat, 1984: 76-9; 1979: 96-100. Em conexão com a função simbólica do direito, ver também Edelman, 1976: 173-6.

entre expectantes constitucionais fortificam a variabilidade do significado do texto constitucional[92]. Somente sob as condições de uma unidade de interesses e de concepção de mundo, as questões constitucionais perderiam sua relevância semântico-pragmática para se tornarem primariamente uma questão sintática, orientada pelas regras de dedução lógica e subsunção. Mas isso é incompatível com a complexidade da sociedade moderna.

Nessa perspectiva semiótica, justifica-se, então, a reação crítica da tópica (Viehweg), da hermenêutica (Müller) e da interpretação constitucional pluralista (Häberle) à pretensão do positivismo jurídico de tratar a questão constitucional, como questão jurídica, primariamente sob seus aspectos sintáticos. "Modo de pensar situacional"[93], "processo de concretização" e "esfera pública pluralista" são fórmulas distintas de destacar a equivocidade semântica do texto constitucional e a pluralidade pragmática das expectativas constitucionais (dissenso valorativo ou "ideológico" na "comunidade" discursiva). Dessa maneira, a dimensão sintática – em oposição ao positivismo jurídico – fica subordinada à dimensão semântico-pragmática[94].

Tudo isso pressupõe que a linguagem jurídica, sobretudo a constitucional, não é uma linguagem "artificial", mas um tipo es-

---

92 A esse respeito, Edelman (1976: 175) afirma: "Para os diretamente envolvidos, o sentido do direito modifica-se constante e notavelmente com as variações na influência dos grupos."

93 A esse respeito, ver Viehweg, 1974: espec. 111 ss. Observe-se que para Viehweg o padrão semântico de pensamento seria não situacional, uma vez que o significado das palavras estaria fixado "de uma vez por todas" (1974: 114). Pode-se, porém, distinguir entre o modo de pensar *sintático*-semântico, que implica um significado univocamente fixado do signo (1974: 111 s.), e o modo de pensar semântico-*pragmático*, que pressupõe a variabilidade do sentido dos termos e expressões.

94 Em conformidade com o estruturalismo linguístico, poder-se-ia dizer que, quanto à linguagem constitucional, as relações paradigmáticas (associativas) têm precedência sobre as sintagmáticas. Sobre essa distinção ver Saussure, 1922: 170-5; Barthes, 1964: 114-30.

pecializado da linguagem "ordinária"[95], que se desenvolve, portanto, fundamentalmente, a partir da situação semântico-pragmática[96]. Por conseguinte, é inconcebível um isolamento sintático mediante neutralização dos problemas semânticos e pragmáticos em favor da univocidade e da unidade de expectativa. Porém, por meio de procedimentos e argumentos se torna possível a seletividade concretizante, que, no entanto, pode variar intensamente de caso para caso.

Com base nessas considerações, é de observar que também numa perspectiva semiótica a supremacia normativa hierárquica da Constituição tem de ser relativizada. A plena separação entre metalinguagem e linguagem-objeto[97] tem significado apenas no nível sintático. Na dimensão semântico-pragmática, metalinguagem e linguagem-objeto condicionam-se reciprocamente. Por outro lado, embora o texto constitucional atue como metalinguagem em relação à "concretização constitucional", as decisões interpretativas da Constituição representam metalinguagem no que concerne ao texto constitucional (linguagem-objeto)[98]. Se se dirige a

---

[95] Cf. Visser't Hooft, 1974; Carrió, 1986: 49 ss. Conforme a abordagem de Luhmann, pode-se afirmar que a especialização da linguagem "ordinária" se relaciona com o desenvolvimento separado de mecanismos complementares à linguagem, "na forma de meios de comunicação simbolicamente generalizados para cada domínio funcional específico" (a respeito, ver Luhmann, 1975d) e, por isso, com a formação de esquemas binários correspondentes. No caso da linguagem jurídica, portanto, tal especialização está relacionada ao uso do código-diferença "lícito/ilícito" exclusivamente em um sistema funcional para isso diferenciado (cf. Luhmann, 1974: 62; nessa obra, no entanto, esse código-diferença é vinculado ao meio de comunicação "poder", não, com maior precisão, ao meio de comunicação "direito" – cf., contudo, *supra* nota 222 do Cap. I).

[96] Aqui convém a célebre afirmação de Wittgenstein, 1960: 311 (§ 43): "O significação de uma palavra é o seu uso na linguagem." Essa linha é seguida, por exemplo, por Müller (1975: 32-4).

[97] Sobre esse par de conceitos, cf. Carnap, 1948: 3-4; Barthes, 1964: 130-2.

[98] Cf. Neves, 1988: 160-2. Mas neste trabalho anterior (162), em oposição ao caráter "prescritivo" das *normas* constitucionais para com sua própria interpretação/apli-

atenção para essa característica do texto constitucional de ser simultaneamente metalinguagem e linguagem-objeto com relação à linguagem concretizadora, então se pode compreender mais claramente, sob a perspectiva semiótica, tanto a distinção entre norma e texto constitucional quanto a insustentabilidade da concepção tradicional da supremacia hierárquica da Constituição.

Em conformidade com uma leitura sistêmico-teórica desse enfoque semiótico-linguístico, cabe afirmar que a atividade constituinte forma apenas um dos processos de filtragem para a vigência jurídica das expectativas normativo-constitucionais: as expectativas diversas e contraditórias em relação ao texto constitucional já posto são filtradas ou selecionadas mediante as decisões concretizadoras da Constituição; somente nesse âmbito se pode falar de normas constitucionais vigentes. – Caso se queira, sob essa perspectiva, insistir na dicotomia "direito constitucional/realidade constitucional", ela significará aqui a distinção entre, de um lado, direito constitucional *vigente* como complexo das expectativas normativas de comportamento filtradas pela atividade constituinte e pela concretização constitucional, inclusive as comunicações correspondentes (*sistema* constitucional), e, de outro, realidade constitucional como totalidade das expectativas e comportamentos que, mediante outros códigos sistêmicos específicos ou determinações do "mundo da vida", referem-se ao direito constitucional

---

cação, a decisão interpretativa da Constituição era caracterizada como metalinguagem "descritiva" (isto é, cognitiva) em relação às *normas* constitucionais. No presente trabalho, trata-se, antes, da relação circular entre *texto* constitucional e sua própria interpretação, que também tem implicações normativas. Nesse sentido, Luhmann (1990b: 217) acentua: "Os componentes autorreferenciais realizam-se pelo fato de que também a interpretação tenta produzir vínculos normativos – e não simplesmente fala apenas sobre o texto. Nesse ponto, o jurista constitucional encontra-se na mesma situação do linguista, que, ao falar sobre a linguagem, reconhece em seu objeto o seu próprio comportamento." A esse respeito, cf. Hofstadter, 1986: 24-5.

(*ambiente* da Constituição) –. Quanto mais cresce a complexidade social, mais forte se tornam as divergências entre as expectativas referentes ao texto constitucional, e tanto mais o seu significado se altera mediante a interpretação e a aplicação. O que vale para todos os textos normativo-jurídicos é especialmente significativo na esfera do direito constitucional, uma vez que ele é mais abrangente nas dimensões social, material e temporal.

3.3. Texto constitucional e política simbólica

A discussão sobre a relação "texto constitucional/realidade constitucional" adquire um significado particular para o presente trabalho quando se trata do fato de faltar ao texto constitucional a normatividade constitucional específica: não lhe correspondem normas constitucionais vigentes como expectativas de comportamento contrafaticamente estabilizadas e congruentemente generalizadas. O texto constitucional cumpre outras funções sociais, não sua aparente função jurídica. Com auxílio do conceito, muito discutido nos últimos anos, de legislação *simbólica* ou "leis *simbólicas*"[99], pode-se introduzir aqui o conceito de constitucionalização *simbólica* ou texto constitucional *simbólico*[100]. Com isso não se desconhece que a integração sistêmica não depende apenas de "variáveis instrumentais", mas também de "variáveis simbólicas (expressivas)"[101]. Nessa perspectiva, o direito positivo também precisa do emprego de elementos simbólicos para cumprir suas funções de garantia de expectativas e controle de comportamen-

---

[99] Esse conceito, que remonta a Arnold (1935), Edelman (1976) e Gusfield (1963, 1967a), encontra particular ressonância na discussão atual sobre as funções da legislação ou das leis. Cf., por exemplo, Noll, 1981; Hegenbarth, 1981; Kindermann, 1988, 1989.

[100] Bryde (1982: 27-9) fala de "Constituições simbólicas" em oposição a "Constituições normativas". Com base nisso, cf. Grimm, 1989: 639.

[101] Cf. Luhmann, 1983a: 223-32; 1987a: 315 ss.

to[102]. Mas, no contexto do debate sobre legislação ou lei simbólica ou sobre "Constituição simbólica", é atribuído à palavra "simbólico" um sentido bem específico: refere-se a uma hipertrofia, a saber, ao emprego simbólico da legiferação em contradição com a função específica do sistema jurídico de orientar expectativas normativas e controlar comportamentos[103]. Trata-se, então, evidentemente, de um conceito relativo e gradual[104]. Mas, quando não se trata de caracterizar apenas determinadas leis ou disposições constitucionais como simbólicas no sentido aqui empregado, mas também todo o texto constitucional em suas relações com os direitos fundamentais, a divisão dos poderes e o processo eleitoral, então é de se contestar, completamente, a positividade (como autodeterminação) do direito, pois, nesse caso, o direito constitucional fracassa em sua qualidade de instância reflexiva mais abrangente do sistema jurídico[105].

Segundo Kindermann, pode ser conteúdo de legislação simbólica: "a) reforçar valores sociais, b) demonstrar a capacidade de ação do Estado, c) adiar a solução de conflitos sociais mediante compromissos dilatórios"[106]. Sobretudo o caso do grupo "b" ("le-

---

[102] O próprio direito é classificado por Luhmann como um dos "meios de comunicação simbolicamente generalizados" (cf. Luhmann, 1975d; 1987b: 135 ss., 222 ss.); mas aqui "simbólico" já tem um sentido distinto daquele presente na diferença entre variáveis "instrumentais" e "expressivas".

[103] Nesse sentido, Kindermann (1989: 258) afirma: "A legislação simbólica não deve ser vista simplesmente como contraponto da legislação instrumental de proveniência contemporânea, mas sim compreendida como alternativa para o controle normativo-geral de comportamento." É de ponderar, porém, se, nos casos em que há impossibilidade estrutural para o respectivo controle normativo-geral de comportamento, pode-se falar de "alternativa para".

[104] Cf. Bryde, 1982: 27-8.

[105] Especialmente nesse particular, revela-se impróprio, então, um tratamento do problema segundo o modelo teórico de implementação; sobre essa abordagem ver Mayntz, 1983; 1988.

[106] Kindermann, 1988: 230; cf. também Kindermann, 1989: 267.

gislação-álibi")[107] tem significado para a constitucionalização simbólica nos países periféricos que adotam, formalmente, instituições democráticas. Trata-se também aqui da tentativa de criar confiança no governo ou no Estado, "de dar a impressão de uma solução", e não de normatizar problemas e relações sociais de maneira eficaz[108]. A legislação-álibi[109] tem uma função preponderantemente ideológica: falta ao texto constitucional a sua aparente função jurídico-normativa; a linguagem constitucional serve, no plano pragmático, ao desencargo "legitimador" do sistema político perante a realidade que se desdobra no sentido contrário[110]. O fato de ser transmitido um modelo que só pode ser realizado sob outras condições sociais contribui para atenuar e, em parte, controlar a tensão social[111], e para criar a convicção de veracidade do modelo "democrático" importado.

Encontramo-nos aqui no domínio do ideológico[112], no sentido (sem querer adotar suas implicações normativas) da seguinte

---

[107] Kindermann, 1988: 234-8; 1989: 267 ss.

[108] Kindermann, 1988: 234. Esse autor, porém, fala de "solução de problemas sociais" através de leis, o que, sobretudo em relação a Constituições, não é apropriado: elas não podem "alterar diretamente a realidade, mas apenas influenciá-la indiretamente" (Grimm, 1989: 638).

[109] Em contexto diferente, Burdeau (1962: 398) fala de "Constituição" como álibi e símbolo.

[110] Como explica Hollerbach (1969: 42), em estilo prolixo: "Aqui se teria falado, com razão, de Constituição como 'pura ideologia', se ela se manifestasse como não mais que uma 'superestrutura' sem concretude de conteúdo, ineficaz e sem fundamento no plano real, a qual, quando muito, pode ser mantida com auxílio de ficções ou violações da realidade."

[111] Segundo Edelman (1976: 34), "uma das funções comprováveis da simbolização é produzir um sentimento de satisfação: o alívio de tensão". A propósito, no que se refere à legislação-álibi, cf. Kindermann, 1988: 235, que, com base também nesse entendimento, acrescenta (1989: 269): "A legislação-álibi alivia também o público."

[112] Sem desconhecer, com isso, que o ideológico e o simbólico não se confundem (cf., nesse sentido, Lefort, 1981: 68 ss., 82). No tema em análise, trata-se da intersecção entre as duas esferas.

definição de Habermas: "O que chamamos de ideologia são exatamente as ilusões dotadas do poder das convicções comuns."[113] Não se trata de ideologia no sentido de Luhmann, que – como neutralização artificial de outras possibilidades[114] ou valoração de valores (mecanismo reflexivo)[115] – pode servir à redução funcionalmente adequada de complexidade na sociedade contemporânea[116]; nos termos do conceito luhmanniano de ideologia, caberia afirmar que se trata do efeito *unilateral* do aspecto "simbólico" da ideologia, quer dizer, da carência de sua correspondente "função instrumental" (compensatória)[117]. Mas, por outro lado, no presente estudo a ideologia não é entendida como deformação de uma verdade essencial, de modo nenhum como uma falsa representação do que "não não é"[118]. Em caso de constitucionalização simbólica, o problema ideológico consiste no fato de que se transmite um modelo cuja realização só seria possível sob condições sociais totalmente diversas. Dessa maneira, perde-se transparência em relação ao fato de que a situação social correspondente ao modelo constitucional simbólico somente poderia tornar-se realidade mediante uma radical transformação social. Ou o modelo constitucional atua como um ideal que seria atingível pelos detentores do poder e sem prejuízo para os grupos privilegiados. Trata-se de ilusões e enganos que imunizam o sistema político contra outras

---

113 Habermas, 1987b: 246.

114 Luhmann, 1962.

115 Luhmann, 1984c: 182 ss.

116 "Direito positivo e ideologia adquirem nos sistemas sociais uma função para a redução da complexidade do sistema e de seu ambiente" (Luhmann, 1984c: 179).

117 Cf. Luhmann, 1984c: 183.

118 Cf., em postura crítica, Luhmann, 1962: *passim*. Um panorama das concepções dominantes de ideologia na tradição filosófica e científica ocidental encontra-se em Lenk (org.), 1972. A respeito, ver também, resumidamente, Topitsch, 1959. Sobre as relações entre direito e ideologia ver, de diversos pontos de vista, Maihofer (org.), 1969.

alternativas[119]. Com isso, não apenas podem permanecer inalterados os problemas e as relações sociais, que teriam de ser normatizados de outra forma mediante Constituições[120], mas também pode ser obstruído o caminho para a mudança social em direção ao proclamado Estado Constitucional[121].

Na perspectiva sistêmico-teórica, textos constitucionais simbólicos ou a constitucionalização simbólica[122] são considerados sintomas de insuficiente positivação do direito: o direito não é suficientemente diferenciado para constituir um sistema autodeterminado. Mais precisamente, ao texto constitucional não corresponde uma Constituição como instância reflexiva do sistema jurídico. Há uma falta de Constituição como subsistema suficientemente (externa e internamente) diferenciado do direito, quer dizer, de Constituição no sentido moderno. O "texto constitucional" serve, primariamente, à política, mas não à normatização jurídica do comportamento político. Sua função é, *em primeira* linha, político-ideológica. As instituições constitucionais como direitos fundamentais, divisão de poderes e eleição política cons-

---

[119] Considerando-se a perda de realidade da legislação (Hegenbarth, 1981: 204) e que, na política simbólica, está presente não uma fraude, mas uma "assunção social de papéis" (Edelman, 1976: 16), os conceitos de manipulação e engano devem "ser relativizados" (Kindermann, 1988: 238). A esse respeito, Kindermann escreve que "certamente é muito limitado [...], a respeito da legislação-álibi, considerar o legislador como quem engana e os cidadãos como os enganados" (1989: 270), o que vale também para a "constitucionalização-álibi". Cf. também Offe, 1976: IX s.

[120] Cf. Bryde, 1982: 28-9.

[121] Noll (1981: 364) refere-se, criticamente, aos "atos de legiferação que têm apenas a função de ações ou reações substitutivas, as quais não apenas deixam o problema sem solução, mas ainda obstruem o caminho para a sua solução". Cf., a propósito, no que se refere especificamente à "legislação-álibi", Kindermann, 1988: 235; 1989: 270. Mas ver *supra* nota 108 deste capítulo.

[122] A respeito, Luhmann (1990b: 213-4) refere-se a "leis constitucionais" que só podem ser consideradas "meio de 'política simbólica'", evitando, assim, os equívocos que resultariam da adjetivação no sentido empregado no presente texto perante o sentido atribuído à palavra "simbólico" no contexto de sua obra (ver *supra* pp. 82-3).

tituem a bela fachada de uma frágil construção. Já que a normatividade constitucional não se efetua, o sistema jurídico perde reflexividade (quer dizer, é bloqueado por outros sistemas sociais, sobretudo pelo político) e, com isso, capacidade de desempenhar suas funções e prestações. Em outras palavras: a reprodução autopoiética é frequentemente rompida, o direito falha como generalização congruente de expectativas de comportamento e como mecanismo social para solução de conflitos. Mas não se trata aqui de inefetividade da Constituição no sentido da dicotomia tradicional "normas jurídicas efetivas/inefetivas". Embora a constitucionalização simbólica implique carência de normatividade jurídico-constitucional, o texto constitucional correspondente cumpre uma função político-ideológica muito efetiva[123]. Apoiando-se em Wilhelm Aubert[124], pode-se falar de funções ou efeitos latentes da constitucionalização. Retomarei esse tema em outras passagens.

4. A CLASSIFICAÇÃO DE CONSTITUIÇÃO DE KARL LOEWENSTEIN: UMA REINTERPRETAÇÃO

À luz dos elementos expostos nas duas últimas seções, pode-se reinterpretar a chamada classificação "ontológica" de Karl Loewenstein[125]. "Em vez de se ocupar com a substância e o conteúdo das Constituições, a análise ontológica refere-se à concordância das normas constitucionais com a realidade do processo de poder."[126] Conforme esse critério, distinguem-se as Constituições em "normativas", "nominalistas" e "semânticas".

---

[123] Cf. Bryde, 1982: 28.

[124] Com base numa pesquisa da lei norueguesa do empregado doméstico, de 1948, Aubert (1967) introduziu a diferença entre funções manifesta e latente da legislação, a qual se baseia em Merton (1968: 105 e 114 ss.). A respeito cf. também Treves, 1978: 169 s.

[125] Cf. Loewenstein, 1975: 151-7; 1956: 222-5.

[126] Loewenstein, 1975: 152.

Característica das "Constituições normativas" é a concordância com a realidade do processo de poder. Segundo Loewenstein: "Suas normas dominam o processo político ou, visto de modo inverso, o processo de poder adapta-se e fica sujeito às normas da Constituição."[127] Já nos casos das "Constituições nominalistas", há uma profunda discrepância entre "normas constitucionais" e realidade social. "O estado real das coisas não permite, ou ainda não permite a plena integração das normas constitucionais na dinâmica da vida política."[128] Mas Loewenstein adverte: "Esta situação, porém, não deve ser confundida com o fenômeno bem conhecido da distinção entre práxis constitucional e teor literal da Constituição."[129] Metamorfose da Constituição mediante interpretação/aplicação ou concretização é imprescindível para a manutenção das "Constituições normativas" e sua adaptação à realidade. Às "Constituições nominalistas", por seu lado, faltam também as precondições sociais para a realização de seu conteúdo.

Por fim, as "Constituições semânticas" caracterizam-se pelo fato de que, embora sejam "plenamente aplicadas e postas em funcionamento", "tornaram-se instrumento para a estabilização e perpetuação do controle da comunidade pelos detentores fáticos do poder, em vez de servirem à limitação do poder político"[130]. Aqui se trata das autocracias modernas, sejam em suas manifestações autoritárias ou totalitárias[131]. Enquanto há dificuldades parti-

---

[127] Loewenstein, 1975: 152.

[128] Loewenstein, 1975: 153.

[129] Loewenstein, 1975: 152. Cf. também Loewenstein, 1956: 223.

[130] Loewenstein, 1975: 153-4. Cf. também *id.*, 1956: 223.

[131] A respeito, cf. Loewenstein, 1975: 52 ss. Segundo Bryde (1982: 30, nota 11), "no conceito [de 'Constituições semânticas'] Loewenstein admite configurações tão distintas, como as Constituições soviéticas, a Constituição aparentemente democrática (*sic*) de Batista e a Constituição nazista, que a categoria acaba se tornando demasiadamente vaga". Mas Bryde (29 ss.) introduz uma categoria ainda mais vaga no conceito de Constituições "ritualísticas" (distinguindo-a de Constituições "rele-

culares para se distinguir entre "Constituições normativas" e "Constituições nominalistas", no que concerne às "Constituições semânticas" há características inconfundíveis para reconhecê-las[132]. Nesses casos, pode-se verificar claramente que os detentores do poder dispõem da "realidade constitucional".

Nessa classificação de Loewenstein trata-se, primariamente, da própria função (em sentido mais amplo) da atividade constituinte ou do texto constitucional, particularmente perante a realidade política. Se ao texto constitucional corresponder uma normatividade constitucional específica, falar-se-á então de "Constituição normativa". Isso não significa que entre normas constitucionais e realidade do processo de poder haja uma concordância perfeita. Sempre existirão, necessariamente, tensões entre realidade constitucional e leis constitucionais[133]. A "distância da realidade" é inerente à normatividade da Constituição[134]. A principal característica da "Constituição normativa" é que ela atua de forma efetiva como um subsistema internamente diferenciado no sistema jurídico já socialmente diferenciado. O texto constitucional tem aqui não apenas uma normatividade jurídica específica; além disso, essa normatividade serve essencialmente à formação da Consti-

vantes"), uma vez que ela se refere tanto ao caso para o qual a Grã-Bretanha é um exemplo-padrão, como também às "Constituições semânticas" no sentido de Loewenstein (*ibid.*, 32-3).

132 Loewenstein, 1975: 154.

133 Ronneberger, 1968: 426. Ele distingue a realidade constitucional em sentido estrito, como o "espaço de luta entre normas políticas divergentes" (424), da realidade constitucional em sentido mais amplo, que "teria simplesmente a ver com comportamento desviante" (424-5). Caso se queira conservar a dicotomia "direito constitucional/realidade constitucional", então, no âmbito deste estudo, ela remeterá antes a uma diferença específica entre sistema e ambiente (ver *supra* pp. 81-2 e *infra* p. 128).

134 "A Constituição toma [...] distância da realidade e somente a partir daí adquire a capacidade de servir de critério de conduta e julgamento para a política" (Grimm, 1989: 635). "Distância da realidade" equivale aqui a "autonomia perante o ambiente" (ver última nota).

tuição como instância reflexiva do sistema jurídico. Atividade constituinte e concretização constitucional são processos reais de filtragem referentes às expectativas constitucionais. Mediante a Constituição como normatização de normatização de normatização (mecanismo reflexivo) (ver *supra* p. 68), impede-se que o sistema jurídico seja heterodeterminado por outros sistemas sociais, sobretudo pela política. A Constituição é, portanto, pressuposto para a positividade como autodeterminação do direito (ver *supra* Cap. I.4 e Cap. II.2). A influência da política sobre o direito é intermediada pelas normas jurídicas. Somente com base nisso o sistema jurídico pode revelar-se como cognitivamente aberto e normativamente fechado (ver *supra* Cap. I.4.2).

A "Constituição normativa" forma, por outro lado, uma estrutura "que se baseia na generalização congruente de expectativas normativas de comportamento" (cf. *supra* pp. 25-6), uma vez que, considerando-se os seus preceitos, já se pode saber com certa segurança se uma situação é lícita ou ilícita. As normas constitucionais constituem *critérios* para a aplicação do código "lícito/ilícito" (ver Cap. V. 1.1).

A "Constituição normativa", que, portanto, corresponde ao modelo conceitual anteriormente exposto (seção 2 deste capítulo), deve ser a regra nas democracias da Europa Ocidental e da América do Norte, onde há os pressupostos para a sua concretização[135]. Pode-se questionar em várias perspectivas se a situação é realmente assim nos respectivos países[136]. Limitar-me-ei a examinar até que ponto a situação é diversa nos países periféricos *modernos*. Com isso, passo a tratar dos conceitos de Constituição "nominalista" e Constituição "semântica".

---

[135] Cf. Loewenstein, 1975: 154; 1956: 223.

[136] Nesse sentido, Burdeau (1962) fala de "dissolução do conceito de Constituição". Por seu lado, Loewenstein (1975: 157-66) acentua a "desvalorização da Constituição escrita na democracia constitucional".

Nas "Constituições nominalistas", a constitucionalização ou o texto constitucional tem, primordialmente, função simbólica. Poder-se-ia objetar que também as "Constituições normativas" cumprem função simbólica[137]. Essa objeção pode ser rejeitada, considerando-se que as "Constituições normativas", em compensação, têm simultaneamente força normativa. O que quer que se queira dizer, nelas há uma combinação entre as dimensões simbólica e instrumental. Nas "Constituições nominalistas", pelo contrário, ao texto constitucional falta a correspondente normatividade em tão ampla proporção que sua função simbólica é o que permanece de significativo (ver seção 3.3 deste capítulo e Cap. III.3.2.4). Em relação a elas, não é convincente a comparação de Loewenstein: "O terno permanece temporariamente pendurado no guarda-roupa; mas ele deve ser usado quando o corpo da nação crescer correspondentemente a ele."[138] Tampouco sua ingênua afirmação: "Mas há a esperança, fundamentada na boa vontade dos detentores e dos destinatários do poder, de que cedo ou tarde a realidade do processo do poder corresponda ao modelo estabelecido na Constituição."[139] Não se trata de uma função primordialmente educativa da Constituição[140], mas, antes, de constitucionalização-álibi (ver *supra* pp. 83 ss.). Em linguagem jurídico-doutrinária: "a Constituição (é) apenas uma homenagem às tradições jurídicas, um álibi que mal consegue encobrir o primado do fático sobre o

---

137 A respeito, cf. Edelman, 1976: 15-6; Burdeau, 1962: 398. Segundo Bryde, tratar-se-ia aqui antes de aspectos "ritualísticos" das Constituições, uma vez que, ao contrário do caso das "Constituições simbólicas", os procedimentos decisórios ancorados nos preceitos constitucionais, apesar de sua irrelevância para o "processo de formação da vontade" estatal, são efetuados conforme a normas (cf. Bryde, 1982: 28 ss.; ver também *supra* nota 131 deste capítulo).

138 Loewenstein, 1975: 153; cf. também Loewenstein, 1956: 223.

139 Loewenstein, 1975: 153.

140 Cf., em sentido contrário, Loewenstein, 1975: 153.

direito"[141]. O texto constitucional não serve à mudança social, mas, inversamente – na medida em que ele cumpre uma função ideológico-legitimadora (quer dizer, aqui, uma função-álibi) –, à obstrução da via de transformação da sociedade. O objetivo das "Constituições nominalistas" não é, portanto, "no futuro próximo ou distante se tornar normativa na sua totalidade"[142]. Ao contrário: há muitos indicadores de que os "detentores do poder" e os grupos privilegiados não tenham interesse numa profunda mudança social. No entanto, o discurso do poder invoca o documento constitucional "democrático", o reconhecimento dos direitos fundamentais, as eleições livres e democráticas, e assim por diante, como conquistas do governo ou do Estado. Os textos das "Constituições nominalistas" e das "normativas" contêm, basicamente, os mesmos modelos institucionais: direitos fundamentais, divisão dos poderes, eleição democrática, como também dispositivos do Estado de bem-estar. Mas, evidentemente, tal textualização tem muito pouco significado para se classificarem os respectivos países no mesmo grupo: "sociedades democráticas". Mesmo assim, essa fórmula, muito carregada ideologicamente, é usada por governantes *com* "Constituições nominalistas" tão frequentemente como por seus colegas *sob* "Constituições normativas".

Do ponto de vista sistêmico-teórico, a "Constituição nominalista" implica insuficiente diferenciação do direito, quer dizer, sua deficiente positivação. A despeito do conteúdo do texto constitucional, não é, ou é apenas insuficientemente erigida uma Consti-

---

[141] Burdeau, 1962: 398. Em Burdeau, porém, essa afirmação tem uma pretensão mais abrangente de validade: ela refere-se também às Constituições atuais da Europa Ocidental e da América do Norte.

[142] Loewenstein, 1975: 153, em sentido oposto. A respeito disso, Bryde (1982: 28, nota 4) escreve, com razão: "A categoria inteira de Loewenstein poderia, porém, remontar à difundida má interpretação, nas décadas de 1950 e 1960, do papel dos estratos dominantes, nos países em desenvolvimento, como 'elite modernizadora' idealista."

tuição como instância reflexiva no interior do sistema jurídico. A Constituição não atua como subsistema internamente diferenciado de um sistema jurídico autodeterminado. Como não existem as precondições para isso, a normatividade do texto constitucional não é suficiente para garantir a reprodução autopoiética dos elementos sistêmicos. O sistema jurídico é, antes de tudo, bloqueado ou alopoieticamente determinado, porque a normatividade constitucional falha: o texto constitucional tem, primariamente, função político-ideológica. Há uma discrepância tão profunda entre legiferação constitucional e aplicação ou observância constitucional que a "Constituição nominalista" não funciona satisfatoriamente nem como controle de comportamento nem como garantia de expectativa. A consequência mais negativa desse estado de coisas é a insegurança jurídica. Trata-se de uma assimetrização externa do sistema jurídico no plano da orientação normativa; nesse caso, durante o processo de concretização. Concentrar-me-ei nesse tema adiante em relação aos países periféricos (a partir do Cap. III.2).

No que se refere à "Constituição semântica", gostaria, inicialmente, de sugerir outra denominação, já que no âmbito da classificação de Loewenstein o termo "semântico" não apresenta quase nenhuma conexão com o sentido usual dessa palavra. Considerando-se que, a respeito dessa categoria, as "Constituições" podem ser caracterizadas de "instrumentos" (ver *supra* pp. 88-9), é mais apropriado falar de "Constituições instrumentalistas". Com isso não se desconhece que também as "Constituições normativas" são importantes instrumentos da política; mas, além disso, elas são mecanismos para o controle e a limitação da atividade política. Nas "Constituições instrumentalistas", ao contrário, os detentores do poder utilizam os textos ou leis constitucionais como puros meios de imposição da dominação, sem estarem vinculados normativamente a esses dispositivos: os "soberanos" *dispõem dos* instrumentos e podem reformá-los ou substituí-los sem nenhuma limitação jurídica.

A "Constituição instrumentalista" – em oposição à "Constituição nominalista" – corresponde à realidade do processo de poder[143], sem qualquer reação contrafática à atividade política dos detentores ocasionais do poder[144]. Nesse caso, porém, o constitucionalismo – em desacordo com a "Constituição normativa" – é manifestadamente rejeitado. A "Carta" serve então, primariamente, à instrumentalização unilateral do sistema jurídico pela política. Em virtude do "texto constitucional" efetivo, o direito se torna subordinado ao sistema político. Não é de excluir a função simbólica do texto: declaração dos direitos fundamentais, eleição política e outras instituições constitucionais podem pertencer ao seu conteúdo. Mas essa função é secundária, não constituindo o que distingue a "Constituição instrumentalista" tanto da "nominalista" quanto da "normativa". Já mediante a "Carta" ou outras "leis constitucionais" fica assegurado que as instituições constitucionais não tenham significado, principalmente porque ficam subordinadas a outros princípios como "razão de Estado" ou "segurança nacional". Nas palavras de Burdeau, pode-se dizer que,

---

143 Tendo em vista essa característica, também se poderia falar aqui de "Constituições realistas", não, evidentemente, por desconhecimento ou negação da realidade das "Constituições normativas" como complexos de expectativas de comportamento válidas juridicamente e respectivas comunicações (cf. *supra* pp. 64 ss., 73-4), mas pelo fato de que a "distância da realidade" não se efetua como autonomia perante o ambiente (ver nota 134 deste capítulo). Mas a eventual escolha deste termo não corresponderia à distinção de Mecham (1959) entre "*nominal and real constitutions*", que remete, antes, à discrepância entre texto constitucional ("*the nominal constitution*", "*the composite constitution*" – 259-66) e realidade constitucional ("*the real constitution*", "*the operative constitution*" – 266 ss.), portanto, ao conceito de "Constituições nominalistas".

144 Em relação a isso, Bryde (1982: 33-5) fala de "Constituições descritivas", em distinção a "Constituições exigentes".

enquanto a "Constituição nominalista" constitui um álibi, a "Constituição instrumentalista" é "apenas uma arma na luta política"[145]. Característico da primeira é a função político-ideológica ou simbólica do texto constitucional; da segunda, a instrumentalização unilateral do "texto constitucional" e, assim, do sistema jurídico pela política.

É manifesta a desdiferenciação do direito no caso da "Constituição instrumentalista". O "texto constitucional" serve à heterodeterminação política do direito. Há carência de Constituição como mecanismo reflexivo do sistema jurídico. A "Carta" estabelece um espaço livre para a influência direta da política sobre o direito. E quando não pode servir a isso satisfatoriamente, ela é alterada. Na medida em que as "leis constitucionais" excluem os direitos fundamentais, a divisão dos poderes, a eleição democrática e outras instituições constitucionais, a Constituição não desempenha o papel de conduzir os processos decisórios pela via do direito[146]. Trata-se, então, de regimes autoritários ou totalitários. Em relação ao autoritarismo, há uma direta desdiferenciação política do direito; mas os outros sistemas sociais desfrutam de determinado grau de diferenciação, na medida em que, em suas comunicações, a política não é questionada. No totalitarismo, trata-se de direta desdiferenciação política de todas as esferas sociais[147].

---

145 Burdeau, 1962: 398-9. Mais recentemente, Luhmann (1990b: 213-4) falou de leis constitucionais que "podem ser tomadas em consideração apenas como meio de luta [...]". Na perspectiva do estruturalismo marxista, poder-se-ia afirmar que, enquanto a "Constituição nominalista" desempenha, primordialmente, um papel ideológico, a "Constituição instrumentalista" cumpre, sobretudo, uma função repressiva (cf. Althusser, 1976: 81 ss.; Poulantzas, 1978: 31-8).

146 Cf. Luhmann, 1973b: 11, especificamente sobre a divisão de poderes.

147 "A expressão 'autoritarismo' refere-se, no entanto, mais à estrutura governamental do que à ordem social. Em regra, o regime autoritário se satisfaz com o controle político do Estado, sem pretender dominar toda a vida socioeconômica da comu-

A "Constituição instrumentalista" falha na função de generalização congruente de expectativas de comportamento. Quer dizer: ela não serve à garantia de expectativa, uma vez que, com base nela, não se pode saber com certeza o que vale hoje como direito, e até mesmo o que ontem valeu como direito. Com base no texto constitucional a política pode atuar ilimitadamente sobre o direito, inclusive com medidas retroativas. Por outro lado, em virtude da hipercomplexidade da sociedade mundial hodierna, não há uma concepção ética, politicamente legitimadora e válida para todas as esferas sociais, que possa atuar como critério para a ação política. O resultado é o alto grau de insegurança jurídica: há a ausência de "legalidade", isto é, de positividade do direito[148]. Trata-se do outro caso típico de assimetrização externa do sistema jurídico no plano da orientação normativa, a saber, de assimetrias que surgem no próprio momento em que o direito é estatuído. Ainda entrarei nessa questão ao enfrentar a problemática constitucional da modernidade periférica (a partir do Cap. III.2).

Observe-se que os conceitos de "Constituições instrumentalistas", "nominalistas" e "normativas" compõem tipos ideais no sentido de Weber (cf. *infra* pp. 159-61). Na realidade social encontram-se diferentes graus de normatividade, nominalismo e instrumentalismo constitucional. Mas isso não significa nenhuma "banalidade" da classificação[149], uma vez que está em jogo a perda de segurança e de legitimidade jurídica.

---

nidade ou moldar a atitude mental dessa conforme sua imagem" (Loewenstein, 1975: 53). "Ao contrário do autoritarismo, o conceito de 'totalitarismo' refere-se ao conjunto da ordem política, social e moral da dinâmica estatal" (*ibid.*, 55).

148 É claro que, nessas circunstâncias, em lugar do direito positivo, outros mecanismos sociais funcionam para que ocorra a integração sistêmica. Para Luhmann (1984c: 193-6), por exemplo, distinguem-se Estados de direito e sistemas ideologicamente integrados.

149 Outra é a posição de Ronneberger, 1968: 420.

Essa classificação não é, primariamente, para ser esclarecida à luz da dicotomia "tradição/modernidade"[150]. Suposto que os países estão integrados no mercado mundial e nas relações internacionais, instrumentalismo e nominalismo[151] referem-se a "sociedades parciais" da hipercomplexa sociedade atual. No caso do presente estudo, o esquema centro/periferia, que indica uma cisão dicotômica da modernidade, revela-se mais fecundo.

---

[150] O contrário pode ser deduzido da concepção estritamente evolutiva da transição da "Constituição nominalista" para a "normativa" em Loewenstein (cf. 1975: 153 e 155; ver também *supra* nota 142 deste capítulo) e da expressão "Estados constitucionais tradicionais" em Ronneberger (1968: 419).

[151] Emprego os conceitos "nominalismo/instrumentalismo" ou "nominalismo/instrumentalismo constitucional" para fazer referência às realidades das "Constituições nominalistas/instrumentalistas". A seguir, as expressões "Constituição nominalista" e "Constituição instrumentalista" serão empregadas sem aspas, para designar os respectivos textos e suas funções reais.

CAPÍTULO III

DIREITO E CONSTITUIÇÃO NOS PAÍSES PERIFÉRICOS

1. A MODERNIDADE PERIFÉRICA

1.1. O impulso inicial: a discussão no âmbito da teoria do desenvolvimento

A tendência em esclarecer os problemas dos países subdesenvolvidos com auxílio do dualismo "tradição/modernidade" (ver Cap. I.1) e, com isso, desenvolver abordagens para sua solução é fortemente acentuada nas discussões correntes das ciências sociais na Europa e na América do Norte. Parte-se do ponto de vista de que os países do "terceiro mundo" constituem sociedades tradicionais (ou quase tradicionais) que só são capazes de se desenvolver mediante o processo de modernização conforme o modelo dos "países industrializados" modernos. Essa suposição, adotada e difundida em diferentes modelos de pensamento[1], encontra seu apogeu na "teoria da modernização" desenvolvida após a Segunda Guerra Mundial, especialmente nos Estados Unidos[2]. Nesse cenário específico, aliás, não se trata de uma aplicação da dico-

---

[1] De Marx, segundo o qual "o país industrialmente desenvolvido mostra ao menos desenvolvido apenas a imagem de seu próprio futuro" (1986: 12), ao teórico da modernização Rostow, que designa o comunismo como "doença da transição" (1967: 193-5). A respeito, cf. Nuscheler, 1974: 197-9.

[2] A respeito, ver Wehler, 1975; Zapf, 1975.

tomia típico-ideal "tradição/modernidade" no sentido da teoria social europeia. Trata-se da formulação das "vias de modernização" e, dessa maneira, de critérios e indicadores[3] da modernidade segundo os modelos de mudança social e de sistemas sociais dominantes na Europa Ocidental e nos Estados Unidos, a serem importados pelos países subdesenvolvidos ("tradicionais")[4]. O condicionamento ideológico da teoria da modernização revela-se claramente na história de sua formação: em consonância com o "papel de potência mundial dos Estados Unidos após 1945"[5], destacava-se "uma mecânica geral da evolução", por meio da qual "guerra, colonialismo, imperialismo e política internacional eram quase totalmente ocultados"[6]. Porém, uma crítica ao desgaste ideológico do contexto de surgimento não basta para refutar a validade da teoria da modernização. Trata-se sobretudo da força de esclarecimento e do significado da aplicação de suas proposições[7]. Sob esse ponto de vista, o fracasso das abordagens refe-

---

[3] Sobre indicadores ver, em postura crítica, o "esboço para um alfabeto da dicotomia", formulado por Wehler (1975: 14-5).

[4] Cardoso; Faletto, 1984: 19; Senghaas, 1979b: 7; Senghaas; Menzel, 1979: 280-1; Wehler, 1975: 16. Pode-se, é verdade, afirmar, em sentido mais amplo, que "a teoria da modernização não é um sistema teórico fechado, mas um campo de problemas e sugestões para suas soluções", em cujo âmbito "a modernização é um processo histórico, que produz soluções muito distintas" (Zapf, 1975: 212); mas, em sentido estrito, o conceito de "teoria da modernização" atua como conceito genérico para aquelas abordagens de origem norte-americana que tendem a recomendar "prementemente aos países em desenvolvimento a cópia das conquistas do mundo ocidental" (Zapf, 1975: 217).

[5] Wehler, 1975: 11.

[6] Wehler, 1975: 18. Considerando a função ideológica da teoria da modernização, Wöhlke e Wogau (in: Wöhlke; Wogau; Martens, 1977: 10) acentuam: "Por isso, não é por acaso que os sistemas políticos que se orientam pelas teorias da modernização, com poucas exceções, não conseguem se manter no poder sem a força militar, o que, aliás [...], contradiz as implicações políticas da teoria da modernização – e do *desarrollismo*." Também em posição de crítica à ideologia, ver Mansilla, 1974: 214-5; Nuscheler, 1974: 197 ss.

[7] Cf. Wehler, 1975: 19.

rentes à modernização na esfera da política de desenvolvimento alerta que, com base em seu modelo evolutivo linear "tradição (= subdesenvolvimento) → modernidade (= desenvolvimento)", não se podem esclarecer nem solucionar os problemas dos países periféricos[8]. Tal situação não significa, absolutamente, que a dicotomia "tradição/modernidade" simplesmente cumpra funções ideológicas, de tal modo que deva ser totalmente refutada[9]: ela pode ser muito elucidativa em outras áreas de pesquisa[10]. Mas a questão do "desenvolvimento" *versus* "subdesenvolvimento" diz respeito, fundamentalmente, a duas dimensões sincrônicas da sociedade moderna (mundial), ou seja, de uma cisão da modernidade em centro e periferia.

Como mudança de paradigma na pesquisa sobre desenvolvimento, surgem na década de 1960 a teoria do capitalismo periférico e a teoria da dependência, que tendem a considerar o subdesenvolvimento como problema estrutural do capitalismo e atribuí-lo à divisão desse em centro e periferia. Este não é o espaço para empreender uma análise desses dois modelos, constituídos de abordagens muito heterogêneas e direcionados especialmente às relações econômicas e à política de desenvolvimento[11]. Eles foram alvo de várias críticas, tanto do ponto de vista metodológico[12]

---

[8] Cf., por exemplo, Senghaas, 1979b: 8.

[9] Para um ponto de vista como esse, ver Sine, 1976: 47 ss. Contra essa posição, Gusfield (1967b) empreende uma crítica consistente às implicações simplificadas da polarização entre tradição e modernidade.

[10] Cf. Offe, 1986: 97-8.

[11] Para uma visão geral da discussão orientada nesse sentido e que foi significativa no final da década de 1960 e no decorrer da década de 1970, consultar, na numerosa literatura sobre o assunto, Senghaas (org.), 1972, 1974 e 1979.

[12] Na Alemanha, cf. Evers; Wogau (1973: 439 ss.), em relação às "imprecisões teóricas e conceituais" da teoria da dependência; também Godzik; Laga; Schütt (1976), que destacam a falta de verificabilidade ou operacionalidade conceitual (?!), mas se concentram apenas num autor, André Gunder Frank (453 ss.), o qual, a meu ver, oferecia uma das mais simplificadas abordagens da teoria da dependência ou da

quanto em virtude do fracasso de aplicações político-desenvolvimentistas segundo seus modelos[13]. De fato, não contribuíram, consistentemente, para a solução do problema (nesse sentido, eles podem ser considerados ultrapassados), mas para a sua colocação: eles despertaram o interesse por questões fundamentais da relação entre "desenvolvimento" e "subdesenvolvimento", as quais foram ocultadas ou distorcidas pela teoria da modernização com base no esquema "antes-depois", e provocaram um debate sobre tais questões em várias partes do mundo. O mérito das várias críticas e objeções não deve, de nenhuma maneira, ser o de suscitar uma rejeição radical das abordagens concernentes à periferia e dependência, mas, antes, de chamar atenção para o fato de que o potencial de problematização que seus conceitos e proposições carregam pode se tornar fecundo como impulso para formulações mais precisas e consistentes[14]. Com essas ressalvas, para tratar da sociedade mundial atual faz sentido recorrer ao esquema "centro/periferia" e, assim, falar de uma modernidade periférica.

A divisão da modernidade em centro e periferia é, primeiramente, uma questão econômica que encontra espaço no âmbito da discussão sobre as condições de surgimento do capitalismo[15]. Mas ela tem implicações para todos os sistemas funcionais da so-

---

periferia (cf. Frank, 1969). Como crítica marxista, ver Weffort, 1978; em resposta a essa crítica, ver Cardoso, 1979: 123-39.

[13] Cf., por exemplo, Simonis, 1981, posicionando-se criticamente em relação à "estratégia de dissociação". Sobre "dissociação" como estratégia de superação do subdesenvolvimento, ver Senghaas, 1979c.

[14] Assim, por exemplo, a "abordagem de entrelaçamento de Bielefeld" apresenta-se, mais tarde, como "complemento crítico" das teorias da dependência (H.-D. Evers, 1987: 137). Sobre essa abordagem, cf. também, resumidamente, Schmidt-Wulffen, 1987: 134-5; e posicionando-se criticamente Neelsen, 1988.

[15] Como observam Hopkins e Wallerstein (1979: 156), "o par antagônico 'centro-periferia' [...] em seu significado corrente atual" remonta a Raúl Prebisch e seus colaboradores na Cepal. Cf. Prebisch, 1962. Por sua vez, esse par de conceitos foi formulado por Shils (1961) do ponto de vista mais abrangente de uma sociologia geral.

ciedade[16]. Não se deve, contudo, interpretar a distinção ora apresentada entre centro e periferia como simplificação grosseira (caso de algumas variantes da teoria da dependência), como se com ela a multiplicidade da sociedade mundial atual fosse deixada de lado: a relação "centro/periferia" reproduz-se entre os países periféricos[17] e tanto no interior das "nações periféricas" quanto das "nações centrais"[18]. Por outro lado, os diferentes tipos dos contextos internos de interesses de classe e de dominação implicam formas distintas de integração dos países periféricos na sociedade mundial; além disso, as particularidades locais e regionais atuam como fatores do desenvolvimento[19]; ademais, os diferentes sistemas funcionais encontram-se em níveis de desenvolvimento muito diferentes também no plano regional. Sem deixar de considerar tudo isso, pode-se seguramente usar o par de conceitos "centro/periferia", que em última instância refere-se a uma divisão dicotômica e hierárquica da sociedade mundial, e assim introduzir o conceito de "modernidade periférica" como construção "típico-ideal" analiticamente muito fecunda (ver *infra* pp. 159-61).

1.2. Modernidade periférica na perspectiva sistêmico-teórica

Numa perspectiva sistêmico-teórica, o conceito de modernidade periférica não fica excluído, mas, antes, adquire mais clareza. Uma vez que a sociedade moderna seja conceituada como socie-

---

16 Cf., por exemplo, Galtung, 1972: espec. 44-5, 55 ss., 74 ss.

17 Fala-se, nesse sentido, de "semiperiferia" (Wallerstein, 1979: 50 ss.; Hopkins; Wallerstein, 1979: 158), "níveis de dependência"/"cadeias de dependência" (Senghass, 1974b: 21) e "subimperialismo" (Amin, 1974: 92).

18 Galtung, 1972: 35 ss.

19 Como é destacado no âmbito da chamada "abordagem de entrelaçamento de Bielefeld" (cf. Schmidt-Wulffen, 1987: 135).

dade mundial[20], que se forma primordialmente com base em expectativas cognitivas (economia, ciência, técnica)[21], o esquema "tradição/modernidade" perde força para o esclarecimento do problema dos países periféricos, e vem à luz a inconsistência do argumento de que os problemas do subdesenvolvimento sejam os mesmos que os de uma sociedade tradicional. Com efeito, de um ponto de vista político-jurídico, pode-se ainda falar de sociedades regionais: por falta de unidade mundial na formação jurídica e política, a sociedade mundial não é uma unidade constituída por estruturas normativas de expectativa, não sendo, portanto, nem um império mundial nem um sistema internacional[22]. Mas quando se enfatiza que a sociedade atual se baseia, primariamente, em estruturas cognitivas de expectativa, mais precisamente na economia[23], e que a diferenciação segmentária das sociedades regionais, assentadas nos sistemas jurídico e político, possui uma "posição subordinada"[24], infere-se que os problemas dos países periféricos pertencem, primordialmente, às questões fundamentais da sociedade moderna (mundial). A modernização periférica

---

[20] Cf. Luhmann, 1975b; 1987a: 333 ss.

[21] Luhmann, 1975b: 55 ss. Sobre a distinção entre expectativas cognitivas e normativas, ver *supra* pp. 23-5.

[22] Luhmann, 1975b: 57-8; 1987a: 337. Em outro contexto, Wallerstein (1970: 50-1) distingue entre império mundial e capitalismo como economia mundial (cf. também 47 ss.).

[23] Cf. Luhmann, 1975b: 55 e 58; 1981b: 149 ss.; 1981c: 32. Embora Luhmann venha se afastando desta antiga posição (ver *supra* Cap. I.3.5), a meu ver esse entendimento deve permanecer, não no sentido de um primado "ôntico essencial" (cf. Luhmann, 1975b: 63-4) ou de uma necessária carência de autopoiese nos outros sistemas sociais, mas no sentido de que nos ambientes dos vários sistemas sociais modernos a economia constitui o fator mais relevante, que se pode observar em primeiro plano, ou seja, de que ela está equipada com a codificação binária (sim e não) socialmente mais forte. Não é, porém, de se excluir que com uma forte hierarquização no interior do sistema econômico esse primado se degenere em desdiferenciação econômica da sociedade.

[24] Cf. Luhmann, 1975b: 60-1.

pode ser compreendida como integração subordinada de um país na sociedade mundial, sob proteção do respectivo sistema político-jurídico regional.

No presente estudo, não se trata, evidentemente, de uma diferenciação da sociedade segundo uma hierarquia (tradicional), em cujo âmbito o centro, "representante" da unidade do sistema, e a periferia corresponderiam a uma estrutura fixa de *status*: essa possibilidade foi destruída pela diferenciação funcional como princípio dominante da sociedade moderna[25]. O par antagônico "centro/periferia" ora empregado remete a uma divisão *funcional* da sociedade mundial, orientada primariamente pela economia[26], mas também a uma relação de suprainfraordenação entre "sociedades parciais" fundadas primariamente na política e no direito[27]. Essa relação refere-se à capacidade dos diferentes sistemas funcionais de se imporem, o que não significa uma negação da modernidade. Trata-se, antes, de um dos problemas estruturais da hipercomplexa sociedade mundial[28].

---

[25] Cf. Luhmann, 1986a: 216.

[26] Isso se associa à divisão suprarregional do trabalho, que, segundo Durkheim (1986: 164), "desenvolve-se a partir do séc. XIV". Cf. *supra* nota 15 do Cap. I.

[27] Uma "sociedade parcial" inclui *todas* as comunicações que se desenvolvem especificamente no interior de uma sociedade regional ou nacional fundada primariamente nos domínios jurídico e político. Com isso não se desconhece que, em última análise, trata-se de uma sociedade mundial orientada primariamente pelo sistema econômico. Com essas restrições, são empregadas aqui, no plural, as expressões "sociedade*s* regionais, sociedades nacionais e sociedade*s* parciais".

[28] A respeito, escreve Luhmann (1987a: 336): "Parecem ser atuais sobretudo aqueles problemas que resultam de um desenvolvimento geral desequilibrado. Sobressai mais intensivamente o diferente estado de desenvolvimento de cada região do globo terrestre, o qual atualmente não pode mais ser justificado pelo fato de que se trata de diferentes sociedades, mas sim considerado um fenômeno que se manifesta no âmbito da sociedade mundial como um acaso *historicamente condicionado*" (grifei). Mas, embora o "subdesenvolvimento", diferentemente de outros problemas, não resulte "da diferenciação funcional" e, nesse sentido, portanto, não esteja relacionado "com o princípio estrutural da sociedade moderna" (*ibidem*), há muitos indicadores de que ele constitui um *problema estrutural*, historicamente condicio-

O caráter hierárquico da sociedade mundial, orientada primordialmente pela economia, relaciona-se com o fato de que a reprodução autopoiética dos sistemas jurídico e político regionais (nacionais) da periferia é bloqueada tanto por outros subsistemas funcionais (por exemplo, a economia com seus efeitos sobre a "sociedade parcial"), quanto pelos sistemas regionais jurídico-políticos do centro (um exemplo típico é a intervenção dos Estados Unidos na política da América Latina, especialmente mediante a organização de golpes de Estado). Uma vez que as sociedades nacionais, que se assentam sobre os sistemas político e jurídico, ocupam uma posição subordinada na sociedade mundial, é duvidoso falar de "independência nacional" jurídico-política. "Independência nacional" ou "soberania" pode ser simplesmente a reprodução autopoiética dos respectivos sistemas jurídico e político regionais (cf. *infra* p. 163, nota 11), especialmente perante os outros sistemas políticos e a economia (mundial). Se "objetivos políticos nacionais são alcançados com base numa comparação internacional do estado de desenvolvimento do ponto de vista econômico e técnico"[29], a "independência política nacional" dos países periféricos constitui uma ilusão ideológica: a autorreprodução operativa elementar da política e do direito nas respectivas sociedades regionais é incessantemente interrompida pelo sistema econômico e por outros sistemas jurídico-políticos "nacionais" (Estados).

Mas o conceito de modernidade periférica não se justifica apenas para ser aplicado às relações "centro/periferia" na sociedade mundial, mas também às características específicas das "sociedades regionais" periféricas, que se mostram hipercomplexas e hipercontingentes, em determinados aspectos mais complexas e con-

---

nado, do capitalismo mundial (nesse sentido, portanto, um problema estrutural da sociedade mundial).

[29] Luhmann, 1975b: 54.

tingentes que as "sociedades centrais" (ver *supra* pp. 14-6). Trata-se aqui da incapacidade dos sistemas sociais de *determinarem* ou *estruturarem* adequadamente a complexidade[30]. Essa situação não implica o caso extremo de uma indeterminabilidade absoluta: "Complexidade plenamente desestruturada seria o caso extremo da nébula primitiva, da arbitrariedade e igualdade de todas as possibilidades."[31] Trata-se, antes, da *relativa* incapacidade dos sistemas sociais de estruturar a complexidade determinável de seus respectivos ambientes[32]. De fato, há sempre um desnível de complexidade entre sistema e ambiente[33], e certa indeterminabilidade do sistema perante o ambiente é condição da flexibilidade[34]. Mas, em relação à modernidade periférica, a indeterminabilidade implica acoplamentos insuficientemente complexos entre sistema e ambiente e, por conseguinte, insegurança de expectativa[35]. Embora o aumento de complexidade exija correspondente seletividade estrutural[36], os sistemas sociais complexos das sociedades periféricas realmente falham na função seletiva perante seus ambientes supercomplexos. Esse problema significa também carência de racionalidade sistêmica na diferenciação de "sociedades" hipercomplexas[37]. Desse modo, deparamo-nos com flexibilidade (relativamente)

---

30 A respeito, ver as indicações bibliográficas na nota 51 do Cap. I. Bertalanffy (1957: 9) fala, analogamente, de complicação desorganizada e organizada.

31 Luhmann, 1987a: 7. Cf. também Luhmann, 1975a: 211-2; 1987b: 383.

32 "Somente na relação com um sistema o seu ambiente ganha complexidade determinável. [...] A partir dessa relação, cada determinação de complexidade do ambiente resulta e vale apenas relativamente ao sistema. Apenas em relação a um sistema se pode falar de ambiente" (Luhmann, 1975a: 211).

33 Cf. Luhmann, 1975a: 210-1.

34 Luhmann, 1975a: 209.

35 Cf. Luhmann, 1981f: 96.

36 Luhmann, 1975a: 207.

37 "Cada nível do desenvolvimento das relações entre sistema e ambiente tem chances específicas de racionalidade, conforme o modo como a diferença de complexidade em relação ao ambiente seja tratada. O problema da racionalidade en-

desorganizada, precariamente determinável, e negativa contingência/abertura para o futuro; ou seja, com a falta de segurança.

Associado a essa perspectiva, encontra-se o problema da "heterogeneidade estrutural", cuja discussão remete às abordagens sobre desenvolvimento das teorias da dependência e periferia elaboradas nos anos 1960 e 1970[38]. Nessa constelação, apontou-se, sobretudo, que essa questão não pode ser compreendida precisamente nos termos da noção de sociedades dualísticas ou de modernização parcial[39]: uma vez que os diferentes setores "pseudotradicionais" estão integrados na sociedade capitalista e em determinado grau atuam funcionalmente para os "setores modernos dominantes", reorientando-se, portanto, para as condições da sociedade moderna, a abordagem "dualística" mostra-se muito questionável[40]; embora possam surgir alguns problemas secundários do tradicionalismo, quanto mais forte a inserção periférica na sociedade mundial, tanto mais insignificante se torna a questão da tradição como impedimento da "modernização". O conceito de "heterogeneidade estrutural" está sujeito, fecundamente, a uma leitura sistêmico-teórica. Trata-se aqui de grandes disparidades no interior de todos os sistemas sociais, assim como entre eles. Mais exatamente, trata-se de códigos e programas/critérios que, difusamente, misturam-se e isolam-se, cruzam-se sem se acoplarem e

---

contra-se, fundamentalmente, no entrelaçamento de seleções, e a necessidade disso varia com a complexidade do sistema" (Luhmann, 1975a: 214).

38 Para um panorama, ver Nohlen; Sturm, 1982. No contexto do debate sobre teoria do desenvolvimento, a meu ver, a "abordagem de entrelaçamento de Bielefeld" conduz ao incremento do conceito de "heterogeneidade estrutural", e não, absolutamente, à sua "falsificação" (cf., porém, Schmidt-Wulffen, 1987: 132 ss.; H.-D. Evers, 1987).

39 Nessa orientação, cf., por exemplo, Lambert, 1986: 101-26 (Cap. V); Rüschemeier, 1971.

40 A respeito, a partir de bases diferentes, cf. Nohlen; Sturm, 1982: 102-3; Cardoso, 1979: 195; Senghaas, 1974b: 22 ss.; Amin, 1974: 77 ss.; Wallerstein, 1979: 36 ss.; Frank, 1969: espec. 53.

sobrepõem-se uns aos outros[41]. Tal cenário sugere que há aumento de complexidade não suficientemente determinável/determinada em virtude de carência de um desempenho seletivo adequado e abrangente de toda a população.

No âmbito das abordagens teóricas do desenvolvimento referentes à periferia ou dependência, a "heterogeneidade estrutural" foi associada à "marginalidade"[42], a qual, nesse contexto, por um lado, foi considerada especialmente em relação ao grande volume de desemprego aberto e subemprego (ambos sem seguro social); por outro, foi atribuída à orientação da produção nacional fundamentalmente pela demanda externa e (no mercado interno) pela demanda da classe alta[43]. A "marginalidade" não é para ser entendida como não integração ou "não pertencimento", nem simplesmente como disfuncionalidade setorial. Ela forma, pelo contrário, um tipo específico de integração na sociedade periférica[44]. Sob uma perspectiva sistêmico-teórica, "marginalidade" significa uma subintegração social difusa e muito instável de grande parte da população nos diferentes sistemas funcionais, que se intensifica com a modernização periférica. "Subintegração" significa aqui bloqueio prático do acesso positivo (= no próprio interesse do agente) aos sistemas sociais modernos existentes (economia, política, direito, educação etc.), os quais então afetam os "marginali-

---

[41] Essa situação implica não apenas o bloqueio sistêmico mediante códigos e programas/critérios "estranhos", mas também problemas de interpenetração e acoplamento estrutural; cf. *infra* Cap. V.2.2.4.

[42] A respeito, ver, em perspectivas diferentes, Cardoso, 1979: 140-85; Quijano, 1974; Sunkel, 1972: 271 ss.; Amin, 1973: 208-14. Cf. também Nohlen; Sturm, 1982: 104-5; Wöhlke; Wogau; Martens, 1977: 20-2; Evers; Wogau, 1973: 431-2.

[43] Cf., a respeito, Furtado, 1981: espec. 77-94; 1974; 1972: espec. 321 ss.; Amin, 1974: 80. Segundo Elsenhans (1977: 32), "deve-se partir do princípio de que pobreza e subemprego podem ser superados apenas na medida em que as massas produzirem para as massas".

[44] Cf. Cardoso, 1979: 166-85.

zados" apenas negativamente (por exemplo, como devedor, não como credor; como réu, não como autor). Com base em Luhmann, pode-se designar "marginalização" como *exclusão*[45], mas não no sentido de não integração de grupos populacionais inteiros, mas de sua *dependência* das prestações dos diferentes sistemas funcionais da sociedade (subintegração), *sem acesso* (no sentido positivo) a elas; retomo esse tema nas seções III.3.2.2. e V.1.3.

Uma objeção contra a afirmação da existência de flexibilidade e abertura para o futuro nas sociedades periféricas seria válida com o auxílio do argumento de que o conceito de "marginalidade" não é compatível com essas características, uma vez que os "marginalizados" (a grande maioria da população) estão subintegrados nos sistemas sociais modernos, ou seja, dispõem de possibilidades de ação muito limitadas. Embora esse argumento possa ser considerado correto sob a perspectiva teórica da ação, os conceitos de flexibilidade, contingência e abertura para o futuro assumem um significado sistêmico-teórico no presente estudo: eles remontam ao excedente de variáveis sistêmicas e, vinculado a isso, às possibilidades existentes no ambiente, que são passíveis de ser realizadas ou eliminadas sistêmico-seletivamente no contexto interativo. Se o sistema estruturar de forma adequada a complexidade de seu respectivo ambiente, criar-se-á uma *positiva* (relativamente segura) flexibilidade e abertura para o futuro. Se, ao contrário, os sistemas sociais falharem nessa determinação da supercomplexidade de seu ambiente (como ocorre incontestavelmente nas sociedades periféricas), resultarão então flexibilidade negativa (relativamente desorganizada) e contingência/abertura para o futuro negativa (relativamente incontrolável), ou seja, faltará segurança social. Assim, por exemplo, um casal, sob condições

---

[45] Cf. Luhmann, 1981: 25 ss.

econômicas instáveis, não pode estar seguro de que a família poderá ser sustentada com orçamento doméstico mensal (se algo assim for possível), um subempregado que foi roubado não poderá estar seguro de que possa contar com um "bom" (do ponto de vista jurídico ou constitucional) tratamento caso preste queixa na polícia, o vencedor das eleições não pode estar seguro de que assumirá o cargo (a ameaça de um golpe está sempre presente!).

Por outro lado, é de se observar também que, como crítica da rigidez da modernidade, o exemplo oferecido por Claus Offe, em forma figurativa, de um "sistema de transporte sustentado por automóveis", só pode ser levado em consideração no que diz respeito às "sociedades" centrais: "Sob condições de liberdade de escolha [...] extraordinariamente elevada, em tal sistema qualquer usuário do trânsito pode, a qualquer momento, chegar a qualquer ponto para o qual haja vias de acesso; ao mesmo tempo, porém, o sistema rodoviário, que permite essa fluidez dos procedimentos de deslocamento, é, já por questões físicas (e naturalmente também políticas e econômicas), um fato verdadeiramente incontestável, e do mesmo modo o são suas conhecidas consequências físicas e sociais."[46] Persistindo-se nessa representação, observa-se em relação à "sociedade" periférica que: de fato, o sistema de trânsito não funciona muito bem (buracos, falta de placas de trânsito, composição limitada de redes etc.) e, por isso, permite uma mobilidade apenas limitada; esse sistema, contudo, é sempre colocado em questão no todo e em parte; sempre se deve "esperar" por alterações estruturais e também surpreendentes; além disso, em virtude de irregularidades, falta de sinalização, defeitos de pavimentação etc., aumentam as possibilidades no interior do sistema

---

[46] Offe, 1986: 104. Offe (*ibidem*) acrescenta ainda sobre os sistemas desse tipo: "Eles abrem todas as opções, mas, ao mesmo tempo, fecham para todos os horizontes temporais relevantes a opção de se poder prescindir deles algum dia."

existente, elevando assim também o nível de contingência durante a viagem. Do ponto de vista da teoria da ação, essa situação ilustrativa implica, em parte, rigidez, ou seja, baixa mobilidade ou liberdade de escolha. Numa perspectiva sistêmico-teórica, no entanto, ela significa, claramente, um elevado grau de insegurança, flexibilidade desordenada e abertura negativa para o futuro: falta estruturação adequada da complexidade.

Nessa constelação, os problemas da modernidade periférica estão sujeitos a uma leitura no âmbito da dicotomia "redundância/variedade", tal como formulada por Henri Atlan[47]. Ao se considerar a afirmação de que a "complexidade desestruturada seria complexidade entrópica, um desagregar em direção ao desconexo"[48], poder-se-ia complementar, conforme o esquema de Atlan, que as sociedades periféricas se ressentem de falta de redundância. Assim, a entropia, na qualidade de informação faltante ("*incertitude probabiliste*")[49], não é reduzida suficientemente[50]. Entre redundância e variedade existe, então, um acentuado desnível, que conduz à crescente insegurança. Aumento de variedade exige aumento de redundância: o equilíbrio é condição da autonomia[51]. Nos sistemas sociais das sociedades periféricas, o desnível "(alta) variedade/(baixa) redundância" provoca fortes efeitos heteronomizantes, o que resulta em flexibilidade desorganizada e abertura negativa para o futuro. Não se trata aqui, claro, de "redundância estrutural inicial", mas de "redundância funcional", que garante "fiabilidade" como "conectividade" dos elementos sistêmicos[52]. No

---

[47] Cf. Atlan, 1979.

[48] Luhmann, 1987b: 383.

[49] Cf. Atlan, 1979: 33 ss., 74-5.

[50] Segundo Atlan, H ("informação que nos falta") relaciona-se inversamente com R (redundância); cf. Atlan, 1979: 48, 50-1, 76-7, 79.

[51] Cf. Atlan, 1979: espec. 43.

[52] "[...] a redundância inicial seria uma redundância de módulos, simples repetição de elementos estruturais, enquanto a fiabilidade seria uma redundância de fun-

âmbito do dualismo de Atlan, "cristal/fumaça" ("*cristal/fumée*"), os sistemas sociais na modernidade periférica, por carência de redundância funcional, tendem à complexidade entrópica, ou seja, à "fumaça"[53]. Retomarei esse tema em relação ao sistema jurídico.

2. ASSIMETRIZAÇÃO EXTERNA DO SISTEMA JURÍDICO NO PLANO DA ORIENTAÇÃO NORMATIVA

2.1. Delimitação semântica

Os problemas de "heterogeneidade estrutural" ou de insuficiente desempenho seletivo e autonomia do sistema funcional manifestam-se no domínio do direito por meio de sua *assimetrização externa no plano da orientação normativa*. Aqui recorro à concepção de assimetria sistêmica de Luhmann. Mas, como em sua obra a palavra "assimetria" é empregada em diferentes contextos e com distintas implicações de significado[54], convém aqui, em primeiro lugar, efetuar uma especificação semântica e hermenêutica, a fim de evitar um eventual equívoco. Visa-se, particularmente, à distinção entre relações simétricas e assimétricas, a qual é relevante para a positividade (como autodeterminação) do direito.

Para Luhmann, processos autopoiéticos são "necessariamente simétricos"[55], no sentido de que não há hierarquia na reprodução

ções" (Atlan, 1979: 52). Em outra passagem (129), Atlan fala de "conectividade"; a respeito, cf. também Luhmann, 1986b: 35, nota 61.

[53] "A morte por rigidez, a do cristal, do mineral, e a morte por decomposição, a da fumaça", assim se refere Atlan (1979: 281) aos dois casos extremos da relação "redundância/variedade". Observe-se que Atlan sugere aqui uma transferência "analógica e diferenciadora" (1979: 7) de sua construção fundamentalmente biológica à organização psíquica e social (131 ss.) e à ética (233 ss.). Eu também pretendo aqui uma aplicação "analógica e diferenciadora" (sem biologismo!) do esquema "redundância/variedade" aos sistemas sociais, mas de modo algum no sentido da transferência de Atlan.

[54] "Existem muitas possibilidades de assimetrização e, correspondentemente, diversos tipos de semântica que lhe conferem garantia e capacidade de conexão" (Luhmann, 1987b: 632).

[55] Luhmann, 1983b: 140.

operativa elementar do respectivo sistema. Assimetria como negação da autopoiese (→ alopoiese[56]) significa, portanto, ou a hierarquização operativa entre elementos sistêmicos (assimetria interna), ou a submissão de um sistema a outro (assimetria externa). Para o direito, simetria significa a exclusão de hierarquias normativas[57], seja no interior do sistema ou perante determinações externas ao sistema (por exemplo, representações jusnaturalistas). Do ponto de vista cognitivo, no entanto, o direito positivo necessita construir relações assimétricas com seu ambiente, quer dizer, articular disposição para aprendizagem[58]. Nesse sentido, ele forma um sistema, ao mesmo tempo, cognitivamente assimétrico e normativamente simétrico[59].

Para Luhmann, porém, assimetrias *internas* também têm de ser introduzidas no direito positivo por orientação normativa, uma vez que a Constituição "interrompe o círculo da autorreferência", ou seja, ela tem de "transformar simetria em assimetria" e com isso constitui "uma hierarquia de fontes do direito (possibilitadas no interior do sistema jurídico)" e ordena "ao mesmo tempo [...] a autodescrição do sistema jurídico"[60]. A esse respeito, a po-

---

56 "A assimetria não é tratada como momento da autopoiese, mas como alopoieticamente dada" (Luhmann, 1987b: 631).

57 Luhmann, 1983b: 140-1. Em outra passagem, porém, trata-se de hierarquia simétrica (cf. Luhmann, 1987a: 359).

58 Luhmann, 1983b: 141-2.

59 Luhmann, 1984b: 111. Segundo a abordagem de Luhmann, isso é expressão, no âmbito do direito, da qualidade de todos os sistemas sociais modernos: ser simétrico em sua reprodução operativa e, ao mesmo tempo, assimétrico em sua referência informativa ao ambiente (cf., por exemplo, 1987b: 65 e 262). Em relação à reprodução operativa dos elementos sistêmicos, trata-se aqui exatamente de uma aplicação dos conceitos lógicos de simetria e assimetria de relações: se aRb, então bRa (simetria); se aRb, então não bRa (assimetria). A respeito, cf., entre outros, Kondakow, 1983: 448; Fuchs *et al.* (orgs.), 1975: 559.

60 Luhmann, 1990b: 190; cf. também 1981o: 254-5. A propósito, trata-se aqui de "hierarquias entrelaçadas" ["*tangled hierarchies*"]; cf. *supra* pp. 68-9, 80-1.

sitividade (como autodeterminação) do direito exige não apenas assimetrias do ponto de vista cognitivo, mas também assimetrias normativas *internas*. Assim, rompimentos heteronomizantes da circularidade ou da reprodução autopoiética do sistema jurídico ocorrem somente mediante sua *assimetrização externa no plano da orientação normativa*[61]. Esse será o tema tratado nesta oportunidade. A seguir, serão considerados dois casos típicos.

2.2. Assimetrização normativa externa do sistema jurídico imediatamente no momento da legiferação

Em um dos casos, embora pertença às características distintivas do direito ser alterável por decisão[62], a carência de autonomia sistêmica manifesta-se imediatamente no momento da legiferação, por meio da qual, em desacordo com o modelo luhmanniano de diferenciação entre legislação e jurisdição, é legalizada a "captura do direito por grupos de interesse socialmente poderosos"[63]. Trata-se aqui das típicas situações do totalitarismo e do autoritarismo como experiências da hipercomplexa sociedade moderna. As assimetrias manifestam-se, então, em rupturas diretas da autopoiese do sistema jurídico mediante a política, o que pressupõe Constituições instrumentalistas (ver *supra* pp. 93 ss.). Poder-se-ia, ao que parece, afirmar que se trata de uma hiperpositividade, uma vez que não há limites jurídicos para o estabelecimento/alteração

---

[61] Sobre as outras implicações semânticas de "assimetria" em Luhmann, cf., por exemplo, Luhmann, 1981p: 167 ss.; 1986b: 28, 30; 1987b: 107, 176, 227, 631-4. Com um significado especialmente importante para a teoria dos sistemas, Luhmann (1975a: 210) emprega a palavra "assimetria" para indicar o desnível entre complexidade do sistema e complexidade do ambiente.

[62] A falta de decidibilidade/alterabilidade é característica de sociedades pré-modernas, ou seja, do direito arcaico e do direito das civilizações pré-modernas (cf. *supra* Cap. I.3.2), ainda que na sociedade mundial atual fenômenos do tradicionalismo possam contribuir para que isso ocorra.

[63] Luhmann, 1990a: 9, em sentido oposto à jurisprudência dos interesses.

do direito. No entanto, por outro lado, cabe observar que a subordinação do direito aos interesses dos "donos do poder" implica a sua rigidez.

2.3. Assimetrização normativa externa do sistema jurídico no decorrer do processo de concretização

Pode-se diferenciar esse caso daquelas situações nas quais o sistema jurídico, *no processo de concretização, é assimetrizado por injunções externas e no plano da orientação normativa*: embora no nível "abstrato" da legiferação o sistema jurídico apresente o traço da positividade (decidibilidade/alterabilidade e autodeterminação), as normas "positivadas" falham no curso da concretização jurídica em sua função de generalização congruente de expectativas de comportamento e como meio de regulação de conduta. Pretendo a seguir entrar especificamente nessa questão.

A diferenciação do procedimento legiferante, tanto perante o procedimento de execução jurídica quanto perante o comportamento de observância do direito, é uma das conquistas das ordens jurídicas positivas[64]. Quando, no entanto, existe um alto grau de discrepância entre legiferação e execução/observância jurídica[65] como dimensões internamente diferenciadas do sistema jurídico, de modo que faltem correlações que sirvam de orientação, po-

---

[64] Poder-se-ia afirmar: enquanto a diferença entre execução e observância remete à passagem do direito arcaico para o direito das civilizações pré-modernas, a mencionada diferenciação do procedimento legiferante é característica do direito moderno (positivo). Luhmann (1987a: 234-42; 1981b: 133 ss.; 1990a: espec. 4-5, 11-2) destaca, por seu lado, a separação entre legiferação e *aplicação* jurídica, ou entre legislação e jurisdição, como característica do direito positivo.

[65] "Com o termo 'observância' pretendemos designar quando e até quando se age conforme normas. Com 'execução'/'imposição' pretendemos designar quando e até quando a ação contrária a normas provoca atividades especiais que servem à manutenção do direito ou ao restabelecimento de estados de conformidade jurídica" (Luhmann, 1987a: 267). Cf. também Garrn, 1969: 168-9; Noll, 1972: 259.

de-se falar de assimetrias na positivização do direito. Nesse caso, não somente as "normas primárias" são atingidas, mas também as respectivas "normas secundárias"[66]. As atividades legiferantes não são, portanto, reconhecidas nem no comportamento de observância nem nas atividades de execução jurídica. A capacidade legiferante do sistema e sua autodeterminação conforme as normas postas poderiam, de fato, conduzir a uma representação equivocada de sua positividade; mas a capacidade de execução e observância em relação a essas normas desaponta o observador.

Como os termos "execução" e "observância" adquirem aqui um significado estrito, apresento nesse ponto dois outros conceitos: "aplicação do direito" e "uso do direito". Da mesma forma que ocorre na execução, a aplicação do direito exige, em ordens jurídicas positivas, o agir de um terceiro competente perante os destinatários da norma. No entanto, a execução consiste, especificamente, em ações impositivas de fato. A aplicação do direito, por seu lado, pode ser conceituada como a fixação concreta do significado de um texto normativo positivo em relação a um caso determinado[67], o que inclui a produção das respectivas "norma jurídica" e

---

[66] Sobre esse par de conceitos, ver, por exemplo, Geiger, 1970: 144 ss. No mesmo sentido, Cossio (1964: espec. 661-2) emprega, respectivamente, as expressões "endonorma" e "perinorma", para destacar que se trata de dois membros disjuntivamente vinculados de uma única norma. Kelsen falava, inversamente, de norma secundária (referente à observância) e norma primária (norma sancionadora), em virtude da superestimação do significado jurídico da sanção (cf. Kelsen, 1966: 51-2; 1946: 60-1; 1980: 52, 124-7). No plano lógico, Vilanova (1977: 64-5, 90) rejeita, com razão, a inversão conceitual e mantém os adjetivos "primário" e "secundário" em seu sentido usual.

[67] "Aplicação normativa é a determinação de uma norma concreta sob a orientação de normas abstratas. [...] Na qualidade de determinação normativa concretizante, a aplicação normativa deve ser distinguida da imposição da norma concretizada no processo da execução coativa" (Garrn, 1969: 166-7). Em Kelsen, a "aplicação" inclui a atividade de execução (imposição da sanção) (cf., por exemplo, Kelsen, 1960: 11, 240; ver criticamente a respeito Garrn, 1969: 169).

"norma de decisão"[68]. Embora aplicação e execução do direito estejam vinculadas, existem, porém, atividades de aplicação jurídica que não se relacionam com execução do direito em sentido estrito, como no caso da jurisdição voluntária. A diferenciação interna entre execução e aplicação (polícia e outros órgãos de execução *versus* tribunais), como característica do direito moderno, conduz ao surgimento de discrepâncias também entre esses dois momentos da concretização do direito, as quais intensificam ainda mais o problema da assimetria. Uma vez que a "norma individual" (do órgão aplicador do direito) constitui "uma mera possibilidade", não é de se excluir que nem a parte condenada nem os órgãos competentes para a execução se comportem conforme o seu conteúdo[69]. A consonância entre aplicação do direito e legiferação não é suficiente, portanto, para a existência da positivação simétrica: a incapacidade de observância ou da execução é, nesse caso, uma possibilidade que não se deve desconsiderar.

Outra distinção relevante é aquela entre observância e uso do direito. A observância refere-se às "regras de conduta", isto é, às obrigações e proibições, o uso refere-se às ofertas de regulamentação[70]. Se as condições ("infraestrutura") para o uso das ofertas de regulamentação legalmente postas não estiverem presentes, pode-se, então, também falar de assimetria na positivação jurídica, embora nesse caso não se trate de observância/não observância das normas jurídicas[71].

---

[68] A respeito, cf. Müller, 1984: 263 ss. Aqui é de observar que a Teoria Pura do Direito já acentuava a relatividade dos conceitos de aplicação e criação do direito (cf., por exemplo, Kelsen, 1960: 240; 1946: 132-3; a propósito, ver Kramer, 1972: 247 ss.).

[69] Kramer, 1972: 255.

[70] Blankenburg, 1977: 36-7. Bulygin (1965: 45 ss.) propõe uma distinção totalmente diferente entre "observância e uso de normas", segundo a qual a "aplicação" seria classificada como um caso típico de "uso", a saber, "definida como uso de normas para a fundamentação de decisões jurídicas" (40).

[71] Blankenburg, 1977: 37. Não se trata, então, de observância, desvio e violação, mas de uso, desuso e abuso (Friedman, 1972: 207-8).

Considerando-se que os conceitos de observância, execução, aplicação e uso referem-se a diferentes situações, será aqui empregado como conceito genérico o termo concretização. Nesse sentido, a assimetrização do sistema jurídico corresponde àquelas situações nas quais o conteúdo dos textos normativos (abstratos) legalmente postos é rejeitado ou desconhecido/desconsiderado nas interações concretas dos cidadãos, grupos, órgãos estatais, organizações etc., de modo que a noção de concretização se torna ilusória. Quando não é bloqueado no nível da aplicação jurídica, o processo de concretização é bloqueado no nível da observância/execução ou do uso do direito[72].

Embora o conceito aqui considerado da assimetrização do sistema jurídico que surge no procedimento de concretização não corresponda ao conceito da ineficácia ou inefetividade das normas jurídicas, ambos os problemas se relacionam estreitamente. Em primeiro lugar, porém, tem-se de recusar uma redução do conceito de eficácia a uma "disposição para aplicação" ou "capacidade de julgar"[73], uma vez que a decisão aplicadora nem sempre é mantida (executada ou observada). Por outro lado, não se compreende aqui por "eficácia" a observância "autônoma" das normas, como se "a efetividade da norma jurídica tivesse de ser discutida sob o pressuposto de sua possível 'retidão'"[74]. Também não se pode per-

---

[72] Emprego o termo "concretização" num sentido mais amplo que Müller, para o qual o "procedimento de concretização" limita-se à produção da "norma jurídica" e da "norma de decisão" (cf. Müller, 1984: 263). É de observar aqui que, segundo Müller (269), também a *norma jurídica* "só é produzida em cada caso". Por outro lado, cabe destacar mais uma vez que o processo de concretização não deve ser, de maneira nenhuma, voltado para "a ilusão da plena correspondência entre o abstrato e o concreto", mas sim ser solucionado como problema "mediante um tipo de não identidade integrada do abstrato e do concreto" (Luhmann, 1974: 52).

[73] Bulygin, 1965: 53 ss.

[74] Como afirma Ryffel, 1972: 228. Cf. também Ryffel, 1974: 251-8. Para uma posição crítica sobre essa questão, ver Blankenburg, 1977: 33-4.

mitir a superestimação da observância[75] ou a acentuação da "eficácia regulativa"[76], na medida em que, destarte, fica suprimido o significado da eficácia através de execução. A eficácia abrange tanto a observância quanto a execução[77]. Logo, a norma só se torna ineficaz se nenhuma de ambas as alternativas disjuntivas se realizar, ou seja, no caso de falharem a "norma primária" e a correspondente "norma secundária"[78]. A diferença entre eficácia e efetividade – o que equivale dizer, a diferença entre a simples conformidade do comportamento ao conteúdo (alternativo) da norma e a obtenção de seus fins[79] – não é relevante para a concepção de assimetrização do sistema jurídico no processo de concretização. Essa dicotomia se expressa em Blankenburg mediante a distinção entre vigência e eficácia: o cumprimento dos preceitos condicionais de uma lei implica a sua vigência; a realização de suas determina-

---

[75] Cf. Garrn, 1969: 169-70. Equívoca é, porém, a posição de Garrn, o qual, em contradição com sua afirmação de que "uma norma é eficaz quando é observada ou executada" (168), escreve: "Ela só pode revelar-se como eficaz por ser observada" (169), de tal modo que sua execução implica exclusivamente a eficácia (observância) da respectiva "norma secundária" ("norma de execução") (169-70). É verdade que "observância" e "execução" são conceitos relativos, uma vez que a execução de uma "norma primária", por meio de sua correspondente "norma de execução", constitui a observância desta última; porém, deve-se acrescentar: na perspectiva de sua observância/inobservância, a última não representa mais "norma de execução" ou "norma secundária", mas sim uma "norma primária", à qual, por sua vez, corresponde uma "norma secundária". Desse modo, ambas as afirmações citadas de Garrn são inconciliáveis e, por isso, equívocas.

[76] Cf. Kramer, 1972: 254 ss.

[77] Cf. Geiger, 1970: 70.

[78] Com tal formulação, não se desconhece que "uma norma que, relativamente aos destinatários normativos primários, não é mais regulativamente eficaz, mas sim apenas repressivamente, a longo prazo cairá de todo – também repressivamente – em *desuetudo*" (Kramer, 1972: 256).

[79] Capella, 1968: 105; Jeammaud, 1983: 53-4 (ambos com inversão dos termos). Noll (1972: 261) denomina esta última "eficácia social". Em relação aos fins das normas jurídicas, Glasyrin *et al.* (1982: 49-52) distinguem efetividade, inefetividade e antiefetividade de sua atuação.

ções referentes a fins envolve a sua eficácia[80]. Ainda que essa distinção faça sentido, ela permanece no plano referente em que se desenrola o comportamento (ação).

Pretendo expor aqui uma distinção bem diferente entre vigência e eficácia. Considerando-se que tanto a regulação da conduta como a asseguração das expectativas constituem funções do sistema jurídico[81], pode-se afirmar que a eficácia se refere à primeira, a vigência à segunda[82]. Embora "eficácia" represente um conceito gradual, mensurável (cotas de observância e execução)[83], a vigência não pode, por isso, ser medida através de um cálculo de vinculatoriedade com base na cota de eficácia[84]. Apesar de sua relatividade, a vigência do direito[85] é um problema que se encontra, primordialmente, no plano do vivenciar, ao contrário da questão da eficácia, que se manifesta no plano do agir[86]. O fato de que a vigência não pode ser reduzida a uma função da cota de eficácia não exclui que essa cota condicione a vigência das normas jurídicas e vice-versa; pois "nenhum vivenciar é acessível sem o agir, nenhum agir é compreensível sem consideração do vivenciar do

---

80 Blankenburg, 1977: 38 ss.

81 A respeito ver Luhmann, 1981d, em que se trata especialmente da tensão entre essas duas funções.

82 Aqui se trata claramente de "vigência" no sentido da perspectiva de observação externa da sociologia jurídica, e não de "vigência" no sentido da perspectiva de auto-observação da teoria do direito ou da dogmática jurídica (a propósito, cf., por exemplo, Hart, 1961: 99 ss.; Kelsen, 1960: 9 ss., 196 ss.), ou da perspectiva axiológica da filosofia (a respeito, cf., por exemplo, Radbruch, 1973: 174 ss.). Mas as expressões "vigência fática" *versus* "vigência normativa" (Garrn, 1969: 171-2; Noll, 1972: 259-60; cf. também a distinção de Schreiber, 1966: 58-68, entre vigência fática, constitucional e ideal) são equivocadas, porque, no sentido jurídico-sociológico, "vigência" refere-se a expectativas normativas (ver *supra* nota 38 do Cap. II).

83 Cf. Carbonnier, 1976: 99-111; Geiger, 1970: 71, 228 ss.

84 Em sentido contrário, cf. Geiger, 1970: 71-2, 209-10; acompanhando-o, Teubner, 1989: 112.

85 Cf. Weber, 1985: 17.

86 Sobre essa diferença, ver Luhmann, 1981m; Kiss, 1986: 12-5.

agente"[87]. As capacidades do sistema jurídico de regular condutas e de assegurar expectativas encontram-se em relação recíproca. A "questão dos desenrolamentos comportamentais" e a questão da orientação pelas expectativas de comportamento pressupõem-se e complementam-se mutuamente numa teoria do comportamento normativo[88]. Não se pode, porém, deixar de considerar: a cota de eficácia de uma norma pode cair fortemente, sem que sua vigência seja significativamente atingida; de modo inverso, a capacidade do direito de assegurar expectativas pode enfraquecer, sem que sua função de regulação da conduta seja abalada. "Pode até mesmo ocorrer", acrescenta Luhmann, "que uma política jurídica, concentrada demasiadamente em assegurar efeitos, destrua a segurança de expectativa – e, do mesmo modo, pode ocorrer o inverso"[89]. Embora seja verdade que a combinação dessas duas funções seja atribuída às normas jurídicas[90], isso se torna problemático na sociedade moderna[91], na medida em que se intensifica a diferença entre agir e vivenciar.

Uma vez que a função primária do direito "não (se assenta) na obtenção de determinado comportamento, mas no fortalecimento de determinadas expectativas"[92], a assimetrização do sistema jurídico no processo de concretização é, primordialmente, um problema da falta de vigência do direito, quer dizer, da incapacidade do direito "positivo" de assegurar ou orientar expectativas normativas, embora a questão da eficácia seja aqui relevante. No plano da legiferação, aparenta-se a positividade (decidibilida-

---

[87] Luhmann, 1981n: 85.
[88] Blankenburg, 1977: 35.
[89] Luhmann, 1981d: 74.
[90] Luhmann, 1981d: 74.
[91] Luhmann, 1981d: 90.
[92] Luhmann, 1981b: 118.

de/alterabilidade e autodeterminação); no plano da concretização, o direito legiferado fracassa em sua função de generalização congruente de expectativas de comportamento.

Da eficácia e vigência das normas jurídicas distinguem-se seus efeitos indiretos, "que são medidos pelas conexões, teoricamente postuladas, com outros processos sociais"[93]. Do ponto de vista sistêmico-teórico se poderia dizer que se trata aqui, em primeira linha, de *prestações* do sistema jurídico perante os outros sistemas sociais. À questão dos efeitos pertencem, por exemplo, os problemas da utilidade e economicidade das normas jurídicas[94]. Especialmente importante para o conceito de assimetria da positivação é a concepção dos efeitos simbólicos ou latentes das normas jurídicas (ver Cap. II.3.3), que será tratada novamente adiante (seção 3.2.4 deste capítulo).

No presente estudo não se trata simplesmente do problema da assimetrização do sistema jurídico em relação a normas, dispositivos ou ramos jurídicos específicos, mas sim da concretização insuficiente da "Constituição" como instância reflexiva fundamental no sistema jurídico (ver *supra* Cap. II.2) e seu "subsistema" mais abrangente nas dimensões material, social e temporal, de modo que a positividade do conjunto do sistema jurídico é questionada[95].

2.4. Resumo intermediário

A assimetrização externa do sistema jurídico no plano da orientação normativa torna-se evidente diretamente no momento

---

93 Blankenburg, 1977: 41.

94 A respeito, ver Glasyrn *et al.*, 1982: 52-60.

95 Exatamente por isso, não se pode tratar ou solucionar adequadamente o problema conforme o esquema fim/meio das pesquisas sobre implementação (a respeito, ver Mayntz, 1983; 1988); cf. também *supra* p. 83. Para uma reinterpretação sistêmico-teórica da problemática da implementação em relação à política e ao direito, ver Luhmann, 1981p: 166 ss.

da legiferação ou no decorrer do processo de concretização. No âmbito constitucional, ela conduz ao instrumentalismo constitucional (autocracia) ou ao nominalismo constitucional (democracia aparente); ambas as situações, portanto, implicam desdiferenciação ou hererodeterminação do sistema jurídico. Ao dirigir-se a atenção para os países periféricos, pode-se compreender claramente como, em relação à legislação constitucional ou à concretização constitucional, essas formas de assimetrias conduzem ao questionamento da positividade (como autodeterminação) de todo o sistema jurídico.

3. O SIGNIFICADO DA CONSTITUIÇÃO PARA A MODERNIDADE PERIFÉRICA

Todas as reflexões conceituais anteriores conduzem a esta seção, na qual é formulada, como hipótese, uma concepção teórica dos sistemas constitucionais periféricos. Realizo uma revisão dessa construção teórica mediante uma apresentação do desenvolvimento constitucional do Brasil na segunda parte deste estudo.

3.1. Assimetrização externa do sistema jurídico no plano constitucional. Entre nominalismo constitucional e instrumentalismo constitucional

No que se refere aos países periféricos, a assimetrização do sistema jurídico no plano da orientação normativa compromete o agir jurídico (a eficácia) e o vivenciar jurídico (a vigência), não somente em relação a determinadas normas e institutos juridicamente estabelecidos, mas também no que diz respeito ao sistema jurídico como um todo. A situação ganha, então, um significado relevante no plano constitucional, no qual ela aparece, de modo mais específico, respectivamente, como nominalismo e instrumentalismo constitucional (ver *supra* Cap. II.4). Nesse contexto, as assimetrias existentes em outros ramos jurídicos constituem, ao mesmo tempo, situações condicionadas e fatores condicionantes, respectivamente, do nominalismo constitucional (assimetrização no decorrer do processo de concretização) e do instrumentalismo constitucional (assimetrização no âmbito do processo de legiferação). Em outras palavras: o fato de a *Constituição* falhar (nominalismo) ou faltar (instrumentalismo) como instância reflexiva no interior do sistema jurídico (ver *supra* Cap. II.2) é, em outros ramos do direito, condição negativa de vigência e eficácia do direito posto; por seu turno, como *feedback*, a incapacidade do "direito infraconstitucional" de assegurar expectativas e regular condutas impede a orientação do vivenciar e agir jurídicos de acordo com o modelo constitucional. Não me concentro aqui no problema constitucional apenas por uma necessidade de delimitação metodológica do campo de pesquisa, mas sobretudo porque tal problema, a meu ver, destaca-se no centro da questão da assimetrização externa do sistema jurídico nas sociedades periféricas.

A origem das "Constituições" nos países periféricos resultou da descolonização formal. A nova situação não conduzia, absolutamente, à "independência ou soberania nacional" no sentido dos Estados centrais. Caso se queira atribuir a essas expressões um significado dotado de sentido, então elas devem indicar que a política, como sistema territorialmente delimitado, reproduz-se de maneira autopoiética no interior da respectiva "sociedade" parcial[96]. Essa situação ocorre em duas possibilidades: 1) a circulação do poder entre administração (em sentido amplo), política (em sentido estrito) e público[97] não é bloqueada estruturalmente nem pela economia (mundial) nem por outros sistemas políticos (de-

---

[96] Nesse sentido, cf. Luhmann; Schorr, 1988: 46. Sobre o conceito de soberania no âmbito do conceito de Constituição e suas implicações tautológico-paradoxais, ver Luhmann, 1990b: 194 ss.

[97] A respeito ver Luhmann, 1981e: espec. 164; 1981l: 43 ss.

mocracias); 2) a desdiferenciação política da "sociedade regional" mediante totalitarismo implica a superioridade do sistema político no âmbito doméstico e sua *autonomia* perante os fatores externos[98]. No primeiro caso, existe também a positividade do direito no sentido luhmanniano (autodeterminação) ou o Estado de direito; para o segundo, é característica a assimetrização do sistema jurídico mediante a própria produção do direito e, portanto, a falta de positividade (como autodeterminação) do direito[99]. Em ambas as situações, no entanto, revela-se a autonomia do sistema político "nacional", seja de forma adequada ou inadequada para a complexidade da sociedade mundial.

Na "constitucionalização" dos países periféricos, ao contrário, esvaece a "independência nacional" como reprodução autopoiética do sistema político no interior da respectiva "sociedade regional", porque a posição e a função subordinadas desta na sociedade mundial e, correspondentemente, a falta de pressupostos internos impedem que tal "independência" tenha um significado prático. O "constitucionalismo" é diretamente afetado por essa situação, seja porque o modelo constitucional "democrático" válido nos países centrais é copiado, sem que existam as condições para sua realização (nominalismo constitucional), seja porque regimes *autoritários* (desdiferenciação política especificamente do direito), em benefício da integração periférica, levam ao instrumentalismo constitucional[100].

---

[98] Mais especificamente, pode-se caracterizar como típico para sociedades tradicionais, diferenciadas segundo o princípio da estratificação, a política se encontrar no topo como o único sistema autorreferencial da sociedade (Luhmann, 1981e: 159-60; 1987a: 166 ss.). Mas não se exclui o retorno dessa situação nas sociedades modernas supercomplexas mediante o irromper de autocracias *totalitárias*, as quais, é claro, em virtude de seus efeitos desdiferenciadores, são inadequadas para a complexidade da sociedade.

[99] Em relação a essa caracterização, Luhmann (1984c: 193-6) distingue sistemas ideologicamente integrados de Estados de direito.

[100] Este é o modelo típico. Em pretensas tentativas de desperiferização, porém, alguns países do "terceiro mundo", fundamentados em tradicionalismos, *tendem* ao

A alternância entre Constituições nominalista e instrumentalista caracteriza a modernização periférica. A seguir, em primeiro lugar, tratarei mais especificamente da questão das assimetrias do sistema jurídico no decorrer da concretização constitucional (nominalismo constitucional) (3.2). Depois, o objeto de consideração será a imposição do instrumentalismo constitucional (assimetrias do sistema jurídico no âmbito da legislação constitucional) (3.3). Por fim, será abordada a relação recíproca entre ambas as alternativas (3.4).

3.2. O nominalismo constitucional: implicações para o sistema jurídico

3.2.1. Importação de modelos constitucionais *versus* realidade constitucional dos países periféricos

A cópia de modelos constitucionais (liberal- ou social-)democráticos dos países centrais nas sociedades periféricas[101], que representa uma das mais importantes expressões do imperialismo político, implica uma discrepância estrutural entre o texto

totalitarismo, sem que com isso sigam alterações essenciais na forma de sua integração no mercado mundial e na condição interna de "subdesenvolvimento". Em outras situações (ultrapassadas?!), o país recorre ao bloco do Leste, para garantir sua política "dissociativa". Poder-se-ia, então, falar de "periferia do socialismo", o que, a meu ver, é equívoco, uma vez que se trata de uma economia mundial capitalista (cf. Senghaas, 1972b: 11-2, 15-6). Por fim, outros países, mediante reformismos desperiferizantes ou revoluções, tentam implantar, especificamente, estratégias nacionais para a superação do "subdesenvolvimento", as quais, porém, estão fadadas ao fracasso na medida em que a ideologização da dissociação ou o boicote internacional impõem-se em sentido contrário. Não se deve considerar apenas que estratégias dissociativas não conduzem obrigatoriamente à desperiferização (cf. Elsenhans, 1979: 103); também se deve observar que desperiferização não está direta e necessariamente relacionada a "desenvolvimento" (cf. Cardoso; Faletto, 1984: 27): a primeira é simplesmente uma condição decisiva e *negativa* do segundo. Mas me limitarei ao nominalismo e ao instrumentalismo constitucionais no âmbito dos casos típicos de inserção periférica do país na sociedade mundial: democracias aparentes ou autoritarismo no contexto da integração subordinada no mercado mundial.

[101] Cf. Galtung, 1972: 57.

constitucional posto e o vivenciar/agir jurídico da população[102]. Tradicionalmente, fala-se de contradição entre dever-ser constitucional e ser social, normas constitucionais (direito) e realidade constitucional (cf. *supra* pp. 73-5). Uma vez que a tais dicotomizações subjaz a suposição de que o dever-ser ou as normas constituem idealidades, elas são incompatíveis com o presente estudo (cf. *supra* pp. 23-5, 65-6). Trata-se, neste trabalho, da concretização deformante ou insuficiente do texto constitucional posto (ver *supra* Cap. II.3), mais exatamente, de sua incapacidade de atuar regulando condutas e assegurando expectativas (problemas de sua aplicação, execução, observância e uso). Caso se quisesse manter o esquema "direito constitucional *versus* realidade constitucional", então, no presente contexto, tal esquema referir-se-ia à desconexão entre *sistema* constitucional (o direito constitucional vigente como complexo das expectativas normativas de comportamento filtradas pela atividade constituinte e pela concretização constitucional e das comunicações que subjazem a essas expectativas e que são desenvolvidas diretamente com base nelas) e *ambiente* constitucional (realidade constitucional como totalidade de expectativas e comportamentos que se referem ao direito constitucional a partir de outras codificações sistêmicas específicas ou do "mundo da vida"). Sob essa perspectiva, pode-se distinguir a "rea-

[102] Nessa constelação, pode-se contestar a tese defendida por Watson (1977) do transplante de normas ou institutos jurídicos em contextos sociais muito diversos ("A conexão de uma regra jurídica com um ambiente específico qualquer é menos íntima do que se pode supor. É uma característica da regra legal ser feita para caber em circunstâncias muito diferentes, tanto em vários Estados quanto também dentro de um Estado" – 1977: 111). Segundo Luhmann, deve-se, pelo menos, também em relação à "cópia de textos constitucionais famosos, comprovados em outros lugares, ou – instituições" (1990b: 212-3), "distinguir, nessa questão, entre direito constitucional e outro tipo de direito" (213, nota 90). Mas, por seu turno, em relação à autonomização do direito, não se desconhece aqui "que grande parte do direito não está de acordo com as necessidades e os desejos da sociedade em que atua" (Watson, 1977: 111).

lidade constitucional que cumpre a Constituição" da "realidade constitucional que mina a Constituição" e da "realidade constitucional violadora da Constituição"[103]. O primeiro tipo corresponde às Constituições normativas das sociedades centrais; os outros dois são característicos do nominalismo constitucional dos Estados periféricos. Na realidade constitucional "que mina a Constituição", trata-se de danos indiretos ao direito constitucional (evasão constitucional), enquanto a realidade constitucional "violadora da Constituição" implica ofensas diretas e regulares contra os preceitos constitucionais[104], o que nos países periféricos é realizado "sob a proteção da 'práxis estatal'."[105]. Poder-se-ia, portanto, em relação a esses dois casos, falar de desconexão entre *sistema* constitucional e *ambiente* constitucional. Mas as situações podem ser lidas como expressão da incapacidade de concretização do texto constitucional; então, trata-se da ruptura sistêmico-interna da circularidade entre legiferação constitucional e concretização constitucional. As duas leituras do problema não se excluem mutuamente; elas constituem, antes, perspectivas complementares.

Considero o esclarecimento evolucionário-linear "direito moderno numa sociedade tradicional", no mínimo, insuficiente. Embora a existência de modelos tradicionais de comportamento também atue como resistência contra a realização do direito positivo em áreas colonizadas ou neocolonizadas, de sorte que, desse ponto de vista, pode-se falar de dualidade das ordens jurídicas[106], o pro-

---

[103] Grimm, 1989: 637.

[104] Grimm, 1989: 637.

[105] Uma expressão de Grimm (1989: 637), com a qual, mediante uma complicada formulação, ele parece antes querer se referir aos casos de instrumentalismo constitucional, ou, em suas próprias palavras, àquelas situações nas quais "sob a proteção da própria 'prática estatal' atribui-se à realidade constitucional inconstitucional *status* de Constituição".

[106] Cf., por exemplo, Heidelberg, 1968.

blema do nominalismo nos países periféricos é *uma questão da modernidade*[107]. A destruição dos nexos tradicionais da ação pela integração subordinada dos países periféricos no mercado mundial eleva a complexidade/contingência da sociedade e exige, por conseguinte, diferenciação funcional. Não obstante, a "heterogeneidade estrutural" e, consequentemente, a "marginalização" de amplos setores populacionais (ver *supra* pp. 109-10) são incompatíveis com o modelo da seletividade mediante diferenciação horizontal. Aquilo que, em sua pesquisa no México sobre direito privado, Volkmar Gessner constatou em relação ao acesso aos procedimentos jurídico-positivos de solução de conflitos em sua pesquisa de direito privado, a saber, que a modernidade não tem papel decisivo[108], pode ser transferido para o plano constitucional da realidade jurídica dos países periféricos. Trata-se também aqui da falta "de acoplamentos suficientemente complexos entre sistema e ambiente"[109]. O modelo constitucional imitado não é apropriado para assegurar o comportamento previsto, na medida em que a "heterogeneidade estrutural" e a "marginalização das massas" agravam-se na modernização periférica. Direitos fundamentais,

---

[107] Cf., porém, em uma perspectiva da teoria da modernização, Krüger, 1968: espec. 9 ss., 20 ss.; a respeito, ver posição crítica de Hinz, 1971: 336-9, que se encontra, aliás, no contexto do estruturalismo político-antropológico de Georges Balandier (cf. Hinz, 1971: 352 ss.). Com base na dicotomia "tradição/modernidade", Alvarez-Correra (1983) tentou esclarecer os obstáculos para a positivação do direito em um típico país da modernidade periférica (Colômbia); cf., com posição diversa, Benda-Beckmann, 1979, que, com base em dois julgamentos ilustrativos, um na Sumatra Ocidental (entre os Minangkabau) e outro na Holanda (338 ss.), apontou que, conforme o primeiro (real) e o segundo julgamento (construído), o direito dos Minangkabau apresenta-se como "moderno" e o direito holandês como "tradicional". De outro ponto de vista, Trubek (1972: 16 ss.) critica o etnocentrismo e o evolucionismo dos teóricos da "modernização do direito". Sobre "modernização" do direito como problema mundial nos últimos duzentos anos, ver Galanter, 1966.

[108] Gessner, 1976: 165-7 e 169.

[109] Assim Luhmann (1981f: 96), a respeito da pesquisa de Gessner no México.

divisão dos poderes e eleição democrática perdem significado *primariamente* não em virtude da presença de padrões tradicionais de comportamento, mas em consequência da extrema estratificação social e, em última análise, da enorme desigualdade econômica[110] que se desenvolve no âmbito da modernização periférica[111].

Se, conforme o que foi exposto, o nominalismo constitucional for compreendido como uma típica questão da *modernidade* (periférica), impõe-se inverter a formulação de Luhmann de que a "positividade do direito é pressuposto de uma sociedade moderna"[112]. De fato, a positividade do direito não é compatível com a rigidez das sociedades tradicionais e, além disso, a emergência da modernidade como formação social supercomplexa e supercontingente exige, em virtude da elevada necessidade de seleção que daí resulta, a positividade do direito. Mas o "direito positivado" pode falhar em sua *função* de generalização congruente de expectativas de comportamento e em sua *prestação* na solução de conflito. Esse é o caso no nominalismo constitucional nos países periféricos (cf. *infra* Cap. V). A sociedade torna-se supercomplexa e supercontingente, em determinado aspecto em grau mais elevado do que na sociedade central (ver *supra* pp. 106 ss.), mas o direito posto e alterável falha em relação a sua finalidade de reduzir adequadamente a complexidade de seu ambiente. No sentido empregado por Atlan (cf. *supra* pp. 112-3), trata-se do fracasso do sistema jurídico em criar *redundância* suficiente e adequada perante a *variedade* de seu ambiente, o que compromete a sua auto-

---

110 Cf. Gessner, 1976: 164-5 e 169. A respeito, ver também Luhmann, 1987b: 539-40.

111 De modo semelhante, Luhmann (1990b: 212-4) considerou posteriormente essas "tendências de desenvolvimento" como problema inerente à sociedade mundial *moderna*, e não mais, como em textos anteriores (cf. Luhmann, 1983a: 65, nota 10; 1987a: 96, nota 114; 1965: 101-2), como uma expressão da simplicidade ou tradicionalidade dos "países em vias de desenvolvimento".

112 Cf. Luhmann, 1981b.

nomia. A manutenção da respectiva "sociedade parcial" periférica e sua funcionalidade para a sociedade mundial não é atingida por isso, embora surjam problemas funcional-estruturais no plano doméstico, os quais, porém, favorecem determinados grupos privilegiados e, portanto, de seu ponto de vista, também internamente não são "disfuncionais". Conforme essas observações, o esquema evolucionário de Luhmann – "direito arcaico → direito das civilizações pré-modernas → direito positivo (que apresenta as características de decidibilidade, alterabilidade e autodeterminação) como pressuposto da sociedade moderna" (ver *supra* Cap. I.3.2) – está sujeito a uma ressalva: a modernidade periférica torna-se funcional para a sociedade mundial, sem que a correspondente positivação do direito possa realizar-se.

3.2.2. A relação entre subintegração e sobreintegração no sistema constitucional *versus* o princípio da não identificação da Constituição

Associadas à incorporação subordinada na sociedade mundial, a "heterogeneidade estrutural" e a "marginalização das massas" (exclusão) impedem que o modelo constitucional predominante nos países centrais se realize no interior da periferia. Por isso, pode-se falar de subintegração e sobreintegração no sistema constitucional. Os "marginalizados" tornam-se subintegrados, porque os direitos fundamentais não fazem diferença no horizonte de seu agir e vivenciar. Para os grupos subprivilegiados, os preceitos constitucionais adquirem significado quase somente por seus efeitos cerceadores da liberdade. Essa situação vale para o sistema jurídico "constitucional" em seu conjunto: as camadas sociais subalternas, "marginalizadas" em diferentes níveis e aspectos (quer dizer, a maioria da população), tornam-se integradas no sistema como devedores, réus etc., não como detentores de direitos, autores no processo etc.[113]; embora eles sejam, de fato, dependentes do sistema, não têm acesso (no sentido positivo) a suas prestações (exclusão – cf. pp. 109-10 e Cap. V.1.3). Na esfera constitucional, no entanto, o problema da subintegração adquire uma dimensão especial, na medida em que, em relação aos membros dos estratos subalternos, as violações dos direitos fundamentais são executadas particularmente no âmbito da atividade repressiva do "aparelho estatal". A subintegração das massas é inseparável da sobreintegração dos grupos privilegiados, os quais, sobretudo na forma de "classe estatal/burguesia estatal" ou com base nela[114], executam ações que minam e violam a Constituição. Ainda que eles invoquem – em princípio, na medida em que seja de seu interesse ou para a proteção da "ordem social" – de modo regular o texto constitucional democrático, a tendência é que a Constituição não seja levada em conta quando colocar limites significativos ao espaço de possibilidades políticas e econômicas de sua ação. A Constituição não atua, então, como *horizonte* do agir e vivenciar jurídico-político dos detentores do poder, mas como uma oferta a ser usada, abusada ou desusada por eles conforme a constelação concreta de interesses.

Nesse contexto, o princípio da não identificação da Constituição (ver *supra* pp. 70-1) perde qualquer significado que possa ser levado a sério[115]. O texto constitucional é concretizado, desde

---

113 A respeito, Gessner (1976: 100) constata em relação à realidade mexicana: "Perante os tribunais civis, das formas de conflitos resulta, necessariamente, que os autores pertencem às camadas mais abastadas e os réus às menos abastadas." É claro que os processos da justiça do trabalho "sempre correm na direção contrária" (Gessner, 1976: 164). Mas o acesso à jurisdição trabalhista limita-se, basicamente, à força de trabalho organizada, não tendo o direito do trabalho significado relevante para as massas "marginalizadas" dos subempregados e dos desempregados "abertos".

114 Cf., a esse respeito, Elsenhans, 1977; 1984: 63-6, 121-4.

115 Também em relação aos Estados centrais se pode questionar esse princípio, especialmente mediante a tese de que a dominação política, sob a aparência da neu-

que os interesses dos grupos privilegiados, no interior do país e no exterior, não sejam comprometidos. Constitucionalidade contra os interesses dos latifundiários, das multinacionais, da "burguesia estatal", dos "testas de ferro" etc. seria politicamente "não recomendável", "inadequada ao ambiente". (Não se deve deduzir disso um esquema simples, porque, entre os sobreintegrados também ocorrem conflitos jurídicos no plano constitucional e, não raramente, são resolvidos conforme o direito. Mas se, desse modo, o *status quo* social for ameaçado, eles tendem a empregar fórmulas de reconciliação que minam ou violam a Constituição.) Reformas sociais no interior da "ordem constitucional" são caracterizadas como subversivas, na medida em que se coloquem na pauta a abolição de privilégios ou a introdução de medidas compensadoras a favor das camadas subalternas. Por trás da não identificação "formal" do texto constitucional positivado, encontra-se a *identidade* da "realidade constitucional, que mina e viola a Constituição", com as classes e grupos privilegiados, de modo que as institucionalizações dos direitos fundamentais, da divisão dos poderes e da eleição política (ver *supra* pp. 71-3) tornam-se estruturalmente distorcidas.

A noção de "civilização das expectativas de comportamento" mediante a institucionalização da liberdade de comunicação[116] e, mais ainda, a ideia de igualdade perante a lei[117] tornam-se ilusórias quando se considera que amplos setores da população são

tralidade de classe, é exercitada como dominação de classe (Offe, 1977: 92-3). Nessa perspectiva, a questão tem, nas sociedades centrais, pressupostos e consequências diferentes do que ocorre nos países periféricos. No mínimo, cumpre observar que, na periferia, as "prestações seletivas inversas e dissimuladoras" (Offe, 1977: 92 ss.) falham em sua finalidade.

[116] Luhmann, 1965: 84-107.

[117] "O princípio da igualdade não significa que todo mundo deve ter os mesmos direitos (em tal caso tornar-se-ia inconcebível o caráter do direito como direito), mas que a ordem jurídica de uma sociedade diferenciada deve ser generalizada de acordo com determinadas exigências estruturais" (Luhmann, 1965: 165).

socialmente obstruídos de se integrar positivamente (quer dizer, em benefício de suas necessidades ou interesses) no sistema constitucional. Embora a complexidade social exija o livre desenvolvimento da comunicação conforme código *generalizadamente* diferenciado, a "integração subordinada" ("marginalização" ou "exclusão") de amplos grupos populacionais não é compatível com essa exigência. *Universalismo* como conquista do Estado constitucional ou Estado de direito[118] torna-se, então, figura de retórica. Ao se comparar o texto constitucional com a realidade constitucional no decorrer do processo de concretização, depara-se com particularismos que minam e violam a Constituição, ou seja, com a aplicação/execução/observância/uso do direito conforme os fatores que servem de critérios à estratificação da integração (subintegração e sobreintegração).

Ao dirigirmos a atenção para a divisão dos poderes como mecanismo constitucional específico da diferenciação do direito perante a política (ver *supra* p. 72), a experiência não é diferente: atividades ilegais ou inconstitucionais permanecem juridicamente incontroláveis, uma vez que a fraqueza (falta de autonomia real perante o Executivo) ou a "cumplicidade" dos poderes Judiciário e Legislativo permitem ou promovem essas atividades. Apesar de o texto constitucional cuidar da divisão de poderes, as intervenções *imediatas* (sem filtragem conforme os critérios jurídicos) dos agentes estatais no sistema jurídico, segundo o código do poder[119], per-

---

[118] Cf. Parsons, 1967: 124-5; Habermas, 1982b: 265; Luhmann, 1974: 29; 1981k: 411 s.; 1990a: 5 (aqui com ênfase na relação recíproca complementar entre universalismo e especificidade).

[119] Conforme a formulação de Luhmann, trata-se aqui, claramente, do primeiro código do poder, constituído segundo o esquema hierárquico "superioridade/inferioridade", e não de sua segunda codificação, que ocorre exatamente mediante o esquema "lícito/ilícito" (Luhmann, 1986c: 199; 1988c: 34, 48 ss., 56). Do ponto de vista do sistema político, trata-se, então, da realização insuficiente de seu segundo código.

tencem à realidade do nominalismo constitucional periférico. Nesse contexto, falha a diferenciação entre política e administração como prestação constitucional perante o sistema político[120]. A politização da administração[121] impõe-se não apenas unilateralmente no âmbito dos interesses concretos dos grupos privilegiados e suas atividades bloqueadoras da autonomia da administração, mas, a meu ver, principalmente com base nas prementes necessidades da população miserável, que, evidentemente, não pode esperar[122]. Nesse cenário, pode-se entender por que determinadas intervenções diretas da política (em sentido estrito) na administração, as quais, segundo o documento constitucional e a legislação, seriam condenadas como "corrupção", são *vivenciadas* como ações benéficas ou até mesmo como "obrigações", especialmente pelas camadas subalternas, embora não pelos detentores privilegiados de poder, os quais, no entanto, sob a pressão para legitimarem-se[123], tendem a considerar politicamente corretas as "prestações de auxílio" ou distribuições de vantagens jurídico-positivamente condenáveis[124]. Volto a tratar do caso específico do Brasil no Cap. V.2.2.2.

---

[120] Cf., a esse respeito, Luhmann, 1973b: 8 ss.

[121] Cf. Luhmann, 1983a: 208-9.

[122] "As necessidades básicas devem ser, em todo caso, satisfeitas, para que qualquer pessoa possa esperar" (Luhmann, 1983a: 198).

[123] A respeito, ver Elsenhans, 1977: esp. 39.

[124] A propósito, Luhmann (1983a: 65, nota 10) escreve, em outra perspectiva: "[...] fatos que em sociedades complexas, fortemente diferenciadas, são considerados corrupção em sentido mais amplo, em sociedades *simples*, ao contrário, correspondem à expectativa moral e são até mesmo estimulados – deve-se ajudar o próximo! Isso nos têm ensinado novas pesquisas realizadas em *países em desenvolvimento* que, nessa questão, se encontram numa *fase de transição*, com conflito institucional" (grifos meus). Entretanto, parece-me que não se trata nesse contexto de um problema de sociedades simples em "fase de transição" (de "países em desenvolvimento"). Essa situação resulta, antes, da "heterogeneidade estrutural" de sociedades modernas complexas, os países periféricos, e, do ponto de vista sistêmico-teórico, pode ser mais bem interpretada como sintoma de complexidade insuficiente ou inadequadamente estruturada.

Relacionado a esse tema, apresenta-se o problema da eleição política. O fato de o texto constitucional prescrever a *universalidade* do direito de voto, a *igualdade* do peso dos votos e o voto *secreto* (ver *supra* pp. 72-3) não é, obviamente, suficiente para garantir a indiferença perante outros papéis e interesses concretos dos eleitores (→ sua igualdade *no* procedimento eleitoral); assim, também não é suficiente para que a eleição atue como apoio descarregante para o sistema político. A realidade do procedimento eleitoral no nominalismo constitucional dos países periféricos não corresponde a esse modelo sistêmico-teórico[125]. Essa situação não resulta apenas das fraudes, subornos e outros delitos eleitorais que distorcem a autonomia do sistema procedimental. Além disso, não se deve desconsiderar que a miséria de grande parte do eleitorado é incompatível com a separação entre papel de eleitor e outros papéis ou interesses concretos dos "subcidadãos". Nessas condições, formas de "ajudas" e "auxílios" dos candidatos ou dos cabos eleitorais – seja a longo prazo ou no dia da eleição –, que, embora sejam deformadoras da eleição, somente em alguns casos excepcionais são caracterizadas como delito eleitoral, "constroem" no horizonte do vivenciar de amplos setores do eleitorado miserável o sentimento e a ideia de que eles são obrigados a realizar a compensação no momento do voto. A eleição torna-se, assim, distorcida mediante manipulações de interesses e necessidades concretos dos eleitores[126], de tal maneira que ela não serve para absorver conflitos ou para gerenciá-los no sistema político[127]. Sob outro ponto de vista, também importante, deve-se considerar o problema dos fatores que levam o processo eleitoral, que trans-

---

125 Cf. Luhmann, 1983a: 160, nota 11.

126 "A eleição política não serve para expressar os interesses concretos, tampouco para a decisão de conflitos concretos" (Luhmann, 1983a: 164-5).

127 Cf. Luhmann, 1983a: 163.

corre sob a pressão "de baixo" e "de cima", a falhar como mecanismo de neutralização do poder e, simultaneamente, de apoio ao poder. A respeito, escreve Luhmann: "A flexibilidade do sistema político somente pode ser garantida quando o mecanismo eleitoral proporcionar um apoio político suficiente, e não, além disso, quando tiver de pedir a aprovação dos militares, da Igreja, das grandes indústrias etc."[128] Ademais, vale observar que nos países periféricos a autonomia do sistema político prescrita nas Constituições nominalistas fica prejudicada na medida em que o resultado eleitoral precisa da aprovação dos estratos privilegiados, da embaixada da potência dominante na região etc. Abordo o caso brasileiro no Cap. V.2.2.1.

Se, além dos direitos fundamentais liberal-democráticos, da divisão dos poderes e da eleição política, considerarmos como instituições constitucionais básicas também os "direitos fundamentais sociais" e, portanto, as instituições de bem-estar do Estado social de direito, será constatada uma contradição ainda mais forte entre texto normativo positivado e realidade no nominalismo constitucional da periferia. Atualmente não é mais discutível que um mínimo de condições reais para os direitos fundamentais liberal-democráticos depende da institucionalização e garantia jurídico-constitucional dos "direitos fundamentais sociais"[129]. A estrutura social das sociedades periféricas não é, porém, compatível com as instituições do Estado de bem-estar social, sobretudo quando estas assumem a forma de direitos fundamentais no plano da Constituição. Em relação aos países periféricos, a realização de normas constitucionais próprias do Estado de bem-estar social pressupõe, evidentemente, uma transformação social radical e,

---

[128] Cf. Luhmann, 1983a: 166, nota 21.

[129] Cf. Grimm, 1987b; Grimmer, 1976: 11 ss.; Bonavides, 1972.

assim, a superação do "subdesenvolvimento". Na ausência dessas precondições, a introdução de regulações de direito social na Constituição não significa nenhum compromisso com a realidade do processo de poder, de modo que elas permanecerão fora do agir e do vivenciar jurídico da maioria da população. Rigorosamente falando, trata-se da contradição entre a exclusão social de amplos grupos populacionais e as instituições do Estado de bem-estar social proclamadas no texto constitucional. Retomarei essa questão, especificamente em relação ao caso brasileiro, no Cap. V.1.3.

3.2.3. Constitucionalização juridificante *versus* realidade constitucional desjuridificante

Essas reflexões sobre as instituições principais da Constituição no sentido moderno e a realidade constitucional periférica que as contradizem colocam a questão de verificar até que ponto as Constituições nominalistas podem contribuir para a juridificação das comunicações na sociedade. Se concordarmos com a formulação de Habermas, de que se podem distinguir quatro "ondas de juridificação", que correspondem, respectivamente, ao Estado burguês, Estado burguês de direito, Estado democrático de direito e Estado democrático e social de direito (ver Cap. I.3.4), levaremos em conta apenas as três últimas "ondas" no âmbito da concepção moderna – vinculada ao Estado de direito – de Constituição[130]. Na segunda e na terceira fases do processo de juridificação, o constitucionalismo levou à juridificação da política, mas somente até certo ponto, uma vez que a Constituição consiste apenas em uma ordem parcial da sociedade moderna e, assim, não pode juridificar completamente a política, que é um subsistema

---

130 "A primeira onda conduz ao *Estado burguês*, formado na Europa Ocidental no quadro do sistema europeu de Estados, na época do absolutismo" (Habermas, 1982a II: 524).

– operante e estruturado segundo critérios próprios – dessa sociedade supercomplexa e diferenciada[131]. No que concerne ao "Estado social e democrático de direito", o sistema constitucional contribuirá para juridificar relações de classe e familiares, sistemas educacionais, serviços de saúde pública e outras conexões de ação inseridas na "questão social". Nas sociedades centrais ("Estados de bem-estar social"), as discussões sobre a juridificação referem-se, essencialmente, a essa última "etapa"[132], do ponto de vista de seus efeitos negativos ("colonização do mundo da vida", intervenção na reprodução de outros subsistemas autopoiéticos) ou positivos (garantia compensatória de liberdade e *status*)[133].

Em relação à "sociedade periférica", o debate sobre "juridificação/desjuridificação" deve ser conduzido em outra perspectiva. Poder-se-ia, por exemplo, adotar a distinção de Blankenburg entre juridificação no plano da expectativa (estabelecimento de "mais" regras jurídicas "no lugar de regulações informais") e juridificação no plano da ação ("mais" eficácia do direito)[134]. Considerando-se essa distinção, discutem-se, entre outras, as questões do acesso ao direito positivo (problema da contingência "de baixo"[135]) e da solução informal de conflitos, que tem significado muito relevante na realidade jurídica das "sociedades periféricas", na medida em que formas de resolução de conflitos fora do modelo jurídico-positivo excedem consideravelmente os procedimentos diferenciados de solução de conflito mediante tribunais e burocracias competentes[136]. Desse ponto de vista se poderia formular que, nos países periféricos, a tendência desjuridificante no plano da regu-

---

[131] Grimm, 1989: 636-7, 641-2.

[132] Voigt, 1983: 22.

[133] Voigt, 1980: 30.

[134] Blankenburg, 1980: 84.

[135] Luhmann, 1985: 10 ss.

[136] Cf., por exemplo, Gessner, 1976: 158-60.

lação da conduta opõe-se à juridificação no sentido do estabelecimento de normas. Dessa maneira, a desjuridificação é examinada apenas no plano da ação. No entanto, em condições periféricas, especialmente em relação ao direito constitucional, a desjuridificação inclui também o vivenciar jurídico (as expectativas de comportamento). A distinção entre normatização oficial e institucionalização jurídico-positiva[137] serve melhor ao entendimento dessa situação. Institucionalização não significa aqui internalização, nem reconhecimento real das normas jurídicas, mas "consenso suposto", a saber, a orientação generalizada das expectativas de comportamento conforme normas positivadas[138], inclusive no âmbito do comportamento desviante (nesse caso se conhecem os limites do sistema[139] e o perigo de agir ilicitamente, de sorte que se pode falar de uma orientação negativa pelas regras sistêmicas – cf. *supra* pp. 26-7). Esse não é o caso, em ampla proporção, do nominalismo constitucional característico da modernidade periférica. À suposta filtragem das expectativas de comportamento mediante normatização constituinte não segue, absolutamente, a orientação generalizada das expectativas normativas segundo o documento constitucional, quer dizer, a generalização congruente de expectativas constitucionais. O vivenciar normativo dos "subcidadãos" e também dos "sobrecidadãos" implode a Constituição como ordem básica à comunicação jurídica.

Nesse sentido, a desjuridificação nas sociedades periféricas é, *primariamente*, uma questão do vivenciar jurídico (vigência) que, em última instância, remonta à Constituição. No entanto, agir e vivenciar separam-se apenas do ponto de vista analítico, pois eles

---

137 Cf. Luhmann, 1987a: 96.

138 Cf. Luhmann, 1987a: 64-80; 1983a: 122.

139 "Institucionalização de limites do sistema significa que nas relações cotidianas se pode presumir com suficiente segurança que os outros vão adotar os mesmos limites" (Luhmann, 1975b: 61).

se condicionam reciprocamente. O fato de as expectativas normativas de comportamento, em ampla proporção, não se orientarem nos termos das Constituições nominalistas pressupõe, evidentemente, que haja um alto grau de ineficácia dos respectivos preceitos constitucionais no plano da ação (cf. *supra* pp. 121-2). Assim, normas constitucionais "primárias" e "secundárias" falham em sua função de controle de conduta, o que significa que a observância e a execução não são regularmente levadas a cabo. Sob as condições sociais dos países periféricos, isso não resulta primariamente das resistências de valores ou normas tradicionais. Em relação à não observância, fatores importantes constituem, por um lado, as "condições de penúria" das camadas sociais inferiores[140] e, por outro, a supremacia dos interesses privilegiados no interior e no exterior do país. No âmbito da distinção de Podgórecki entre sistema socioeconômico, subcultura jurídica e estrutura da personalidade, como as três variáveis independentes para a eficácia do direito[141], pode-se afirmar, então, que o papel decisivo no que diz respeito à ineficácia do direito constitucional nos países periféricos é desempenhado pela primeira variável: a "heterogeneidade estrutural" e a relação entre subintegração e sobreintegração na sociedade ou em seus subsistemas, relação que se baseia primordialmente na enorme desigualdade entre as camadas sociais.

Nesse contexto, os "fatores seletivos" da execução, como o emprego de recursos escassos, oposição de orientação entre condicionamento e efetividade, envolvimento em vínculos na forma de troca e entendimento por contato[142], assumem um sentido bem diferente daquele que se atribui nos países centrais. Se a escassez

---

[140] Em outro contexto, Noll (1972: 265) afirma com razão: "Criminalidade produzida em estado de penúria [*Notkriminalität*] não pode ser eliminada por ameaças de punição, mas sim por superação do estado de penúria."

[141] Podgórecki, 1967.

[142] Cf. Luhmann, 1987a: 276 ss.

de recursos, inclusive a escassez de pessoal, prejudica toda a *infraestrutura organizacional*[143] da jurisdição e do aparato policial (o que frequentemente se relaciona com a irracionalidade da distribuição dos recursos), ela não poderá constituir argumento para a desatenção seletiva, como seria o caso nas sociedades centrais[144]. Ao contrário, perde-se assim a confiança nos órgãos de execução e aplicação do direito. O mesmo vale para a oposição de orientação entre condicionamento e efetividade. O problema não se limita aqui de modo algum à satisfação de eventuais expectativas da esfera pública em relação ao sucesso do trabalho policial, sobretudo o de "contenção da criminalidade mais grave" e de "produção de uma aparência pública de ordem"[145]. Trata-se, antes, de violações usuais dos direitos fundamentais (amparados pelo texto constitucional) dos membros das camadas sociais subalternas pela polícia, sem qualquer reação das respectivas normas sancionatórias: além de situações de suspeita "incerta" e de forte reação da esfera pública ao tipo de crime, os "subcidadãos" são frequentemente torturados, assassinados, colocados ilegalmente na prisão... pela polícia. Nesse contexto, também os vínculos em forma de troca e os sistemas de contato[146] perdem força e significado como "fatores seletivos" de imposição do sistema jurídico positivo, porque, sob pressão "de baixo" (necessidades urgentes) e "de cima" (defesa de privilégios), eles tendem a colaborar para a generalização e regularidade de violações de normas legais e constitucionais[147].

---

143 Cf. Blankenburg, 1977: 38.

144 Cf. Luhmann, 1987a: 276-7.

145 Luhmann, 1987a: 278.

146 A respeito, ver Luhmann, 1987a: 278-280; 1983a: 75-81.

147 Portanto, nessas condições, não vale a seguinte afirmação de Luhmann: "É claro que essa extrajuridicidade dos sistemas de contato não deve ser entendida como tendência para violações do direito" (1983a: 78).

Os limites da observância e a deturpação dos fatores seletivos da execução, ambos inseridos no plano da ação, atingem, por fim, o vivenciar do direito, ou seja, a vigência jurídica em sentido sociológico, de modo que, na resistência contra a normatização constituinte juridificante, impõe-se uma realidade constitucional desjuridificante nos dois planos de comportamento.

Contra a ideia de uma realidade constitucional desjuridificante poder-se-ia objetar, no sentido do pluralismo jurídico[148], que outras formas jurídicas atuariam em lugar do direito positivo na solução de conflitos[149]. A esse propósito, deve-se primeiramente considerar que o debate sobre juridificação *versus* desjuridificação diz respeito ao direito positivo como subsistema diferenciado da sociedade[150]. Nas sociedades periféricas, as "alternativas" ao (funcionamento insuficiente do) direito positivo implicam tanto um "discurso ético-social"[151] quanto a injunção *direta* dos códigos do poder e da economia nos mecanismos de resolução de conflitos. Por outro lado, a situação não é comparável ao pluralismo "direito tradicional/direito moderno" dos processos de colonização, uma vez que os colonizadores já encontram estruturas estabilizadas e operantes de controle da conduta e de asseguração das expectativas[152]. No exemplo das associações de moradores de favelas

---

148 A respeito, ver, numa perspectiva mais geral, Carbonnier, 1976: 12-6. Especificamente no contexto do pós-modernismo jurídico, ver Ladeur, 1983; 1984. Bobbio (1977a: 25-6) refere-se a "uma carga ideológica muito precisa" no pluralismo jurídico (que "se apresenta como científico"): a "revolta" contra a estatização e contra a centralização do poder; cf. também Bobbio, 1977b: 91.

149 Cf., por exemplo – com base numa pesquisa empírica sobre formas não oficiais de solução de conflitos numa favela do Rio de Janeiro –, Sousa Santos, 1977; 1980; 1988.

150 Cf. Voigt, 1983: 20; Habermas, 1982a II: 524, que, porém, emprega a expressão "direito escrito".

151 Sousa Santos, 1988: 25.

152 Em outra perspectiva, cf. Sousa Santos, 1988: 58-9.

ilegais nas grandes cidades dos países periféricos, manifesta-se apenas uma das formas instáveis e difusas das "estratégias de sobrevivência"[153] no domínio do direito, a qual não deve ser romantizada[154]. O fato de, nesse cenário, muitas unidades sociais de uma sociedade supercomplexa disporem de distintos códigos "lícito/ilícito"[155] não conduz, de nenhuma maneira, a uma racionalidade jurídica tópica, como seria o caso em um direito pós-moderno[156], mas, antes, a uma extrema insegurança jurídica[157], cuja manutenção, de forma paradoxal, relaciona-se com a conservação de privilégios e é, naturalmente, nociva sobretudo para os socialmente "deficientes" (os subintegrados). Esses tipos de situações não representam um pluralismo como alternativa ao *legalismo*[158], mas sim reações difusas e instáveis à falta de *legalidade*. Adiante, nas

---

[153] Emprego aqui uma expressão típica da "abordagem de entrelaçamento de Bielefeld" (cf., por exemplo, H.-D. Evers, 1987). De um ponto de vista psicossocial, ver Rabanal, 1990: espec. 152 ss.

[154] A meu ver, Sousa Santos tende a isso, quando, com base na pesquisa empírica anteriormente mencionada (nota 149 deste capítulo), acentua o seguinte: 1) em relação direta com o baixo grau de "institucionalização" (diferenciação) da função do direito e com a disposição limitada de meios de coerção, o direito não oficial da favela pesquisada teria um espaço retórico de possibilidades mais amplo que o direito estatal (1988: 43-61); 2) no primeiro caso, tratar-se-ia de um direito "consensual", "participativo" e "acessível" (1977: 96 ss.); 3) este seria comparável ao direito dos sovietes e de outras experiências revolucionárias como *alternativas* ao direito oficial burguês (1988: 77) e ofereceria "grande potencial para o uso revolucionário" do direito – "juridicidade alternativa" para as classes exploradas (1977: 103).

[155] Sousa Santos (1980: 116) fala de "privatização possessiva do direito".

[156] A esse respeito, cf. Ladeur, 1985.

[157] "Essa segurança, no entanto, só é atingível no interior da sociedade quando somente o sistema jurídico decide sobre o lícito e o ilícito e quando essa decisão não pode depender ainda de estamento ou estrato, de riqueza ou oportunidade política. Além disso, apenas um único sistema da sociedade pode utilizar esse código. [...] Onde essa condição não é realizada – diz-se, por exemplo, que nas favelas das grandes cidades brasileiras se vive conforme um direito próprio, não vinculado ao direito estatal –, falta também a garantia de que lícito não signifique ilícito" (Luhmann, 1986a: 126).

[158] Cf., em outra perspectiva, Sousa Santos, 1988: 25; 1977: 89 ss.

seções V.2.1.3 e VI.1.2, retorno a esse tema especificamente em relação ao caso brasileiro.

Quando se analisa o problema de o código jurídico não estar sob controle exclusivo de um único subsistema da sociedade, depara-se com a questão sobre se, sob essas condições, a violência física ainda pode ser caracterizada como símbolo do direito positivo[159]. Uma vez que, além da atividade dos órgãos encarregados da execução do direito, diversas unidades sociais e indivíduos pratiquem a violência física *ilegal* e *impunemente*, o direito positivo enfraquece[160], especialmente no que se refere aos direitos fundamentais. Quanto mais fortemente a modernização periférica se impõe, mais essa situação se agrava. A suposição de que "não é preciso portar nenhuma arma quando se pisa na rua" não vale sob essas condições[161]. Apesar da supercomplexidade da sociedade, "a proporção dos casos de violência em relação aos casos jurídicos" não se torna, de modo algum, "extremamente baixa"[162].

No âmbito dessa realidade desjuridificante, "violadora da Constituição", não é apropriado o modelo luhmanniano do procedimento como *meio* para "a especificação da insatisfação e a dissipação e absorção de protestos" (função do procedimento), sob o pressuposto da "incerteza sobre o resultado" (motor do procedimento)[163]. Dessa maneira, não ocorre a legitimação pelo procedimento, seja apenas como neutralização do poder[164], seja como

---

159 Cf., a respeito, Luhmann, 1987a: 106 ss.

160 "O direito não pode, porém, continuar a ser direito se a violência física está do outro lado" (Luhmann, 1987a: 109).

161 Luhmann, 1987a: 115.

162 Cf., em posição contrária a essa, Luhmann, 1987a: 115.

163 Luhmann, 1983a: 116.

164 Cf. Gessner, 1976: 192-4. Diversamente, observa Luhmann (1983a: 102): "Uma institucionalização de conflitos só é atingível quando se obtém êxito em suspender provisoriamente o poder, mas o conservando."

reestruturação das expectativas jurídicas dos participantes ou da esfera pública[165], ou como o aprendizado com *terceiros* pelas partes e pela esfera pública[166]. Mediante necessidades urgentes advindas "de baixo", interesses privilegiados impostos "de cima", formas paralelas e difusas de solução de conflitos, prática ilegal e incontrolada de violência física etc., o procedimento é deformado, tornando-se incapaz de atuar com efeito legitimador[167] (retomo esse tema no Cap. VI.3).

3.2.4. Constitucionalização simbólica ou textos constitucionais simbólicos

Tudo isso demonstra que a Constituição nominalista não é, de nenhuma maneira, "espelho da esfera pública e da realidade"[168]. Então, torna-se natural questionar por que textos constitucionais democráticos são postos, se a situação social impede amplamente sua concretização vinculatória e falta disposição dos detentores do poder para se empenhar na superação desse obstáculo[169]. Aqui se coloca o problema da constitucionalização simbólica ou uso simbólico do texto constitucional (ver *supra* Cap. II.3.3).

É claro que a integração sistêmica não depende apenas de "variáveis instrumentais", mas também de "variáveis simbólicas

---

[165] Cf. Luhmann, 1983a: espec. 119, 171, 252.

[166] Häberle, 1980: 99-100, nota 46.

[167] "A forma não pode congelar-se em um cerimonial representado como um torneio, enquanto os conflitos reais são resolvidos ou não de outra maneira" (Luhmann, 1983a: 102).

[168] Assim se expressa Häberle (1980: 87) em relação à Constituição *normativa*. Hesse (1984: 15), por seu lado, afirma: "Na relação entre União e Estados membros, na relação dos órgãos estatais entre si, como em suas funções, a argumentação e a discussão jurídico-constitucional desempenham um papel dominante."

[169] "É ingênuo acreditar que bastaria o legislador ordenar para que ocorresse, então, o *querido*" (Schindler, 1967: 66 – grifo meu). Sob determinadas condições sociais, também é ingênuo acreditar (como Schindler, 1967: 67) em *boas intenções* do legislador.

(expressivas)"[170]. O direito positivo também precisa, consequentemente, do emprego de elementos simbólicos para cumprir suas funções de assegurar expectativas e controlar condutas. Mas, ao se empregarem as expressões "legislação ou leis simbólicas", "constitucionalização ou texto constitucional simbólico", faz-se referência à hipertrofia do uso simbólico-ideológico da legiferação em contradição com a função específica do sistema jurídico de orientar expectativas normativas e regular condutas. Embora no âmbito da Constituição dos países centrais sejam cumpridas funções simbólico-ideológicas[171], tal situação não implica o fracasso da Constituição como instância reflexiva no interior de um sistema jurídico vigente e eficaz, pois, como compensação, realizam-se – seja como for que se queira dizer – as "funções instrumentais" dos preceitos constitucionais.

Não é esse, incontestavelmente, o caso das Constituições nominalistas. Falta-lhes, em larga medida, força normativa; elas fracassam na função especificamente jurídica da generalização congruente de expectativas normativas de comportamento. Fala-se, então, de "constitucionalismo aparente"[172]. Nesse caso, a constitucionalização ou o texto constitucional servem, porém, à legitimação simbólico-ideológica do poder mediante efeitos que ocultam a realidade e eliminam possibilidades. Trata-se aqui de constitucionalização-álibi (ver *supra* pp. 83-4). Em um transporte da teoria dos atos de fala (*speech acts*) para esse contexto, poder-se-ia afirmar que as ações constituintes "comissivo-diretivas"[173] (mais exatamente: sua força ilocucional) fracassam em virtude de "*in-*

---

[170] Cf. Luhmann, 1983a: 223-32; 1987a: 315 ss.

[171] Cf. *supra* referências da nota 137 do Cap. II.

[172] Grimm, 1989: 634.

[173] Sobre os tipos de ações ilocucionais, ver Searle, 1973: 116 ss.

sinceridade"[174]. Mas isso diz muito pouco sobre o alcance dos efeitos simbólico-ideológicos latentes da Constituição-álibi. Trata-se aqui de uma conexão complexa de ações, mediante a qual se transmite um modelo constitucional que – como foi observado acima (pp. 85-6) – só poderia ser realizado sob condições sociais inteiramente diversas. Dessa maneira, perde-se transparência no que concerne ao fato de que a situação social que teria de refletir o modelo constitucional simbólico só poderia tornar-se realidade por meio de uma profunda transformação das relações sociais. Ou o figurino constitucional atua como ideal a ser atingido, por um lado, mediante a disposição e as boas intenções dos detentores do poder e, por outro, sem prejuízo para os grupos privilegiados. Pertencem ao discurso do poder a invocação do documento constitucional como estrutura normativa asseguradora dos direitos fundamentais, da divisão dos poderes e da eleição democrática e o recurso retórico a essas instituições como conquistas do governo ou do Estado e como provas da existência da democracia no país[175]. A fórmula ideologicamente carregada "sociedade democrática"[176] é empregada regularmente com base no texto constitucional, como se estivesse *sob* uma Constituição normativa (ver *supra* p. 92). Mediante esses "enganos" ou "ilusões", que implicam uma distorção pragmática da linguagem constitucional, tensões sociais são atenuadas, vias para a transformação da sociedade são obstruídas e o sistema político é imunizado contra outras

---

[174] Cf. Searle, 1973: 124; Austin: 1968: 141. Sobre a recepção da teoria dos atos de fala na teoria do agir comunicativo, ver Habermas, 1986: 385 ss.; cf. também Alexy, 1983: 77 ss., 137 ss.

[175] Cf., nesse sentido, Bryde (1982: 28-7; 1987: 37), com base no exemplo do desenvolvimento jurídico e constitucional na Etiópia.

[176] "Dificilmente se encontra hoje no mundo inteiro um Estado que não confira valor em se autodesignar como democracia e, como tal, ser internacionalmente reconhecido" (Krüger, 1968: 23).

alternativas. Desse ponto de vista, apesar da falta de eficácia (controle de condutas) e de vigência (asseguração das expectativas), as Constituições nominalistas têm efeitos amplos e significativos. Trata-se, como se poderia designar sob uma perspectiva sistêmico-teórica, de uma "exploração" do sistema jurídico pela política[177].

3.2.5. As "*gag rules*" *versus* as Constituições nominalistas

No que se refere ao nominalismo constitucional dos países periféricos, diminui em valor o pensamento das *gag rules* (regras do silêncio), mediante as quais determinados temas no sistema constitucional democrático são excluídos da discussão jurídico-política[178]. Trata-se de restrições descarregantes da pauta política com respeito a temas controversos específicos[179]. Uma vez que falta às Constituições nominalistas da periferia "base consensual" como "pressuposto mais importante de sua efetiva vigência de uma Constituição"[180], ou melhor, da orientação generalizada da esfera pública pelo modelo constitucional, a institucionalização de *gag rules* está condenada ao fracasso[181]. Embora Stephen Holmes acentue o papel das *gag rules* nas "sociedades divididas", seus exemplos se relacionam a divisões sob pontos de vista específicos[182]. Em virtude da "heterogeneidade estrutural" e da ineficiência do "aparelho estatal" diante das necessidades da maioria da população, há nas

---

177 Cf. Luhmann, 1983b: 150.

178 Cf. Holmes, 1988.

179 "[...] a forma da política democrática é indubitavelmente determinada pela remoção estratégica de certos itens da agenda democrática. Alguns teóricos têm mesmo argumentado que a supressão de questões é condição necessária para a emergência e estabilidade das democracias" (Holmes, 1988: 24-5).

180 Grimm, 1989: 636.

181 Cf., mais cautelosamente, Luhmann, 1990b: 213.

182 Cf. Holmes, 1988: 27 ss. Se, no entanto, a sociedade estiver "dividida muito profundamente", as *gag rules* levam, de forma contraditória, à "democracia sem oposição" (Holmes, 1988: 31), ou melhor, à negação da democracia.

sociedades periféricas uma tendência geral para a politização dos mais diversos temas, inclusive da discussão sobre a legitimidade da ordem social como um todo[183]. À proporção que o sistema constitucional perde significado como ordem básica e horizonte da política, ele torna-se tema da discussão política[184]. Sob esse aspecto, a abertura para o futuro é mais intensa que nas sociedades centrais. A respeito, pode-se afirmar que essa distinção entre modernidade periférica e modernidade central relaciona-se, intimamente, com o fato de que o Estado de bem-estar social, mediante a lealdade das massas[185], ofusca os conflitos de classe, enquanto no capitalismo periférico eles estão em primeiro plano, ou seja, avançam no centro da questão pública na forma nua e crua da luta de classes, não como "discussões de classes"[186]. Numa sociedade primariamente orientada pela economia, esse contexto implica o constante questionamento da estrutura social em sua totalidade. Sob essas condições, a institucionalização de *gag rules* democráticas, implícitas ou explícitas[187], na realidade constitucional, torna-se muito improvável. Ela só se torna possível com a ditadura, ou seja, com o instrumentalismo constitucional (cf. nota 182 deste capítulo).

---

183 Enquanto nos Estados Unidos, por exemplo, a legitimidade da propriedade privada nunca é discutida em sessões legislativas (Holmes, 1988: 26), ela é frequentemente posta em questão nos parlamentos dos Estados periféricos caraterizados por nominalismo constitucional.

184 Cf., em outro contexto, Luhmann, 1983a: 196. "O direito reina principalmente em uma sociedade em que as questões mais fundamentais dos valores sociais não sejam diretamente discutidas ou discutíveis em geral" (Parsons, 1967: 133).

185 A respeito, ver Narr; Offe, 1975: 27-37.

186 Não se pode, portanto, falar de "domesticação da luta de classes através da juridificação da luta trabalhista", como Preuß (1989: 2) o faz em relação ao Estado de bem-estar europeu.

187 Embora Holmes se limite à análise de *gag rules* abertas (cf. 1988: 27), o conceito inclui também regras implícitas (cf. 1988: 26).

3.3. Transição para o instrumentalismo constitucional

No contexto do não funcionamento de *gag rules* ("democráticas"), não se podem caracterizar as Constituições nominalistas como simples jogos de soma zero nas relações de dominação[188]. No âmbito das liberdades prescritas na Constituição, é sempre possível que a partir delas se forme uma esfera pública limitada[189] que inclua alguns agrupamentos engajados contra o *status quo*, como trabalhadores organizados, sacerdotes "progressistas" e partidos de esquerda. Nesse cenário, surgem movimentos que colocam em questão a ordem social da periferia. Como, com isso, interesses privilegiados tornam-se ameaçados tanto no interior do país quanto no exterior, surgem, com a intensificação de tendências reformistas ou revolucionárias, mecanismos internos e externos de pressão para o "restabelecimento da ordem" mediante golpes de Estado ditatoriais, nos quais quase sempre se pode contar com o apoio das potências dominantes nas respectivas regiões.

Assim é introduzido o instrumentalismo constitucional que, nos países periféricos, assume a forma de autoritarismo, ou seja, de desdiferenciação política específica do sistema jurídico (cf., porém, nota 100 deste capítulo). Não se trata mais, então, de bloqueios políticos do sistema jurídico por concretizações constitucionais deformantes (nominalismo constitucional), mas de instrumentalização política do direito com referência direta à carta constitucional imposta e suas alterações juridicamente ilimitadas (assimetrização normativa externa no âmbito da atividade constituinte). É

---

[188] A problemática constitucional da periferia não é tão simples, como pode dar a entender a afirmação de Loewenstein (1956: 224) de que "a existência ou inexistência de uma Constituição normalmente não atinge muito a vida do mundo dos negócios ou da população simples". Assim, nominalismo e instrumentalismo constitucional não fariam diferença politicamente.

[189] Cf. Bryde, 1982: 29, nota 9, em relação a um "caso extremo", a "Constituição simbólica" da Etiópia em 1955.

certo que no instrumentalismo constitucional da periferia ocorrem formas de concretização deformante da legislação ordinária e do texto constitucional e que elas também podem desempenhar funções simbólico-ideológicas (normas concernentes ao Estado social, por exemplo); mas característico do sistema jurídico é, primariamente, que a negação da institucionalização de direitos fundamentais, divisão dos poderes e eleições democráticas e, por conseguinte, a intervenção juridicamente ilimitada/incontrolada da política no sistema jurídico baseiem-se na carta constitucional e em outras leis constitucionais, nas quais princípios como "razão de Estado" e "segurança nacional" estão em primeiro plano. Desse ponto de vista, as Constituições instrumentalistas são efetivas *demais* (elas correspondem exatamente à realidade do processo de poder[190]). No entanto, elas não contribuem para a generalização congruente de expectativas normativas de comportamento (asseguração das expectativas), na medida em que, com base nelas, agentes e expectantes não podem adquirir certo grau de segurança para verificar se seus comportamentos estão ou estavam conforme ou desconforme o direito (medidas retroativas - ver *supra* p. 96). Trata-se, aparentemente, de hiperpositividade do direito, porque não há limites para a decidibilidade/alterabilidade do sistema jurídico. Mas a subordinação do código do direito ao código do poder provoca, inadequadamente em sociedades complexas, a imobilidade do direito. Nessas condições, o sistema jurídico é invadido por redundância externa, que negligencia ou reprime a elevada variedade do ambiente.

Para a caracterização do instrumentalismo constitucional autoritário dos países periféricos é imprescindível observar que, nele,

---

190 Falta, portanto, "distância da realidade" como autonomia perante o ambiente (cf. *supra* nota 134 do Cap. II).

tampouco o sistema político constitui uma unidade social autorreferencial como no totalitarismo, no qual esse sistema se encontra no *topo* da sociedade e imuniza-se contra influências diretas do exterior. No típico instrumentalismo constitucional dos países periféricos, que se manifesta especialmente na forma de regime militar, o sistema político *nacional* é *diretamente* bloqueado ou externamente determinado tanto pela economia (mundial) como também por outros sistemas jurídico-políticos (Estados). Ele encontra-se sob pressão e controle de grupos economicamente privilegiados e de Estados do centro dominantes na região. Nesse cenário, os regimes autoritários servem tendencialmente ao fortalecimento de privilégios e da estratificação social, ainda que se inclinem a políticas "modernizadoras".

Não se trata exatamente, portanto, de "restabelecer a ordem"[191], mas de garantir privilégios[192]. Tal situação relaciona-se ao fato de que, ao contrário do que ocorre no nominalismo constitucional, o crescimento dos movimentos de oposição (em sentido amplo, não apenas na forma de partidos políticos) criticamente engajados contra o *status quo* é juridicamente impedido. Assim é assegurada aos detentores do poder a *liberdade* de promover os privilégios ou o *status quo*. Mas a experiência mostra que, com o tempo, tal política manifestadamente repressiva, voltada contra a maioria da população e que não conta a função "ideologicamente legitimadora" de uma Constituição nominalista, conduz a movimentos de oposição abertos e amplos – apesar das rigorosas proibições jurídicas – contra o governo ou a resistências contra a ordem social dominante, assim como provoca "indignação" internacional perante a "violação dos direitos fundamentais". Para evitar "o pior",

191 Cf., porém, Krüger, 1976: 18, em posição justificadora.

192 Em relação ao golpe militar do Chile, em 1973, Wedel (1973: 379), por exemplo, escreveu: "Os militares não salvaram a 'essência da Constituição', mas apenas os privilégios de alguns poucos."

é comum grupos privilegiados no país e no estrangeiro cederem à pressão para o "restabelecimento da democracia". Além disso, normalmente colabora para a ruína do instrumentalismo constitucional o fato de que os Estados dominantes na região, que anteriormente contribuíam para o "restabelecimento da ordem", pressionam os governos autoritários dependentes para o "restabelecimento da democracia"[193]. (E quando, em virtude de fortes tendências revolucionárias, esse recurso não é mais possível, frequentemente é prestada ajuda militar para a "manutenção da ordem".)

3.4. A alternância entre nominalismo constitucional e instrumentalismo constitucional

Mediante a utilização das fórmulas que se substituem em sequência, "restabelecimento da ordem" e "restabelecimento da democracia", alternam-se nas "sociedades periféricas" instrumentalismo constitucional e nominalismo constitucional, ou autoritarismo e democracia aparente. Em ambos os casos falta autodeterminação do direito, mas também do sistema político nacional. Sob essas estruturas jurídico-políticas persiste a condição moderno-periférica. Pressuposto para a superação desse estado de coisas é o desmonte de privilégios e a integração horizontal do país na sociedade mundial. Essa demanda implica transformações sociais radicais desfavoráveis aos interesses dominantes no país e no exterior. Constitucionalismo, como reconhece Grimm[194], pressupôs

---

[193] A respeito, serve de exemplo a seguinte "afirmação de um oficial superior de Bangladesh, antes das eleições de janeiro de 1979", citada por Bryde (1982: 28, nota 6): "O Ocidente, e especialmente o Congresso norte-americano, gosta de que sejamos denominados uma democracia. Isso torna o recebimento de ajuda mais fácil para nós."

[194] "Com a invenção da Constituição (constitucionalismo) surgiu também a possibilidade do semiconstitucionalismo ou do constitucionalismo aparente. Sem revolução precedente, faltava-lhe sobretudo o efeito de justificação da dominação" (Grimm, 1989: 634; cf. também Grimm, 1987a: 45-6, 56-7).

revolução. Mas há indícios de que, nas sociedades periféricas, as condições e as consequências de uma eventual revolução democrática em direção a um constitucionalismo real divergiriam fortemente daquelas das revoluções burguesas nos países centrais.

SEGUNDA PARTE

UMA INTERPRETAÇÃO DO CASO BRASILEIRO

NOTAS PRELIMINARES

A transição da argumentação teórico-geral acima desenvolvida para a interpretação da experiência constitucional concreta brasileira que será realizada a seguir sugere, é verdade, a questão de como uma realidade histórica tão variada como esta pode ser classificada num "esquema" conceitual altamente abstrato. No entanto, se for colocada dessa maneira, a questão pode conduzir a equívocos, uma vez que seja procurado o enquadramento perfeito da múltipla realidade no respectivo modelo conceitual ou sua exata reprodução na construção teórica. Desconsideramos aqui a posição ingênua de que teorias visam a um registro pleno do nexo fático. Em vez disso, formularam-se ou empregaram-se conceitos *quase* típico-ideais, no sentido de Weber[1], como os de modernidade periférica, nominalismo e instrumentalismo constitucional,

[1] A respeito, ver Weber, 1973: 190-212; cf. também Weber, 1968b: 67-9, 157-9, 163-5. Em Weber (1973: 208), o conceito de tipo ideal baseia-se na "noção fundamental da teoria moderna do conhecimento que remonta a Kant, segundo a qual os conceitos são e apenas podem ser meios mentais para o controle intelectual do empiricamente dado". Neste ponto, ao se empregar acima o advérbio "quase", considera-se que o tipo ideal aqui não é concebido no sentido de Kant, como construção mental do objeto (unidade) a partir do dado (variedade) mediante o sujeito cognoscente, mas como *uma estrutura cognitiva de seleção das ciências sociais em relação à realidade que, diante delas, apresenta-se autônoma e mais complexa.* A respeito, em uma perspectiva estritamente sistêmico-teórica, cf. Luhmann, 1987b: 51.

com os quais se pode medir a realidade social e especificamente jurídico-constitucional do Brasil "para a elucidação de determinados componentes significativos de seu conteúdo empírico"[2]. Por conseguinte, eles implicam a "ênfase ['unilateral'] de determinados elementos da realidade"[3] e, portanto, não são "encontrados empiricamente", exatamente na forma correspondente à sua formulação abstrata, "em nenhuma parte da realidade"[4].

Isso significa que, no âmbito deste estudo, a inserção da experiência constitucional brasileira no modelo conceitual apresentado da *modernidade* periférica e do nominalismo/instrumentalismo constitucional de modo algum pretende excluir, por um lado, manifestações de importantes tradicionalismos, bloqueadores da positividade do direito constitucional, ou, por outro, fenômenos significativos de sua positivação simétrica. Os conceitos expostos resultam da ênfase seletiva em determinados aspectos[5] da realidade social e, especificamente, da realidade jurídico-constitucional de um número indeterminado de países, aspectos esses que servem de orientação à "construção de hipóteses" acima realizada. Eles implicam, portanto, com respeito ao contexto comunicativo concreto a ser investigado, a *eliminação* dos elementos considerados "não essenciais" ou "acidentais" para a "construção das hipóteses"[6]. Apenas em relação ao sucesso do "conhecimento" assim obtido é que a fecundidade analítica do respectivo aparato conceitual pode ser avaliada[7]. Trata-se, portanto, de *estruturas cognitivas de seleção* (ver nota 1).

---

[2] Weber, 1973: 194.

[3] Weber, 1973: 190-1.

[4] Weber, 1973: 191.

[5] Cf. Weber, 1973: 190.

[6] Cf. Weber, 1973: 201; 1968b: 163-4.

[7] Cf. Weber, 1973: 193.

A análise do caso, no entanto, não deve, absolutamente, renunciar a uma confrontação com os elementos não típicos: a consideração destes últimos é imprescindível para a comparação do contexto empírico com o modelo conceitual e para a avaliação das respectivas hipóteses. No caso da realidade social do "Império"[8] brasileiro (1824-1889), por exemplo, os obstáculos tradicionais à positivação do direito eram tão importantes que se torna muito discutível caracterizar como problema da *modernidade* periférica a falta da Constituição como instância reflexiva do sistema jurídico. Para esse período, pode ser válido apenas o conceito de modernização periférica como processo de transição, paralelamente à noção de modernização central. Mas, como ainda será mostrado (ver *infra* pp. 173-5), essas duas fases de transição têm diferentes consequências para a positividade do direito. É de se observar também que, no decorrer do processo histórico-constitucional brasileiro, não se encontra, plenamente, a alternância típica entre Constituições nominalista e instrumentalista na forma anteriormente apresentada (Cap. III). Não há uma Constituição puramente nominalista nem Constituições exclusivamente instrumentalistas. O que encontramos são diferentes graus de normatividade, nominalismo e instrumentalismo constitucionais em contextos sociais distintos. Portanto, apenas se considerarmos a preponderância de aspectos nominalistas ou instrumentalistas poderemos caracterizar as Constituições brasileiras como nominalistas ou instrumentalistas. Além disso, nem sempre ocorre a fórmula típica de alternância entre nominalismo e instrumentalismo. Do nominalismo da Constituição monárquica de 1824, por exemplo, passa-se para o nominalismo da Constituição republicana de 1891. Tratava-se, então, da modernização periférica na área do direito constitucional.

---

[8] Saldanha (1982: 13) adverte, com razão, sobre o caráter hiperbólico dessa designação oficial.

Em suma: a variedade da realidade histórica permite, evidentemente, apenas uma inserção aproximativa da história da Constituição brasileira no modelo teórico acima esboçado; mas, apesar de todos os elementos, fenômenos ou pontos de vista divergentes, parte-se aqui do princípio de que, mediante a exposição do caso brasileiro, esse modelo teórico não é falsificado, mas sim enriquecido de significado empírico.

Cabe ainda advertir o leitor de que, a seguir, não se trata de uma exposição histórica do desenvolvimento constitucional brasileiro, em cujo âmbito pudesse ser esperada uma descrição abrangente do decorrer desse processo histórico, nem de uma pesquisa "empírico-sociológica" da realidade jurídica brasileira. Trata-se, antes, de uma *interpretação* teórico-constitucional e sociológico-jurídica do caso brasileiro com base no aparato conceitual acima apresentado. Mas, no âmbito da distinção jurídico-teórica entre as dimensões "empírica", "analítica" e "normativa"[9], trata-se aqui, por outro lado, de "uma perspectiva empírica", uma vez que ela se dirige primariamente às condições de surgimento e de efeitos ou à eficácia e vigência social das respectivas normas jurídicas, e não à sua estrutura lógica ou sistematização conceitual ("perspectiva analítica"), nem à justificação axiológica delas ("perspectiva normativa").

Esta segunda parte do trabalho divide-se em três capítulos. No próximo capítulo, limito-me a apresentar reflexões gerais sobre o significado social e especificamente jurídico dos textos constitucionais brasileiros. Por um lado serão consideradas as condições e os contextos de surgimento dos diferentes textos constitucionais (Constituição imperial de 1824 e Constituições republicanas

---

[9] A respeito cf. Alexy, 1983: 32-3, 308 ss.; 1986: 23 ss. Para a tese da tridimensionalidade, cf. também Reale, 1979.

de 1891, 1934, 1937, 1946, 1967/69 e 1988)[10]; correspondentemente, serão evidenciadas, em especial, a imitação de modelos constitucionais estrangeiros e a subordinação do sistema político nacional a grandes potências mundiais e a outros sistemas funcionais, o que coloca em questão a soberania do Estado nacional como reprodução autopoiética da política e do sistema jurídico[11]. Por outro lado, tratarei do caráter nominalista ou instrumentalista das respectivas Constituições brasileiras. No final (seção 8), examinarei a problemática alternância entre esses dois tipos no processo histórico. O emprego simbólico-ideológico dos textos constitucionais e a desdiferenciação autoritária do sistema jurídico serão tratados levando em consideração a circunstância de que faltam os pressupostos sociais para a "plena" positivação do direito.

Nos Capítulos V e VI são discutidos os problemas de função, prestação e reflexão do sistema jurídico em relação ao desenvolvimento constitucional brasileiro. Neles emprego a distinção luhmanniana entre as três referências do sistema: "A *função* é a relação para com a sociedade, como o sistema mais abrangente; a *prestação* é a relação para com outros sistemas sociais; a *reflexão* é a relação para consigo mesmo."[12] Com a diferenciação funcional da socieda-

---

[10] Para as referências aos textos constitucionais brasileiros e respectivas emendas constitucionais ou leis de exceção com força constitucional, utilizo, entre outras, as seguintes publicações: Alencar; Rangel (orgs.), 1986; Campanhole; Campanhole (orgs.), 1971; Mendes de Almeida (org.), 1954; Rangel (org.), 1986. Em relação à Constituição de 1988, sirvo-me da tradução alemã (em excertos) de Paul com a colaboração de Joachim Henckel e outros (*in*: Paul [org.], 1989: 121-89), da qual divirjo em vários pontos.

[11] Se "soberania" não for mais para ser entendida "apenas no sentido medieval de independência do supremo poder *político*, mas no sentido de independência territorialmente abrangente e funcionalmente condicionada da política *perante* as interferências religiosas, estamentais (familiais) e positivo-jurídicas" (Luhmann; Schorr: 46), pode-se acrescentar que, para o *Estado de direito*, "soberania" também implica a autonomia do sistema jurídico (positividade do direito) (cf. *supra* pp. 106, 125-6).

[12] Luhmann, 1982: 56. A respeito, ver Luhmann, 1982: 54 ss.; Luhmann; Schorr, 1988: 34 ss.

de e, portanto, com o surgimento de sistemas sociais autorreferenciais, essas três referências sistêmicas também se diferenciam[13]. Por outro lado, elas encontram-se, ao mesmo tempo, em relação de restrições recíprocas e, não raramente, de discrepância[14].

No que se refere especificamente ao sistema jurídico positivo, sua função *primária*, segundo a formulação de Luhmann, é representada pela generalização congruente de expectativas normativas de comportamento (ver *supra* pp. 25-7), ou seja, pela asseguração das expectativas, embora a função de regulação da conduta não deva ser subestimada (ver *supra* pp. 121-3). Como prestação do sistema jurídico, expressa-se, em primeiro plano, a regulação de conflitos "que se apresentam como não mais passíveis de solução por meios sistêmicos próprios em outros sistemas sociais"[15]. Porém, nas mais diferentes formas, também constitui prestação do direito disponibilizar institutos normativos que sirvam à asseguração de estruturas e operações em outros subsistemas sociais[16]. A reflexão como referência do sistema social à sua própria identidade[17] pertence, a respeito do direito positivo, tanto à teoria do direito[18]

---

[13] Luhmann; Schorr, 1988: 35; Luhmann, 1982: 55-6.

[14] Cf., em relação ao sistema religioso, Luhmann, 1982: 62-3.

[15] Teubner, 1982: 48. Segundo Luhmann, além da generalização de expectativa, pode-se compreender a *solução de conflitos* como uma função (em sentido estrito) do direito, mais exatamente, no âmbito da concepção do direito como *sistema imunológico* da sociedade (cf. Luhmann, 1987b: 509 ss.). Aqui se adota a sugestão de Teubner, pois a solução jurídica de conflitos somente aparece quando os outros sistemas sociais não conseguem mais suportar, com os próprios mecanismos, os conflitos que lhes atingem. Por outro lado, é de se observar que, em Luhmann, a função imunológica desempenhada pelo sistema jurídico está associada à sua formação "*na antecipação de possíveis conflitos*" e à decisão prévia sobre conflitos mediante o direito, não exatamente à efetiva solução de conflitos (cf. Luhmann, 1987b: 510).

[16] "Como sistema jurídico, o direito assegura, por exemplo, possibilidades de formação de capital na economia, escolaridade obrigatória à população, limitações constitucionais à atividade política" (Luhmann, 1981h: 440).

[17] Luhmann, 1981h: 423; 1982: 59.

[18] Por conseguinte, ela é designada como "teoria do sistema no sistema" (Luhmann, 1981h: espec. 422, 446).

quanto à dogmática jurídica (ver *infra* pp. 297-9). Da reflexão como "uma forma de autorreferência concentrada"[19] em relação à diferença "sistema/ambiente"[20] deve-se distinguir aqui a autorreferência *elementar* ou *de base* como a relação das comunicações internas (elementos) exclusivamente mediante o código do direito[21]; mas a autorreferência nesse sentido subjaz à reflexão do sistema jurídico[22]. Por seu turno, o conceito de reflexividade não coincide com o de reflexão[23]. Na construção de Luhmann, aquele indica que o processo referente emprega o mesmo código do processo referido[24]; na área do direito, isso se expressa mediante a normatização de normatização (ver *infra* Cap. VI.2.1). No caso da reflexão, que pressupõe autorreferência elementar e reflexividade, o "auto" é o sistema como um todo, não simplesmente elemento ou processo no interior do sistema[25]. O fato de a Constituição ser designada como instância reflexiva do sistema jurídico (ver Cap. II.2 e Cap. VI.2.2) não significa, portanto, sua caracterização como instância da reflexão do direito, como o é a teoria do direito, embora a prática constitucional também envolva reflexão.

Nos Capítulos V e VI, os problemas de função, prestação e reflexão do sistema jurídico serão tratados no plano constitucional. Pressupõe-se aqui que, sem a diferenciação e realização dessas

---

19 Luhmann, 1981h: 423.

20 "Pode-se falar de *teorias* da reflexão" – acentua Luhmann (1987b: 620) – "quando a identidade do sistema, diferentemente do seu ambiente, não apenas é designada (de modo que se sabe a que se refere), mas, conceitualmente, é elaborada de tal modo que comparações e relações possam ser conectadas."

21 Cf. Luhmann, 1987b: 600 ss., 617 ss.

22 Luhmann, 1981h: 444. Sobre autorreferência elementar ver, mais especificamente, abaixo, no Cap. VI.1.

23 Segundo formulação mais antiga (1966) de Luhmann (cf. 1984a: 100, 102, 104-5), a ideia de mecanismos reflexivos vale como conceito genérico para "reflexividade" e "reflexão".

24 Cf. Luhmann, 1987b: 601, 610 ss.

25 Cf. Luhmann, 1987b: 601; 1981h: 423.

três referências sistêmicas, não se pode conceber a positividade como capacidade de autodeterminação do direito. Tendo em vista a relação ente texto e realidade constitucional no Brasil serão, considerados, então, os limites do sistema jurídico nas três relações sistêmicas e, por conseguinte, colocada em questão a positividade (como autodeterminação) do direito numa sociedade (moderna) periférica (ou em modernização periférica).

Sob o título de "Constituição e sociedade. Problemas funcionais" (Cap. V.1), são desenvolvidas reflexões sobre o fato de o sistema jurídico positivo no Brasil sempre ter falhado tanto em sua função primária de generalização congruente das expectativas de comportamento (vigência) quanto na regulação da conduta (eficácia). No âmbito deste trabalho, essas reflexões concentram-se no plano constitucional. Em primeiro lugar, é considerado o problema de que as normas constitucionais falham como *critérios* para a aplicação do código do direito e, por isso, em certa medida, falham em suas funções de asseguração das expectativas e regulação de conduta (Cap. V.1.1). Logo a seguir é tratado o problema dos direitos fundamentais como *instituição* (Cap. V.1.2); partindo-se da premissa de que a diferenciação da sociedade moderna e, portanto, a positivação do direito exigem a *institucionalização* dos direitos fundamentais (→ asseguração de expectativa numa sociedade supercomplexa) (cf. *supra* pp. 71-2), será examinado até que ponto as Constituições brasileiras não cumprem essa exigência. Além disso, a institucionalização de normas constitucionais concernentes ao Estado de bem-estar social será caracterizada como pressuposto para a percepção de direitos fundamentais numa sociedade supercomplexa (Cap. V.1.3) e, consequentemente, como mecanismo *funcional* do sistema jurídico no que concerne à inclusão de toda a população nos contextos diferenciados de comunicação da sociedade moderna; trata-se, então, do não funcionamento das Constituições brasileiras no plano do Estado de bem-estar social (problemática da exclusão).

Na seção 2 do Cap. V são tematizadas as prestações constitucionais do sistema jurídico. Em primeiro lugar, são considerados os procedimentos constitucionalmente previstos para a solução de conflitos, que consistem em prestações diretas do sistema jurídico perante os mais diferentes sistemas sociais (Cap. V.2.1). Também serão tratados os institutos constitucionais que servem à eleição política, à divisão dos poderes e à diferença "política/administração", principalmente prestações do sistema jurídico para o sistema político (Cap. V.2.2). Em todos esses casos será destacada a deficiência de prestação do direito constitucional no Brasil.

Sob o título de "Constituição e sistema jurídico. Problemas de reflexão", trato no Cap. VI o problema do déficit de reflexão na realidade jurídico-constitucional do Brasil. Mas, como reflexão pressupõe autorreferência elementar e reflexividade no interior do sistema (e vice-versa), também é necessário considerar a falha da autorreferência elementar (legalidade) no sistema jurídico (Cap. VI.1) e, associado a isso, os limites das Constituições brasileiras como instâncias reflexivas do sistema jurídico (Cap. VI.2). Por último, será examinado o *déficit* de reflexão (em sentido estrito) desse sistema no contexto do problema da legitimação (Cap. VI.3).

Com base nessa seleção e organização temática, será apresentado a seguir um quadro interpretativo da assimetrização externa que se manifesta no plano da orientação normativa do sistema jurídico no decorrer do desenvolvimento constitucional brasileiro.

CAPÍTULO IV

CONTEXTOS DE FORMAÇÃO E CONDIÇÕES DE EFICÁCIA DOS TEXTOS CONSTITUCIONAIS. UMA VISÃO PANORÂMICA

1. A CARTA CONSTITUCIONAL DE 1824

O processo de constitucionalização formal do Brasil está intimamente vinculado ao movimento para sua independência de Portugal. Na América Latina, o "constitucionalismo" não significava apenas – como na Europa – o antônimo de "absolutismo", mas era sobretudo uma expressão do anticolonialismo[1]. No entanto, ao contrário do que ocorreu na experiência norte-americana, o rompimento jurídico-político brasileiro com a dominação portuguesa (1822) de modo algum teve como consequência a formação de um Estado nacional "soberano", na qualidade de um sistema político que se reproduz autopoieticamente no interior de determinadas fronteiras territoriais[2]. Da dependência formal de Portugal o país passou a se subordinar a interesses ingleses. A abertura dos portos brasileiros às nações amigas (1808) e o Tratado de Comércio e Navegação de 1810, que *privilegiava* a Inglaterra, já

[1] Cf. Melo Franco, 1960: 10. Dessa maneira, "Pode-se dizer que o processo da independência, durante todo o ano de 1822, se confunde com a marcha para a constitucionalização no Brasil" (Melo Franco, 1960: 43).

[2] Pois "independência" nos Estados Unidos implicava "revolução política" (cf. Luhmann, 1990b: 181, nota 20, com referência a Thomas Jefferson; também Grimm, 1987a: 65-6), o que não foi o caso no Brasil.

indicavam muito claramente a tendência da imposição dos interesses ingleses no Brasil em detrimento da metrópole oficial[3]. Também o reconhecimento da declaração de independência por Portugal foi negociado com a Inglaterra por meio, entre outros, do pagamento "inconstitucional" de uma elevada soma[4]. Nesse contexto, a ideia de "soberania" como reprodução autorreferencial de um sistema político territorialmente delimitado (ver *supra* p. 163, nota 11) perde fortemente seu significado.

Soma-se a esses fatores a situação interna do país, onde as monoculturas do café e da cana-de-açúcar, que se orientavam pela demanda externa e se baseavam na escravidão, desempenhavam um papel social preponderante e mantinham profundas diferenças sociais, de modo que o Estado de direito, no sentido dos Estados europeus e dos Estados Unidos, estava condenado à deformação. Apesar dessa estrutura agroescravocrata, a formação jurídico-política do novo Estado se orientava pelos princípios liberal-constitucionais predominantes na Europa.

Sob essas condições, com a falta de pressupostos sociais para o Estado constitucional, transcorreu o processo constituinte no período 1823-1824. A convocação da Assembleia Constituinte de 1823 no âmbito de um direito de voto muito restrito e sem a ga-

---

[3] Cf. Furtado, 1986: 93 ss.; Prado Jr., 1983: 127 ss. Após o tratado comercial de 1810 foi estabelecida uma tarifa geral de importação de 24% *ad valorem*; para Portugal e Inglaterra essa tarifa era, respectivamente, de 16% e 15%. Em 1816, as tarifas de Portugal e Inglaterra são igualadas em 15% (cf. Prado Jr., 1983: 128-9). Após a "independência", essa porcentagem se torna regra geral (cf. Prado Jr., 1983: 134; Furtado, 1986: 96).

[4] Nos termos de uma convenção secreta aditiva ao tratado sobre o reconhecimento da independência (29/08/1825), o governo brasileiro obrigava-se, "*inconstitucionalmente*", a restituir um empréstimo de £ 1.400.000, que Portugal tomara da Inglaterra para o financiamento da guerra contra a "independência" brasileira, bem como a pagar uma soma de £ 600.000 pelo palácio e por outras propriedades privadas do rei de Portugal no Brasil, embora essas propriedades devessem ser tratadas como "nacionais" (Armitage, 1977: 108).

rantia do voto secreto[5] não pode ser esclarecida, de modo algum, como a introdução de um processo de constitucionalização no sentido do liberalismo europeu. Embora em sua composição a assembleia expressasse bem a estrutura oligárquica do país, sua atividade constituinte não correspondia exatamente à origem dos seus membros[6]. De fato, conforme o projeto da Constituinte[7], o controle oligárquico do sistema político era garantido pelo sufrágio censitário (arts. 123-124) e a escravidão era expressamente reconhecida (art. 265); mas o posicionamento liberal perante a "divisão dos poderes" e a declaração dos direitos individuais apontavam para a imitação, sem compromisso, de modelos estrangeiros, especialmente o de origem francesa. Ainda que haja muitos indicadores de que, em virtude de seu caráter simbólico, os traços liberais do projeto não tivessem conseguido ameaçar a estrutura oligárquica do país, as tendências autoritárias e orientadas para a reunificação com Portugal por parte do grupo da corte real provocaram a dissolução da Assembleia Constituinte de 1823 e a decretação autocrática da Carta Constitucional de 1824[8].

---

[5] Além da natural exclusão dos escravos, os assalariados, com algumas privilegiadas exceções, não tinham direito de voto, conforme o Cap. I.8 das "Instruções Eleitorais"; o Cap. II.5 e o Cap. V.5 asseguravam a forma aberta de votação nos dois turnos (as duas fases da eleição indireta). A Assembleia Constituinte e Legislativa de 1823 foi convocada em 03/06/1822 e as instruções eleitorais decretadas em 19/06/1822 (textos, entre outros, em: Soares de Souza, 1979: 177-86), antes, no entanto, da assinatura da declaração de independência em 08/09/1822 (texto, entre outros, em: Bonavides; Amaral Vieira [orgs.], s.d.: 55-6); após cinco reuniões preparatórias a partir de 17/04/1823, a assembleia foi aberta em 03/05/1823. A respeito, ver J. H. Rodrigues, 1974: 21 ss.; Roure, 1914: 41 ss.; Melo Franco, 1960: 41 ss.

[6] Cf., com interpretação diversa, Prado Jr., 1988: 51-7. Mas não se pode equiparar essa situação com aquela dos países centrais no mesmo período, pois, neste caso, apesar dos problemas da integração de estratos sociais inferiores, havia uma significativa consonância entre atividade constituinte liberal e interesses da burguesia nacional "autônoma" (diverge dessa interpretação Melo Franco, 1960: 49).

[7] Texto, entre outros, em: Roure, 1914: 237-65.

[8] A Constituinte foi dissolvida em 12/11/1823 e a Carta, outorgada em 25/03/1824 após ter sido, ritualmente, apresentada às Câmaras Municipais. A respeito, como

A Carta Constitucional "imperial" seguiu, em boa parte, o projeto da assembleia dissolvida[9]. Mas, com a introdução do Poder Moderador como um quarto poder (arts. 98-101) pertencente exclusivamente ao rei e politicamente irresponsável, o texto ganhava uma dimensão antiliberal própria que não se encontrava no projeto da Assembleia[10]. O Poder Moderador era superior aos três poderes clássicos. Em seu exercício, o rei podia, simultaneamente, dissolver a Câmara dos Deputados e suspender ou adiar a Assembleia Geral (Senado + Câmara dos Deputados) (art. 101, V), nomear e demitir livremente os ministros (art. 101, VI) e suspender os juízes (art. 101, VII). Tratava-se da adoção do Poder Real de Benjamin Constant[11]. Nas condições brasileiras do século XIX, no entanto, ele não atuava, de modo algum, como um fator da estabilidade das relações entre os poderes do Estado, conforme o modelo de Constant, mas sim se degenerava em instrumento do "poder pessoal" do rei[12].

---

exposições historiográficas clássicas, ver Leal, 1915: 67 ss.: Roure, 1914: 161 ss., 197 ss.; Homem de Mello, 1973: 90 ss.; Melo Franco, 1960: 70 ss.; Varnhagen, 1938: 317 ss.; Bonavides; Andrade, 1989: 46 ss. Sobre a dissolução da Assembleia Constituinte, ver Rocha Pombo, s.d.: 866 ss.; J. H. Rodrigues, 1974: 198-248, que, ao contrário da historiografia tradicional, considera o fator econômico da dissolução (o nacionalismo econômico da Assembleia contra os interesses portugueses) (199-200).

[9] Para uma comparação dos textos, ver Roure, 1914: 209-19; Leal, 1915: 116 ss.; Homem de Mello, 1973: 99-100; Lacerda, s.d.: 191-204; Lacombe, 1973-1974: 51-9; Leal; Luz, 1973-1974.

[10] Não se desconhece aqui, porém, que, sob outros pontos de vista, a Carta Constitucional outorgada pode ser designada como "mais liberal" ou "mais aberta" que o modelo da Constituinte; cf., por exemplo, Roure, 1914: 219; Leal; Luz, 1973-1974: 71.

[11] Cf. Constant, 1957: 1078 ss.; 1872: 177 ss.

[12] Cf. Buarque de Holanda, 1985: 70-1; Bonavides, 1968: 37-8. Ver também *infra* nota 155 do Cap. V. No direito público do império, a interpretação conservadora de Henriques de Souza (1978), que justificava a posição superior do Poder Moderador, opunha-se à posição "liberal" de Góes e Vasconcelos (1978), que destacava os limites do Poder Moderador. Em contradição com a tese deste último (*ibid*: 29 ss.) em favor da responsabilidade dos ministros pelos atos do Poder Moderador, cf. Pimenta Bueno, 1857: 215; J. C. Rodrigues, 1863: 67-70; Rodrigues de Sousa, 1870: 95 ss.; Uruguai, 1960: 253 ss. Essa discussão no âmbito do direito público foi subestimada por

Em contradição com essa novidade na "divisão dos poderes", o texto constitucional de 1824 caracterizava-se pelo liberalismo das garantias dos direitos fundamentais civis e políticos (art. 179). Mas a escravidão encontrava apoio na Carta mediante a distinção entre cidadãos ingênuos (nascidos livres) e libertos nos termos do art. 6, I (ver *infra* nota 73 do Cap. V). Por outro lado, o direito de voto muito limitado por critérios econômicos (arts. 92-95) e a inexistência de garantia do voto secreto transformavam o sistema em privilégio das oligarquias (ver *infra* pp. 248-9).

Apesar da influência de diferentes textos constitucionais (Constituições francesas de 1791, 1793 e 1799, Constituição espanhola de 1812, Constituição norueguesa de 1814) sobre a Carta Constitucional de 1824, destaca-se sobretudo a Constituição francesa da Restauração (1814)[13]. A cópia literal de vários artigos dessa Constituição europeia[14] é um indicador claro de que a elaboração do documento constitucional brasileiro é, sob diferentes pontos de vista, para ser interpretada, antes, no contexto do "colonialismo jurídico-cultural" do que no âmbito das relações sociais predominantes no país.

Em virtude da reunião de elementos autocráticos e liberais[15], o texto constitucional eclético de 1824 poderia ser interpretado

---

T. Barreto (1977a), que a criticou por ser alheia à realidade ou irrelevante. Porém, sobre suas implicações políticas, ver Faoro, 1984: espec. 349 ss.

[13] Cf. J. H. Rodrigues, 1974: 250-1; Chacon, 1987: 67-8; Whitaker da Cunha, 1973-1974: 89-90; Leal, 1915: 113-4.

[14] Texto, entre outros, em: Duverger (org.), 1966: 80-5. Sobre a imitação mencionada, cf. Chacon, 1987: 68. Diante da influência francesa no plano do texto constitucional, manifestou-se a influência inglesa no plano da prática constitucional, em cujo contexto foi desenvolvido um *pseudo*parlamentarismo. A respeito, ver, afirmando a inexistência do parlamentarismo no "Império", Melo Franco, em: Melo Franco; Pilla, 1958: 14 ss.; também T. Barreto, 1977a. Contra essa tese, de modo não convincente, ver Pilla, em: Melo Franco; Pilla, 1958: 157 ss.

[15] Ferreira Filho (1975: 330 ss.) fala de princípio autoritário e princípio *democrático*. Não se trata, porém, exatamente, de traços democráticos do texto constitucional, mas sim liberais; cf. Buarque de Holanda, 1985: 76.

como expressão de um "Estado burguês de direito", no sentido habermasiano, portanto, de um Estado no qual "os cidadãos, como particulares, conservam direitos subjetivos públicos acionáveis perante um soberano, de cuja formação da vontade, no entanto, eles ainda não participam democraticamente"[16]. Tratar-se-ia, então, de nada além de uma fase de transição para o Estado constitucional democrático, como se o caso pudesse ser equiparado ao do chamado "semiconstitucionalismo" de alguns Estados europeus "atrasados" do século XIX. Contudo, essa concepção segundo o esquema "antes-depois" da modernização constitucional ou do processo de juridificação se limita à semelhança entre os textos; ela não leva em conta a prática constitucional. No "Estado burguês de direito" das sociedades centrais, a realidade do processo de poder correspondia (na verdade, em medida limitada) à declaração dos direitos fundamentais subjetivos públicos no texto constitucional, embora a participação democrática fosse excluída ("semiconstitucionalismo"); porém, no que se refere à modernização constitucional (periférica) do Brasil, faltava o pressuposto para a efetividade dos elementos liberais da Carta de 1824, ou seja, para a realização do "Estado burguês de direito" ("constitucionalismo aparente"). No primeiro caso, a adoção de elementos liberais burgueses no direito constitucional, mesmo com a exclusão da participação democrática, adquiria um significado social importante, na medida em que a respectiva "burguesia nacional" podia assumir os pressupostos para isso; no segundo, a declaração liberal dos direitos civis (art. 179) perdia vigor à proporção que a subordinação

[16] Habermas, 1982a II: 528. A Alemanha é mencionada com um exemplo típico: "O *Estado burguês de direito* encontrou no constitucionalismo alemão do século XIX uma figura prototípica [...]" (Habermas, 1982a II: 527). A respeito, ver Böckenförde, 1976. Contra a concepção "evolucionária" do desenvolvimento constitucional da Alemanha no século XIX, ver Ladeur, 1980: espec. 17 ss.

do sistema político aos interesses oligárquicos e a sistemas políticos estrangeiros (Estados) excluía a integração da enorme maioria da população no sistema constitucional[17]: tratava-se de uma emissão ilusória de normas ou pelo menos do luxo de uma pequena minoria que podia exercer os direitos subjetivos declarados na Constituição[18].

A sociedade brasileira da época não contava, portanto, com a autodeterminação do direito mediante o funcionamento de uma Constituição como instância reflexiva no interior do sistema jurídico, não apenas por causa da adoção de "restos tradicionais" na Carta (Poder Moderador e direito restrito de voto, por exemplo), mas sobretudo em virtude do caráter nominalista das normas constitucionais liberais. Além disso, o bloqueio ou a distorção do processo de concretização dessas determinações *constitucionais* não resultavam, em primeiro plano, da emergência de mecanismos tradicionais, mas, ao contrário, da enorme estratificação econômica (o que não era um problema de tradição) no âmbito de uma modernização periférica, na qual o aumento de complexidade e o desparecimento de valores generalizadamente válidos não conduziam, de forma nenhuma, à diferenciação sistêmico-funcional racional (horizontal) da sociedade e, dessa maneira, tampouco à positividade do direito.

---

[17] Compunha essa maioria não apenas escravos, cuja participação no total da população caiu de 31% (2.500.000 de 8.020.000) no ano de 1850 para 15% (1.510.806 de 9.930.478) em 1872, diminuindo para 5% no ano de 1887 (723.419 de 13.278.816) (Prado Jr., 1988: 99), mas *preponderantemente* os estratos inferiores da "população livre", que estavam incluídos no âmbito formal de vigência do art. 179 da Carta. Num discurso de 1877, T. Barreto (1977b: 183) estimou, em relação à cidade (Escada) onde ele exerceu a função de promotor público, que 90% dos habitantes viviam em estado de miséria.

[18] Numa análise do censo de 1872, Amado (1917: 28 ss.) destacava que o "meio social", muito fortemente estratificado, impedia a integração da grande maioria da população nas "instituições políticas" do império brasileiro, as quais podiam ter acesso apenas "300.000 ou 400.000 pessoas" (de uma população de 9.930.478), parcela que correspondia aos membros das oligarquias (31).

Nesse contexto, os elementos autoritários da Carta Constitucional de 1824 funcionavam de modo relativamente satisfatório para a manutenção do *status quo*, de modo que se podem verificar traços instrumentalistas no sistema constitucional. Mas característico para este é, primariamente, o papel nominalista das normas constitucionais que declaravam os direitos civis e determinavam especificamente a limitação e o controle do poder. Os detentores do poder *dispunham da* Constituição e, conforme a constelação concreta de poder, usavam-na, abusavam dela ou a deixavam de lado[19]. Ela não constituía um horizonte jurídico da ação política, muito menos um fator positivo de integração dos estratos inferiores miseráveis no sistema jurídico positivo. A relação entre a subintegração dessa enorme maioria da população e a sobreintegração das oligarquias nos sistemas sociais, especialmente no direito, não era conciliável com a realização de uma Constituição com traços de um Estado burguês de direito.

Esse nominalismo constitucional, que foi destacado em distintas abordagens da época imperial brasileira[20], não pode ser caracterizado de maneira adequada como expressão da função educativa da Constituição, nem como sinal de "boas intenções" dos donos do poder. Trata-se, antes, do papel ou uso simbólico-ideológico do texto constitucional (ver *supra* Cap. II.3.3 e Cap. III.3.2.4.), como Gilberto Amado já observava: "É claro que a 'Constituição' erguida no alto, sem contato nenhum com ela [a população], não poderia ser senão uma ficção, um símbolo da retórica destinada ao uso dos oradores."[21] No mesmo sentido, Faoro acentua que a

---

[19] "A Constituição não rege [regia] as relações políticas, senão como praxe ou conveniência de livre observância" (Faoro, 1976: 62).

[20] Cf., por exemplo, Leal, 1915: 146 ss.; Vianna, 1939: 7 ss.; Faoro, 1976: 61-6; Amado, 1917; Prado Jr., 1988: 61.

[21] Amado, 1917: 30.

Constituição se reduzia "a uma promessa e a um painel decorativo"[22]. Na perspectiva da teoria da ação, tratar-se-ia, portanto, de uma promessa falsa (cf. *supra* p. 148-9) e não de "boas intenções" dos donos do poder. Mas a complexidade do conjunto de ações torna essa interpretação insuficiente. Do ponto de vista sistêmico-teórico, trata-se da subordinação do direito ao código do poder mediante o uso "simbólico-legitimador" do texto constitucional por parte do sistema político, tudo isso por falta dos pressupostos sociais para a positivação do direito. Isso não implica, de modo nenhum, a insignificância da Carta Constitucional como "um painel decorativo", mas, antes – na formulação paradoxal de Faoro –, "a criação de um mundo falso mais eficiente do que o mundo verdadeiro"[23]. A ineficiência da Constituição nominalista em assegurar expectativa e regular a conduta (função do direito) era compensada por sua efetividade como "meio legitimador" simbólico-ideológico.

2. O DOCUMENTO CONSTITUCIONAL DE 1891

No âmbito da reorientação do sistema econômico, condicionada por fatores externos, e no contexto da "questão militar" e da "questão religiosa"[24] e, não menos importante, da abolição da es-

---

[22] Faoro, 1976: 63. Cf., com formulação semelhante, Leal, 1915: 146 e 149.

[23] Faoro, 1976: 175.

[24] Em relação à chamada "questão militar", tratava-se dos conflitos entre o governo imperial e os interesses corporativos do exército, os quais se manifestaram a partir de 1879 (cf. Faoro, 1985: 476 ss.), mas que, no entanto, no âmbito da transição do recrutamento militar segundo critérios "aristocráticos" para o recrutamento conforme "concurso de capacidade", remontam ao início do "regime imperial" (cf. Faoro, 1985: 470 ss.; a respeito, na historiografia "clássica", ver também Freire, 1983: 183 ss.). Em relação à chamada "questão religiosa" (1872-1875), tratava-se do conflito entre o governo ou o Poder Moderador e a Igreja Católica a respeito da entrada de sacerdotes na maçonaria, que era intimamente ligada ao "movimento pela independência" e ao quadro administrativo imperial. Esse conflito atingiu seu auge nos julgamentos dos bispos de Olinda e Pará (1874), que tinham ordenado a exclusão de

cravatura[25], o sistema "imperial" perdeu sua base de sustentação e, mediante um típico golpe militar, surgiu a República (1889)[26]. A indiferença da população diante da "Proclamação da República"[27] aponta para a insignificância social do sistema constitucional e, nesse sentido, portanto, não para a força do Estado (de direito) em relação à "sociedade", mas para sua fraqueza.

O fato de que direito e Estado, em larga medida, constituíam assuntos de uma elite "alienada" tornava-se claro mediante a adoção acrítica e eclética de dois ideários na fundação da República: o positivismo de Augusto Comte[28] e o constitucionalismo norte-americano. Opondo-se ao significado do ideário comtiano, difundido entre os militares, para a realidade constitucional, em que a constante violação das normas constitucionais foi justificada como defesa da "ordem", a elaboração do texto constitucional de 1891 revelava a superestimação da experiência constitucional nos Estados Unidos. Da preponderante influência francesa sobre a Carta "imperial" passou-se para uma predominante influên-

---

maçons das ordens religiosas e sua suspensão da Igreja; mais tarde (1875), por pressão da Igreja, os bispos foram anistiados (a respeito, cf., entre outros, Calógeras, 1980: 256 ss.; Buarque de Holanda, 1985: 152-3, 174-3; Brandão Cavalcanti, 1976: 51-2).

[25] Embora a abolição da escravidão (em 1888, como resultado final de um processo que transcorria desde os primeiros anos após a "independência", 1822, sob pressão direta da Inglaterra – a respeito, Moraes, 1986: 33 ss.) tivesse consequências mais políticas do que econômicas (Furtado, 1986: 141), ela representava, por outro lado, uma reação política a transformações no sistema econômico.

[26] As questões "da escravidão", "militar" e "religiosa" são designadas na historiografia tradicional como as "causas da República" (cf., entre outros, Oliveira Tôrres, 1957: 537 ss.; ver também Werneck Sodré, 1987: 270 ss.). Com destaque para a remodelação da estrutura econômica de dominação, ver Freire, 1983: espec. 101-4; seguindo uma orientação marxista, Saes, 1985.

[27] "*O povo assistiu àquilo bestializado*, atônito, surpreso, sem conhecer o que significava. Muitos acreditaram sinceramente estar vendo uma parada" (Aristides Lobo, *apud* Maximiliano, 1948: 105). Cf. Carone, 1971: 7-8.

[28] Sobre a deturpação do positivismo comtiano em sua recepção no Brasil, ver Buarque de Holanda, 1985: 289-305.

cia norte-americana sobre o documento republicano, como ficou evidenciado na Assembleia Constituinte de 1890-1891[29]. A admiração retórica para com a Constituição de 1787 transmitia a ilusão simbólica de que o transplante do sistema constitucional dos Estados Unidos para o novo texto constitucional seria uma solução adequada para os problemas sociais brasileiros[30]. Não se considerava devidamente a circunstância de que, após sua independência *revolucionária*, os Estados Unidos rumaram para o centro do capitalismo (mundial), no qual passaram a ocupar um lugar importante e, consequentemente, ter condições de estabelecer um real Estado constitucional ("soberania" da política e positividade do direito). A mudança no colonialismo referente à "cultura constitucional" não é separável das transformações no plano da estrutura de dependência. Apesar do ainda forte predomínio dos interesses ingleses, no final do século XIX já se esboçava a tendência para a hegemonia dos Estados Unidos na América Latina, especialmente no Brasil[31].

---

[29] Cf. Chacon, 1987: espec. 45-7, 115-6; Carone, 1972: 285-6. Para uma apresentação detalhada das sessões da Constituinte e suas discussões fortemente influenciadas pelo constitucionalismo norte-americano, ver Roure, 1918-1920, que afirmava (1920: 354): "Mas a coqueluche da época era o presidencialismo norte-americano, que fizera rapidamente o progresso da grande nação amiga, como o parlamentarismo havia feito o da Inglaterra". Observe-se, no entanto, que o documento constitucional de 1891 difere do constitucionalismo americano em pontos importantes; a respeito, cf. Leal, 1915: 226 ss.

[30] Vianna (1939: 91) falava de "crença do poder transfigurador das fórmulas escritas"; cf. também Vianna, 1939: 81. As implicações simbólico-ideológicas dessas fórmulas não foram levadas em conta. Por outro lado, é de se observar que Barbosa, o mais importante autor do texto de 1891, não era totalmente acrítico (no sentido da crítica "antropológico-cultural" de Vianna) perante o transplante das instituições norte-americanas para a realidade brasileira mediante legislação ou promulgação de constituição (cf. Barbosa, 1932: 30).

[31] Mas ela se impôs contra a hegemonia inglesa somente após a Primeira Guerra Mundial e foi consolidada somente após a Segunda Guerra; a respeito, cf. Furtado, 1978: 24 e 60.

A adoção da democracia liberal, do presidencialismo e do federalismo no documento constitucional republicano de 1891, segundo o modelo estadunidense, poderia ser interpretada como expressão de um "Estado democrático de direito"[32]. Mas já no plano do texto constitucional a desvinculação do papel eleitoral perante outros papéis e relações sociais dos eleitores foi impedida por falta da garantia de voto secreto, e a universalidade do voto foi distorcida pela exclusão dos analfabetos e mendigos, sem direito a votar (art. 70, § 1º, incisos 1º e 2º) (ver *infra* pp. 249-50). Além disso, a concretização das disposições constitucionais liberal-democráticas foi desfigurada por falta de pressupostos sociais para o "Estado democrático de direito". O processo de poder continuava a transcorrer no âmbito de uma "realidade constitucional que violava e minava a Constituição" (ver *supra* pp. 128-9) e de uma esfera pública extremamente limitada.

Nesse cenário, é um equívoco enfatizar o caráter democrático burguês do Estado brasileiro daquele período ou compará-lo com Estados constitucionais europeus da mesma época, com base na referência à adoção de certas conquistas no texto constitucional que, eventualmente, ainda não haviam sido adotadas naqueles países[33]. Enquanto, de certo modo, mediante as respectivas Constituições, expressava-se na Europa um processo "evolucionário" legítimo em direção ao "Estado democrático de direito" e à positividade do direito, o documento constitucional de 1891 atuava antes como uma declaração de direitos, liberdades e princípios alheia à realidade e jurídico-normativamente ineficaz. Caso queira-se, nessa

---

[32] "A *juridificação do processo de legitimação* impõe-se na forma do direito de voto universal e igual, assim como do reconhecimento da liberdade de organização das associações e partidos políticos" (Habermas, 1982a II: 529).

[33] Saes (1985: 351) cai nesse equívoco quando assinala, por exemplo, que "o processo eleitoral não se submeteu, na democracia burguesa brasileira, a algumas restrições ainda vigentes em democracias burguesas europeias: regime censitário, voto plural".

constelação, falar de "formação do Estado *burguês* no Brasil"[34], deve-se, então, reconhecer que, no contexto da expressão, esse adjetivo ganha um significado particular[35]. Apesar da incorporação do Brasil na sociedade (mundial) capitalista (burguesa), a posição subordinada do sistema político nacional (por falta de "soberania"), em combinação com a situação periférica da economia doméstica, impedia o funcionamento de uma Constituição "normativa" e, por conseguinte, a positivação do direito. Nesse contexto, não é de se excluir o conceito de oligarquia, ainda que não se trate aqui, como normalmente é o caso, de um termo "tradicional", "pré-capitalista"[36]. Com base no termo "oligarquia", pretende-se neste trabalho apenas indicar que determinados agrupamentos, classes, estratos ou indivíduos (uma parcela minoritária) estão acima dos sistemas constitucional e jurídico, enquanto outros (a maioria) encontram-se, antes, integrados negativamente (ou seja, em seu desfavor) nesses sistemas. Poder-se-ia, então, talvez, falar de uma burguesia (oligárquica) sobreintegrada nos sistemas constitucional e jurídico (ela disporia desses sistemas e eles não serviriam de horizonte jurídico para a sua ação) perante a massa dos subintegrados (cf. Cap. III.3.2.2). Foi no contexto desses tipos de relações "acima/abaixo" para com a Constituição e, portanto, com o direito posto, que, após 1891, a concretização constitucional continuou bloqueada e desfigurada e, associado a isso, o sistema jurídico permaneceu sem condições de experimentar e reduzir adequadamente a complexidade de seu ambiente.

---

[34] Como o fez Saes (1985) em seu livro de mesmo nome.

[35] Cf., nesse sentido, Buarque de Holanda, 1985: 78.

[36] Saes (1985: 350) critica o uso da expressão "Estado oligárquico" para se referir ao Estado brasileiro da primeira República (1889-1930), argumentado que, mediante o emprego dessa "expressão corrente e pré-teórica", se sugeria que o Estado brasileiro daquela época "*ainda não* era um Estado burguês"; opondo-se a essa tendência, sob outra perspectiva e com outras implicações, ele refere-se à "particularidade do Estado burguês no Brasil" (1985: 350 ss.).

Com a Constituição de 1891 o nominalismo se intensificou. A declaração de liberdades, direitos e princípios no texto constitucional estava, mais criticamente do que antes, em contradição com o processo político de poder e com a estrutura da sociedade[37]. A violação ou deturpação da Constituição por todo o período em que ela esteve "formalmente" em vigor (1891-1930)[38] pode ser apontada como o mais importante traço da realidade jurídico-política da Primeira República. A constante fraude eleitoral praticada pelas oligarquias locais no âmbito do controle do processo eleitoral (ver *infra* p. 250), a insignificância da declaração dos direitos fundamentais (arts. 72-78) para os estratos inferiores em condições miseráveis de vida, a degeneração do prescrito presidencialismo no chamado "neopresidencialismo"[39], especialmente por meio de declarações de estado de sítio que violavam e minavam a Constituição[40], a deformação do federalismo mediante a chamada "política dos governadores"[41] e o abuso do mecanismo da intervenção federal nos Estados[42], tudo isso constitui expressão significativa do nominalismo da Constituição de 1891.

---

[37] A respeito, observa-se que, com a implantação da República de fachada, o "arbítrio" se fortificou (Faoro, 1976: 64) e o Estado "desenraizou-se" do país (Buarque de Holanda, 1988: 125).

[38] Cf. Pacheco, 1958: 240 ss.

[39] Sobre esse conceito, ver Loewenstein, 1975: 62-6.

[40] Cf. a posição crítica de Barbosa, 1933 II: 373 ss.; 1933 III: 323 ss.

[41] Essa expressão, empregada usualmente, designa o controle do Executivo federal pelas oligarquias rurais dos Estados mais fortes, que se tornou a "regra" das relações de poder na Primeira República a partir do período de governo do presidente Campos Sales (1898-1902), no âmbito de negociações informais dos respectivos governadores, realizadas fora do mecanismo partidário e levadas a cabo com base em fraude eleitoral. A respeito, ver Faoro, 1985: 563 ss.; Carone, 1969: 103 ss.; 1971: 177 ss. Cardoso (1985: 47 ss.) denomina-a, a meu ver, de forma mais precisa, "política oligárquica" ou "pacto oligárquico".

[42] Nesse contexto, afirmava Barbosa (1934: 17) em campanha eleitoral: "Um dos flagelos que desgraçam hoje este país, [*sic*] são as chamadas oligarquias locais estaduais, que o Governo da União acoroçoa, explora, sustenta e agrava, servindo-se, para isso, já dos exércitos militares de mar e terra, já do exército civil, que o nosso inumerável funcionalismo lhe proporciona."

Esse problema foi denunciado como contradição entre idealismo da Constituição e realidade nacional por críticos conservadores, adeptos de um Estado autoritário, corporativo e nacionalista[43]. Porém, em sua crítica ao "idealismo utópico" do legislador constituinte, o uso simbólico-ideológico do texto constitucional não foi considerado com exatidão, mas, antes, acentuada a ingenuidade de "suas boas intenções"[44]. O "idealismo utópico", porém, só era adotado no documento constitucional na medida em que a realização dos respectivos princípios ficava adiada para um futuro remoto, de tal maneira que o *status quo não era, então, ameaçado.* Além do mais, não se pode excluir o emprego simbólico-ideológico da Constituição nominalista para sugerir que o Estado brasileiro era tão "constitucional" ou "democrático" como o seu modelo norte-americano. O documento constitucional operava, no mínimo, como álibi descarregante para os "donos do poder" perante a realidade social ou como "prova" de suas "boas intenções". Essa política simbólica contribuía, de certo modo, para que a existência de outras possibilidades fosse ocultada e o caminho para uma transformação social fosse obstruído (ver *supra* pp. 84-6). Mediante uma combinação contraditória de utopia constitucional e fatalismo político, a realidade constitucional permanecia essencialmente inalterável[45].

---

[43] Nesse sentido, ver principalmente Vianna, 1939: 77 ss.; Torres, 1978. Ramos de Figueirêdo (1972) recorre a essa crítica.

[44] Cf., por exemplo, Vianna, 1939: 81, 91, 111.

[45] A abrangente Revisão Constitucional de 1926 não resultou, de modo nenhum, em alterações positivas desta situação. Em alguns pontos, resultou, antes, na intensificação do nominalismo constitucional (cf. Bonavides; Andrade, 1989: 256 ss.). Ela caracteriza-se pelas seguintes inovações (cf. Melo Franco, 1960: 164 ss.): (1) obrigatoriedade de a lei de orçamento só incluir matéria orçamentária (proibição do "abuso das *caudas orçamentárias*" – art. 34, § 1º); (2) a restrição do *habeas corpus* à proteção da "liberdade de locomoção" contra "violência por meio de prisão ou constrangimento ilegal" (art. 72, § 22 – no texto originário, o *habeas corpus* incluía,

3. O TEXTO CONSTITUCIONAL DE 1934

A "Revolução de 1930" opunha-se à estrutura política da "República Velha" e estava associada à crise da economia cafeeira brasileira no contexto da grande crise econômica mundial de 1929[46] e ao surgimento de novas classes urbanas[47]. Aparentemente, ela estava destinada a superar o nominalismo constitucional da Primeira República. No longo interregno constitucional (1930-1934)[48], o governo provisório, mediante decretos com força de lei, proclamou importantes conquistas em direção a um Estado de direito democrático e social – como, por um lado, o voto secreto, o direito de voto para as mulheres e a justiça eleitoral[49], por outro, a ampla legislação trabalhista[50] –, que foram adotadas pela Assembleia Constituinte de 1933-1934[51]. No que diz respeito à Constituição de

---

de maneira mais ampla, a proteção contra "violência ou coação por ilegalidade ou abuso de poder"); (3) introdução do veto parcial do Presidente da República contra projetos de lei (art. 37, § 1º); por fim, mas não menos importante, (4) a determinação dos "princípios constitucionais" cuja violação justificava a intervenção federal nos estados (art. 6º, II).

[46] A respeito, cf. Furtado, 1986: 181 ss.

[47] A respeito, Fausto (1987: 12-50, 86 ss.) acentua que não se tratava de uma revolução burguesa no sentido da imposição dos interesses "industriais" contra a dominação "rural-tradicional", mas de uma reestruturação da "complementaridade básica entre interesses agrários e industriais" (112); dessa maneira, não foram afetadas as relações de produção baseadas na grande propriedade agrária (86).

[48] Nesse período vigorava, com força constitucional, o decreto autoritário "que institui o governo provisório" (Decreto nº 19.398, de 11/11/1930). A respeito, ver Melo Franco, 1960: 171-5.

[49] Renovações, entre outras, que foram introduzidas pelo Código Eleitoral de 1932 (Decreto 20.076, de 24/02/1932) (a respeito, ver, de forma breve, Castro Gomes, 1986: 15-8) e remontam à obra de Assis Brasil (1931) e Rocha Cabral (1929) (a esse respeito, cf. Melo Franco, 1974: 61), ambos membros da "Comissão Legislativa" responsável pela reforma eleitoral do "Governo Provisório" (cf. Castro Gomes, 1986: 15).

[50] Um panorama a respeito encontra-se em Carone, 1974: 144-9.

[51] Ela foi aberta em 15/11/1933 e promulgou a nova Constituição em 16/07/1934. Além dos 214 "representantes do povo", eleitos por voto secreto, "universal", direto e igual, pertenciam à Constituinte – em consonância com a onda corporativista na Europa – 40 representantes de organizações profissionais, entre eles 17 empregados

1934, destaca-se a forte influência da Constituição democrático-social de Weimar, de 1919[52]. A abrangente normatização constitucional da ordem econômica e social (título IV, arts. 115-143) e as disposições sobre a família, a educação e a cultura (título V, arts. 144-158) sinalizavam, se nos limitamos à análise do texto constitucional[53], "o desenvolvimento para o *Estado democrático e social de direito* como constitucionalização de uma relação social de poder ancorada na estrutura de classe"[54]. Mas convém observar que essa atividade constituinte ilusória, em larga medida, não encontrava ressonância nas relações sociais, que permaneciam oligárquicas e, assim, fundamentalmente intactas. Embora a adoção de dispositivos constitucionais característicos de um Estado de bem-estar social estivesse associada ao aparecimento de setores organizados entre os trabalhadores urbanos[55], tratava-se de uma parte muito reduzida da classe trabalhadora[56]. A esfera pública, em contradição com o texto constitucional, permanecia reduzida a uma minoria privilegiada. Além disso, a exclusão dos analfabetos do direito de voto (art. 108, parágrafo único, alínea *a*) em um

(a representação profissional foi mantida conforme o art. 23 da Constituição de 1934). Sobre essa Assembleia Constituinte, ver Melo Franco, 1960: 187-92; Bonavides; Andrade, 1988: 273-315; e para uma apresentação historiográfica mais detalhada, ver H. Silva, 1969.

52 Cf., por exemplo, Chacon, 1987: 127 ss.; Landgraf Picolo, 1969: espec. 99. A influência alemã no plano constitucional estava em sintonia com o aumento da exportação e importação entre Alemanha e Brasil (respectivamente, de 11,95% para 24,99% e de 8,12% para 19,06%) de 1933 a 1938 (Chacon, 1987: 127).

53 A respeito, ver Marinho, 1988.

54 Habermas, 1982a II: 530.

55 A respeito, cf. Carone, 1974: 98-151.

56 Em 1920, 69,7% da população ativa pertencia ao setor primário, 13,8% ao secundário e 16,5% ao terciário; em 1940 essa relação foi levemente alterada: respectivamente, 65,1%, 14,8% e 18,2% (cf. Fausto, 1987: 22). Observe-se aqui que os trabalhadores rurais foram excluídos do âmbito de vigência da nova legislação social. Em consonância com isso, Fausto (1987: 113) fala da "intocabilidade sagrada das relações sociais no campo".

país de maioria analfabeta[57] (apesar da disposição constitucional sobre direito e dever de educação – art. 149) constituía outro indicador de que, sob aquelas condições sociais, o Estado democrático e social de direito da Constituição de 1934 nunca teria podido realizar-se. Pelo contrário: no que se refere aos dispositivos constitucionais para um Estado de bem-estar, o nominalismo constitucional se intensificou em relação às Cartas de 1824 e 1891[58]. A afirmação de um "Estado democrático e social de direito" mediante a invocação do conteúdo do texto constitucional desempenhava, seguramente, um importante papel simbólico-ideológico perante a realidade constitucional estruturalmente inalterável. Portanto, o movimento de 1930, ainda que, em virtude da participação de setores relativamente amplos da população nos acontecimentos, não se tenha caracterizado como um golpe, não significou, de maneira nenhuma, uma revolução[59], mas, antes, sob um novo nominalismo constitucional, a manutenção da estrutura social promotora de privilégios e excludente da maioria da população.

Apesar de tudo isso, a Constituição nominalista de 1934 deixava suficiente margem de manobra para uma limitada esfera pública, na qual movimentos sociais e políticos orientados a transformações sociais podiam se desenvolver. Por sua vez, para a repressão dos agrupamentos "reformistas" e "revolucionários" engajados nesses movimentos, como especialmente a esquerdista

[57] Segundo a estatística oficial (IBGE, 1989: 72), ainda em 1940 apenas 43,8% da população acima de 15 anos de idade era alfabetizada (cf. também Jaguaribe *et al.*, 1986: 142).

[58] Outra é a posição de Bonavides e Andrade (1989: 325-7), que falam de "advento do Estado social brasileiro" com a Constituição de 1934, o que somente poderia ser afirmado no âmbito de uma reflexão limitada ao texto.

[59] Loewenstein (1942: 128), de outro ponto de vista, atribuía isso à falta de uma "ideologia" política, entendida como uma consistente teoria política do regime sobre si mesmo. Cf. também Mirkine-Guetzévitch, 1932: CXLIV; Melo Franco, 1960: 174-5.

Aliança Libertadora Nacional, o sistema constitucional não oferecia aos detentores do poder uma suficiente margem de manobra para ação. Várias medidas não forneceram a eles satisfatórios meios de luta: a promulgação da Lei de Segurança Nacional (Lei nº 38, de 04/04/1935), a decretação (que minava a Constituição) do estado de sítio e, não menos importante, a "equiparação" da "comoção intestina grave" com o estado de guerra (21/03/1936)[60], conforme emenda constitucional "casuística" (Decreto Legislativo nº 6, de 18/12/1935, Emenda nº 1) e autorização do Congresso Nacional (Decreto Legislativo nº 8, de 21/12/1935, art. 2º) – tudo isso sob o pretexto da chamada "Intentona Comunista" de novembro de 1935[61]. Apesar dessas medidas, ainda existiam os dispositivos democráticos da Constituição. O Executivo ainda não estava totalmente livre deles.

4. A CARTA CONSTITUCIONAL DE 1937

Nesse cenário foi outorgada a Carta Constitucional de 1937 (10/11/1937) mediante um golpe dos governantes (governo Vargas). Como é usual em uma mudança como essa, do nominalismo para o instrumentalismo constitucional, invocou-se a "restauração da ordem"[62]. Como pretenso motivo foi novamente alegado o crescimento de tendências comunistas, mencionando-se a chamada "Intentona Comunista" de 1935[63]. De acordo com essa versão, teria sido criado um Estado *nacional autoritário* (Estado Novo) contra o totalitarismo "estrangeiro" de esquerda. Essa narrativa, porém, encobria as reivindicações das oligarquias domi-

---

60 Ver o respectivo texto em Carone, 1973: 66-7.

61 Cf. Carone, 1974: 342 ss.

62 Assim expressamente no preâmbulo da Constituição de 1937 mediante a referência aos "conhecidos fatores de desordem".

63 No preâmbulo da Carta Constitucional, menciona-se a "infiltração comunista". A respeito, cf. Sola, 1988: 259-61; Carone, 1988: 253.

nantes pelo controle dos movimentos sociais (que tendencialmente se fortificavam) por transformações econômico-políticas essenciais, mas, em princípio, compatíveis com o texto de 1934. Além disso, o documento constitucional outorgado não expressava um autoritarismo *nacional* singular, como era proclamado pelos ideólogos do novo governo[64]; pois a Constituição polonesa de 1935 exercia uma influência significativa sobre o fortalecimento do Executivo e a desfiguração da "divisão dos poderes", assim como o modelo italiano sobre a organização do trabalho e a estrutura corporativa do Conselho Federal. Em geral, menciona-se a influência das experiências autocráticas na Europa[65]; mas é necessário considerar que o autoritário texto constitucional de 1937 não refletia os traços totalitários do franquismo espanhol e do salazarismo português (do qual foi copiado o nome "Estado Novo"), muito menos o totalitarismo do nacional-socialismo alemão e do fascismo italiano. A Carta brasileira implicava uma desdiferenciação política especificamente do sistema jurídico, sem que lhe fosse subjacente uma ideologia completa de Estado.

Pelo documento constitucional de 1937 teria sido criado um Estado autoritário e social. Seu autoritarismo manifesta-se muito claramente na ampliação da competência do Executivo e no correspondente enfraquecimento do Legislativo e do Judiciário, assim como dos poderes de estados e municípios. Mas se desconside-

---

64 "O Estado Novo não se filia, com efeito, a nenhuma ideologia exótica. É uma criação nacional, equidistante da licença demagógica e da compressão autocrática [...]" (Campos, 1940: 229, redator do texto de 1937). Como ideólogo, ver também Amaral (1981: espec. 102, 106-7), que afirmava a conjugação harmônica do estilo democrático, autoritário e nacionalista do Estado Novo. Ademais, cf. Vianna, 1939: 121-78, que também insistia no caráter democrático da Carta de 1937 (159 ss.).

65 Cf. Loewenstein, 1943: 122-5; Carone, 1988: 156; Whitaker da Cunha, 1973-1974: 101; Bonavides; Andrade, 1989: 339-40; Chacon, 1987: 178-9. Loewenstein (1942: 122) caracterizava a Carta de 1937 ironicamente como "*tutti frutti* internacional" e "*cocktail* constitucional".

rarmos as disposições transitórias e finais (arts. 175-187), podem-se verificar elementos liberais de controle do poder presidencial na Carta Constitucional (por exemplo, arts. 85-87). De acordo com essa leitura, a supremacia pessoal do presidente durante o Estado Novo (1937-1945) não poderia, absolutamente, fundamentar-se no texto constitucional[66]. Mas seus preceitos eventualmente liberais e democráticos nunca entraram em vigor, por força das disposições transitórias e finais (arts. 175-187). O art. 186 estabelece: "É declarado em todo o país o estado de emergência." Além disso, com base no art. 178, o Parlamento nacional nunca se reuniu, porque o pressuposto para isso – o plebiscito ao qual a Constituição estaria submetida (art. 187) – não foi realizado pelo presidente. Nesse contexto, conforme o art. 180, a competência para legislação e – segundo uma interpretação extensiva – emendas constitucionais foi transferida exclusivamente para o presidente[67]. Em suma: com base nas disposições transitórias e finais, os elementos eventualmente liberais e democráticos da Carta de 1937 foram postos fora de vigor, afirmando-se um regime fortemente autoritário, o que implicava a subordinação direta do direito ao sistema político[68].

Se considerarmos os preceitos constitucionais sobre a ordem econômica (arts. 135-155), a família (arts. 124-127), educação e cultura (arts. 128-134) e a ampla legislação trabalhista autoritariamente decretada[69], poder-se-ia, de fato, afirmar o caráter social do Estado Novo. Mas esse Estado social, erigido "de cima para baixo",

---

[66] Nesse sentido, lamenta-se a inobservância da Carta; cf. Lima, 1974: 127; Figueiredo, 1983: 10. Para outra perspectiva, ver Mártires Coelho, 1978.

[67] Cf. Loewenstein, 1942: 46 ss.

[68] Em consonância com isso, Loewenstein (1942: 373) concluía: "o regime de Vargas não é democrático nem uma democracia 'disciplinada'; não é totalitário nem fascista; é uma ditadura autoritária para a qual a teoria constitucional francesa cunhou o termo apropriado *régime personnel*".

[69] Para uma visão panorâmica, ver Carone, 1988: 133-40.

atingia praticamente apenas uma pequena parte dos trabalhadores, a saber, a classe trabalhadora urbana emergente (ver nota 56 deste capítulo). Mesmo se nos referirmos exclusivamente a esses setores da força de trabalho, não se poderia, de modo nenhum, falar de Estado social no sentido do texto constitucional e da legislação. Pelo contrário: a Constituição e a correspondente legislação contribuíam para que, em benefício das oligarquias, o novo movimento trabalhista fosse colocado sob o controle do aparato estatal[70].

Como foi salientado, embora o texto constitucional de 1937 contivesse normas para a limitação e o controle jurídicos do governo, formalmente elas não entraram em vigor no quadro de referências das disposições transitórias e finais (arts. 178, 180, 186 e 187). Numa formulação mais abrangente, Loewenstein afirma: "[...] a Constituição de 1937 nasceu morta, pois ela logo foi posta fora de vigor mediante uma cláusula suspensiva e a decretação do estado de sítio"[71]. Do ponto de vista jurídico-dogmático, tratava-se especificamente de, por meio do emprego de disposições da própria Carta Constitucional, deixar fora de vigor aqueles preceitos que poderiam servir à limitação jurídica da margem de manobra do chefe de Estado. No entanto, além disso, o presidente tinha a competência para, sem qualquer limite jurídico, revogar outras partes da Constituição: conforme o art. 180, repetindo, ele detinha o poder ilimitado e exclusivo para baixar decretos com força de lei e – com base em uma interpretação extensiva – com força constitucional, pois, conforme o art. 179, todos os órgãos parlamentares haviam sido dissolvidos e a precondição para a eleição do Parlamento Nacional – o plebiscito, ao qual a Constituição te-

---

[70] Cf. Carone, 1988: 126-8.

[71] Loewenstein, 1975: 142.

ria de, sem prazo determinado, submeter-se (art. 187)[72] – nunca foi realizada. Permaneciam em vigor somente as disposições constitucionais que asseguravam ou, pelos menos, que não podiam ameaçar a supremacia do chefe de Estado. Tendo em vista esse cenário, Loewenstein acentuava, com razão: "Aqui, a única parte viva ou – caso se prefira – válida da Constituição é o presidente; ele não é vinculado por nenhuma limitação constitucional. Ele é a Constituição. [...] Como uma moldura institucional de governo, a Constituição morreu antes de ter nascido".[73]

O instrumentalismo constitucional foi reforçado com as "Leis Constitucionais" n°s 1 a 8 – editadas de acordo com o art. 180 –, mediante as quais o Executivo adaptava, "casuisticamente", a Carta Constitucional, como meio de luta, às novas constelações concretas de poder. Também a "liberalizante" Lei Constitucional nº 9, de 28/02/1945, orientava-se à manutenção do regime, o qual, com ela, tentava taticamente atenuar a pressão nacional e estrangeira contra a ditadura.

Trata-se aqui exatamente de uma Constituição instrumentalista: os preceitos da Carta que limitavam e filtravam a influência da política no sistema jurídico foram expressamente invalidados e a positividade como autodeterminação do direito foi afetada diretamente no plano da "legiferação constitucional". Mas no que se refere aos preceitos característicos do Estado social, podem-se também identificar traços nominalistas no "sistema constitucional": as condições miseráveis de trabalho e de vida dos estratos inferiores divergiam radicalmente do conteúdo das normas constitucionais "sociais", que, portanto, tinham de ser bloqueadas ou

[72] Mas a entrada em vigor da Constituição não dependia do plebiscito (art. 187).

[73] Loewenstein, 1942: 49. De modo semelhante, Nogueira Itagiba, 1947: 282; Pacheco, 1958: 267; Lima, 1974: 127. Cf. também Martins Ferreira, 1954: 108-11; Melo Franco, 1960: 208 ss.; Bonavides; Andrade, 1989: 342-3.

distorcidas em seu processo de concretização. Nessa área, o texto constitucional continuava sendo usado simbólico-ideologicamente, talvez de modo ainda mais intenso do que o de 1934.

5. O TEXTO CONSTITUCIONAL DE 1946

A ditadura de Vargas não conseguiu sobreviver às pressões internas e externas que se acirraram após o fim da Segunda Guerra Mundial. As fraquezas do governo já se manifestavam na edição da Lei Constitucional nº 9, de 28/02/1945, segundo a qual foram determinadas (art. 4), entre outras medidas "liberalizantes", eleições diretas para presidente, para governadores dos estados, para o Parlamento e para as Assembleias Legislativas dos estados. Mas se tratava de uma manobra tática, no âmbito da qual a estrutura geral do autoritarismo haveria de ser mantida[74]. Em contradição com esses passos "liberalizantes", intensificava-se a "campanha pela redemocratização"; na esteira desse movimento, o governo foi derrubado pelo exército em 29 de outubro de 1945. Por meio da Lei Constitucional nº 13, de 12/11/1945, o governo de transição, liderado pelo presidente do Supremo Tribunal Federal, atribuiu poder constituinte ao Parlamento a ser eleito. Mediante a invocação da "restauração da democracia", ocorria, nesse contexto, uma transição do instrumentalismo constitucional, então existente, para a Constituição nominalista de 1946.

Na interpretação corrente, a destituição de Vargas é associada à derrota do nacional-socialismo na Europa. Decerto, é indiscutível que as novas tendências no centro da sociedade mundial desempenhavam um papel importante para a transformação no Brasil, um país já tão fortemente integrado no capitalismo mundial. Mas cumpre considerar que já há muito tempo os Estados Unidos

---

[74] Bonavides; Andrade, 1989: 349-50.

(pressão externa) se opunham ao nacionalismo econômico do governo brasileiro[75], e a crescente burguesia nacional (pressão interna) se opunha ao seu antiliberalismo econômico[76]. A meu ver, somente nesse contexto se pode entender o sucesso da "campanha pela redemocratização"[77].

A Assembleia Constituinte de 1946 compunha-se de diferentes grupos ideológicos. De fato, pode-se caracterizar sua heterogeneidade político-partidária como algo extraordinário na história do Brasil (por exemplo, a marcante representação do Partido Comunista)[78]. Mas a maioria composta pela oligarquia rural (especialmente pelo Partido Social Democrático – PSD) e pelas elites urbanas (sobretudo pela União Democrática Nacional – UDN) evidenciava o forte caráter conservador da Constituinte, da qual, portanto, não seriam de se esperar posições sérias contra o *status quo* oligárquico[79]. Nesse contexto, o "liberalismo" político (ou "democracia") anunciado tinha um sentido diferente daquele que se

[75] Sobre a pressão concreta dos Estados Unidos mediante sua embaixada, cf. Chacon, 1987: 171-2, 185.

[76] Duarte Pereira (1964: 20-4), numa interpretação economicista, supervalorizava esse fator.

[77] A "campanha pela redemocratização" remonta ao Manifesto dos Mineiros, de 24/10/1943, de ideologia "liberal externamente e conservadora na essência" (Carone, 1988: 305) (um manifesto direcionado contra a ditadura, de autoria de políticos, juristas e intelectuais das elites dissidentes do estado de Minas Gerais – texto, entre outros, em: Carone, 1982: 76-81), e se intensifica a partir da edição da Lei Constitucional nº 9, de 28/02/1945, acima mencionada (a respeito, ver Carone, 1988: 319 ss.).

[78] A respeito, cf. Saldanha, 1968: 310; Duarte Pereira, 1964: 25-6; Nunes Leal, 1975: 238, nota 69. Em relação a isso, Dillon Soares (1973: 40 ss.) fala de "extensão da cidadania às classes trabalhadoras" ou "a grupos sociais cada vez mais amplos" a partir de 1945; na mesma linha de interpretação, cf. também Lafer, 1978: 62-3; Almeida, 1987: 35-6. Parece-me, porém, que a nova situação é para ser comparada com a história política dos países europeus antes pela dessemelhança do que pela semelhança; para uma posição diferente, cf. Dillon Soares, 1973: 43 ss., com base em Marshall (1976: 71 ss.) e Bendix (1969: 89 ss.). Retomo esse tema em V.1.2, V.1.3 e V.2.2.1.

[79] A respeito, ver Almino, 1980, 1985. Cf. também Saldanha, 1968: 311; Bonavides; Andrade, 1989: 395.

afirmara na Europa, podendo ser, em relação a este, considerado "autoritário" e "conservador", já que surgia como uma ideologia cuja realização era adiada para um futuro incerto e atribuída aos próprios detentores do poder[80]. Mais precisamente, pode-se afirmar que o caráter ideológico do processo constituinte social e democrático de 1946 não era incompatível com o predomínio de interesses oligárquicos e conservadores na Assembleia Constituinte, uma vez que a realização do correspondente "Estado democrático e social de direito" foi adiado para um futuro distante e incerto, de tal modo que o *status quo* não podia ser ameaçado[81].

No plano político, o documento constitucional de 1946 retoma a "divisão dos poderes" (arts. 36), o presidencialismo (arts. 78-93) e o federalismo (arts. 1-36), segundo o modelo norte-americano – ainda que mantenha suas singularidades. Os direitos fundamentais da pessoa humana e suas garantias foram restabelecidos conforme os modelos do Estado de direito europeu e norte-americano (arts. 141-144). No plano socioeconômico, retomando o caminho do texto constitucional de 1934, foram introduzidos institutos característicos do Estado de bem-estar na regulação da ordem econômica e social (arts. 145-162), da família (arts. 163-165) e da educação e cultura (arts. 166-175). Mas os legisladores constituintes de 1946 pretendiam apresentar-se como mais ousados e "progressistas" que os de 1934: entre outras novidades, destacava-se o dispositivo referente à participação obrigatória e direta do trabalhador nos lucros da empresa (art. 157, inciso IV).

Embora comparável aos Estados constitucionais italiano, francês e alemão do pós-guerra, o Estado de direito democrático e social de direito proclamado no texto constitucional de 1946 ja-

---

80 Almino, 1980: 305; 1985: 70-1.

81 Em relação a isso, Almino (1980: 66-94) fala de "liberdade de decretar a democracia" – contudo, em uma abordagem orientada pelas intenções dos atores (cf. Almino, 1985: 77). Cf. também Bonavides; Andrade, 1989: 419.

mais poderia ter sido realizado no contexto de uma estrutura social que mantinha a subintegração da maioria e os privilégios de pequenas minorias[82]. Internamente consistente, o documento constitucional estabelecia o direito à educação para todos (art. 166) e o ensino primário obrigatório (art. 168, I), mas, ao mesmo tempo, excluía os analfabetos do processo eleitoral (art. 132, I). Mas, como a educação escolar continuava sendo privilégio de uma minoria e, nessa constelação, os analfabetos representavam grande parte dos maiores de idade[83], o princípio constitucional da universalidade do voto ficava claramente distorcido na relação entre texto e contexto. Considere-se também que, sob ameaças, pressão e abuso de poder, o processo eleitoral ganhava, frequentemente, contornos ritualistas, não garantia a diferença entre papel eleitoral e outros papéis sociais dos eleitores nem servia satisfatoriamente à desoneração e à flexibilidade do sistema político (cf. *infra* p. 252). Além disso, a concretização da Constituição de 1946 foi bloqueada ou deturpada mediante a deformação da federação no âmbito das enormes desigualdades regionais, a "vigilância" do sistema constitucional pelos militares[84], a politização (no sentido estrito) da administração e a situação social[85] incompatível com o Estado de bem-estar[86].

---

82 A Constituição permanecia, como dantes, assunto de uma minoria, conforme destaca corretamente Saldanha (1968: 312). Almino (1980: 306-16), por seu lado, fala de "nova ordem excludente".

83 Em relação aos maiores de 15 anos, o percentual dos alfabetizados subiu de 43,8% no ano de 1940 para 49,3% em 1950 e para 60,2% no ano de 1960, conforme estatística oficial do IBGE (1989: 72).

84 A respeito, Stepan (1971: 57 ss.) assinalava o papel "moderador" dos militares no âmbito do sistema constitucional de 1946.

85 O problema da miséria foi discutido na Assembleia Constituinte de 1946 (Duarte Pereira, 1964: 52-4), mas a entrada em vigor da Constituição não gerou nenhum efeito significativo contra essa situação, e aqui não exatamente por causa da autopoiese da economia, mas, antes, em virtude do predomínio de estruturas de classes.

86 A meu ver, não se pode, de modo algum, equiparar esta situação com a "desvalorização da Constituição escrita na democracia constitucional" (Loewenstein, 1975: 157-66; cf. também Burdeau, 1962), o que no segundo pós-guerra foi conside-

Nesse contexto, como foi destacado, o documento constitucional de 1946 não ameaçava o *status quo*, uma vez que a realização do ali sugerido "Estado democrático e social de direito" fora adiada para um futuro distante e indeterminado. Sob esse aspecto, ela cumpria, primariamente, uma função simbólico-ideológica. É sintomático dessa situação o fato de o principal responsável pela Constituição de 1946, o Partido Social Democrático, poder ser considerado o representante das oligarquias rurais que apoiavam a ditadura do "Estado Novo".

No âmbito da Constituição nominalista de 1946, porém, os grupos dominantes não dispunham de "mecanismos constitucionais" satisfatórios para combater o movimento pelas chamadas "reformas de base", o qual crescia na limitada esfera pública e, com consequências ameaçadoras para o *status quo* social, fortaleceu-se no período de mandato do presidente João Goulart, ligado a grupos "reformistas". Nesse típico contexto de um país fortemente integrado perifericamente na sociedade mundial, exigiu-se, no Brasil e no exterior, a "restauração da ordem". Em conformidade com essa situação, os militares romperam com a Constituição nominalista de 1946, para desenvolver um sistema constitucional instrumentalista[87].

---

rado uma crise. Nesse caso, tratava-se dos *limites* do direito constitucional como mecanismo regulador em uma sociedade altamente complexa, na qual *outros* mecanismos reflexivos, códigos autônomos e sistemas autopoiéticos surgem e se desenvolvem (cf. Grimm, 1987a: 73, que oferece outra formulação). No Brasil de 1946-1964, tratava-se de *fracasso* da Constituição em uma sociedade que se tornava cada vez mais complexa, na qual, no entanto, não existiam os pressupostos para a positividade do direito e a capacidade de autodeterminação de outros sistemas sociais. Cf., sob outra perspectiva, Melo Franco, 1960: 223-30.

[87] Em consonância com isso, o preâmbulo do Ato Institucional nº 1, de 09/04/1964, refere-se à "missão de *restaurar* no Brasil a *ordem* econômica e financeira" (grifei). Mas o mesmo preâmbulo, em contradição com isso, invoca o direito de *revolução* (cf., na Alemanha, em concordância com esse segundo aspecto, Jolowicz, 1968: 61) e, desse modo, "proíbe" a correta designação da derrubada do governo de 1964

6. A RUPTURA CONSTITUCIONAL DE 1964: "ATOS INSTITUCIONAIS" E TEXTOS CONSTITUCIONAIS DE 1967/1969

Com a renúncia do presidente Jânio Quadros em 1961[88], iniciava-se no Brasil um período de acirrados conflitos políticos entre os representantes do *status quo* e os defensores de reformas sociais. A reação à posse do vice-presidente João Goulart[89], ligado aos grupos "reformistas", levou a um "parlamentarismo de emergência" (Emenda Constitucional nº 4/1961) como "fórmula de reconciliação"[90]. Após um amplo movimento político que culminou num plebiscito, o presidencialismo foi novamente instituído (Emenda Constitucional nº 6/1963). A partir desse momento, intensificaram-se, simultaneamente, os movimentos sociais pelas "reformas de base" e a reação dos grupos dominantes no país e no exterior ao governo Goulart. Nesse contexto, como é de se esperar em tais casos de invocação da "restauração da ordem" (ver nota 87 deste capítulo), os militares conduziram o golpe de 1964, que contava com o importante apoio dos Estados Unidos: a ajuda norte-americana não se limitou ao financiamento e ao envio de agentes

---

como golpe de estado ou golpe militar. Em rigor, não se tratava absolutamente de uma transformação social radical, mas, pelo contrário, da manutenção e estabilização do *status quo*. Aqui não é relevante discutir se ocorreu uma revolução no sentido "estritamente" jurídico (a respeito, ver Vilanova, 1979).

88 Jânio Quadros foi eleito em 03/10/1960, após uma campanha eleitoral marcada pela retórica da eficiência e "moralização" da administração, assumiu a presidência em 31/01/1961 e renunciou de forma surpreendente em 25/08/1961; a respeito, cf., entre outros, Carone, 1985: 139-61.

89 Note-se que, segundo as normas eleitorais brasileiras daquela época, o vice-presidente não tinha de pertencer ao mesmo partido ou coalizão partidária do presidente; tratava-se, portanto, de dois votos distintos. Exatamente no caso de Quadros e Goulart, presidente e vice-presidente pertenciam a duas coalizões partidárias que na campanha eleitoral estavam em lados opostos.

90 Cf., entre outros, Souza Esteves, 1984: 55 ss.; Carone, 1985: 161 ss.

e funcionários[91]; como parte da chamada "Operação *Brother Sam*", foi enviada uma armada às proximidades da costa sudeste brasileira, para intervir no caso de um fracasso do exército brasileiro[92]. Esse caso revelava claramente que faltava "soberania" como reprodução autopoiética do sistema político no interior de determinadas fronteiras territoriais. Tal situação tem, evidentemente, consequências diretas para o sistema jurídico, cuja positividade pressupõe a autonomia operacional do sistema político (cf. *supra* Cap. I.3.5). Como se tornara claro, conforme a experiência dos grupos dominantes, que, no âmbito da função "simbólico-legitimadora" do documento constitucional de 1946, a estabilidade do poder não podia mais ser assegurada, impunha-se um regime autoritário para a manutenção das estruturas periféricas de classe e de dominação, introduzindo-se, para isso, mecanismos constitucionais instrumentalistas: desse modo, a positividade como capacidade de autodeterminação do direito não foi afetada simplesmente no plano da concretização, mas diretamente mediante a "emissão casuística de texto constitucional".

De abril de 1964 a janeiro de 1967, o governo militar suspendeu a Constituição de 1946 apenas parcialmente. Com os Atos Institucionais nº 1/1964, nº 2/1965 e nº 3/1966, a competência do presidente foi hipertrofiada (rompimento com a "divisão dos poderes"), a declaração dos direitos fundamentais foi fortemente restringida, os antigos partidos foram suprimidos e, com isso, foi praticamente imposto (especialmente em virtude da dificuldade em cumprir as exigências legais para a fundação de novos parti-

---

[91] Como foi admitido e relatado pelo embaixador dos Estados Unidos no Brasil daquela época, Lincoln Gordon, em entrevista à revista *Veja* (São Paulo, 09/03/1977, pp. 3-8).

[92] Para ler documentações a respeito, cf. Sá Corrêa, 1977: 13 ss. Sobre o golpe de 1964, de forma abrangente, ver Dreifuss, 1981.

dos – Lei nº 4.740/1965) um sistema bipartidário[93]; em suma, o sistema constitucional de 1946 foi progressivamente desmantelado. Mediante o Ato Institucional nº 4, de 07/12/1966, o Executivo convocava o já "purificado" Congresso Nacional[94] para uma assembleia extraordinária, na qual, com uma margem de manobra muito limitada, deveria ser discutido, votado e aprovado o projeto de Constituição. A Carta Constitucional de 1967 foi "promulgada" conforme esse procedimento autoritário, subordinado ao controle direto e às determinações do Executivo militar[95].

O fortalecimento do Executivo central e a introdução de eleição ritualística indireta para a presidência (arts. 76-77) já mostravam que, no âmbito desse texto constitucional, a democracia não poderia se desenvolver como circulação de poder entre administração, política e público (ver *supra* p. 125), muito menos como integração da esfera pública pluralista no sistema constitucional[96]. A legislação complementar (especialmente mediante decretos-leis, art. 58) intensificava o autoritarismo. Mesmo assim, a nova Carta não correspondia satisfatoriamente aos interesses dos detentores do poder, pois não oferecia alternativas suficientes para a repressão dos movimentos sociais por transformação ou ruptura

---

[93] A fundação dos novos partidos (Arena: Aliança Renovadora Nacional – partido do governo; MDB: Movimento Democrático Brasileiro – partido de oposição) tinha o sentido de deixar o mecanismo político-partidário "esvaziar-se como dispositivo de fachada, sem influência", como Luhmann (1987a: 247) designa ser característico para alguns "países em desenvolvimento".

[94] Com base no Ato Institucional nº 1, de 09/04/1964 (art. 10), os direitos políticos dos mais importantes políticos de oposição foram suspensos e seus mandatos legislativos cassados pelos Comandantes-em-Chefe ou pelo Presidente da República, sem qualquer possibilidade de apreciação judicial. Foi também sob essas condições que o Congresso Nacional aprovou as "Emendas Constitucionais" de nºs 7 a 21 (alterações do texto constitucional de 1946) entre maio de 1964 e novembro de 1966.

[95] A respeito, cf. Bonavides; Andrade, 1989: 431 ss.

[96] Ou expresso de outro modo: o próprio documento constitucional excluía uma Constituição como "reflexo da esfera pública", no sentido de Häberle (1980: 87).

estrutural, os quais não estavam totalmente extintos, e da oposição política sobrevivente. Nessa constelação foram decretados pelos militares o Ato Constitucional nº 5, de 13 de dezembro de 1968, que violava a Constituição, e a chamada Emenda Constitucional nº 1, de 17 de outubro de 1969, que consolidaram o sistema constitucional instrumentalista.

O Ato Institucional nº 5 atribuía ao Presidente da República uma supremacia totalmente incontrolável juridicamente. De acordo com essa lei de exceção, ele obtinha, entre outros poderes, autorização para impor o recesso parlamentar, sem prazo, ao Congresso Nacional, às Assembleias Legislativas e às Câmaras de Vereadores (art. 2º), ordenar a intervenção federal nos estados e municípios sem qualquer limitação constitucional (art. 3º), suspender os direitos políticos e cassar mandatos políticos (arts. 4º e 5º), bem como decretar o estado de sítio (art. 7º). Além disso, foram "suspensas" as garantias constitucionais e legais de independência judicial e – nos casos de crimes políticos, crimes contra a "segurança nacional", a ordem econômica e social e a economia popular – a garantia de *habeas corpus*[97] (arts. 6º e 10). O Poder

---

[97] *Habeas corpus* é definido nos textos constitucionais brasileiros como a garantia (que remonta ao direito anglo-saxão) de proteção da *liberdade de locomoção* perante atos violentos e coações ilegais ou derivadas de abuso de poder. Cf. os documentos constitucionais de 1891, art. 72, § 22, mais exatamente na versão da Emenda Constitucional de 1926 (ver nota 45 deste capítulo); de 1934, art. 113, inciso 23, que apresenta uma definição mais extensiva; de 1937, art. 122, inciso 16; de 1946, art. 141, § 23; de 1967, art. 150, § 20; de 1969, art. 153, § 20; de 1988, art. 5º, inciso LXVIII. Löbsack-Füllgraf (1985: 90-1) designa-o, imprecisamente, como "direito fundamental ao exame judicial da validade da prisão", porque no direito constitucional brasileiro a "garantia de *habeas corpus*" se refere não apenas à prisão ilegal, mas também, abrangentemente, a todo tipo de infração contra o direito fundamental à liberdade de locomoção (nos textos constitucionais de 1934 a 1969, a prisão por transgressão disciplinar foi excluída explicitamente do domínio de validade do *habeas corpus*). A tradução de Löbsack-Füllgraf estaria correta somente em relação à garantia do art. 179, inciso VIII, do texto constitucional de 1824, a qual, no entanto, não foi nomeada como *habeas corpus*.

Judiciário não tinha competência para julgar os atos realizados conforme o Ato Institucional nº 5 (art. 11) e também não havia para isso nenhum controle parlamentar[98].

Como adaptação do documento constitucional de 1967 ao AI-5 e aos 12 atos institucionais posteriores, uma junta militar outorgou a Emenda Constitucional nº 1, de 1969. A rigor, não se tratava de uma emenda constitucional, pois o procedimento que constava no texto de 1967 para esse tipo de alteração não foi observado. Tratava-se, antes, da imposição, pela junta militar golpista de 1968-1969, de normas abrangentemente violadoras da Constituição, que teriam sido mais bem designadas como uma nova Carta Constitucional[99]. Mas a aparência da continuidade jurídica tinha de ser mantida na constelação de poder daquele período[100].

A Emenda Constitucional nº 1 fortalecia as características autoritárias e centralistas do texto constitucional de 1967. Conforme seu art. 182, permaneciam em vigor o Ato Institucional nº 5 e as leis de exceção decretadas posteriormente (os Atos Institucionais nºs 6 a 17, de 1969). Isso implicava que não era para se atribuir significado constitucional sério às eventuais disposições legais democráticas da Carta. De acordo com o "supraconstitucional" (mas previsto no texto constitucional) AI-5 e os outros atos institucionais, o chefe de Estado podia revogar todas essas disposições le-

[98] Ao contrário da formulação ideológica e laudatória de Franco Sobrinho (1970: 80-1), essa lei de exceção não implicava uma "revolução dentro da revolução", mas um golpe no interior de um regime golpista.

[99] Nesse sentido, Dallari, 1977: 333; cf. também Seabra Fagundes, 1982: 25; e, na Alemanha, Löbsack-Füllgraf, 1985: 37-8. Para uma posição oposta a essa, ver Ferreira Filho, 1978: 198 ss.

[100] Cf. Bonavides; Andrade, 1989: 443-4. Embora considerasse mais autêntica a elaboração de um texto constitucional totalmente novo, Franco Sobrinho (1970: 103-4), como partidário do regime militar, refere-se às condições negativas para isso. Em outra passagem (1970: 121), ele chama a Emenda Constitucional nº 1 de "a sétima Constituição do Brasil".

gais ou suspender sua vigência. Dessa maneira, predominava um autoritarismo puro sobre uma frágil fachada constitucional. Somente em janeiro de 1979 foram revogados o AI-5 e os outros atos institucionais (pela Emenda Constitucional nº 11, de 1978, art. 3º), iniciando-se, assim, o chamado "processo de abertura".

Especialmente em virtude da vigência dos atos institucionais, que atuavam como leis de exceção com força constitucional, o sistema constitucional brasileiro pode ser caracterizado como instrumentalista durante o período do regime militar (abril de 1964 – março de 1985). Com base neles, a Constituição de 1946, inicialmente, e a Carta de 1967, mais tarde, puderam ser readaptadas às novas constelações concretas de poder. Sob esse ponto de vista, não havia distância entre *direito* constitucional e realidade *política* como pressuposto para a autonomia dos respectivos sistemas sociais (cf. *supra* nota 134 do Cap. II). Os dispositivos constitucionais serviam, antes de tudo, como instrumento de luta para a estabilização e a manutenção do regime autoritário; quando não mais contribuíam para isso, eram, sem qualquer limite jurídico, revogados, modificados ou suspensos pelos detentores do poder. É verdade que, após a entrada em vigor da Constituição de 1967, essa situação se tornou mais amena, porque, com a vigência do novo diploma constitucional, os atos institucionais anteriores foram revogados[101]. Mas, com a outorga do hiperautoritário Ato Institucional nº 5, de 13/12/1968, todas as disposições que serviriam à autonomia do sistema jurídico perante a política na Carta Constitucional original e na posterior Emenda Constitucional nº 1, de 1969, perderam qualquer significado que pudesse ser levado

[101] Não obstante, o art. 173 confirmava todos os atos jurídicos (no sentido amplo) que foram praticados com base nos atos institucionais e os excluía de apreciação judicial, conservando-se assim para o futuro os efeitos (autoritários) dos atos institucionais (cf., na Alemanha, Jolowicz, 1968: 61).

a sério. A partir dessa data, o texto constitucional podia ser interpretado somente em associação com o AI-5 e os atos institucionais seguintes. Essas leis de exceção foram sempre empregadas quando o documento constitucional, determinado para servir às "condições normais", falhava como instrumento de luta dos detentores do poder[102]. Em abril de 1978, por exemplo, o Presidente da República, conforme o art. 2º do Ato Institucional nº 5, decretou o recesso parlamentar do "desobediente" Congresso Nacional, para baixar duas emendas constitucionais (EC nº 7 e EC nº 8, de abril de 1978 – o chamado "pacote de abril")[103]. A revogação do AI-5 mediante a Emenda Constitucional nº 11, de 1978 (posta em vigor em 01/01/1979) no âmbito do chamado "processo de abertura" foi compensada pela introdução das disposições sobre as Medidas de Emergência (art. 155) e o Estado de Emergência (art. 158), uma vez que podiam aquelas ser tomadas e este decretado pelo Chefe de Estado sem autorização, controle ou confirmação parlamentar[104].

Nessas condições, a Constituição subordinava-se imediatamente às relações de poder. A positividade, como autodeterminação do direito, foi diretamente afetada pelo estabelecimento instrumentalista de direito com força constitucional. A existência de normas liberais e democráticas – apesar de seu emprego simbólico-ideológico – não implicava exatamente o caráter nominalista do sistema constitucional, porque no âmbito dos atos institucionais e outras disposições legais da Carta Constitucional elas po-

---

[102] Aqui também convém observar que, com o adoecimento do presidente Costa e Silva, em agosto de 1969, não foi o vice-presidente (um civil) que, conforme o art. 79 da Carta Constitucional de 1967, assumiu o governo, mas os três ministros militares, nos termos do Ato Institucional nº 12, de 31/08/1969, o qual implicava um rompimento com a "ordem" do próprio AI-5; cf. Seabra Fagundes, 1982: 24.

[103] Na literatura alemã, cf. Löbsack-Füllgraf, 1985: 383 ss.

[104] O Congresso Nacional devia apenas ser comunicado pelo Presidente da República (art. 155, § 1º; art. 158, § 3º).

diam ser levadas a sério. Em relação às determinações constitucionais próprias do Estado de bem-estar, porém, podem-se constatar traços nominalistas: apesar do regime "modernizante", não havia nenhuma transformação significativa na estrutura social do "subdesenvolvimento"[105].

7. O TEXTO CONSTITUCIONAL DE 1988

No âmbito de uma crise econômica que se agravava cada vez mais e, associado a isso, do fracasso do regime autoritário nas diferentes esferas sociais, crescia a oposição contra o governo militar e intensificavam-se os conflitos entre os detentores do poder. Esse processo de decadência culminou na vitória da oposição na eleição indireta de outubro de 1984. A pedido do novo governo, o Congresso Nacional, como sempre atendendo aos apelos pela "restauração da democracia", convocou uma Assembleia Constituinte (Emenda Constitucional nº 26, de 27/11/1985), que, em 05/10/1988, como resultado de um agitado processo (iniciado em 01/02/1987), promulgou a nova Constituição brasileira[106]. Uma ampla heterogeneidade político-partidária e ideológica sob o predomínio de forças conservadoras caracterizava esse Congresso constituinte[107]. Devem-se considerar ainda a pressão direta e a

---

[105] "A economia brasileira constitui um exemplo interessante de quanto um país pode avançar no processo de industrialização sem abandonar suas principais características de subdesenvolvimento" (Furtado, 1981: 95). Cf. também Jaguaribe *et al.*, 1986: 187.

[106] A respeito, ver Bonavides; Andrade, 1989: 451 ss.

[107] Nesse sentido, Bonavides; Andrade, 1989: 472-5. Conforme um método muito discutível, a resposta de questionário pelos "constituintes" sobre sua "autodefinição política", a Assembleia Constituinte de 1987-1988 compunha-se, em sua maioria, de uma "esquerda moderada" ou "centro-esquerda", de acordo com Martins Rodrigues (1987: 97; cf. também 99). Além disso, esse autor se refere a outras classificações, não àquela baseada nas autodefinições dos deputados e senadores, segundo as quais os integrantes do Congresso Nacional Constituinte pertenciam, predominantemente, ao "centro" (cf. 98-9). Tais classificações são questionáveis não apenas porque, em

participação das camadas sociais inferiores: mediante a figura da "emenda popular", por exemplo, 122 propostas de emenda ao projeto de constituição (mais de 12 milhões de assinaturas) foram apresentadas à Constituinte[108]. Nesse cenário, o conflito de classes presente no processo constituinte revelava-se mais evidente do que nos anteriores. Isso pode esclarecer importantes conquistas da classe trabalhadora em relação ao texto constitucional; mas elas não ameaçavam as "forças" conservadoras predominantes na Constituinte, uma vez que a realização do delineado Estado democrático de bem-estar social foi adiada para um futuro indeterminado e distante[109]. Não se trata, porém, de um jogo de soma zero: por um lado, o uso simbólico-ideológico do documento constitucional é calculado pelos detentores do poder; por outro, as "forças" "reformistas" e também as "revolucionárias" contam com a possibilidade de combater criticamente a realidade constitucional com base no texto constitucional.

A nova Constituição implicava a abolição dos dispositivos autoritários do período da ditadura. Associado a esse fato, experimenta-se uma abrangente extensão dos direitos fundamentais e suas garantias (título II, arts. 5º a 17). Nesse domínio, sobressaem, entre outras novidades, três remédios jurídicos: o mandado de

---

relação à relevância da representação retórica para o sucesso eleitoral, a "autodefinição política" e "prática política" divergem fortemente uma da outra (Bonavides; Andrade, 1989: 475; cf. também Martins Rodrigues, 1987: 100), mas também porque a posição dos constituintes na elaboração de uma Constituição *nominalista* não oferece prova ou indício de suas posições políticas.

[108] A respeito, Michiles *et al.*, 1989. Além disso, é de se observar que, conforme a Emenda Constitucional nº 25, de 15/05/1985, os analfabetos puderam participar da eleição dos 487 deputados federais e 72 senadores do Congresso Constituinte, o que, apesar de todos os reais fatores contrários, implicou uma ampliação da participação popular no processo constituinte.

[109] Nesse sentido, Ferraz Jr. (1989: 28 ss.) caracteriza a Constituição de 1988 como legítima somente em relação à expectativa de sua realização futura (cf. *infra* nota 134 do Cap. VI).

segurança *coletivo* (art. 5º, LXX), o mandado de injunção (art. 5º, LXXI) e o *habeas data* (art. 5º, LXXII). Pelo primeiro, a legitimidade para demandar a clássica segurança do direito constitucional brasileiro na justiça[110] é estendida aos partidos políticos representados no Congresso Nacional, aos sindicatos, às associações profissionais e a outras associações de interesse legalmente constituídas[111]. O mandado de injunção deve ser concedido "sempre que a falta de norma regulamentadora torne inviável o exercício dos direitos e liberdades constitucionais e das prerrogativas inerentes à nacionalidade, à soberania e à cidadania"[112]. O *habeas data* deve ser concedido para possibilitar ao requerente tomar conhecimento das informações sobre a sua pessoa gravadas em registros e bancos de dados oficiais ou públicos, assim como para viabilizar a eventual retificação dos respectivos dados[113].

Em relação à participação democrática, as possibilidades de plebiscito foram estendidas, o referendo e a iniciativa popular de lei introduzidos (art. 14, art. 27, § 4º, art. 49, XV, e art. 61, § 2º), sob clara influência do direito constitucional suíço. Além disso, foi assegurado o direito de voto para os analfabetos, e o limite de

---

[110] Na tradição constitucional brasileira, entende-se por "mandado de segurança" a garantia de proteção aos direitos líquidos e certos perante atos ilegais ou abuso de poder por parte da autoridade, quando não se tratar dos casos de *habeas corpus* (ver *supra* nota 97 deste capítulo) ou – conforme a Constituição de 1988 – *habeas data* (cf. o diploma constitucional de 1934, art. 113, inciso 33; de 1946, art. 141, § 24; de 1967, art. 150, § 21; de 1969, art. 153, § 21; de 1988, art. 5º, inciso LXIX).

[111] A respeito, ver, sob uma perspectiva jurídico-dogmática, Calmon de Passos, 1989: 6-78; Barbi, 1990a: 68 ss.

[112] Sobre a origem histórica do mandado de injunção e seu significado no texto constitucional brasileiro de 1988, ver Bonavides; Andrade, 1989: 500-13. Para uma concepção jurídico-dogmática, ver Calmon de Passos, 1989: 79-135; Barbi, 1990b; J. A. Silva, 1990; Theodoro Júnior, 1990: 147 ss. (cf. *infra* pp. 230-1).

[113] A respeito, de um ponto de vista jurídico-dogmático, ver Calmon de Passos, 1989: 136-55; Theodoro Júnior, 1990: 143-7. De uma perspectiva crítica, sustentando a "inocuidade" dessa nova garantia constitucional, cf. Cretella Júnior, 1988.

maioridade para poder votar baixou para 16 anos completos (art. 14, § 1º, II, *a* e *c*), de modo que, no plano do texto constitucional, a universalidade do sufrágio se tornou inquestionável.

Conforme o novo texto constitucional, é assegurada a autonomia do Legislativo e do Judiciário, ou seja, a "divisão dos poderes", no sentido das democracias europeias e norte-americanas, foi restabelecida. No que se refere ao federalismo, impôs-se uma orientação descentralizada, expandiram-se as competências dos estados e municípios em detrimento da competência federal (arts. 21 a 24 e 30).

Na área dos direitos sociais e trabalhistas, pode-se observar uma vitória *formal* dos trabalhadores[114]. A ampliação dos direitos sociais (arts. 6º a 11), inclusive do direito de greve (art. 9º), e as disposições sobre a ordem social (arts. 193 a 232) apontam, muito claramente, para um Estado de bem-estar social desenvolvido.

No que tange à ordem econômica e financeira (título VII, arts. 170 a 192), manifestam-se tendências protecionistas e nacionalistas[115]. Os dispositivos sobre os privilégios aos empresários brasileiros (art. 170, IX, art. 171, §§ 1º e 2º, art. 176, § 1º) foram duramente criticados, sobretudo por representantes das grandes multinacionais. Faz parte da ordem financeira a talvez mais discutível disposição do documento constitucional, o art. 192, § 3º, que limita as taxas de juros ao máximo de 12% por ano, prevendo consequências penais para a cobrança acima desse valor. Esse dispositivo constitucional poderia ser visto como indicador da falta de comprometimento dos "generosos" legisladores constituintes com a realidade constitucional. A situação era diferente quando a adoção de reinvindicações sociais no texto constitucional amea-

---

114 Nesse sentido, cf. Barelli, 1989.

115 Cf. Carvalhosa, 1989: 106 ss., ainda, aliás, em relação ao projeto de Constituição.

çava o *status quo*, como no caso da disputa sobre a dimensão da desapropriação social para fins de reforma agrária, a qual estava em vista. Nesse caso, os latifundiários, com ampla maioria, puderam impor seus interesses: de acordo com o texto aprovado, somente as propriedades não produtivas poderiam ser desapropriadas para a reforma agrária (art. 185, II). Trata-se de um claro retrocesso em comparação com as respectivas disposições constitucionais (art. 157 da Carta Constitucional de 1967 e art. 161 na versão de 1969) e leis (especialmente o Estatuto da Reforma Agrária – Lei nº 4.504/64) do regime militar conservador; no entanto, a efetividade dessas disposições e leis sempre foi adiada.

Não menos importante é o fato de o novo texto constitucional oferecer uma abrangente normatização para proteção do meio ambiente (art. 225). Trata-se aqui, aparentemente, da abertura do sistema jurídico aos "direitos de cidadania da quarta geração", assim como de sua resposta aos graves problemas ecológicos brasileiros.

Se os observadores se limitassem a ler o documento constitucional, poderiam sugerir a ilusória noção de um Estado democrático e social de direito ou, pelo menos, de "boas intenções" dos detentores do poder. A observação da respectiva realidade constitucional decepcioná-los-ia profundamente: não há democracia como circulação de poder entre política, administração e o público, muito menos como integração de uma esfera pública pluralista no sistema constitucional. Com a elaboração da Constituição de 1988, completou-se a transição do instrumentalismo constitucional para um novo nominalismo constitucional. Não há até o momento uma perspectiva segura para a realização do Estado de direito democrático sugerido no documento constitucional. A maioria da população vive, como antes, sob condições de miséria[116], de modo que os mecanismos constitucionais para a participação democrática podem ser facilmente manipulados, e a abrangente declaração dos direitos fundamentais, bem como os "generosos" dispositivos constitucionais característicos de um Estado de bem-estar social podem ser qualificados como belas fachadas. A proclamação do Estado democrático e social de direito com base no texto constitucional desempenha um papel simbólico-ideológico. Além disso, a Constituição surge no contexto de uma crise econômica periférica no Brasil, que se torna cada vez mais grave e dificulta ainda mais a observância e a execução dos preceitos constitucionais. Nesse cenário desjuridificante, os detentores do poder tendem a sacrificar o direito constitucional em favor das exigências do sistema econômico, como se poderia argumentar diante do abuso do emprego das "medidas provisórias com força de lei" pelo Presidente da República (previstas nos arts. 62 e 84, XXVI, do novo texto constitucional)[117]. Assim, nesse contexto periférico cada vez mais complexo da sociedade mundial (moderna), o bloqueio ou deformação da concretização constitucional e, conjuntamente, a desconsideração do código autônomo (positivo) do direito tornam-se, sob determinados aspectos, mais problemáticos do que nos contextos sociais menos complexos dos textos constitucionais brasileiros anteriores[118].

---

[116] A respeito, ver a abrangente análise estatística de Jaguaribe *et al.*, 1986, e, em forma sintética, Fleury Teixeira, 1989: 47-54. Para uma ênfase no agravamento da situação durante o "modernizante" regime militar (1964-1985), cf. Nepp-Unicamp, 1986: 16, com base em um extenso relatório estatístico.

[117] Essa situação se torna especialmente evidente com a tentativa do governo, empossado em 15/03/1990, de introduzir reformas econômicas e financeiras. Cf. também *infra* pp. 295-6.

[118] Em texto recente [em relação ao original – N. do T.], Luhmann (1990b: 212-4) considera o problema da Constituição nos países *periféricos* (sem empregar essa expressão) como uma questão de uma sociedade não mais tradicional (213) e refere-se às tendências de desenvolvimento no Brasil (214) como inconciliáveis com "a sepa-

8. O CÍRCULO VICIOSO DO NOMINALISMO CONSTITUCIONAL E INSTRUMENTALISMO CONSTITUCIONAL

O panorama aqui apresentado sobre os contextos de surgimento e as condições de eficácia dos textos constitucionais brasileiros conduz, evidentemente, à seguinte conclusão: ainda não houve no Brasil uma constituição "normativa" no sentido das democracias europeia e norte-americana, ou seja, constituição no sentido moderno como instância reflexiva fundamental do sistema jurídico, pressuposto e resultado da positividade como capacidade de autodeterminação do direito (ver *supra* Cap. II.2). Trata-se de assimetrização externa do sistema jurídico (ver *supra* Cap. III.2) no plano do direito constitucional, seja porque, por falta de condições sociais, a concretização das normas constitucionais importadas é impossibilitada ou distorcida (nominalismo), ou porque o sistema jurídico se torna subordinado ao código do poder diretamente por força da Carta constitucional ou das leis constitucionais que a alteram (instrumentalismo). Característica para ambos os casos é a desdiferenciação do sistema jurídico, mas, no primeiro, em virtude do *não funcionamento* das normas constitucionais como mecanismos reflexivos no interior do sistema jurídico, enquanto, no segundo, em razão do *funcionamento* de leis, atos e princípios, entre outros mecanismos com força constitucional, que se subordinam diretamente ao sistema político. As fronteiras entre as duas situações, no entanto, são muito tênues; apenas mediante o predomínio de traços nominalistas ou instrumentalistas pode-se transferir essa classificação para a totalidade do sistema constitucional (cf. *supra* p. 161). Além disso, a inoperatividade do código constitucional autô-

---

ração e o fechamento operativo dos sistemas político e jurídico" (212), ou seja, em sua perspectiva, com a Constituição como acoplamento estrutural entre direito e política. Cf. *supra* nota 111 do Cap. III.

nomo não é apenas fator dos limites de atuação do código jurídico positivo, que é mais abrangente, mas também um resultado desses limites: pressuposto que o código "lícito/ilícito" é bloqueado ou externamente determinado, torna-se irrelevante falar de constitucionalidade ou inconstitucionalidade de normas jurídicas positivas[119].

O quadro ora apresentado da alternância entre nominalismo e instrumentalismo constitucional, o qual se aproxima da tese anteriormente levantada (Cap. III. 3), foi interpretado por críticos conservadores[120] autoritários como expressão do idealismo utópico ou "iluminismo jurídico" e do idealismo orgânico ou realismo objetivo, respectivamente[121]. Mediante a crítica do caráter "utópico-idealista" da Constituição de 1891, especialmente, esses ideólogos apoiavam um "Estado Nacional", que teria correspondido à singular identidade do país (sua "realidade") (ver *supra* p. 183). De acordo com esse ponto de vista, o autoritarismo da Carta de 1937 foi louvado[122]. Mais tarde, a mesma classificação dicotômica será empregada como justificativa para o rompimento com a Constituição de 1946 e a introdução do instrumentalismo constitucional pelo golpe militar de 1964[123].

Embora não se possa rejeitar completamente a crítica conservadora às Constituições nominalistas de 1824, 1891, 1934 e 1946

---

119 Para o entendimento de um *código* constitucional autônomo no interior do sistema jurídico, cf. Luhmann, 1990b: 188-9.

120 Ainda que se reconheça que em relação ao Estado de bem-estar social o código "conservador/progressista" funcione insatisfatoriamente (Luhmann, 1981l: 70 ss., 90, 145), a designação "conservador" ainda é muito significativa nos países periféricos, uma vez que se trata de teorias ou posturas direcionadas à *manutenção* da estrutura social *excludente* em uma sociedade *complexa*.

121 Cf. Vianna, 1939: espec. 7 ss., 303 ss.; Reale, 1983: 67.

122 Assim, por exemplo, em Vianna (1939: 121 ss.) e Amaral (1981: 83 ss.).

123 Cf. Reale, 1983: 66 ss.; Franco Sobrinho, 1970: 59 ss. Pelo mesmo motivo, mantenho distância da distinção ideologicamente carregada, conceitualmente inexata, entre sístole e diástole do poder ou "na vida dos Estados"; cf. Couto e Silva, 1981: 5 ss.; Chacon, 1977: por exemplo, 29.

como expressão de "idealismo utópico"[124], cumpre observar que tal posição ignora o papel simbólico-ideológico do texto constitucional e, até mesmo, transmite a noção de "ingenuidade" e "boas intenções" dos constituintes ou reformadores "sonhadores"[125]. Além disso, mediante as palavras-chave "política orgânica"[126], "idealismo orgânico", "realismo objetivo" e "realismo nacional", foram defendidas soluções autoritárias (1937 e 1964), que colaboraram mais para a manutenção da estrutura social excludente e para a estabilização das relações de poder asseguradoras dos privilégios de minorias do que para a superação da condição periférica de "subdesenvolvimento" no país.

O rompimento com esse círculo vicioso entre nominalismo e instrumentalismo constitucional na sociedade brasileira cada vez mais complexa – a qual exige a diferenciação do sistema jurídico e, no interior desse sistema, a diferenciação interna de uma Constituição como instância reflexiva – implica, evidentemente, a ruptura com sua estrutura moderno-periférica que mantém enormes disparidades entre os estratos sociais. Os pressupostos, caminhos e consequências dessa ruptura dependem de variáveis complexas e ainda formam incógnitas que só podem ser determinadas no decorrer do processo histórico da presente sociedade mundial. Porém, não se trata, absolutamente, da aplicação do "processo de modernização", o qual, na qualidade de modernização periférica, não cria, de nenhuma maneira, os pressupostos sociais para o funcionamento da "Constituição normativa" e para a positividade como autodeterminação do direito, como demonstrou a experiência autoritária de 1964-1984.

---

124 De modo que ela é recebida com outros pressupostos e não com implicações autoritário-conservadoras, por exemplo, por Faria (1985: 19 ss.) e Michiles; Ramalho; Martins (s.d.).

125 Além da indicação acima mencionada (nota 44 deste capítulo), cf. Vianna, 1939: 16, 60, 65.

126 A respeito, Torres, 1978: 160 ss.

CAPÍTULO V

CONSTITUIÇÃO E AMBIENTE DO SISTEMA JURÍDICO

1. CONSTITUIÇÃO E SOCIEDADE. PROBLEMAS FUNCIONAIS

1.1. Constituição, função do direito e código do direito

Com base nos elementos apresentados no capítulo anterior, pode-se verificar, com respeito ao caso brasileiro, que na relação entre sistema jurídico e sociedade como sistema abrangente surgem problemas funcionais que, em última instância, podem ser reconduzidos às normas constitucionais. Nos termos do modelo de Luhmann, parte-se aqui da suposição de que a "generalização congruente de expectativas normativas" constitui a função *primária* do direito (cf. *supra* pp. 25-7), embora este também cumpra a importante função de regulação da conduta (ver *supra* pp. 121-3). Trata-se da referência sistêmica do direito à sociedade como sistema social abrangente (cf. *supra* pp. 163-4)[1] e, ao mesmo tempo, como ambiente do sistema jurídico[2]. Nesse sentido específico, a *função*

---

[1] "Sociedade é *o sistema social abrangente de todas as ações comunicativamente acessíveis umas para as outras*" (Luhmann, 1975c: 11). Nessa passagem, Luhmann refere-se especificamente aos outros tipos de sistema (interação e organização); mas a mesma formulação vale para os sistemas funcionais (subsistemas da sociedade).

[2] "Em sociedades funcionalmente diferenciadas, a *função* de um subsistema exprime sua relação com o conjunto do sistema social. A rigor, ter-se-ia de dizer: a rela-

do direito não se relaciona com "a satisfação de algumas necessidades básicas do ser humano"[3], ou seja, com o ambiente humano da sociedade[4], nem, na condição de prestações, com outros subsistemas da sociedade (ver seção 2 deste capítulo)[5]. Além disso, o fracasso do sistema jurídico na realização de suas funções de garantir expectativas e regular condutas não pode ser analisado mediante a confrontação da função *positiva* com a função *negativa* e a disfunção, caso se queira, com isso, referir-se à manutenção da sociedade, à sua transformação e aos efeitos "patológicos" da função[6]. Pressupondo-se que a positividade como alterabilidade do direito implica a rapidez das mudanças sociais (cf. *supra* Cap. I.3.3), pode-se deduzir que as funções de garantir expectativas e regular condutas respondem a um ambiente social continuamente em transformação[7]. Parece fazer mais sentido aqui a distinção entre funcionalidade, disfunção e funcionamento insuficiente do

---

ção com o seu ambiente, desde que e na medida em que o ambiente seja o sistema social como um todo" (Luhmann; Schorr, 1988: 35). "No caso de diferenciação funcional, a sociedade como sistema total pode integrar-se não mais do que na condição de ambiente de seus subsistemas" (Luhmann, 1982: 55).

[3] Mas que assim é vista por Bobbio, 1977b: 112. Segundo Schelsky (1970: 57 ss.), tratar-se-ia, nesse caso, da "função antropológica do direito". Cf. também Maihofer, 1970: 32 ss.

[4] Conforme esse ponto de vista, o ser humano não é considerado parte, mas sim *ambiente* da sociedade (cf. Luhmann, 1987a: 133-4; 1987b: 286 ss.). De outro modo, em Bobbio (1977b: 111-3), distinguem-se a função do direito em relação à "sociedade como totalidade" e sua função em relação aos indivíduos como "componentes" dessa totalidade.

[5] A distinção luhmanniana aqui adotada entre prestação e função não é correntemente empregada, de modo que "a função social do direito" pode ser definida como "uma prestação do direito perante a sociedade" (Maihofer, 1970: 25). A referência de Bobbio (1977b: 113-5) a diferentes níveis da função implica, claramente, a falta de distinção entre função e prestação no sentido ora empregado.

[6] Cf., porém, nesse sentido, Bobbio, 1977b: 99-102.

[7] Não se trata, portanto, da função de manutenção do sistema social no contexto da abordagem sistêmico-funcional do direito empreendida por Schelsky (1970: 51-7) com base em Parsons (1967).

sistema jurídico: a primeira leva à generalização congruente de expectativas de comportamento adequada ao ambiente (nesse sentido, obviamente também o direito revolucionário pode ser funcional); disfunções surgem mediante o estabelecimento de institutos jurídicos inadequados para tanto (regulação excessiva, possibilidades de abuso de formas, usos instrumentalistas, entre outros); o último resulta da concretização insuficiente ou deficiente das normas jurídicas positivas, que, conforme seu conteúdo abstrato, poderiam contribuir, de modo adequado ao ambiente, para garantir expectativas e regular condutas em uma sociedade hipercomplexa. No que se refere ao presente estudo, essas três possibilidades expressam-se, respectivamente, mediante os conceitos de Constituição normativa, instrumentalista e nominalista. É de se observar aqui, porém, que a disfunção ou o funcionamento insuficiente do direito nesse sentido pode significar funcionalidade em outros contextos da sociedade.

As normas constitucionais são aqui compreendidas como critérios ou programas para a atualização do código "lícito/ilícito"[8] perante a sociedade, a qual se encontra na condição de ambiente do sistema jurídico[9]. (Embora possa se falar de um código "constitucional/inconstitucional" que seja independente perante o código

---

[8] Sobre a diferença entre código e critérios ou programas, cf. Luhmann, 1986a: 82-3, 89 ss.; especificamente em relação ao sistema jurídico, ver Luhmann, 1986c: 194 ss. Com base em Luhmann, mas com outras implicações ("pluralistas"), ver Teubner, 1989: 127 ss.

[9] "Programa é, portanto, tudo o que, em concordância com as regras jurídicas reguladoras da programação (e existe programação da programação da programação, inclusive da programação de), é posto à disposição da função de atribuição de valores do código a fatos típicos: Constituição, leis, decretos, decisões judiciais com efeito oficial de precedente e, sobretudo, contratos; em suma: todo o direito positivo" (Luhmann, 1986c: 196-7). Na abertura de processos constituintes, em sentido estrito, trata-se, no entanto, do caso extremo de programação jurídica não programada jurídico-positivamente.

do direito[10], especialmente quando se considera a Constituição o acoplamento estrutural entre política e direito[11], na perspectiva de observação deste trabalho a Constituição é concebida, primariamente, como um subsistema do direito positivo, a saber, como direito constitucional (cf. *supra* p. 65), de modo que o código constitucional representa uma aplicação específica do código jurídico a determinado domínio.) Como programas, capazes de aprender com o ambiente, elas podem alterar-se (abertura do sistema jurídico), sem que o sistema jurídico perca sua identidade e fechamento no plano do código[12]. Mas, se as normas constitucionais, como critérios "para a correta seleção de operações" (programas)[13], forem negligenciadas no ambiente social do sistema jurídico ou subordinadas a programas não jurídicos, a unidade e a autonomia do sistema jurídico serão prejudicadas no plano do código[14]. A questão, então, é a seguinte: como, em uma sociedade complexa, o agente pode estar seguro de se encontrar numa condição lícita ou ilícita (garantia das expectativas), se, no plano da Constituição como instância reflexiva fundamental do sistema jurídico, a circularidade (positividade) desse sistema pode ser rompida e, com isso, sua unidade colocada em questão? Com a dissolução de valores válidos para toda a sociedade e moralmente legitimados na modernidade, a generalização congruente de expectativas normativas de comportamento tornou-se dependente de se poder recorrer a Constituições (ver *supra* pp. 66 ss.) que sirvam ao funcionamento ambientalmente adequado do sistema jurídico em uma

---

[10] Cf. Luhmann, 1990b: 188-9.

[11] Para esse entendimento proposto por Luhmann, ver seção 2.2.4 deste capítulo.

[12] Luhmann, 1986a: 83, 91.

[13] Luhmann, 1986a: 91.

[14] A positividade como autodeterminação do direito implica que pode haver uma hierarquia "apenas na subordinação dos programas aos códigos" e que programas "são formulados somente quando agregados a determinados códigos e não são transferidos de código para código" (Luhmann, 1986a: 94).

"ordem social diferenciada"[15]. Os problemas funcionais resultam da seguinte situação: na medida em que a Constituição falha ou está ausente como mecanismo capaz de aprendizado na conexão do sistema jurídico com um conjunto diferenciado de comunicações do seu ambiente, o direito de uma sociedade complexa fracassa em sua função de generalização congruente de expectativas de comportamento, também como meio de regulação da conduta.

Tais situações resultam das divergências entre as dimensões temporal, social e material, ou seja, entre normatização, institucionalização e identificação de sentido como mecanismos de generalização[16]. Faz parte do cotidiano dos países periféricos o fato de que à normatização oficial, aqui especificamente à normatização constitucional, não se associa a institucionalização das correspondentes expectativas constitucionais[17]. Mas, nesse contexto, também não se realiza a identificação generalizada do sentido dos *programas* constitucionais postos por decisão, uma vez que a inconstitucionalidade das ações dos agentes oficiais ou de indivíduos e grupos sobreintegrados não é levada em consideração ou é tratada como sendo "conforme ao direito"[18]. Além disso, a generalização relativa à matéria é afetada pelo fato de a subordinação do direito ao código político não viabilizar a identificação do pro-

---

[15] Isso vale também para o sistema político, quando a Constituição é nele inserida, como em Luhmann, 1965: 14 ss.

[16] A respeito, cf. Luhmann, 1987a: 94 ss.

[17] Luhmann (1987a: 96, nota 114) examina esse problema no âmbito da teoria da modernização. Recentemente [no original – N. do T.], no entanto, ele passou a posicionar-se de outro modo perante o problema da Constituição nos países periféricos, não mais tratando-o conforme o esquema "tradição/modernidade" (cf. *supra* nota 118 do Cap. IV).

[18] Em contraposição a isso, surgem divergências pelo fato de "poder certamente haver um interesse em deixar valores e programas na forma de algo meramente desejável, ou seja, um interesse em identificá-los materialmente, mas não em normatizá-los como expectativas a serem mantidas quando afetadas por frustrações" (Luhmann, 1987a: 97), como em relação a alguns problemas ecológicos nos chamados países industrializados.

grama constitucional destinado à garantia *normativa* das expectativas: nesse caso, "*deve-se*" recorrer a princípios ideológicos do sistema político, a fim de se atenuar a situação de insegurança "jurídica" para os indivíduos ou grupos atuantes (instrumentalismo constitucional)[19].

No Brasil, o aumento de complexidade da sociedade e a dissolução das representações morais tradicionais não conduziram, absolutamente, ao funcionamento do sistema jurídico com base na Constituição como resposta jurídica a um contexto comunicativo diferenciado presente no ambiente. Os documentos constitucionais nunca originaram Constituições na qualidade de programas de seleção normativo-temporal, social e materialmente generalizados, dos quais depende a congruência generalizada da função do sistema jurídico de assegurar expectativas e regular condutas em uma ordem social diferenciada. Embora em relação a experiências constitucionais passadas, especialmente àquelas do Império (Carta Constitucional de 1824) e da Primeira República (texto constitucional de 1891), se possa insistir em recorrer à influência de tradicionalismos como esclarecimento do não funcionamento de Constituições, mostra-se muito claramente, mediante a rápida urbanização[20] e industrialização nas últimas três décadas[21], que a dissolução de representações tradicionais de valores e

---

[19] Assim, Luhmann (1984c: 193-6) distingue os sistemas ideologicamente integrados dos Estados de direito. O problema, porém, é que nos países periféricos o instrumentalismo constitucional (autoritarismo), em regra (típico para o caso brasileiro), não implica uma unidade ideologicamente consistente (retomarei essa questão).

[20] Conforme estatística oficial (IBGE, 1989: 79), a participação da população urbana no número total de habitantes no Brasil aumentou de 44,67% (31.303.034 de 70.070.457) em 1960 para 67,59% (80.436.409 de 119.002.706) em 1980. Conforme projeção, também do IBGE (1989: 76-7), ela sobe para 74,98% (112.743.700 de 150.367.800) em 1990.

[21] Segundo o *Relatório sobre o Desenvolvimento Mundial 1989* (Weltbank, 1989), o Brasil é o oitavo maior produtor industrial do mundo (cf. Weltbank, 1989: 199), sétimo maior no que concerne à indústria manufatureira (cf. Weltbank, 1989: 205).

o aumento da complexidade social não promoveram, de nenhuma maneira, a realização de uma Constituição como fator e expressão jurídicos da diferenciação sistêmico-racional da sociedade. Para a maioria da população, ou seja, os subintegrados ou subcidadãos, os horizontes de ação e vivência permanecem muito distantes dos programas constitucionais. Por outro lado, os sobreintegrados continuam, como sempre, *dispondo das* normas constitucionais. Sob essas condições, os textos constitucionais não contribuem ou contribuem apenas insuficientemente para a generalização congruente das expectativas normativas de comportamento no âmbito do sistema jurídico positivo. Tal quadro se torna claramente perceptível mediante a consideração dos direitos fundamentais como instituição e das normas constitucionais características do Estado de bem-estar social (que também podem ser tratadas no campo dos direitos fundamentais). Trata-se aqui da *função* (em sentido mais estrito: relação com o sistema da sociedade em seu conjunto) da Constituição, ou seja, a resposta do direito positivo à exigência da supercomplexa sociedade moderna por diferenciação sistêmica e inclusão.

1.2. Direitos fundamentais como instituição

Luhmann classifica em cinco tipos básicos os "direitos fundamentais como instituição da manutenção de uma ordem diferenciada de comunicação"[22]: "a individualização da autorrepresentação: dignidade e liberdade"; "a civilização das expectativas de compor-

O relatório refere-se aos anos 1987 e 1986, mas a situação permanece basicamente a mesma desde 1970 (o oitavo maior produtor relativamente à indústria manufatureira – cf. Weltbank, 1989: 205). Contudo, o relatório não considera os países não membros do Banco Mundial.

[22] Luhmann, 1965: 25; "por isso, eles são algo inteiramente distinto de 'direitos humanos eternos'" (1965: 23). Observe-se aqui, além disso, que "manutenção de uma ordem diferenciada de comunicação" implica a contínua mudança social, à qual, portanto, os direitos fundamentais também servem.

tamento: liberdade de comunicação"; "a monetarização da satisfação das necessidades: propriedade e profissão"; "a democratização do poder: direito político de sufrágio"; "a fundamentação das decisões estatais: igualdade perante a lei"[23]. Ao se confrontar essa classificação com os textos constitucionais brasileiros, poder-se-ia deduzir que ocorreu um processo evolucionário na história constitucional brasileira, que só teria sido interrompido com as experiências autoritárias de 1937-1945 e 1964-1985. Conforme essa leitura equivocada, teria ocorrido um desenvolvimento a partir dos institutos constitucionais jurídico-fundamentais da Carta de 1824, ainda limitados, até a plena consolidação dos direitos fundamentais na Constituição de 1988. A consideração da realidade constitucional, porém, aponta, evidentemente, para uma contínua experiência de desrespeito dos direitos fundamentais previstos nos textos constitucionais. Apesar da normatização constitucional oficial, continua, como dantes, não havendo institucionalização (consenso suposto) nem identificação generalizada de sentido dos direitos fundamentais[24].

Nesse contexto, o "exercício da cidadania é constantemente identificado com subversão"[25], o que possui importante significado

---

[23] Trata-se aqui dos títulos dos capítulos 4 a 7 do livro de Luhmann, *Grundrechte als Institution* [Direitos fundamentais como instituição] (1965).

[24] O conceito de institucionalização também tem um sentido abrangente, uma vez que compreende as dimensões temporal, social e material, ou seja, normatização, consenso suposto e identificação generalizada de sentido (ver *supra* nota 105 do Cap. I). Mayhew (1968: 19), por seu turno, refere-se a três momentos imprescindíveis à institucionalização jurídica de um valor: 1) "uma interpretação do valor é juridicamente vinculante (interpretação jurídica)"; 2) "há uma maquinaria para invocar sanções contra violações (organização jurídica)"; 3) "a maquinaria jurídica é sistematicamente invocada em casos de possível violação da norma" ("execução sistemática").

[25] Velho, 1980: 364. Isso vale, é claro, não somente para a cidadania no sentido estrito de direitos fundamentais à participação política, mas também para os direitos civis, de modo que se pode responder negativamente à questão sobre sua existência

para o vivenciar tanto dos subintegrados ("subcidadãos") quanto dos sobreintegrados[26]. Não se pode inequivocamente interpretar a situação como não integração dos setores populacionais miseráveis no sistema constitucional. É a relação entre sobreintegração e subintegração nos subsistemas de uma sociedade moderna e complexa, aqui especificamente no sistema constitucional ou jurídico, que impede a generalização social e material das declarações constitucionais de direitos fundamentais na experiência brasileira, isso quando elas não são simplesmente revogadas mediante normatização constitucional autoritária. Visto *negativamente*, o problema se relaciona ao fato de que o exercício dos direitos fundamentais pressupõe a satisfação das necessidades vitais: sob as condições fundamentalmente inalteradas de miséria de ampla parte da população, que ainda marcam a sociedade brasileira[27], a individualização da autorrepresentação, a civilização das expectativas de comportamento, a monetarização da satisfação das necessidades, a democratização do poder e a igualdade perante a lei perdem qualquer significado que possa ser levado a sério. Mas, por outro lado, inseparável desse aspecto negativo, há uma dimensão *positiva* na questão dos direitos fundamentais: a sua contínua violação por agentes estatais ou atores externos ao Estado ocorre de tal forma que, independentemente da entrada em vigor de Constituições instrumentalistas, seu exercício e sua defesa são impedidos e as vias hipotéticas para sua institucionalização, obstruídas. O fato de a sociedade se tornar mais

---

no Brasil (no mesmo sentido, mas a partir de pressupostos jusnaturalistas, Bicudo, 1982). Para um conceito de cidadania abrangente, que compreende os direitos civis, políticos e sociais, ver Marshall, 1976: 71 ss.; com base nele, Bendix, 1969: 92 ss.

[26] Como exemplo adequado, Velho (1980: 363) menciona a "famosa" afirmação de um político de que seria um absurdo que o voto de sua lavadeira tivesse o mesmo valor que o seu.

[27] Para as comprovações estatísticas, ver *supra* as indicações bibliográficas na nota 116 do Cap. IV.

complexa não tem um papel decisivo nesse contexto, mas conduz à transformação nas formas de desconsideração dos direitos fundamentais declarados nos documentos constitucionais: desde sua violação precipuamente pelo poder local extraestatal dos grandes latifundiários durante o Império ocorreu um desenvolvimento para as formas, mais significativas atualmente, de seu desprezo mediante a ação positiva de agentes públicos, nomeadamente da polícia.

A violação dos direitos fundamentais por meio de práticas violentas ilegais tem um significado importante na experiência brasileira. A participação da criminalidade policial nessas práticas aumentou significativamente nas últimas três décadas[28]. Não se pode, de maneira nenhuma, equiparar ou comparar positivamente essa situação com os "fatores seletivos" da imposição do direito nos países centrais (cf. *supra* pp. 142-3). Isso vale, sobretudo, para a "oposição de orientação entre condicionamento e efetividade" no sentido luhmanniano: "O critério de eficiência segundo o qual a polícia é avaliada na esfera pública, sobretudo a contenção da criminalidade grave e a criação de uma aparência pública de ordem, sugere, em parte, recursos extralegais, ou mesmo ilegais, especialmente na persecução de suspeitas ainda incertas e na asseguração de provas."[29] Embora não se possa excluir essa possibilidade nas práticas violen-

---

[28] Sobre a alarmante situação atual, ver relatório recente [ao tempo da publicação original – N. do T.] da AI, 1990. Cf. também o relatório do *Americas Watch Committee*, 1987, sobre a década de 1980; Santos; Barros; Vieira, 1986, que, com base em reportagens de dois jornais no estado do Pará, chamam atenção para a aceleração do aumento da criminalidade violenta causada por policiais nos anos 1970; também com base em reportagens da imprensa, ver a pesquisa de Benevides, 1983, que se refere especialmente à região Rio de Janeiro/São Paulo 1979-1981, e o levantamento do Gajop, 1988, para o período 1987-1988 no estado de Pernambuco; na Alemanha, cf. Löbsack-Füllgraf, 1985: 75 ss., em confrontação com os direitos fundamentais previstos no texto constitucional. O desenvolvimento da criminalidade policial, no entanto, remonta, em um *continuum*, às primeiras décadas da República; cf. Pinheiro, 1981: espec. 33 ss.

[29] Luhmann, 1987a: 278.

tas ilegais da polícia brasileira, trata-se aqui, principalmente, de violações indiscriminadas dos direitos humanos dos "subcidadãos"[30], que, muito frequentemente, são torturados, assassinados, presos ilegalmente ... pela polícia, sem que a existência de uma suspeita ("certa" ou "incerta") desempenhe um papel decisivo[31].

A regularidade de tais ações do aparato policial, sem qualquer reação das respectivas normas secundárias, conduz não raramente a uma distorção da identificação de sentido dos direitos fundamentais, especialmente nos estratos sociais inferiores: para estes, a autoridade (no caso, a polícia) poderia, independentemente de restrições positivo-jurídicas, agir de forma violenta contra qualquer um, pelo menos quando há uma suspeita; com isso, a ação ilegal dos agentes estatais atinge negativamente o vivenciar dos direitos fundamentais na dimensão material. Para os funcionários estatais e grupos privilegiados trata-se, antes, da falta de institucionalização (em sentido estrito), de modo que não se pode deduzir de seus comportamentos, interesses e expectativas um "consenso suposto" sobre os direitos fundamentais. Também contribui para isso a prática da violência do poder extraestatal que, sob a proteção do aparato estatal, infringe os direitos fundamentais, como nos casos dos esquadrões da morte nas cidades[32] e os ata-

[30] Ainda que a violência ilegal se direcione também aos cidadãos das classes médias e até mesmo das classes dominantes (somente então "se tornou um tema de preocupação da sociedade" – Pinheiro, 1981: 31), as vítimas pertencem, em sua enorme maioria, aos estratos inferiores – por exemplo, entre 93,4% e 95,4% segundo pesquisa de Santos, Barros e Vieira (1986: 58). Por outro lado, enquanto as práticas violentas da polícia contra a classe média se manifestam especialmente nos períodos de ditadura (luta contra os "criminosos políticos"), a oposição entre "autoritarismo" e "democracia", no que diz respeito a essas ações, não tem significado para as "classes subalternas" (cf. Pinheiro, 1981: 54, 56).

[31] No quadro de referência da pesquisa de Santos, Barros e Vieira (1986: 58-9) 80% ou 84,8% das vítimas eram pessoas "respeitáveis".

[32] A respeito desse tema, além das indicações da nota 28 deste capítulo, recomenda-se a leitura de Bicudo, 1977, um relato de sua experiência como promotor de justiça.

ques dos grandes latifundiários (mediante seus agentes) contra os sem-terra[33]. Esse problema torna-se ainda mais grave, pois a prática violenta como estratégia de sobrevivência aumenta quando associada à prática da violência como mecanismo de dominação[34]. Nesse cenário, não há lugar para o princípio weberiano do monopólio da violência legítima pelo Estado[35]. Apesar da crescente complexidade da sociedade, de modo nenhum se pode afirmar, conforme a formulação de Luhmann, que a "proporção entre casos de violência e casos jurídicos" caia, muito menos que se torne "extremamente baixa" (cf. *supra* p. 146). Nessas condições, falta a segurança baseada em um sistema jurídico autopoiético, que seria considerada pressuposto para o acesso aos direitos fundamentais em uma sociedade supercomplexa.

À tese aqui apresentada, de que o problema da insuficiente institucionalização e identificação de sentido dos direitos fundamentais declarados nos textos constitucionais teria um significado particular na modernidade periférica, prototipicamente no Brasil, poder-se-ia objetar que se trata apenas de uma nova formulação da crítica marxista ao caráter ilusório dos "direitos humanos" nos Estados burgueses do século XIX (Europa e Estados Unidos), ou seja, à oposição entre "forma" jurídica e "conteúdo" econômico das relações burguesas[36]. Mas apenas no âmbito de um posiciona-

[33] Sobre a situação dos últimos anos [ao tempo da publicação original – N. do T.], cf. o relatório da AI, 1988; o relatório da Campanha Nacional pela Reforma Agrária, 1985; e o registro do MST, 1987.

[34] Cf. Oliven, 1980.

[35] Sobre esse clássico fundamento weberiano do Estado moderno ("racional"), cf. Weber, 1985: 821-4. Trata-se de um "produto do desenvolvimento" da "relação associativa política" (Weber, 1985: 516-9).

[36] Sobre a concepção marxista dos "*droits de l'homme*" [direitos do homem] ("em contraposição aos "*droits du citoyen*" [direitos do cidadão]) como "direitos do *membro da sociedade burguesa*, quer dizer, do ser humano egoísta", ver Marx, 1988: 361 ss. (citação 364). Posicionando-se criticamente, Marx também relaciona os "direitos humanos" à diferenciação funcional da sociedade: "O ser humano não foi por isso

mento marxista dogmático poder-se-ia negar que o Estado de direito na Europa Ocidental e na América do Norte atuou como portador de um processo evolucionário em direção ao reconhecimento e à ampliação dos direitos fundamentais. Pode-se aqui adotar a contracrítica de Claude Lefort, segundo a qual o desprezo pelos direitos fundamentais no marxismo estaria associado à má interpretação da dimensão simbólica dos "*droits de l'homme*" ou à confusão entre o simbólico e o ideológico; em oposição a isso, chama-se a atenção para o fato de que as declarações "legais" dos "direitos humanos" no Estado democrático de direito contribuíram para o seu exercício e a sua ampliação[37]. Mas essa função "positiva" do simbólico, o seu aporte à evolução para a realização e a ampliação dos direitos fundamentais, claramente não tem sido efetuada na modernidade periférica, como no caso do Brasil. Neste, as declarações constitucionais de direitos fundamentais desempenham, antes, um papel simbólico-ideológico (cf. *supra* Cap. II.3.3 e Cap. III.3.2.4). Assim, seria um equívoco equiparar a problemática dos direitos fundamentais nos Estados de direito da Europa e da América do Norte com sua situação no Brasil[38]. Se comparar-

---

liberto da religião, ele obteve a liberdade religiosa. Não foi liberto da propriedade, obteve a liberdade de propriedade. Não foi liberto do egoísmo do comércio, obteve a liberdade de comércio" (1988: 369). Marx, porém, fala de "decomposição" do ser humano" (1988: 357).

[37] Cf. Lefort, 1981: espec. 67 ss., 82. Para Lefort, a institucionalização dos direitos humanos está relacionada com o "desintrincamento" (que não é o mesmo que "cisão") entre poder, direito e saber (1981: 64), ou seja, com a diferenciação funcional da sociedade (ver também *supra* nota 57 do Cap. II).

[38] Não se contesta aqui o fato de também nos Estados democráticos de direito haver problemas importantes de institucionalização de direitos fundamentais fixados na Constituição. O exemplo do princípio da igualdade racial nos Estados Unidos é decisivo para isso – cf. Mayhew, 1968, em análise baseada num estudo de caso sobre legislação contra a discriminação racial, que também remete para a função simbólica do direito (Mayhew, 1968: 2); com base nele, ver Luhmann, 1987a: 97-8 (nota 116), 278. Mas, ao contrário da experiência nos países periféricos (no presente caso, o Brasil), trata-se, naqueles Estados, de problemas setoriais, que não tendem à ge-

mos a transição para o Estado de bem-estar social na Europa Ocidental e na América do Norte com as proclamações das declarações constitucionais dos direitos sociais no Brasil, essa discrepância se torna ainda mais nítida: o primeiro caso pode ser designado como evolução em direção ao exercício e ao desenvolvimento dos direitos fundamentais; o segundo não indica, de modo nenhum, uma realização ou uma ampliação significativa dos direitos fundamentais, pelo menos no que concerne à maioria da população.

1.3. Disposições constitucionais do Estado de bem-estar social *versus* exclusão

A concepção corrente do Estado de bem-estar social refere-se à sua função compensatória e distributiva, para destacar que um mínimo de realidade dos direitos fundamentais clássicos (liberal-democráticos) depende da institucionalização e garantia dos "direitos fundamentais sociais" (cf. *supra* pp. 138-9). Para além dessa concepção, Luhmann compreende o Estado de bem-estar social com base no princípio de *inclusão*[39]. "O conceito de inclusão", conforme Luhmann, "refere-se à inserção de toda a população nas prestações de cada um dos sistemas funcionais da sociedade. Ele diz respeito, por um lado, ao *acesso* a essas prestações, por outro, à *dependência* da conduta individual para com tais prestações. À medida que a inclusão é realizada, desaparecem os grupos que não participam da vida social, ou dela participam apenas marginalmente."[40] Nessa perspectiva, pode-se designar como

---

neralização, ou seja, não conduzem ao questionamento de toda a declaração constitucional dos direitos fundamentais (cf. de maneira diversa, equiparando as duas situações, Melo Franco, 1960: 229-30).

[39] Cf. Luhmann, 1981l: 25 ss. Ele recorre aqui (25) a Marshall (1976).

[40] Luhmann, 1981l: 25. Luhmann e Schorr (1988: 31) acentuam, com base em Parsons, que a "inclusão não pode abranger os papéis relativos às prestações do sistema, mas apenas os papéis complementares: nem todos podem tornar-se médicos, mas qualquer um, paciente; nem todos podem tornar-se professores, mas qualquer

exclusão a manutenção persistente da marginalidade, como ocorre nos países periféricos[41]. Para amplos setores da população (a maioria!) da sociedade contemporânea (mundial), isso significa sua *dependência* das prestações dos diversos sistemas funcionais, *sem ter acesso* a elas (subintegração)[42].

Se definirmos, portanto, o Estado de bem-estar, de um ponto de vista especificamente funcional, como "inclusão política realizada"[43] e, porque Estado de *direito*, como inclusão jurídica realizada, então deve destacar-se aqui que sua realização na estrutura excludente da sociedade brasileira é totalmente ilusória. Em contraste com o Estado de bem-estar, no Brasil não ocorreu uma neutralização das desigualdades econômicas no plano do direito e da política[44]. Nesse contexto, pode-se falar, paradoxalmente, de cidadão de primeira, segunda e terceira classe[45].

---

um, aluno". Além do mais, o princípio da inclusão não nega que, "como sempre, as camadas superiores sejam distinguidas pela maior participação em praticamente todos os domínios funcionais" (Luhmann, 1981l: 26).

[41] Cf. Luhmann, 1981l: 25-6, nota 12.

[42] A sobreintegração seria, em contrapartida, a *independência* com respeito às regras, combinada com o *acesso* às prestações de cada um dos subsistemas da sociedade (ver *supra* pp. 109-10, 132-3).

[43] Luhmann, 1981l: 27. "Para o Estado de bem-estar, a inclusão política da população é uma necessidade funcional [...]" (Luhmann, 1981l: 118).

[44] Com base em Marshall (1976: 84), Weffort (1981: 139-40) afirma que, no caso brasileiro, "a desigualdade inerente ao sistema capitalista e à sociedade de classes" tem vencido a "guerra" contra o "princípio de igualdade, implícito no conceito de cidadania", e deixado apenas um mínimo espaço de possibilidades para sua expressão. Nessa constelação, não se pode dizer, como Luhmann (1981l: 27) o faz em relação ao princípio de inclusão no Estado de bem-estar, que a "*desigualdade das chances reais [de fato]*" "é reproduzida sem funcionalidade". Por outro lado, há de se chamar a atenção aqui para o fato de que o princípio de igualdade (ou de inclusão) não afirma que qualquer um tem os mesmos direitos ou que tenha de atingir o mesmo grau (que os outros) de participação política (cf. *supra* nota 117 do Cap. III e nota 40 deste capítulo), mas sim a generalização, dependente de pressupostos abrangentes, dos critérios do sistema jurídico para acesso e dependência respectivos.

[45] Cf., por exemplo, Velho, 1980: 362; Weffort, 1981: 141-4, com base em Bendix (1969: 88-9).

Apesar da manutenção dessa estrutura excludente, os textos constitucionais de 1934, 1946 e 1988 referem-se a um típico Estado de bem-estar; além disso, as Cartas constitucionais autoritárias de 1937 e 1967/1969 contêm amplas determinações referentes ao Estado social[46]. O fato de essas normas constitucionais de direitos fundamentais sociais e a correspondente legislação complementar, em sua origem, terem sido concedidas de cima para baixo, não tendo resultado dos movimentos sociais[47], é apenas um indício, não um fator decisivo de sua persistente deformação no plano da concretização. Seu significado para os estratos sociais inferiores é tão extraordinário que a concepção de direitos fundamentais ("direitos humanos") entre os seus membros se limita quase exclusivamente à noção de "direitos sociais"[48]. Os subintegrados têm grande interesse nesses direitos e podem formulá-los a seu modo, mas não estão em condições de concretizá-los[49]. Essa situação totalmente contraditória implica uma relação paradoxal entre vivenciar e agir, como se mostra expressivamente na seguinte resposta

---

[46] Embora o conceito de "Estado social", como um Estado dirigido à "compensação de desvantagens" mediante "medidas de assistência social" (Luhmann, 1981l: 7), e o conceito de autocracia, como um regime jurídico-politicamente excludente, não sejam contraditórios entre si, Estado de bem-estar ("inclusão política") e autocracia são conceitualmente inconciliáveis.

[47] Novamente com base em Marshall (1976: 80), Weffort (1981: 147) compara os direitos sociais no Brasil, em sua qualidade de "proteção paternal", com a *poor law* inglesa, como uma "alternativa" para aqueles "que não podiam ser cidadãos".

[48] Em sua pesquisa sobre a concepção de "direitos humanos" nas "classes populares" brasileiras, Lesbaupin (1984) constata: "os direitos presentes nas várias listas são fundamentalmente os mesmos, e se referem todos às exigências mínimas, básicas, de vida, ao que comumente se designa como 'direitos sociais'" – foram entrevistados nove grupos e um total de 57 pessoas (p. 24) da cidade de Nova Iguaçu, no estado do Rio de Janeiro (1.094.650 habitantes em 1980 e 1.432,79 habitantes/km^2 – p. 29), típica cidade de um país moderno periférico (p. 99; a respeito, cf. p. 95 ss.).

[49] O conceito autorreferencial de interesse como pressuposto para a inclusão política (Luhmann, 1981l: 30-1) é radicalmente suprimido sob essas condições: forte limitação dos interesses à satisfação das necessidades vitais e à incapacidade de concretizá-las.

de um entrevistado: "os direitos que eu conheço como direitos humanos são exatamente os direitos que eu não tenho..."[50]. Assim, os "direitos fundamentais sociais" declarados nos textos constitucionais permanecem um irrealizável "mínimo ideal" da maioria da população, paupérrima e subnutrida, não conduzindo, de maneira nenhuma, ao mecanismo compensador do Estado social, muito menos à *inclusão*, na forma de um Estado de bem-estar, de toda a população no direito e no sistema político.

Do ponto de vista jurídico-dogmático, esse profundo abismo entre o ambiente social do sistema jurídico e os institutos constitucionais do Estado de bem-estar é interpretado na doutrina constitucional brasileira mediante a concepção de "normas constitucionais programáticas"[51]. Com base sobretudo na teoria constitucional da Itália pós-guerra[52], esse termo refere-se àquelas disposições constitucionais que, com "eficácia limitada"[53], em vez de servir imediatamente à regulação jurídica de "determinados interesses", estabelecem os fins sociais do Estado e são dirigidas especificamente aos poderes estatais (particularmente aos "futuros legisladores"), que, assim, não têm a permissão de agir contra o programa[54].

Sem rejeitar[55] a tese jurídico-dogmática da eficácia jurídica de todas as disposições constitucionais e sem desconhecer que o sis-

[50] Em Lesbaupin, 1984: 97.

[51] A respeito, J. A. Silva, 1982: espec. 126-47.

[52] Cf. J. A. Silva, 1982: 67 ss., com amplas referências à teoria italiana da Constituição.

[53] Não se trata aqui de um conceito "empírico" ou "sociológico" de eficácia, anteriormente descrito (ver pp. 121-2) – que, aliás, também é admitido na "teoria pura do direito" (cf. Kelsen, 1960: 10-1, 215 ss.; 1946: 39-40) –, mas sim de "eficácia" no sentido "jurídico", isto é, jurídico-dogmático, como aplicabilidade técnico-jurídica das normas constitucionais: a questão é, então, se as normas cumpriram as condições sistêmicas internas para produzir "efeitos jurídicos". Cf. J. A. Silva, 1982: 55-6; Borges, 1975: 42-4; Rottleuthner, 1982: 92.

[54] Cf. J. A. Silva, 1982: 126 ss.; Miranda, 1960 I: 111-2; 1970 I: 126-7.

[55] Cf. Neves, 1988: 101-3.

tema jurídico inclui programas finalísticos[56], pode-se levantar a objeção de que a vigência social (generalização congruente) de "normas constitucionais programáticas" depende da existência das possibilidades estruturais para a sua realização. A situação no Brasil é ainda bem diferente daquela da Europa Ocidental pós-guerra. Mediante a normatização constitucional "programática" dos "direitos sociais fundamentais" dos cidadãos, o sistema constitucional, ou melhor, o sistema jurídico nas democracias euro-ocidentais, observava, sem (Weimar, 1919) ou com (França, 1946; Itália, 1947; República Federal da Alemanha, 1949) êxito, tendências estruturais em direção ao Estado de bem-estar[57]. Na sociedade brasileira (periférica) ainda estão ausentes essas tendências, que só podem surgir mediante uma transformação radical da estrutura social. Embora o "Mandado de Injunção", introduzido pela Constituição de 1988 (art. 5º, LXXI) (ver *supra* p. 141), seja uma importante garantia jurídica contra a omissão inconstitucional da autoridade, não constitui, evidentemente, um mecanismo apropriado para superar esse problema[58]. Em verdade, as normas

---

[56] Cf. Luhmann, 1987a: 241. Contudo, o direito positivo emprega primariamente programas condicionais (ver acima referências na nota 149 do Cap. I).

[57] A ideia de que o Estado de bem-estar na Europa Ocidental conduziria à lealdade das massas (Narr; Offe, 1975) não significa, absolutamente, constante "disposição para desfrutar e gratidão" da população (cf. Luhmann, 1981l: 10). A lealdade das massas relaciona-se à possibilidade estrutural de maior "participação" (princípio da inclusão), ela não exclui o aumento incontrolável das demandas por mais e novas prestações do sistema político nem mudanças sociais. O fato de que a classe trabalhadora, nesse contexto, lute antes por "participação" do que por "uma nova ordem social" pode justificar a designação "*a conservative cast of mind*" (Bendix, 1969: 89), mas apenas no que diz respeito à manutenção da estrutura do Estado de bem-estar, a ampliar os benefícios e criar novos.

[58] Sobretudo porque o "Mandado de Injunção", que se relaciona intimamente com a ação direta de inconstitucionalidade por omissão (cf. Calmon de Passos, 1989: 103), perde ainda mais significado no âmbito da decisão do Supremo Tribunal Federal (STF, 1990), segundo a qual o novo remédio jurídico-constitucional serve somente para cientificar o órgão competente da inconstitucionalidade por omissão,

constitucionais "programáticas" características do Estado de bem-estar são deturpadas no plano da concretização não apenas pela omissão, mas também pela atividade positiva dos poderes estatais. Para citar apenas um exemplo típico: qual significado têm as disposições constitucionais que prescrevem um salário mínimo suficiente para a satisfação das necessidades "normais" ou "vitais básicas" dos trabalhadores e de suas famílias[59], se os legisladores, em consonância com a estrutura de classes e as relações econômicas periféricas, estabelecem salários mínimos tão baixos[60], confirmando e promovendo oficialmente, assim, a subnutrição da população[61]?! Nesse contexto, as relações econômicas bloqueiam claramente a

---

para que, assim, se possam tomar medidas contra ela. Dessa maneira, o debate sobre a aplicabilidade "direta" ou "indireta" (quer dizer, dependente ou independente de legislação complementar) das respectivas normas constitucionais (cf. Mártires Coelho, 1989) tornou-se inoperante.

59 Com alterações secundárias, essa determinação está presente em todos os textos constitucionais a partir de 1934: diplomas constitucionais de 1934, art. 121, § 1º, alínea *b* (sem referência à família dos trabalhadores); de 1937, art. 137, alínea *h* (também sem referência às famílias); de 1946, art. 157, I; de 1967, art. 158, I; de 1969, art. 165, I; de 1988, art. 7º, IV. Diferentemente dos anteriores, o texto de 1988 não emprega mais a expressão "necessidades normais", mas "necessidades vitais básicas". Por outro lado, esse preceito da nova Constituição refere-se explicitamente a moradia, alimentação, educação, saúde, lazer, vestuário, higiene, transporte e previdência social como "necessidades vitais básicas" a serem atendidas pelo salário mínimo.

60 Além disso, muitos grupos da população ativa recebem menos do que um salário mínimo: conforme estatística oficial (IBGE, 1987: 9), 9,7% recebiam apenas até meio salário mínimo e 23,4% somente até um salário mínimo no ano de 1987; conforme o relatório do Nepp-Unicamp "sobre a situação social do país" (1986: 16), 42% (?!) das famílias recebiam até meio salário em 1980. Sobre o problema social dos baixos salários ou da baixa renda no Brasil, ver Nepp-Unicamp, 1986: 49 ss.; 1988: 40 ss.; Jaguaribe *et al.*, 1986: 41 ss. Sobre a variação anual do salário mínimo real legalmente determinado para o período 1940-1986 e sua forte queda desde a entrada do regime militar "modernizante" (1964), cf. Nepp-Unicamp, 1988: 49.

61 Segundo o Banco Mundial, em 1975-1976, 67,2% da população brasileira sofria de subnutrição. Cf. Müller, 1986: 24, que designa essa essencialmente inalterável situação social de fome e subnutrição como "estrutural" (em oposição à fome "conjuntural" nos Estados Unidos) e "constitutiva" "do Brasil moderno" (14-5).

concretização das normas "programáticas"[62]. Se considerarmos também as outras disposições constitucionais sobre os direitos fundamentais dos trabalhadores e os dispositivos característicos do Estado de bem-estar sobre educação, serviços de saúde pública, previdência social etc., chega-se necessariamente à conclusão de que, de fato, nada se altera e de que se trata antes de construções de fachada do que de normas programáticas[63].

1.4. Resumo intermediário

Diferenciação funcional da sociedade e *inclusão* de toda a população são, segundo Luhmann, princípios *inseparáveis* do (moderno) Estado de bem-estar[64]. O sistema jurídico responde a isso funcionalmente mediante a institucionalização constitucional dos direitos fundamentais "liberal-democráticos" e "sociais", respectivamente. Se faltam os pressupostos para *inclusão* no ambiente social, o direito constitucional malogra nessa função de institucionalização de direitos fundamentais (ou seja, em sua relação específica com a sociedade como um todo) e, com isso, fracassa em ampla proporção todo o sistema jurídico em sua *função* de generalização congruente de expectativas normativas de conduta, o que implica ruptura da positividade (como capacidade de autodeterminação) do direito em uma sociedade supercomplexa, com todas as suas consequências negativas, como no Brasil.

---

[62] Müller (1986: 17-20) interpreta, com razão, o fenômeno da subnutrição no Brasil nos termos da "sobreposição economia-direito", ou, em outras palavras, da subordinação do Estado à economia.

[63] Com um discurso legitimador, no entanto, Ferraz Jr. (1989: 28 ss.; ver também *infra* nota 134 do Cap. VI) qualifica a Constituição de 1988 como "a mais programática" entre as Constituições brasileiras (1989: 58), devendo-se observar que se trata, antes, do texto constitucional brasileiro mais nominalista e simbólico.

[64] Cf. Luhmann, 1981l: espec. 26-7, 35, 118.

2. A CONSTITUIÇÃO E A RELAÇÃO DO SISTEMA JURÍDICO COM OUTROS SISTEMAS SOCIAIS. PROBLEMAS DE PRESTAÇÃO

2.1. Constituição e solução de conflitos como prestação do sistema jurídico em geral

2.1.1. Diferenciação da prestação do direito para a solução de conflitos

O sistema jurídico oferece seus mecanismos de solução de conflitos aos outros sistemas sociais, caso estes não mais tenham condições de resolver os conflitos que os afetam (inclusive os conflitos entre eles) "por meios sistêmicos próprios". É desse modo que ele realiza, em primeira linha e em geral, sua prestação, ou seja, sua relação específica com os outros subsistemas da sociedade (cf. *supra* p. 164). Seu sucesso nessa relação, no entanto, depende da efetiva aceitação da oferta.

Sem diferenciação funcional das conexões de comunicação segundo diferentes códigos autônomos, o conceito de prestação não seria ou seria apenas insuficientemente concebível, especialmente no que concerne à sua distinção do conceito de função[65]. A concepção de solução de conflitos como prestação de um sistema social, para isso estruturalmente diferenciado e nisso funcionalmente especializado (ou seja, o direito), perante todos os outros subsistemas sociais só pode afirmar-se na sociedade moderna com a positivação do direito[66]. No plano constitucional, esse pro-

---

[65] Cf. Luhmann, 1982: 55; Luhmann; Schorr, 1988: 35. Em relação à sociedade atual, Luhmann (1981l: 82) acentua: "A confusão entre função e prestação é o erro típico de teorias sociais 'tecnocráticas', que consideram a sociedade como uma espécie de recebedora de prestações, embora, claro, os próprios prestadores sejam parte da sociedade."

[66] Na sociedade arcaica o direito não é executado, mas garantido e afirmado pelo indivíduo ofendido (ver *supra* pp. 28-9), com o qual a sociedade (comunidade) se

cesso se torna possível, sobretudo com a institucionalização de uma instituição juridicamente "independente", ou seja, não subordinada a nenhum outro código social que não o do direito, especializada na solução de conflitos, a judicatura[67]. Isso implica a generalização do direito de ação, o qual, no início, conforme a orientação liberal clássica, foi conferido apenas às pessoas (físicas ou jurídicas) afetadas e aos órgãos estatais competentes; mas, no decorrer do tempo, surgiram tendências de extensão progressiva desse direito a cidadãos e associações privadas engajados na proteção dos "interesses coletivos" e "difusos", independentemente de seu prejuízo direto[68].

Não se trata aqui simplesmente, é claro, de uma introdução das garantias da independência judicial e do reconhecimento da generalização do direito de ação no plano do texto constitucional. A questão a ser colocada volta-se para os pressupostos estruturais e operacionais para a prestação do direito positivo para a solução de conflitos em uma sociedade funcionalmente diferenciada. A morosidade do procedimento judicial e a desvantagem dos estratos sociais inferiores em relação ao acesso à proteção judicial consti-

---

identifica como ofendida; não há, portanto, especificação dos conflitos, muito menos solução de conflito como prestação de um subsistema perante outro. No direito das civilizações pré-modernas (ver *supra* pp. 29-30), a solução de conflito mediante procedimento jurídico dirige-se, primariamente, ao e pelo detentor do poder político, que representa o conjunto da sociedade e é, "em primeiro lugar e sobretudo, organizador do procedimento" (Luhmann, 1987a: 172); desse modo, ela não pode ser concebida como prestação, mas apenas como função do direito.

67 A "independência judicial" pressupõe programação condicional e, portanto, "desoneração de responsabilidade pelas consequências" (Luhmann, 1981b: 142; 1987a: 232-3; cf. também 1983a: 129 ss., aqui especialmente em relação às implicações da "ideologia da imparcialidade judicial" – 133 ss.).

68 A respeito, ver as preocupações de Cappelletti (1978a) com a admissão ainda insuficiente de recursos legais para a proteção de "interesses coletivos" e "difusos" nos ordenamentos jurídicos atuais. Ele fala (p. 7), por meio de paráfrase ("com uma fórmula pirandélica"), de interesses "em busca de autor". Cf. também Cappelletti; Garth, 1981: 11-4.

tuem, a esse respeito, os problemas clássicos, presentes em todo o mundo, os quais, mesmo com a positivação do direito no Estado constitucional moderno, ainda não foram superados nem controlados[69]. Nesse contexto, como *alternativas* aos procedimentos de solução de conflitos do direito positivo, especialmente em sociedades altamente desenvolvidas da Europa Ocidental e América do Norte, são promovidos mecanismos que parecem às partes mais rápidos, menos custosos e mais apropriados para a resolução de conflitos do que aqueles ("alternativas ao direito")[70]. Por outro lado, acrescenta-se aos problemas da prestação do direito a judicialização como expressão específica da juridificação, que, na relação do direito com os outros subsistemas sociais da sociedade moderna, conduz a tensões e disfuncionalidades (ver Cap. I.3.4).

Todos esses problemas (remanescentes ou emergentes) da prestação do direito para solução de conflitos encontram-se em acentuada tensão com sua positividade e remontam tanto a limites sociais estruturais do Estado democrático de direito no capitalismo (mundial) hodierno[71] quanto a variáveis sistêmico-inter-

---

[69] Segundo a concepção sistêmico-teórica de Luhmann, "a 'morosidade' do procedimento é um antigo e eterno tema da crítica da justiça, porque os planejamentos temporais dos tribunais não são coordenáveis com os de seu ambiente" (Luhmann, 1983a: 70). Como reação ao segundo problema, que persiste no Estado de bem-estar (desvantagem dos estratos sociais inferiores), demanda-se "assistência jurídica para os pobres" (Cappelletti; Garth, 1981: 7-11), ou seja, recorre-se a mecanismos compensadores de desvantagem. A manutenção da "igualdade de chances" constitui aqui a "norma de fundo" (Luhmann, 1985: 12).

[70] No que concerne à discussão que se desenvolve a partir dessa situação, Luhmann (1983b: 151) observa "que não se distingue entre alternativas para institutos jurídicos específicos e alternativas para o próprio direito". E. Blankenburg, E. Klausa e H. Rottleuthner formularam essa distinção no título do volume 6 de *JfRSRT* (1980), *Alternative Rechtsformen und Alternativen zum Recht* [Formas jurídicas alternativas e alternativas ao direito] (Blankenburg; Klausa; Rottleuthner [orgs.], 1980), o que não passou despercebido por Luhmann (1983b: 151, nota 54). Especificamente sobre as alternativas aos procedimentos judiciais, ver Nader, 1980; Cappelletti; Garth, 1981: 14-20.

[71] Aqui se pode recorrer a Offe (1977). Cf. também Preuß, 1989: espec. 4, com a afirmação de "que a dinâmica inerente ao processo capitalista de exploração é auto-

nas, sobretudo a "estabilização" como "impasse evolucionário" no sentido de Luhmann, ou seja, a falta de um aparato conceitual adequado ao ambiente do direito (cf. Cap. I.3.6); eles constituem questões *do* direito positivo e não uma tendência ao rompimento de sua circularidade. Outra é a situação nos países periféricos. Nesse caso, a deficiência de prestação faz parte dos fatores importantes do questionamento da positividade (como simetria ou circularidade normativa) de todo o sistema jurídico, tendo implicações *negativas generalizantes* para o direito posto por decisão, tanto no plano da ação (eficácia) quanto no plano do vivenciar (vigência). Na experiência brasileira, esse problema se revela de forma clara, especialmente quando se leva em consideração o direito constitucional.

2.1.2. Direito constitucional e prestação do sistema jurídico para a solução de conflitos no Brasil

Com exceção das interrupções durante os períodos autoritários (1937-1945 e 1964-1985), nos quais a proteção judicial em caso de violações de direitos pelo poder estatal e as garantias da independência judicial foram muito limitadas ou distorcidas já pela Carta constitucional e por leis de exceção com força constitucional[72], pode-se constatar nos textos constitucionais brasileiros uma

---

destrutiva, uma vez que ela destrói, progressivamente, os fundamentos não capitalistas do capitalismo"; Bobbio, 1976a: espec. 207, com destaque para a contradição entre democracia e capitalismo; do mesmo modo, a passagem de Marshall (1976: 84) já citada (nota 44 deste capítulo).

[72] Segundo o art. 177 da Carta Constitucional de 1937, "restabelecido" pela Lei Constitucional nº 2/1938 e "esclarecido" pela Lei Constitucional nº 8/1942, o Presidente da República podia autorizar a aposentadoria dos juízes e, segundo o art. 182, também "esclarecido" pela Lei Constitucional nº 8, colocá-los em disponibilidade. As garantias de independência judicial foram explicitamente "suspensas", segundo o art. 7º do Ato Institucional nº 1, de 09/04/1964 (por seis meses), art. 14 do Ato Institucional nº 2, de 27/10/1965, e art. 6º do Ato Institucional nº 5 de 13/12/1968, de modo que os comandantes supremos, ou o Presidente da República, tinham competência para demitir os juízes, assim como aposentá-los, colocá-los em disponibilidade ou transferi-los para outro cargo. Cf. *supra* Cap. IV.4 e 6.

evolução no sentido do fortalecimento da autonomia do Poder Judiciário e à ampliação das vias processuais e, especificamente, dos remédios jurídico-constitucionais. Ocorreu um desenvolvimento que partiu das restrições da independência judicial em virtude da posição preeminente do "Poder Moderador" e da exclusão da via processual para os escravos no âmbito da Carta Constitucional de 1824[73]. Pode-se mencionar, a respeito de uma segunda fase, as lacunas do texto constitucional de 1891 em relação às garantias de magistratura nos estados e, associado a isso, à nomeação para cargos de juiz por decisão livre do chefe do Executivo[74]. Por fim, com a Constituição de 1988, realizou-se uma extensa normatização das garantias de independência judicial e uma significativa ampliação dos remédios constitucionais, inclusive das ambicionadas ações constitucionais para "proteção de interesses coletivos" e "difusos" (ver *infra* p. 246).

Essa evolução aparente no plano do texto constitucional se afasta em larga medida do desenvolvimento do processo de mudança da realidade constitucional brasileira. A prestação do direito positivo para a solução de conflitos permanece, como dantes, sobremaneira insuficiente, embora essa deficiência assuma formas

---

73 É verdade que a escravidão não se baseava explicitamente no texto constitucional de 1824. Contudo, mediante a distinção entre cidadãos "ingênuos" e "libertos" (art. 6º, inciso 1º), a escravidão foi indiretamente reconhecida. Pimenta Bueno (1857: 450-3) estranhamente não fez referência a esse respeito em seus comentários concernentes a esse dispositivo (sobre "a nacionalidade baseada no local de nascimento"), tampouco o fizeram Rodrigues de Sousa (1867: 40-5) e J. C. Rodrigues (1863: 10).

74 Apesar das lacunas no texto constitucional, as garantias da independência judicial, em consonância com a proposta programático-partidária de Barbosa (1933 IV: 60), foram ampliadas aos juízes dos estados, primeiro pela interpretação judicial e mais tarde pela Emenda Constitucional de 1926. Mas, com isso, o problema da nomeação para os cargos de juiz segundo a livre decisão do chefe do Executivo não foi superado e os "juízes temporários" não foram incluídos no âmbito de vigência dessas garantias constitucionais. A respeito, cf. Seabra Fagundes, 1975: 42-3; Nunes Leal, 1975: 202-4.

distintas no decorrer do tempo. No âmbito dos primeiros diplomas constitucionais, especialmente os de 1824 e 1891, os mecanismos de resolução de conflitos pelo poder local extraestatal dos latifundiários ou sob sua influência direta, sem vinculação ao código jurídico-positivo, tinham um significado tão forte[75] que a deficiência da prestação do sistema jurídico positivo podia ser atribuída ao efeito de fatores tradicionais. Em contrapartida, com a rápida urbanização e industrialização do país surgem novas formas de conflitos e, correspondentemente, novas formas de desconsiderar o modelo de prestação do direito oficial para a solução de conflitos[76], as quais fazem parte dos problemas de uma sociedade moderna supercomplexa. O fato de as determinações constitucionais e leis do período autoritário, que limitavam a autonomia do Poder Judiciário e o acesso à justiça, terem sido revogadas e ter entrado formalmente em vigor uma Constituição "democrática" (1988) não altera fundamentalmente esse diagnóstico. A insuficiente prestação do sistema jurídico associa-se estreitamente à exclusão (ver *supra* Cap. V.1.3) ou à subintegração de grande parte da população e, ao mesmo tempo, à sobreintegração de mi-

[75] Essa situação remonta à época colonial. Segundo Buarque de Holanda (1988: 49-50), "não são raros os casos como o de um Bernardo Vieira de Melo", que por meio de um conselho de família condenou sua nora, por ele suspeita de adultério, à morte e, dando ampla publicidade ao fato, mandou executar a sentença sem nenhuma reação da justiça. No âmbito do coronelismo (retomo esse tema adiante em 2.2.1), cf. Nunes Leal, 1975: 23. Para a ligação entre as organizações policiais e judiciais com os detentores locais de poder extraestatal desde o período colonial até o final da década de 1940, ver Nunes Leal, 1975: 181-217; como estudo de caso ocorrido no final do século XIX, cf. Telarolli, 1977. A essa questão está associada a impunidade para os membros de famílias ricas ou poderosas e seus agentes, um tema corrente da crítica ao poder jurisdicional e ao aparato policial no Brasil; cf. Nabuco, 1936 I: 45-6; Nequete, 1973: 184-6; Vianna, 1987: 160-1; Pereira de Queiroz, 1976: 70.

[76] Considerando-se que o Brasil se tornou o oitavo maior produtor industrial (cf. nota 21 deste capítulo), não se podem interpretar seus problemas de prestação do direito para a solução de conflitos conforme a fórmula "uma sociedade pouco industrializada", que Aubert (1969) aplicou à situação da Noruega no passado.

norias; é evidente que ela não pode ser superada simplesmente pela alteração de instrumentalismo para nominalismo constitucional. A seguir, trato de dois exemplos, cuja relevância social e base empírico-sociológica devem esclarecer a argumentação aqui desenvolvida.

2.1.3. Solução de conflitos como prestação do direito positivo e conflitos entre os marginalizados: um exemplo

O já mencionado caso de solução de conflitos pelas associações de moradores de favelas (ilegais) nas grandes cidades brasileiras (ver *supra* pp. 144-5) ganha aqui um significado importante e serve à determinação de distinções relevantes. Trata-se de um caso típico do não acesso de amplos setores populacionais à prestação do sistema jurídico por um dos poderes constitucionais "autônomos"[77]. Pressuposto que o debate sobre juridificação *versus* desjuridificação refira-se ao direito positivo, trata-se aqui de uma realidade desjuridificante em oposição à normatização constitucional juridificante (cf. Cap. III.3.2.3). A atuação direta do código do poder e do código econômico, assim como o emprego de um "discurso ético-social" caracterizam os contextos comunicativos nesses processos de resolução de conflitos (cf. *supra* p. 144). A rigor, expressa-se desse modo uma das formas instáveis e difusas das "estratégias de sobrevivência" no domínio do direito, não uma "alternativa" ao direito no sentido que essa noção assume na Euro-

[77] Não acesso diz respeito aqui ao *direito* fundamental, fixado na Constituição, à proteção judicial; não diz respeito evidentemente à ilegalidade das favelas. Mas ambas as situações se relacionam estreitamente uma com a outra. Além disso, a ilegalidade das favelas está ligada ao não acesso ao direito à moradia fundado nas disposições constitucionais características de um Estado de bem-estar, que, segundo Marshall (1976: 105), é um direito mínimo do cidadão. No mais, é de se observar que as favelas nem sempre são ilegais, de modo que se fala da "legalização das favelas"; sobre o problema das favelas no direito brasileiro, ver W. P. Barreto, 1981: 77 ss.

pa Ocidental e na América do Norte[78]. Uma "alternativa" implica a possibilidade e capacidade de uso de outra "alternativa". Assim, uma "alternativa" à prestação do direito positivo para a solução de conflitos compreende a possibilidade e a capacidade de se empregarem os mecanismos jurídico-positivos: isso não ocorre, porque para as partes há outras formas mais rápidas, baratas e apropriadas para a solução de conflitos[79]. Como "estratégia de sobrevivência", a resolução habitual de conflitos pelas associações de moradores das favelas representa, no entanto, uma reação à real inacessibilidade das vias processuais do direito *positivo* para seus membros. Nessa constelação, torna-se altamente questionável a interpretação de que esse "direito inoficial", em virtude do baixo grau de diferenciação e da limitada disponibilidade de meios de coerção, tenha um espaço retórico mais amplo do que o direito positivo[80]. É verdade que, diferentemente deste último, faltam limites sistêmicos fixos para o emprego de meios retóricos, mas a não satisfação de necessidades vitais é totalmente incompatível com a ampliação do "espaço retórico". Por outro lado, a pesquisa

---

[78] Essa questão é considerada de modo diferente por Sousa Santos (cf. *supra* pp. 144-5), cuja linha de interpretação é seguida por Junqueira; Rodrigues (1988: 126 ss.). Cf. *supra* nota 70 deste capítulo.

[79] Mas não se trata aqui de um simples "cálculo de custo-benefício" de acordo com uma "análise econômica do direito" (a respeito, cf. as ponderações de Luhmann, 1985: 10-1). Não só em virtude do código econômico, mas também considerando os códigos de outros sistemas funcionais diferenciados, a prestação do direito positivo para solução de conflitos é rejeitada e tratada conforme outros critérios sistêmicos próprios para essa solução. Mediante uma transferência da linguagem econômica para o sistema jurídico, poder-se-ia ver nisso, segundo Ruivo (1989: 71), um problema da relação entre "distribuição do produto jurídico" (prestação solucionadora de conflitos mediante tribunais) e seu "consumo" (acesso à justiça); com isso, no entanto, não se assumiria necessariamente a concepção tecnocrática ou econômica, segundo a qual a *função* do sistema jurídico é restringida à sua prestação (ver nota 65 deste capítulo) e o direito, respectivamente, designado como um "bem de consumo" (assim, porém, Ferraz Jr., 1990a).

[80] Segundo Sousa Santos, 1988: 43-61. Cf. *supra* nota 154 do Cap. III.

empírica indica que nas relações da favela os meios de coação de grupos criminosos estão numa conexão positiva com os "procedimentos retóricos" das associações de moradores e são empregados a pedido delas[81]. Acrescenta-se à complicada situação a atividade ilegal da polícia[82]. O que se verifica é um estado de insegurança jurídica extrema, pois diferentes unidades sociais dispõem de distintos códigos "lícito/ilícito" (que, aliás, não são suficientemente diferenciados de outros códigos de preferência) em uma sociedade complexa. Nessas circunstâncias, "pluralismo jurídico como alternativa ao legalismo", "racionalidade jurídica tópica" e outras formulações semelhantes tornam-se mitos ou expressões ideológicas que conduzem antes a equívocos do que ao esclarecimento e à superação do problema (ver *supra* p. 145).

2.1.4. Os conflitos em torno do direito de propriedade entre subintegrados e sobreintegrados: um exemplo

Outro exemplo interessante é retirado dos conflitos de direito de propriedade em razão das ocupações coletivas de terras alheias (privadas ou públicas) por marginalizados à procura de local para morar, conflitos esses que vêm crescendo fortemente com a urbanização das últimas décadas. Diferentemente do exemplo anterior, esses conflitos não se restringem aos subintegrados, mas incluem grupos (os proprietários) que têm acesso à prestação do sistema jurídico positivo. As "invasões" são definidas no Brasil como esbulho possessório, um ilícito civil e penal (cf. Código Civil [1916], art. 159 e arts. 499 ss.; Código Penal, art. 161, § 1º, II), de maneira que se poderia supor terem os proprietários simplesmente de exercer seu direito de ação para obter a reintegração de posse (Código Civil [1916], art. 523; Código de Processo Civil [1973], arts. 920-933) e

---

[81] Cf. Junqueira; Rodrigues, 1988: 134 ss.

[82] Cf. Junqueira; Rodrigues, 1988: 137-8.

que os "autores do delito" seriam regularmente punidos. As implicações estruturais no plano do conjunto da sociedade tornam essa situação não tão simples assim[83]. Nos frequentes casos de ocupação coletiva e ilegal de propriedades urbanas no Brasil, a regularidade das decisões jurisdicionais sobre esbulho possessório e suas execuções segundo estritas determinações legais não promoveriam, absolutamente, "a especificação da insatisfação e a fragmentação e absorção de protestos", conforme a concepção de Luhmann sobre a função do procedimento judicial[84], ou seja, de modo nenhum produziriam a "paralisação" das tendências à generalização dos conflitos, as quais se tornam "cada vez mais insuportáveis com a crescente diferenciação funcional da sociedade"[85]. Se os juízes, com aparente consistência interna, persistem em seguir o programa condicional do direito positivo, ou seja, rejeitam a programação finalística ou as ponderações ético-sociais[86], mesmo assim o problema remanescerá no plano da execução da decisão judicial[87]. Nesse contexto, tampouco se pode seguir a concepção de Luhmann sobre o procedimento judicial e, assim, nutrir a esperança de que "uma rebelião contra a decisão praticamente não faz mais sentido e, de qualquer maneira, não tem nenhuma chance", de que "a possibilidade de sofrer publicamente por causa de uma ilicitude moral" está obstruída e de que a decisão será "aceita como obrigatória" e imunizada "contra uma crítica dos efeitos

---

[83] A respeito, ver Falcão Neto (org.), 1984a.

[84] Cf. Luhmann, 1983a: 116.

[85] Luhmann, 1983a: 101-2.

[86] A respeito, duas afirmações de um juiz quando da expulsão de moradores em virtude de ocupação ilegal de terrenos urbanos no Nordeste brasileiro são muito elucidativas: "Não cabe à Justiça resolver problemas sociais, mas garantir o primado da lei." "Não me cabe perquirir o porquê da invasão, ou se o povo está ou não morrendo de fome" (citado por Pessoa, 1984: 185).

[87] Nesse particular, é importante a distinção entre aplicação e execução como dois momentos no processo de concretização do direito (cf. *supra* pp. 117-8).

(em contraposição às consequências puramente jurídicas)"[88]. Correspondentemente, em conexão com os mecanismos de retardamento e obstrução da decisão a ser tomada conforme o programa condicional do direito positivo, surgem negociações extralegais ou ilegais para a solução de conflitos, em geral intermediadas pela participação, orientada finalisticamente, da administração pública, que, com frequência, também se apresenta como uma das partes (terrenos e prédios públicos). A tendência à generalização dos conflitos não é detida pelo procedimento judicial, mas, ao contrário, pela obstrução deste[89].

Nesse cenário, a resposta jurídica da Constituição à monetarização da satisfação das necessidades mediante a institucionalização dos direitos fundamentais à propriedade e à profissão[90] torna-se marcantemente problemática. O fato de, em uma sociedade que se torna cada vez mais complexa, os dispositivos constitucionais para um Estado de bem-estar, ou os "direitos fundamentais sociais", não terem significado no plano da concretização, prejudica fundamentalmente a monetarização generalizada da satisfação das necessidades. Poder-se-ia afirmar que se trata da contradição constitucional entre direitos fundamentais "civis" dos proprietários e direitos fundamentais "sociais" (inclusive o direito à moradia) das massas. Porém, a esse respeito, cabe observar que na sociedade mundial do presente a diferenciação entre economia e serviço social sempre implica essa contradição, sem que daí resulte necessariamente um bloqueio da prestação do direito positivo. No caso em questão, trata-se, antes, da desdiferenciação do código "ter/não ter". A respeito, é significativa a seguinte passagem de Luhmann:

---

88 Luhmann, 1983a: 117, 132.

89 Nesse sentido, cf., com referência a Luhmann e especialmente quanto à transição do autoritarismo para "democracia" no Brasil, Falcão Neto, 1984b: 99-100.

90 Cf. Luhmann, 1965: 108 ss.

> O esquematismo ter/não ter se torna autônomo na medida em que ele não signifique nada para os contextos funcionais extraeconômicos, a saber, que não transfira as desigualdades de propriedade para outros subsistemas da sociedade – portanto, que não se celebrem missas mais frequentemente para os proprietários, que não se reservem aos proprietários melhores chances de educação, melhores chances processuais no sistema jurídico, melhores chances de serem eleitos para cargos políticos, melhores chances de tratamento em casos de doença etc., do que para os não proprietários.[91]

Com exceção das missas (que talvez sejam até mais celebradas para eles!), não é essa a situação para a massa dos não proprietários no Brasil, especialmente para os moradores de terrenos urbanos de terceiros na condição de favelados. Dessa maneira, não se pode, absolutamente, esperar, conforme a concepção luhmanniana de "uma sociedade industrial fundamentada na propriedade", "que o não proprietário, na qualidade de não proprietário, reconheça a propriedade"[92].

2.1.5. Conclusão

Vários outros exemplos na mesma direção poderiam ser acrescentados para ilustrar esta apresentação[93]. O que eles têm em co-

---

[91] Luhmann, 1974: 71.

[92] Luhmann, 1974: 65. Nessas condições, não se realiza o acoplamento estrutural entre sistema jurídico e sistema econômico mediante propriedade; para a concepção de propriedade e contrato como acoplamentos estruturais entre economia e direito, ver Luhmann, 1989a: espec. 11 ss. Segundo Habermas (1973: 132, com referência a G. Lenski), trata-se aqui da não solução do problema que "todas as sociedades de classe têm de [...] solucionar": "distribuir o produto social excedente de modo desigual e, no entanto, legítimo". Na mesma linha de interpretação de Habermas, cf. Falcão Neto, 1984b: 83-4.

[93] Basta pensar nos novos conflitos pela terra entre posseiros ou sem-terra e grileiros ou proprietários (cf. referência *supra* na nota 33 deste capítulo) e nas resoluções extraoficiais ou ilegais de conflitos pela polícia (em relação a conflitos entre membros dos estratos sociais inferiores, cf. Oliveira, 1985).

mum – mesmo que, apesar do amálgama de diferentes códigos, queira-se designá-los como "direito inoficial"[94] – é a não subordinação dos mecanismos de resolução de conflitos ao código "lícito/ilícito" do sistema jurídico positivo, pois eles implicam a desconsideração desse código[95]. A insuficiente prestação do direito mediante o Poder Judiciário nos termos fixados na Constituição pode ser percebida em outros âmbitos funcionais, sobretudo na economia e na política, como uma falta "conveniente" de prestação[96]. Mas, a meu ver, o fenômeno não deve ser equiparado ao das "alternativas" ao procedimento judicial nos Estados de direito da Europa e da América do Norte (ver *supra* pp. 234-5). Em relação a esses casos, pode-se interpretar a situação, em larga medida, como expressão da resolução de conflitos por meios sistêmicos próprios (econômicos, políticos etc.) e até mesmo como reação à juridificação, sem que com isso a prestação do sistema jurídico para a solução de conflitos seja, em geral, contestada ou questionada. O problema no Brasil difere muito desse estado de coisas, uma vez que o sistema jurídico em sua prestação para solução de conflitos se torna estruturalmente obstruído, pois sua regularidade provocaria efeitos "disfuncionais" no ambiente, pressuporia mudança social radical e estimularia a generalização de conflitos.

---

[94] A respeito, valem as ponderações de Teubner (1989: 49, 51) em relação à dificuldade de se delimitar o "direito socialmente difuso" perante "outras comunicações sociais normativamente orientadas".

[95] Nesse sentido, cf. Ferraz Jr., 1984: espec. 117, 120 ss.

[96] Aqui não se pode, absolutamente, afirmar o primado da esfera política na sociedade moderna, funcionalmente diferenciada, como o faz Ferraz Jr. (1984: 108-9) – estranhamente com base em referência a Luhmann –, para, em consideração do descrédito perante a "autoridade" (1984: 121), designar o "direito inoficial" como "*articulação desarticulada* do direito oficial" (1984: 123). Parece fazer mais sentido caracterizar o problema como expressão da integração insuficiente entre dois sistemas funcionais de uma sociedade moderna complexa e, assim, não excluir a possibilidade de que a deficiente prestação do direito positivo seja explorada ou estimulada pelo sistema político e até mesmo manipulada a seu favor.

As sugestões juridificantes para a ampliação da competência judicial (judicialização), da atividade solucionadora de conflitos por parte da administração orientada para fins (burocratização) e do direito de ação (legalização), como na discussão sobre ações para a proteção dos "interesses coletivos" e "difusos"[97], contribuem muito limitadamente para a superação do problema; elas compreendem apenas seus sintomas. O problema reside na relação inadequada de dependência/independência entre sistema jurídico e sistemas sociais de seu ambiente em uma sociedade caracterizada por enorme diferença entre os estratos sociais (relações dos sobreintegrados e subintegrados com os sistemas sociais modernos) e heterogeneidade estrutural (sobreposições, desacoplamento, intrincamento de códigos e critérios sistêmicos tanto entre os subsistemas sociais como em seu interior). Além da prestação insuficiente do sistema jurídico, trata-se aqui da insatisfatória *contra*prestação de outros sistemas sociais perante o direito.

2.2. Constituição e prestação específica do sistema jurídico perante o sistema político

O sistema jurídico não apenas produz prestações mediante a solução de conflitos referente a todos os outros sistemas sociais. Como já foi observado (p. 164), também constitui prestação do direito disponibilizar institutos normativos que servem à garantia de estruturas e operações em outros subsistemas sociais. No

[97] Nesse sentido, cf. Oliveira; Pereira, 1988, em uma perspectiva jurídico-sociológica. Sobre o debate jurídico anterior à elaboração da Constituição de 1988, ver Grinover, 1984; Barbosa Moreira, 1980, 1981. A Constituição incorporou em larga medida os almejados remédios jurídicos para proteção dos "interesses coletivos" e "difusos" (cf. art. 5º, LXX e LXXIII, art. 129, III, art. 232 – antes a Lei nº 7.347, de 24/07/1985, havia introduzido a "ação civil pública"). Grinover (1989: 92 – a saber, ainda se posicionando em relação ao projeto constitucional) ponderou que da falta de tais remédios jurídicos passou-se a ser muito aberto em relação a eles, sem que tenha sido garantida sua adaptação à realidade.

plano da Constituição, a referência específica do sistema jurídico ao sistema político ocupa um lugar especial[98]. Trata-se, principalmente, de disponibilizar institutos constitucionais para a eleição política, a divisão dos poderes e a diferenciação entre política e administração.

2.2.1. Regulação jurídica do procedimento eleitoral

Embora a institucionalização do direito de sufrágio como um dos direitos fundamentais[99] pertença à *função* do sistema jurídico (cf. *supra* pp. 219-20), sob outro ponto de vista pode-se considerar a regulação constitucional do *procedimento eleitoral* como *prestação* específica do direito perante o sistema político[100]. As disposições constitucionais sobre a *universalidade* do direito de voto, *igualdade* do valor do voto e o caráter *secreto* do ato de votar servem para que a eleição atue como apoio descarregante para o sistema político e, assim, como mecanismo de sua diferenciação (cf. *supra* pp. 72-3). Mas, a respeito, não basta, é claro, simplesmente a existência das respectivas referências no texto constitucional[101]. Mediante a experiência dos países periféricos revela-se muito claramente até que ponto, por falta de pressupostos sociais, as normas constitucionais sobre os procedimentos eleitorais são defor-

---

[98] De modo que se pode compreender a Constituição como um instituto do sistema político (Luhmann, 1973b – cf. *supra* nota 41 do Cap. II) ou como "acoplamento estrutural" entre política e direito (Luhmann, 1990b – cf. *infra* seção 2.2.4 deste capítulo). Deve-se aqui, no entanto, distinguir a Constituição como conexão de ações e de expectativas orientada *normativa* e *contrafactualmente* (direito constitucional) das relações de poder dirigidas sobretudo em termos cognitivos e baseadas primariamente no código superioridade/inferioridade, embora ambas se relacionem reciprocamente. Com isso não se desconhece que o direito, do ponto de vista do sistema político, possa ser designado como segundo código do poder (Luhmann, 1986c: 199; 1988c: 34, 48 ss., 56).

[99] Cf. Luhmann, 1965: 186 ss.

[100] Cf. Luhmann, 1983a: 155 ss.

[101] Nas palavras de Luhmann: não se trata de um "direito escrito nu" (1965: 160).

madas em seu processo de concretização (cf. *supra* pp. 137-8), como ocorre tipicamente no caso do Brasil.

Paralelamente aos textos constitucionais europeus de sua época, *a Carta constitucional brasileira de 1824* excluía diretamente a universalidade do direito de voto e não continha a garantia de voto secreto[102]. O direito de voto economicamente muito restrito (arts. 92-95), em uma sociedade na qual além dos escravos a enorme maioria da "população livre" vivia em condições de miséria[103], implicava uma participação muito baixa no procedimento eleitoral, um eleitorado oligárquico[104]. Nesses termos, o sistema político *pertencia* à parcela minoritária da população, não constituindo um horizonte para sua conduta política. O código "ter/não ter" antepunha-se explicitamente ao código do poder. Além disso, era característico para as eleições já não democráticas do Império (1824-1889) a constância da fraude e do suborno eleitoral[105], assim

---

[102] Sobre o sistema eleitoral do Império, ver Soares de Souza, 1979, como exposição "clássica"; cf. também Nunes Leal, 1975: 219-24. Para um posicionamento crítico em relação à realidade do procedimento eleitoral, ver Faoro, 1984: 364-87; 1976: 127-63. Cf. também Oliveira Tôrres, 1957: 283 ss.

[103] Os 100.000 réis exigidos aos eleitores do primeiro grau como rendimento anual líquido equivaliam "a uns 759 kg de açúcar ou 1.500 kg de farinha de mandioca, ou uns 6 bois, uns 4 cavalos" (Souza Martins: 1981: 40). Com isso, a Carta constitucional confirmava a "exclusão política dos camponeses" (Souza Martins, 1981: 40; cf. a respeito *ibid.*, 24 ss.).

[104] Sobre os números (menos de 1% da população total participou das eleições diretas de 1881), cf. Faoro, 1984: 375-6; 1985: 620; 1976: 127-8. Perante esse fato, Oliveira Tôrres (1957: 285) classificou o eleitorado do Império de "corpo simbolicamente estabelecido". Em posicionamento justificante do direito excludente de voto segundo a Carta constitucional de 1824, cf. os comentários "clássicos" de Pimenta Bueno, 1857: 192-4, 471-2, que falava do direito de voto "quase universal" (194); cf. também Vianna, 1939: 54, contrário a reformas para a universalidade do direito de voto. Com a introdução da eleição direta após a reforma eleitoral de 1881, o direito de voto e a participação eleitoral se tornaram ainda mais restritos (ver *infra* nota 60 do Cap. VI).

[105] Segundo Calógeras (1980: 270), para obter a vitória eleitoral eram permitidos quaisquer meios, o que resultava em fraudes eleitorais escandalosas.

como a determinação do resultado segundo os interesses dos detentores do poder, de "cima" para "baixo" (sem incertezas sobre o resultado[106])[107].

No âmbito da *Constituição de 1891*, o direito de voto economicamente restrito foi, finalmente, suprimido[108]. Mas outras restrições ao direito de voto prejudicavam o princípio de sua universalidade. Além da persistente exclusão das mulheres, na mesma orientação dos Estados constitucionais europeus, esse princípio foi fortemente desfigurado pela exclusão dos analfabetos (art. 70, § 1º, item 2º), uma vez que o acesso à escola constituía um privilégio de poucos e, assim, a exigência da alfabetização representava um *princípio excludente* e não uma restrição funcionalmente justificada (como "para menores, interditados, criminosos"[109]) do direito de voto[110]. Associada a isso (mas não apenas nem de modo proporcional), a participação nas eleições permanecia, como dantes,

---

106 "Quando falta essa incerteza, não se pode, a rigor, falar de 'eleições' ou pelo menos não de procedimento no sentido de nossa teoria, pois, para tanto, é essencial que a situação decisiva permaneça em aberto" (Luhmann, 1983a: 155, nota 2).

107 A situação foi expressa pelo conhecido sorites do senador Nabuco de Araújo: "O Poder Moderador pode chamar a quem quiser para organizar ministérios; esta pessoa faz a eleição, porque há de fazê-la; esta eleição faz a maioria" (Nabuco, 1936 II: 81). Com posicionamento crítico em relação aos limites dessa formulação, cf. Faoro, 1976: 132, tendo em vista a influência do poder local e das oligarquias partidárias; cf. também Oliveira Tôrres, 1962: 99-100.

108 Mais precisamente, isso remonta ao texto constitucional (art. 70 e art. 1º das disposições transitórias) publicado mediante o Decreto nº 510 de 1890 (art. 3º), que vigorou "formalmente" para a eleição da Assembleia Constituinte.

109 Luhmann, 1983a: 159.

110 Também foram excluídos do direito de voto os mendigos, os militares que não eram oficiais (com exceção dos alunos das escolas superiores militares) e os membros de corporações religiosas cujas regras importassem a "renúncia à liberdade individual" (art. 70, § 1º, itens 3º e 4º). Mas a *exclusão* constitucional mais importante era, tanto quantitativa como qualitativamente, a dos analfabetos: conforme estatísticas oficiais (IBGE, 1989: 72), no ano de 1900, 65,1% e, no ano de 1920, 64,9% da população a partir dos 15 anos de idade era analfabeta; para a massa dos subintegrados não havia escola.

restrita a uma parte muito pequena da população[111]. Além do mais, faltava a garantia efetiva do voto secreto tanto no texto constitucional como nas leis eleitorais (cf. nota 117 deste capítulo). A essas implicações, que distorciam o caráter democrático da eleição no plano da legiferação[112], somava-se a regularidade da fraude e do suborno eleitoral no âmbito da "política dos governadores" (ver *supra* nota 41 do Cap. IV) e mais concretamente do "coronelismo" como fórmula de compromisso entre o poder local extraestatal ("privado", especialmente dos latifundiários) "decadente" e o poder estatal "representativo"[113]. Embora o coronelismo encontre sua *origem* nas relações de parentela[114], seu *fundamento* era constituído pela posse de "bens de fortuna"[115] em uma economia orientada para a demanda externa. Apesar de todas condicionantes tradicionalistas desse fenômeno, pode-se interpretá-lo sistêmico-teoricamente como expressão da subordinação do código político ao código "ter/não ter", uma vez que os votos representam um bem de troca[116]. Por tudo isso, a prestação diferenciada do sistema jurídico perante o sistema político perdia força.

A expansão do direito de voto às mulheres, a garantia do voto secreto e o estabelecimento da jurisdição eleitoral mediante o Código Eleitoral de 1932 (cf. *supra* p. 184)[117] constituíram passos im-

---

[111] Sobre os índices (a participação oscilava entre 3,4% e 2,3% da população de 1898 a 1926), ver Faoro, 1985: 620-1.

[112] Sobre a legislação eleitoral da "Velha República" (1889-1930), ver Nunes Leal, 1975: 225-30.

[113] Assim era definido esse fenômeno por Nunes Leal em sua clássica abordagem político-jurídica do tema (1975: espec. 20 e 252). Sob uma perspectiva sociológica, ver Pereira de Queiroz, 1985. De um ponto de vista político-sociológico, ver Faoro, 1985: 620-54. Para uma apresentação em alemão, cf. Brühl, 1989: 136-44; Löbsack-Füllgraf, 1985: 361-4.

[114] Pereira de Queiroz, 1985: 164-71.

[115] Pereira de Queiroz, 1985: 171-8.

[116] Pereira de Queiroz, 1985: 160-4.

[117] Em relação ao voto secreto, as "garantias" proclamadas em leis anteriores deixavam espaço aberto para a identificação do voto (cf. Nunes Leal, 1975: 232-3).

portantes do sistema jurídico em direção à separação entre papel eleitoral e outros interesses e papéis do cidadão e à incerteza do resultado das eleições (ver nota 106 deste capítulo). Mas a exclusão dos analfabetos do direito de voto[118] no *texto constitucional de 1934* (art. 108, parágrafo único, alínea *a*) conduziu à deformação do princípio da universalidade do voto (cf. *supra* pp. 185-6)[119]. Além disso, embora o "coronelismo" atingisse seu ápice na Primeira República (1889-1930), esses e outros fenômenos semelhantes mantiveram-se em ampla medida como fatores de degeneração do voto em bem de troca ou contraprestação[120].

Com o modelo da eleição indireta para o parlamento nacional e para presidente da República, que garantia a intromissão do Executivo no procedimento, a *Carta constitucional de 1937* (arts. 46, 47, 50 e 82-84)[121] adequou-se à crítica conservadora, que pleiteava eleições elitistas e corporativistas como solução para a "inautenticidade" do voto universal, direto, secreto e de igual valor no Brasil[122].

---

[118] Em seu favor interveio explicitamente Assis Brasil (1931: 43-9), político que teve um papel muito importante para a "progressista" reforma eleitoral de 1932 (cf. *supra* nota 49 do Cap. IV).

[119] Também os militares que não fossem oficiais, sargentos, estudantes das escolas militares de ensino superior ou aspirantes a oficial e os mendigos não podiam se alistar eleitores (Constituição de 1934, art. 108, parágrafo único, alíneas *b* e *c*). Não proporcionalmente às restrições constitucionais e mesmo com o voto obrigatório (com exceção das mulheres que não fossem funcionárias públicas – Constituição de 1934, art. 109), a participação nas eleições permanecia muito insignificante: na eleição para a Assembleia Constituinte de 1933-1934, para a qual o Código Eleitoral de 1932 já vigorava com os novos princípios, participaram apenas cerca de 6% dos maiores de idade (a partir de 18 anos) (segundo Almeida, 1987: 35; cf. também Dillon Soares, 1973: 52).

[120] Cf. Nunes Leal, 1975: 255-6.

[121] Se o presidente da República não aceitasse o candidato eleito pelo colégio eleitoral, ele poderia exercer a prerrogativa de indicar um outro que poderia candidatar-se para uma eleição direta contra o candidato eleito indiretamente (art. 75, alínea *a*, e art. 84 da Carta Constitucional de 1937). Além disso, ele tinha a autorização para nomear 10 (cerca de 1/3) dos membros do Conselho Federal (art. 50).

[122] Cf., por exemplo, o projeto de emenda constitucional de Torres (1978: 301-31), arts. 33 e 49; o posicionamento de Vianna (1939: 251-7) quanto à eleição para

Mas, de acordo com as disposições transitórias e finais do próprio diploma constitucional (cf. *supra* pp. 190-1), não ocorreram eleições durante o Estado Novo (1937-1945).

A *Constituição de 1946* restabeleceu o princípio do voto universal, direto, secreto e de igual valor (art. 134) e, além disso, em relação ao corpo eleitoral, rejeitou os elementos corporativistas de 1934 (art. 23); mas permanecia o problema da exclusão dos analfabetos (art. 132, I) e, associado a ele, o do eleitorado muito restrito em relação à totalidade dos maiores de idade[123]. Ademais, resultava do art. 58 a representação sobreproporcional dos estados "conservadores", demograficamente menores e "menos desenvolvidos", na Câmara dos Deputados como fator de distorção do "sistema representativo"[124]. Acrescente-se a isso o fato de que, na nova realidade constitucional, os mecanismos de entrelaçamento dos votos no contexto de interesses concretos como bem de troca, contraprestação etc. ainda desempenhavam um papel importante. Embora o fenômeno do coronelismo já fosse considerado em fase de decadência[125], surgiam e se desenvolviam novos meios para a manipulação das necessidades concretas dos eleitores subintegrados.

Com o *instrumentalismo constitucional de 1964-1985*, continuaram sendo relevantes os antigos problemas de deformação do procedimento eleitoral no processo de concretização e também

---

presidente na Comissão do Itamaraty (1932); outras referências em Nunes Leal, 1975: 249.

[123] Até mesmo em relação aos índices oficiais do analfabetismo (ver *supra* nota 83 do Cap. IV), o número do eleitorado (alistado) e sobretudo a participação eleitoral eram ainda muito baixos, mesmo com o voto obrigatório (art. 133); mas os números subiram significativamente em comparação com os anteriores já na eleição da Assembleia Constituinte de 1945, na qual participaram 27% dos maiores de idade (segundo Almeida, 1987: 35; cf. também Dillon Soares, 1973: 41).

[124] Fleischer, 1988: 65 ss. Essa situação se agrava com o instrumentalismo constitucional do regime militar (especialmente a partir de 1968); cf. Fleischer, 1988: 71 ss.; 1986: 88 ss.

[125] Cf. Nunes Leal, 1975: 255 ss.

mediante as disposições restritivas do direito de voto. Além disso, e característico para esse período, as Cartas constitucionais de 1967/1969 e os Atos Institucionais (leis de exceção com força constitucional) implicavam um rompimento autoritário e direto com a neutralização do procedimento eleitoral. Contribuíam para isso especialmente as eleições "indiretas" ritualistas para presidente e governador, assim como as emendas constitucionais e leis eleitorais casuísticas com o objetivo de manter a maioria governamental no parlamento e nos colégios eleitorais responsáveis pela "nomeação" de presidentes e governadores[126]. Também o sistema bipartidário, imposto de "cima" para "baixo" (cf. *supra* nota 93 do Cap. IV), a perseguição da oposição ilegal e a cassação dos direitos políticos fundamentais de importantes políticos levavam à identificação do procedimento eleitoral com aqueles agrupamentos políticos que perante o governo militar se apresentavam como fiéis ou leais.

A *Constituição de 1988* estabelece de maneira abrangente a universalidade do direito de voto, a igualdade do valor do voto, o voto secreto e as eleições diretas (cf. *supra* pp. 206-7). O número de eleitores aumentou significativamente e sua relação quantitativa com a totalidade dos maiores de idade[127] não mais revela como antes a deterioração do princípio da maioria como uma das "regras do jogo" democrático[128]. Com a urbanização das últimas dé-

---

126 A respeito, ver Fleischer, 1986; 1988: 68 ss.

127 O eleitorado alistado e a participação eleitoral na última eleição para presidente (novembro-dezembro de 1989) aumentaram para, respectivamente, mais de 82 milhões de eleitores e 72 milhões de votos no primeiro turno, 55% e 49% do total da população, em comparação com não mais do que 3% nas eleições para presidente da Velha República (1889-1930), 13% na eleição presidencial de 1945 e 18% na de 1960 (segundo Lamounier, 1989: 147). É de se observar que, com exceção dos analfabetos, dos maiores de 70 anos, dos maiores de 16 e menores de 18 anos, o voto é obrigatório (art. 14, § 1º).

128 Assim Bobbio (1976b: 19) designa as regras do procedimento democrático, inclusive "o princípio da maioria numérica" (20 e 38); cf. também Bobbio, 1988: 8-11.

cadas, os mecanismos do coronelismo se tornaram exceções remanescentes e perderam importância[129]. As fraudes e outros delitos eleitorais não provocam mais a falta de incerteza do resultado das eleições. Isso significa que na relação entre texto constitucional e contexto social a eleição no Brasil finalmente cumpre a função de neutralização do poder e, ao mesmo tempo, de apoio ao poder?

A partir das observações ora apresentadas, poder-se-ia afirmar que, com exceção dos dois períodos de instrumentalismo constitucional (1937-1945 e 1964-1985), houve um processo contínuo de evolução no sentido da democratização do procedimento eleitoral tanto no texto quanto na realidade constitucional. Mas se poderia acrescentar a tal afirmação que esse processo fez entrar em cena mais rápida e facilmente a emissão de textos constitucionais do que a sua concretização. Não se contesta aqui que também no Brasil as "formalidades jurídicas" desempenharam um papel importante para o desenvolvimento da "representatividade" do procedimento eleitoral[130]. Também não se trata de, na mesma linha de interpretação de críticos conservadores "realistas", contrapor a "homogeneidade" de um eleitorado informado e preparado para a eleição na Inglaterra ou na França à ignorância dos eleitores brasileiros, a fim de introduzir sugestões autoritárias e elitistas[131]. "O papel de eleitor", segundo Luhmann, "não pressupõe, como se escuta frequentemente, um leitor de

---

[129] Cf. Pereira de Queiroz, 1985: 187-8; outra posição tem Brühl, 1989: 144. Considerando as migrações de membros dos estratos superiores e inferiores do campo para a cidade (urbanização dos anos 1960), Reis (1971) tentou introduzir o conceito de "neocoronelismo" com base em uma pesquisa empírica em Belo Horizonte, a meu ver, não convincentemente.

[130] Nesse sentido, ver Lamounier, 1981.

[131] A respeito, ver criticamente Lamounier, 1981: 245. Com essa posição, corrente nos anos 1920 e 1930 no Brasil, cf. Vianna, 1939: espec. 94 ss., 221 ss.

jornal esclarecido, criterioso no julgamento ou mesmo 'formado politicamente'"[132].

De "baixo", o problema no Brasil ainda hoje reside no fato de que para os subintegrados (a maioria), que não podem esperar por causa da não satisfação das necessidades vitais (cf. *supra* nota 122 do Cap. III), a indiferença do papel de eleitor perante seus outros papéis e interesses sociais dificilmente pode se tornar realidade, uma vez que seus votos são transformados em bem de troca, em objetos *concretos* de prestações/contraprestações e lealdades (ver nota 126 do Cap. III). Isso se relaciona ao fato de que, em virtude de sua *exclusão*, os subintegrados não podem se colocar na posição de beneficiários de decisões[133]. Na experiência dos eleitores que vivem em condições precárias, as "ajudas", "favores", "promessas" concretas dos candidatos e cabos eleitorais são mais importantes que as decisões distantes e abstratas do sistema político regulado jurídico-constitucionalmente[134].

Em relação aos danos ao procedimento eleitoral provocados por "cima", não cabe apenas se queixar do abuso corrente e escandaloso dos custos das campanhas eleitorais, que não provoca uma reação séria e eficiente da justiça eleitoral. Para este estudo, é mais relevante o fato de a eleição não funcionar satisfatoriamente como apoio fundamental e descarregante para o sistema político ou

---

[132] Luhmann, 1965: 157. Mas ele acrescenta (*ibid.*): "Um certo *common sense*, que separa casos extremos e erros escandalosos, é naturalmente imprescindível, assim como um certo conhecimento de papéis para saber quais mensagens correspondem a que caminho."

[133] Cf. Luhmann, 1965: 150.

[134] Essa situação, confirmada por Caldeira (1980: espec. 102 ss.) no âmbito de uma pesquisa empírica na periferia da cidade de São Paulo sobre a eleição parlamentar de 1978, aparentemente não se modificou com a "democratização formal"; o "clientelismo" permanece, ainda que em novas formas (a respeito, cf. Gay, 1990: 450 ss.). Mas aqui não se admite, de modo nenhum, a simplificada dicotomia "voto ideológico *versus* voto clientelista". A respeito, ver criticamente Lamounier, 1981: 245-6.

como mecanismo absorvente e dissipador de conflitos, uma vez que o resultado eleitoral e as decisões políticas que dele derivam dependem da confirmação dos militares, da embaixada norte-americana, do empresariado (especialmente corporações multinacionais estabelecidas no país) e de outras forças sociais semelhantes. Isso prejudica diretamente a flexibilidade do sistema político, que depende da generalização do apoio político mediante o procedimento eleitoral regulado juridicamente (ver *supra* pp. 137-8). Nessas condições, não se poderia afirmar: "O cidadão dá as cartas do jogo político"[135]. O jogo político ocorre, em larga medida, sem consideração pelo resultado eleitoral e sem dele depender[136].

Sob pressão de "baixo" e de "cima", ainda hoje no Brasil o procedimento eleitoral jurídico-constitucionalmente regulado, apesar da complexidade cada vez mais elevada da sociedade, não serve à imunização do código do poder perante os interesses concretos dos cidadãos, nem à generalização do apoio político para a circulação (e contracirculação) de público, política e administração[137], nem à autonomia do sistema político. Como ocorre com outros países periféricos, nessas condições é "quase impossível conferir à eleição política o sentido de ser constitutiva de um novo círculo de ação"[138]. Como prestação do direito perante o sistema político,

---

[135] Luhmann, 1965: 154.

[136] "Além dos pressupostos ambientais que precisam ser preenchidos, as eleições não devem converter-se em farsa, os procedimentos de elaboração dos programas decisórios no sistema político têm de aproveitar e realizar as possibilidades que são oferecidas pelo procedimento de eleição política" (Luhmann, 1983a: 173). Com isso, de maneira nenhuma se defende o mandato imperativo, "incompatível" com "a generalização do apoio político" (cf. Luhmann, 1983a: 165, nota 19), que, embora seja um mecanismo pré-moderno (uma "figura medieval" – Lamounier, 1981: 253), tinha um suporte muito importante ainda na obra "iluminista" de Rousseau; cf. Rousseau, 1975: 301-3 (Livro III, Cap. XV).

[137] A respeito, Luhmann, 1981e: espec. 164; 1981l: 43 ss.

[138] Luhmann, 1965: 160. Nesse contexto, também quase não é possível considerar como resultado da *prestação* do direito eleitoral perante o sistema político o que

os dispositivos constitucionais para o sufrágio universal, secreto e igual são distorcidos pelas necessidades concretas dos estratos inferiores e os interesses particulares dos estratos superiores. Nesse cenário, "a burocracia administrativa [...] permanece de fato a instituição estatal dominante; mas ela se torna acorrentada à confrontação direta com interesses sociais especiais e vínculos particulares"[139]. Assim, esbarra-se em outro aspecto do problema da prestação do direito perante o sistema político: a separação entre política e administração.

2.2.2. A separação entre política e administração

A diferença entre política e administração fundamenta-se no direito constitucional[140]. Mediante essa prestação do direito positivo perante o sistema político, a administração é neutralizada ou imunizada contra interesses concretos e particulares; ela atua, então, segundo princípios e preceitos "racional-burocráticos" com pretensão de generalidade[141]. Com isso não se exclui que os estratos superiores exercem uma influência mais forte na elaboração e execução do programa administrativo, mas apenas se afirma que o sistema administrativo diferenciado no interior do sistema político dispõe efetivamente de mecanismos próprios de filtragem diante da atuação de fatores externos[142]. Quando não é esse o caso,

---

segue: "A *racionalização sistêmico-interna da decisão sobre problemas conforme critérios próprios* entra no lugar de uma *orientação pelas barreiras puramente externas do agir*, pelos limites do poder físico coativo ou das lealdades existentes" (*ibid.*).

139 Luhmann, 1965: 160-1.

140 Cf. Luhmann, 1973b: 8-12.

141 Considerando isso, Luhmann (1965: 155) afirma que a "separação entre política e administração possibilita a aplicação prática do princípio da igualdade".

142 Nesse sentido, os funcionários administrativos precisam, "não raramente, impor-se contra membros da sociedade pertencentes a categorias superiores e necessitam, por isso, de direitos especialmente legitimados para decidir vinculatoriamente" (Luhmann, 1965: 147). Relaciona-se a isso o fato de "que, em um sistema político que diferencia e especifica funcionalmente os seus subsistemas, não deve-

como atualmente nos países periféricos, ocorre a particularização ou a politização da administração, com todos os seus condicionamentos e implicações negativos em uma sociedade mundial que se torna cada vez mais complexa.

Levando em conta o modelo da colonização portuguesa, esse fenômeno no Brasil é considerado normalmente expressão da persistência de determinações tradicionais sobre a ação. Nesse sentido, fala-se de precedência da "ordem privada" sobre a "organização política nacional"[143] ou, com base em Weber, de "patrimonialismo"[144]. Embora tais fenômenos, que se estendem desde a época colonial, passando pelo Império, até a República, possam ser interpretados como resquício tradicional obstrutor da modernização[145], essa arraigada concepção perdeu significado no decorrer do processo histórico, especialmente no que diz respeito à rápida e periférica industrialização e à urbanização das três últimas décadas, mediante as quais ocorreu um forte aumento da complexidade da sociedade. Por outro lado, trata-se aqui, como dantes, de

riam ser atribuídas, simultaneamente, funções de legitimação, de formação de consenso e de controle das desilusões à administração executante, pois isso sobrecarregaria seus processos decisórios com funções secundárias e dificultaria sua racionalização" (Luhmann, 1983a: 211).

143 Duarte, 1939. Na abertura de sua obra "clássica" sobre a formação da sociedade brasileira, Freyre (1984: 4) afirma, nesse sentido, que ela deve ter se desenvolvido "menos pela ação oficial do que pelo braço e pela espada do particular". Cf. também Buarque de Holanda, 1988: 50.

144 Segundo Faoro, 1984-1985: espec. 15 ss., 84 ss., 733 ss. Cf. também Uricoechea, 1977.

145 Nesse sentido, Faoro (1985: 736) afirma: "A realidade histórica brasileira demonstrou [...] a persistência secular da estrutura patrimonial, resistindo galhardamente, inviolavelmente, à repetição, em fase progressiva, da experiência capitalista." Nesse contexto, empregando as palavras de Weber, ele designa (1985: 738), em alemão, o quadro de funcionários públicos brasileiros de "*Beamtenstand*" ("estamento político"), em vez de "*Berufsbeamtentum*" ("camada profissional que assegura o funcionamento do governo e da administração") [Faoro (1985: 738) afirma, com isso, que "não impera a burocracia" – N. do T.].

estruturas sociais de um país cada vez mais integrado funcionalmente na sociedade mundial (moderna), de modo que deveria ser atribuído outro significado à expressão "patrimonialismo"[146].

Vista de "baixo", a "particularização" ou "politização" extralegal ou ilegal da administração pública brasileira depende da miséria de amplos setores da população, que não podem esperar como beneficiários "abstratos" e "impessoais" de decisões. Da perspectiva dos "sobreintegrados", a administração pública, por meio da distribuição de vantagens privilegiadas (cargos, subvenções etc.), é empregada diretamente como compensação para a fragilidade da reprodução dependente da economia no país. Além disso, a manipulação da administração mediante a distribuição de privilégios para os membros dos estratos superiores e "auxílios" para os subintegrados atua como mecanismo de legitimação, uma vez que não se afirma a generalização do apoio político por meio da circulação de política, administração e público (legitimação democrática). Nesse contexto, os cargos administrativos usualmente não são ocupados segundo critérios seletivos de capacidade (como os concursos públicos previstos na Constituição de 1988, art. 37, II), mas sim negociados como objetos de troca, com todas as consequências negativas para a eficiência da administração[147]. Do mesmo modo que para os países periféricos em geral, "desenvolvem-se

---

[146] Faoro reagiria a essa posição com a seguinte afirmativa: a legitimidade do patrimonialismo "assenta no tradicionalismo – assim é, porque sempre foi" (1985: 733). No entanto, Elsenhans (1977: 35-7) fala, em outro contexto, com referência a "alguns paralelos formais" (35), de "uma nova forma de modo de produção asiático" nos países *periféricos*, que, porém, distingue-se "de um modo de produção asiático do tipo antigo" pela técnica e pela estrutura de classes, assim como pela "gênese" (35-6).

[147] Com isso se obstruem as possibilidades de racionalização na política de pessoal, ou seja, as possibilidades "de combinar melhor as capacidades das pessoas com as exigências das tarefas (cargos)" (Luhmann, 1981l: 116).

nas fronteiras da administração com o público sistemas particulares de contato com caráter de troca"[148].

Mesmo quando tendencialmente a politização se subordina a um programa geral contra o subdesenvolvimento estrutural ou para a acumulação capitalista[149], o que também é favorecido pelas condições miseráveis das massas, as possibilidades para o sistema político no Brasil livrar-se dos condicionamentos particularistas permanecem muito limitadas; nesses casos, a administração funciona sob a pressão de necessidades concretas e interesses particulares e, dessa maneira, é explorada como meio de compensação para a falta de generalização do apoio político (legitimação democrática)[150]. Apesar disso, ainda se apresenta muito provável a perspectiva de que a superação do "subdesenvolvimento" depende de uma desdiferenciação política direcionada para fins, que poderia conduzir, em um momento posterior, a uma nova forma de diferenciação social[151]. Porém, no âmbito da sociedade mundial hodierna, as deficiências político-econômicas de um país periférico e, associado a elas, o boicote pelas grandes potências permanecem como obstáculos difíceis de serem superados para que ocorra tal mudança radical.

2.2.3. A divisão de poderes

A ausência da diferença entre política e administração remonta ao problema da insuficiente divisão dos poderes. Se considerarmos a divisão de poderes como meio de limitação do poder

---

[148] Luhmann, 1965: 155 (mas com o emprego da expressão "países em desenvolvimento"). Sob essas condições, o *direito* não cumpre, ou cumpre apenas insuficientemente, a "função de externalização para a relação entre *administração e público*", no sentido de Luhmann (1981l: 64); cf. *supra* nota 142 deste capítulo.

[149] A respeito, cf. as já existentes reflexões de Luhmann (1965: 101-2), de um ponto de vista da modernização.

[150] Para os países periféricos em geral, cf. em perspectivas diferentes Luhmann, 1965: 161; Elsenhaus, 1977: 39.

[151] Cf., em outro contexto, Pieper, 1987: 538.

político perante uma esfera jurídica autônoma[152], então se pode classificá-la como mecanismo reflexivo do direito. Mas ela cumpre também "as funções de filtragem entre política e administração e de prolongamento da cadeia do poder", que, igualmente, "não podem prescindir de um apoio na Constituição"[153]. De modo que, se considerarmos a Constituição como um dispositivo do sistema jurídico (direito constitucional – ver *supra* Cap. II.2), a divisão dos poderes constituirá também uma prestação do sistema jurídico perante o sistema político.

Na experiência brasileira, o princípio da divisão dos poderes sempre foi distorcido. Isso se deu primeiramente pela supremacia do "Poder Moderador" no Império (cf. *supra* p. 172), fundamentada na Carta Constitucional de 1824; mais tarde, pela preponderância do Executivo, seja essa ancorada no diploma constitucional e em leis de exceção com força constitucional (instrumentalismo constitucional de 1937 a 1964) ou desenvolvida no âmbito do processo de concretização (Constituições de 1891, 1934, 1946 e 1988)[154]. Ao se falar de "poder pessoal" em relação ao Império ("Poder Moderador")[155], "ditadura legal"[156] e "neopresidencia-

---

[152] Conforme a concepção usual que remonta a Montesquieu (1973: 168-79 – livro XI, Cap. VI).

[153] Luhmann, 1973b: 11-2.

[154] Na Primeira República (Constituição de 1891), o presidente do Supremo Tribunal Federal, Pedro Lessa, teria afirmado: "Em primeiro lugar, o Executivo; em segundo, o Executivo; em terceiro e último, sempre o Executivo..." (*apud* Chacon, 1987: 126).

[155] O emprego, que se tornou corrente no declínio do Império, da expressão "poder pessoal" em relação ao Imperador como titular do Poder Moderador (cf., a respeito, Celso, 1981: 131 ss.) é caracterizado por Faoro (1976: 57-61), com razão, como produto de um mito, em referência ao poder das oligarquias e o uso oportunista da fórmula por elas (cf. também Faoro, 1976: 136-7).

[156] Conforme Mirkine-Guetzévitch (1932: XCV ss.), que afirmava: "As Constituições da América Latina contêm, assim, a cláusula da *ditadura legal*" (XCV); "em cada Constituição da América Latina existem os germes da ditadura 'legal'" (VCVIII).

lismo"[157] a respeito da República, cumpre diferenciar os períodos de autoritarismo daqueles de nominalismo constitucional, porque nos últimos eram permitidos uma restrita esfera pública e o acesso de uma oposição legítima ao Legislativo. Apesar disso, a debilidade dos poderes Legislativo e Judiciário é uma constante. O fenômeno da preponderância do Executivo está associado, a meu ver, ao fato de que a administração é mais apropriada do que a "abstrata" legislação e a "passiva" jurisdição para manipular as necessidades concretas e distribuir os privilégios. Sem vinculação à lei e sem controle eficiente do Judiciário, o Poder Executivo não age, então, conforme preceitos legais, abstratos, impessoais e racional-burocráticos, mas sim segundo exigências concretas, pessoais e particulares, de modo a se desenvolverem sistemas de contato com caráter de troca nos domínios da economia, política e educação. Além disso, as intervenções "moderadoras" e inconstitucionais dos militares na política são efetuadas por via do Executivo.

2.2.4. Contraprestação e acoplamento estrutural

O fato de os institutos constitucionais destinados à eleição política, à diferenciação entre política e administração e à divisão dos poderes não atuarem como prestações do sistema jurídico perante um sistema político autorreferencial está associado às insuficientes contraprestações da política perante o sistema jurídico. Pode-se discutir esse problema segundo a concepção luhmanniana de Constituição como acoplamento estrutural entre política e direito[158]. Nessa perspectiva, a Constituição em sentido moderno pode ser com-

---

[157] Cf., a respeito, Loewenstein, 1975: 62-6.

[158] Luhmann, 1990b: espec. 193 ss. O conceito de "acoplamento estrutural" ocupa um lugar central na teoria biológica dos sistemas autopoiéticos de Maturana e Varela (cf. Maturana, 1982: 143 ss., 150 ss., 251 ss., 287 ss.; Maturana; Varela, 1987: 85 ss.), à qual Luhmann explicitamente recorre ao aplicar tal conceito aos sistemas sociais (cf. Luhmann, 1990b: 204, nota 72; 1989a: 6, nota 6).

preendida como via de transmissão de prestações recíprocas e, sobretudo, como mecanismo de interpenetração[159] entre dois sistemas sociais, a política e o direito, uma vez que ela "possibilita uma solução *jurídica* para o problema de autorreferência do sistema *político* e, ao mesmo tempo, uma solução *política* para o problema de autorreferência do sistema *jurídico*"[160]. Por meio da Constituição como acoplamento estrutural, fica excluída a influência *direta* do direito pela política e vice-versa, mas aumenta imensamente a possibilidade de influência recíproca[161] e condensam-se as "chances de aprendizado" para os sistemas participantes[162]. Assim, a Constituição serve à interpenetração dos dois sistemas autorreferenciais, o que implica, simultaneamente, relações recíprocas de dependência e independência, que, por sua vez, tornam-se possíveis "com base na formação sistêmica autorreferencial"[163].

No desenvolvimento constitucional brasileiro, em vez da interpenetração, impõem-se reciprocamente o bloqueio por intrincamentos e sobreposições e a desarticulada não observação entre direito e política. A política (em sentido amplo) desenvolve-se amplamente sem consideração pelo seu ambiente jurídico, e isso não somente durante ditaduras; o sistema jurídico, por seu lado, não observa adequadamente seu ambiente político. Pode-se, portanto, fa-

---

159 A respeito do conceito de interpenetração, ver Luhmann (1987b: 289 ss.), que a distingue das relações de prestação ("relações *input/output*" – Luhmann, 1987b: 275 ss.): "Falamos de *penetração*, quando um sistema *coloca a própria complexidade* (e, com isso: indeterminabilidade, contingência e pressão seletiva) à disposição para a construção do outro sistema. [...] Correspondentemente, *interpenetração* ocorre quando essa situação se dá reciprocamente, quando, portanto, ambos os sistemas se possibilitam reciprocamente mediante o fato de que cada um leva a sua própria complexidade pré-constituída ao outro" (290). Dela se distingue o conceito de "interferência" de Teubner (1989: espec. 110; 1988: 55 ss.).

160 Luhmann, 1990b: 202.

161 Luhmann, 1990b: 205.

162 Luhmann, 1990b: 206.

163 Luhmann, 1981e: 165.

lar de uma destruição das "chances de aprendizado". Além disso, desenvolvem-se influências desdiferenciantes que caminham especialmente em direção à politização do direito. Nesse contexto, perde sentido a aplicação da concepção luhmanniana da Constituição como acoplamento estrutural entre política e direito, que se baseia principalmente no desenvolvimento histórico do constitucionalismo nos Estados Unidos.

CAPÍTULO VI

CONSTITUIÇÃO E SISTEMA JURÍDICO. PROBLEMAS DE REFLEXÃO

Os problemas de função e prestação do sistema jurídico no âmbito da experiência constitucional brasileira, considerados no último capítulo, implicam problemas negativos na relação desse subsistema social "consigo mesmo", portanto, em sua reflexão. A reflexão em sentido estrito como referência do sistema jurídico à sua própria identidade, a si mesmo como um todo, atribuída à teoria do direito e à dogmática jurídica, pressupõe, porém, autorreferência de base (elementar) e reflexividade, e vice-versa (ver *supra* pp. 164-5). Considerando-se essa precisa distinção conceitual de Luhmann, a conexão entre Constituições nominalistas ou instrumentalistas e rompimentos na relação do sistema jurídico "consigo mesmo" (em sua reflexão, no sentido amplo) será examinada neste capítulo com base, respectivamente, nos conceitos de autorreferência elementar (ou de base) (seção 1), reflexividade (seção 2) e reflexão em seu sentido restrito (seção 3), ou seja, com base nos três tipos de autorreferência sistêmica[1], que associarei

---

[1] Em outro contexto, a questão da autorreferência torna-se um problema lógico da relação entre normas como unidades linguísticas, o qual se tenta solucionar ("para evitar o paradoxo da autorreferência" - Teubner, 1989: 15). Assim, para apresentar argumentos sobre a possibilidade lógica da autorreferência no direito, Hart (1983) faz objeções, por um lado, à resposta de Kelsen (1946: 28-9) ao argumento de que a série infinita de sanções na relação entre normas sancionadoras e sancionadas es-

aqui, respectivamente, aos conceitos de legalidade, constitucionalidade e legitimidade.

1. AUTORREFERÊNCIA ELEMENTAR E LEGALIDADE

1.1. O conceito de autorreferência elementar ou de base

Entende-se por autorreferência de base a constituição e reprodução do sistema mediante seus próprios elementos (constituídos por ele). Ela corresponde ao conceito de autopoiese no sentido de Maturana[2] e de Luhmann (conforme algumas formulações)[3].

---

taria em contradição com a noção de direito como ordem coercitiva; por outro lado, contesta a tese, sustentada por Ross (1959: 80-4), de que a reforma das normas constitucionais referentes à reforma da Constituição configuraria "um absurdo lógico". Como continuação desse debate, cf. Ross, 1969: espec. 4-5, 20-1, 23-4. No âmbito da concepção sistêmico-teórica da autopoiese, a autorreferência pertence à realidade do direito como sistema social, não sendo tratada como um problema lógico: "Nesse quadro, o conceito de autorreferência (reflexão, reflexividade) é retirado de seu clássico posto na consciência humana ou no sujeito e transposto para o domínio dos objetos, a saber, para os sistemas reais como objeto da ciência. Com isso se aufere certa distância em relação às dificuldades puramente lógicas da autorreferência" (Luhmann, 1987b: 58). Nesse contexto, Teubner (1989: 18) afirma: "O próprio direito, e não apenas o pensamento sobre o direito, é autorreferencialmente constituído."

[2] "A organização autopoiética é definida como uma unidade mediante uma rede de produção de componentes que 1. atuam, recursivamente, na mesma rede de produção de componentes, a qual também produz esses componentes, e que 2. desenvolvem a rede de produção como uma unidade no espaço no qual os componentes se encontram" (Maturana, 1982: 158; para definições semelhantes cf. 141-2, 184-5, 280). Teubner (1989: 32) designa criticamente essa como a definição "oficial" de autopoiese.

[3] Assim, por exemplo, formula Luhmann: "Sistemas que são formados mediante autorreferência de base e que nisso têm sua unidade sistêmica (= sistemas autopoiéticos) [...]" (1987b: 602; cf. também *supra* pp. 41-2). Mas, em outra passagem (Luhmann, 1987b: 600), a autorreferência de base é caracterizada como "a forma mínima de autorreferência" e é sugerido que ela constitui apenas um dos três momentos imprescindíveis da autopoiese (os outros: reflexividade e reflexão) (cf. *supra* pp. 42-3). Contra a identidade entre autopoiese e autorreferência de base, Teubner (1989: 36-60, espec. figura I na p. 50) sugere um conceito mais abrangente de autopoiese como enlace hipercíclico de todos os componentes sistêmicos, quer dizer, um encadeamento operativamente fechado de procedimento jurídico (processo), ato jurídico (elemento), norma jurídica (estrutura) e dogmática jurídica (identidade). Por outro lado, Teubner (1988: 51; 1989: 38, 43 ss.), ao contrário de Luhmann (1985: 2), concebe a autopoiese como "conceito gradativo". Mas tais discussões con-

Se as unidades elementares emergentes constituírem comunicações, então existirá sociedade como sistema autopoiético[4]. Para os seus sistemas funcionais, as comunicações se tornam unidades elementares específicas, uma vez que se reproduzem com base em um código diferenciado. No que diz respeito ao sistema jurídico positivo, isso só ocorre com a reprodução das comunicações exclusivamente no quadro de referência de um único código, o "lícito/ilícito". Dessa maneira, o sentido[5] das ações jurídicas distingue-se do de outras ações sociais[6]. A subordinação do código jurídico ao código econômico, ao político ou a outros códigos de preferência ou a respectiva mistura de códigos é, portanto, inconciliável com a autorreferência elementar do sistema jurídico.

A autorreferência de base implica redundância funcional, no sentido conferido por Henri Atlan (ver *supra* pp. 112-3), o que significa aqui conexão consistente das comunicações jurídicas entre si[7]. Segundo essa concepção, embora cognitivamente o direito positivo tenha de reagir à elevada variedade (determinável) de seu ambiente mediante a criação de elevada variedade sistêmica (determinada), ele responde a isso por meio do aumento de redun-

---

ceituais não são relevantes para a finalidade desta pesquisa, a de tratar a insuficiência de autorreferência (seja absoluta ou relativamente) como um problema socialmente significativo do direito. Para tanto, o mais importante são a clareza e a coerência da seleção conceitual, ou seja, é evitar a confusão de conceitos. Sob esse aspecto, cf., criticamente em relação a Luhmann, Teubner, 1987: 95 ss.; 1989: 27.

[4] Cf. Teubner, 1989: 40-1. Trata-se de emergência de "cima", no sentido de Luhmann (1987b: 43-4).

[5] A questão, segundo Luhmann (1987b: 61), é: "quais unidades de sentido possibilitam internamente a autorreprodução do sistema".

[6] De acordo com Luhmann (1987b: 191 ss.), embora as ações não sejam as unidades elementares da sociedade, mas sim as comunicações, estas têm de "ser reduzidas a ações, decompostas em ações, a fim de poderem controlar a si mesmas" (Luhmann, 1987b: 193).

[7] "O problema fundamental aqui não está na *repetição*, mas na *capacidade de conexão*", segundo Luhmann (1987b: 62) a respeito da teoria dos sistemas autopoiéticos em geral.

dância no plano normativo, a fim de manter sua autonomia[8]. Se faltar redundância (normativa) na *relação* entre *elementos*[9] do sistema jurídico, ou seja, se faltar conexão consistente entre as comunicações jurídicas, o sistema jurídico é assim externamente assimetrizado no plano da orientação normativa, ocorrendo rompimentos em sua circularidade.

A autorreferência elementar, primariamente uma característica operativa de um sistema jurídico positivo, atinge também a *estrutura* desse sistema, uma vez que a redundância (normativa) serve à *segurança de expectativas*[10]. Por "segurança" não se entende aqui "previsibilidade da aplicação" nem se quer referir à certeza do direito mediante *input* de seu ambiente, como se o sistema jurídico fosse uma "máquina trivial"[11]. A respeito, cabe primeiramente observar, em uma perspectiva semântico-pragmática, que a linguagem jurídica em uma sociedade complexa se caracteriza por uma ambiguidade tão intensa (ver *supra* Cap. II.3.2) que não se pode falar consequentemente de "segurança jurídica" no sentido da clássica jurisprudência dos conceitos[12] ou de um idealismo jurídico liberal (ou de sua crítica)[13]. Por outro lado, não se pode dei-

---

[8] Quando Luhmann (1986a: 97, 208-11, 218-9) fala de "renúncia à redundância" como pressuposto para a diferenciação funcional, trata-se, por um lado, da "impossibilidade de substituição dos sistemas funcionais" (1986a: 218) e, por outro, da redundância estrutural (1986a: 208), não da redundância funcional-operativa (desenvolvida no direito no plano das orientações normativas) dentro de um sistema diferenciado, cujo conceito ele aplica, em outro contexto, ao direito positivo (argumentação jurídica) (Luhmann, 1986b: 35).

[9] Conforme a construção de Luhmann, a distinção entre elemento e relação fundamenta a autorreferência de base (cf. *supra* p. 42).

[10] Ela implica, portanto, conexão hipercíclica de elementos (atos jurídicos) e estruturas (normas jurídicas) no sentido conferido por Teubner (ver nota 3 deste capítulo; cf. também Teubner, 1989: 55-6).

[11] Cf. Teubner, 1989: 8-9.

[12] Sobre a "jurisprudência dos conceitos" do século XIX na Alemanha ver, resumidamente, Larenz, 1975: 19-35.

[13] Isso não passava despercebido por Kelsen (1960: 353). Cf. também Cossio, 1964: 158, 168.

xar de ver que a indeterminação do sistema jurídico perante o seu respectivo ambiente é inerente à sua autonomia[14]. No contexto dessas considerações sobre autorreferência elementar ou redundância (normativa), ao se falar de segurança jurídico-normativa de expectativas em uma sociedade complexa, quer-se somente assinalar que se pode ter a expectativa de que apenas um único código será aplicado às distintas comunicações juridicamente relevantes, o código generalizado "lícito/ilícito"[15]. Assim, a conexão consistente entre as comunicações (redundância) refere-se não exatamente aos critérios ou programas jurídicos, que, sobretudo em virtude da positividade do direito, sempre podem variar, mas ao código, nos termos do qual eles podem variar (cf. *supra* pp. 215-6). Se em uma sociedade complexa o código jurídico geral se subordinar aos códigos de outros sistemas funcionais (código do poder, código econômico etc.) ou a códigos jurídicos de formação "socialmente difusa", a redundância e, nesse contexto, a segurança de expectativas também serão diretamente destruídas. Nesse cenário, não se aplica o paradoxo formulado por Joerges (ver nota 15 deste capítulo), pois a desconsideração do código jurídico positivo exclui, então, a certeza de que se pode agir porque o direito funciona.

1.2. Legalidade como autorreferência elementar: o problema da ilegalidade no Brasil

Essas reflexões sobre a autorreferência elementar e suas implicações estruturais, desenvolvidas no âmbito do modelo sistêmico-teórico, permitem outra formulação do conceito de legalidade. Nessa perspectiva, não se trata simplesmente da concordância

---

[14] Teubner, 1989: 9, com base em Paul M. Hejl.

[15] Com isso, a certeza não é negada, mas sim seu problema transformado em um paradoxo: "A problemática da incerteza revela-se um paradoxo: sabe-se que não se sabe por que o direito funciona; mas também se sabe que se pode agir, precisamente porque ele funciona" (Joerges, 1987: 168; cf., na mesma linha de interpretação, Teubner, 1989: 14).

entre lei ou "direito escrito" e ações jurídicas. A essa concepção estática de legalidade corresponde a dicotomia "ordem legal *versus* ordem social" (corrente tanto entre juristas "puros"[16] quanto entre sociólogos do direito "típicos"[17]), nos termos da qual a legalidade é concebida com base no texto legal, cujo caráter não social fica sugerido. A base dessa concepção é o dualismo liberal "Estado/sociedade"[18]. Com efeito, a relação harmônica entre texto legal e ações jurídicas constitui, antes, uma expressão jurídico-linguística da legalidade. Mas eles não são equivalentes. A legalidade, uma das principais características de uma ordem social provida de direito positivo, é compreendida como autorreferência elementar do sistema jurídico, portanto, como redundância (normativa) ou conexão consistente das comunicações jurídicas entre si, o que no plano estrutural implica segurança de expectativas. Em outras palavras, pode-se afirmar que "legalidade", como conceito dinâmico, significa a circularidade entre legiferação e concretização jurídica (aplicação, execução, observância e uso do direito – ver *supra* Cap. III.2.3). Se essa circularidade for rompida ou contornada, surge o problema da ilegalidade, que tem tendências generalizantes nos países periféricos, já que remonta ao plano constitucional, como mostra claramente a experiência brasileira.

---

[16] Este não é, no entanto, o caso de Kelsen. Segundo seu ponto de vista (1960: 25), o direito (embora um todo ideal de sentido) constituiria uma ordem social (normativa) (a outra seria a moral) e a validade do direito consuetudinário não dependeria de seu reconhecimento pelo direito legal ou pelos tribunais (cf. *supra* p. 19).

[17] Por exemplo, Falcão, 1984b.

[18] Para um posicionamento crítico a respeito, ver Luhmann, 1965: 29 ss.; 1981l: 19, considerando que o Estado constitui um "subsistema" ou um sistema funcional da sociedade, a qual seria o sistema social mais abrangente. Para uma leitura sistêmico-teórica dessa distinção, ver Luhmann, 1987c, artigo em que ela é caracterizada como designação para a reintrodução da diferença entre política e economia nos respectivos sistemas funcionais (71).

A legalidade implica a generalização do código jurídico e pressupõe, correspondentemente, o preceito da igualdade (cf. *supra* nota 117 do Cap. III) e o postulado da legalidade como princípios constitucionais em funcionamento. Relacionado a isso, ela exige, como autorreferência elementar do direito, a inclusão de toda a população nesse sistema funcional[19], que responde a essa exigência especialmente mediante a institucionalização dos mecanismos constitucionais característicos do Estado de bem-estar (ver *supra* Cap. V.1.2.3). Desde 1824, os textos constitucionais brasileiros admitem os princípios gerais da igualdade perante a lei (preceito da igualdade) e da legalidade (postulado da igualdade), que se expressa na Constituição de 1988 respectivamente mediante as seguintes formulações linguísticas: "Todos são iguais perante a lei, sem distinção de qualquer natureza [...]" (art. 5º, *caput*); "ninguém será obrigado a fazer ou deixar de fazer alguma coisa senão em virtude de lei" (art. 5º, II)[20]. Quanto à normatização constitucional referente ao Estado de bem-estar, uma resposta jurídica à exigência de inclusão como pressuposto da legalidade (da autorreferência elementar do direito) e, portanto, da eficácia desses dois princípios constitucionais, os diplomas constitucionais brasileiros desde 1934 contêm, como já foi mencionado (Cap. IV e

---

[19] Para além de afirmar que a autorreferência possibilita "a inclusão de toda a população" (cf. Luhmann, 1981l: 35, em referência específica ao sistema político), pode-se dizer que a *inclusão* de toda a população é *pressuposto* da reprodução autorreferencial dos sistemas sociais, inclusive do direito ("Qualquer um desfruta de capacidade e proteção jurídica" – Luhmann, 1981l: 27).

[20] Cf. também os textos constitucionais de 1824, art. 179, incisos I e XIII; de 1891, art. 72, §§ 1º e 2º; de 1934, art. 113, itens 1 e 2; de 1946, art. 141, §§ 1º e 2º; de 1967, art. 150, §§ 1º e 2º; de 1969, art. 153, §§ 1º e 2º. Mas a Carta constitucional autoritária de 1937 não continha uma formulação do postulado da legalidade como princípio constitucional geral, apenas a do princípio da igualdade (art. 122, item 1º). Para as diferentes formulações do princípio da igualdade, cf. Löbsack-Füllgraf, 1985: 238-9, como estudo sobre o tema em idioma alemão.

Cap. V.1.3), seções sistemáticas e abrangentes[21]. Porém, como a experiência constitucional brasileira é caracterizada pela oscilação entre instrumentalismo e nominalismo constitucional, a legalidade perde significado prático; como autorreferência de base, ela é rompida, seja diretamente no plano da legiferação constitucional (versão instrumentalista), seja na concretização constitucional (versão nominalista).

Nas experiências autoritárias brasileiras de 1937-1945 e 1964-1985, a legalidade é rompida mediante as intervenções diretas do sistema político no sistema jurídico por meio de "atos constitucionais" legiferantes do chefe de Estado ou dos comandantes-chefes (1964 e 1969). Isso é possibilitado seja mediante recurso a disposições transitórias e finais da Carta Constitucional (1937) ou leis de exceção com força constitucional (atos institucionais – 1964-1966 e 1968-1969), seja simplesmente por meio de referência retórica a princípios político-ideológicos, principalmente o da "segurança nacional", no caso de rupturas da ordem jurídica autoritária mediante alterações constitucionais (como nos Atos Institucionais nº 5, de 1968, e nº 12, de 1969)[22] (cf. *supra* Cap. IV.4 e 6). Nessas condições, a redundância jurídica como conexão consistente das comunicações sob um código jurídico diferenciado e generalizado já está ausente no âmbito da legiferação. Esse problema operativo impede a segurança jurídico-normativa das expectativas no plano estrutural; ao contrário, ele promove uma imensa insegurança jurídica.

Partindo-se de que não se trata de Estados de direito nesses casos, mas de "sistemas integrados ideologicamente"[23], poder-se-ia

---

[21] Nas Cartas Constitucionais autoritárias (politicamente excludentes) de 1937 e 1967/69, no entanto, não se tratava, a rigor, de uma fórmula de um Estado de bem-estar, mas sim de um Estado social (cf. *supra* nota 46 do Cap. V).

[22] Sobre a subordinação da ordem jurídica e constitucional à ideologia da segurança nacional durante o regime militar brasileiro de 1964-1985, ver Löbsack-Füllgraf, 1985: 25 ss., como estudo sobre o tema em idioma alemão.

[23] A respeito, ver Luhmann, 1984c: 193-5.

objetar que a segurança de expectativas basear-se-ia, então, nos princípios "ideológicos". Nessa linha de interpretação, recorrer-se-ia a uma "redundância ideológica" para a respectiva orientação das expectativas. Mas os princípios "ideológicos" que fundamentam os Estados autocráticos são, em seu conteúdo, tão abstratos e, associado a isso, tão facilmente manipuláveis, que eles não poderiam servir à segurança jurídica ou política de expectativas em uma sociedade altamente complexa. Nesse contexto, a "redundância ideológica" implica, antes, que o direito é determinável por fatores externos e que o *sistema jurídico-político* possui pouca variedade perante a variedade de seu ambiente[24]. Além disso, cumpre observar que, diferentemente do totalitarismo, os Estados autoritários dos países periféricos não dispõem de princípios "ideológicos" consistentes[25]. Princípios ideológicos, como o da "segurança nacional", prototípico para o Brasil (Carta Constitucional de 1937, arts. 161-165; de 1967, arts. 89-91; de 1969, arts. 86-89), aos quais toda a ordem jurídica está subordinada, são então frequentemente deturpados por particularismos que privilegiam os sobreintegrados e por necessidades concretas dos subintegrados[26].

---

[24] Impõe-se, então, a "repressão/recalcamento" [*Verdrängung*] – para usar uma expressão psicanalítica – das exigências contraditórias e desviantes do ambiente, sem que ocorra uma confrontação com essas exigências capaz de gerar aprendizado. Segundo Ladeur (1987), isso significa que o sistema político não se ajusta à "perturbação de ordem" advinda do seu ambiente.

[25] O que não escapou a Loewenstein (1942: 125 ss.), como observador estrangeiro, em relação à ditadura de Vargas. Sobre o regime militar instaurado no Brasil em 1964, Cheresky (1980: 1076) acentuou, correspondentemente, embora com outras implicações, "que, do ponto de vista sociológico, o hermetismo dos sistemas totalitários não encontra equivalente nas ditaduras latino-americanas", uma vez que "os conflitos fundamentais" "nunca [são] totalmente encobertos" e, nesse contexto, "o jogo político das facções partidárias no círculo do poder" torna-se relevante.

[26] Desse modo, a caracterização da doutrina da "segurança nacional", sustentada pelo regime militar brasileiro (1964-1985), com a expressão "onipresença de uma ideologia" (conforme Löbsack-Füllgraf, 1985: 25), não é correta, sobretudo porque ela sugere que se trataria de um Estado totalitário (cf. *supra* p. 95).

A quebra da legalidade no direito brasileiro, no entanto, não deve ser atribuída apenas, nem mesmo em primeiro lugar, à emergência de instrumentalismos constitucionais (autoritarismos). Quando não diretamente no plano da legiferação, a legalidade sempre foi (e continua sendo) deformada por assimetrias normativas e rupturas de circularidade – condicionadas por fatores externos ao sistema jurídico – na relação entre estabelecimento e concretização do direito *também* nas "ordens jurídicas" de aparência democrática (nominalismos constitucionais) no Brasil; mas aqui o problema se revela somente a partir do processo de concretização. Não se trata, nesse contexto, simplesmente de exceções ou de questões sobre áreas específicas, uma vez que o preceito de igualdade e o postulado de legalidade – como princípios constitucionais imprescindíveis à legalidade – não encontram ressonância social: a "exclusão" da maioria e a sobreintegração de uma pequena parcela da população são inconciliáveis com a legalidade; os institutos constitucionais próprios de um Estado de bem-estar, que poderiam ser uma resposta a essa questão, não possuem significado que se possa levar a sério. Nessas circunstâncias, conceitua-se a legalidade, equivocadamente, como um fenômeno que se limita ao "mundo alienado" dos textos legais cada vez mais numerosos[27], para criticá-la. Não se observa que, a rigor, falta legalidade como conexão consistente das comunicações conforme um código jurídico generalizado (redundância jurídica) e que a ilegalidade apresenta tendências generalizantes. Por isso, a via para essa pers-

---

[27] Sobre a chamada "inflação legislativa" no Brasil, cf. J. C. Silva, 1968, cuja análise teórica, baseada na discussão sobre esse tema desenvolvida na Europa pós-guerra, especialmente no início dos anos 1950, no entanto, não convence: ele afirma, conforme Ripert (1953: 9), que "a inovação legislativa é em si um mal", sendo expressamente negadas eventuais particularidades do problema no Brasil (em comparação com a Itália de Carnelutti e a França de Ripert) (1968: 84). A respeito, cf. também Carnelutti, 1953.

pectiva é obstruída em favor de uma discussão abstrata importada do contexto euro-ocidental e norte-americano sobre a contradição entre legalidade (suposta como existente) e justiça ou legitimidade (designada como não existente ou como insatisfatória) (retomo esse tema na seção 3).

A carência de autorreferência elementar está estreitamente associada aos problemas de função e prestação do sistema jurídico no plano constitucional, acima considerados (Cap. V). Pode-se dizer que se trata dos mesmos problemas, mas observados de outro ponto de vista (mediante outra referência sistêmica). As já mencionadas constantes violações dos direitos fundamentais por meio da violência ilegal, especialmente no âmbito do aparato policial (ver *supra* Cap. V.1.2), a insignificância das "normas constitucionais programáticas" (referentes aos "direitos sociais fundamentais") no processo de concretização (ver *supra* Cap. V.1.3), a ineficiência da prestação do sistema jurídico para a solução de conflitos, sobretudo em relação aos marginalizados (Cap. V.2.1), e a deficiente prestação do sistema jurídico em sua referência específica ao sistema político (Cap. V.2.2) representam clara expressão da ilegalidade tendente à generalização em toda a história constitucional do Brasil como um país tipicamente periférico. Assim como ocorre no que diz respeito às deficiências de função e prestação (cf. *supra* pp. 218-9, 258-9), a ilegalidade não deve ser atribuída simplesmente à persistência de modelos tradicionais de conduta. Embora no âmbito das primeiras experiências constitucionais, especialmente dos textos de 1824 e 1891, a legalidade como autorreferência elementar do sistema jurídico – tanto diretamente no plano da legiferação constitucional (poder moderador) quanto no decorrer do processo de concretização – tenha sido bloqueada por resquícios de tradicionalismos, a crescente complexidade da sociedade brasileira no decorrer do tempo (sobretudo nas últimas três décadas) indica que, em rigor, trata-se de um típico problema da *modernidade* periférica. A heterogeneidade estrutural, como sobreposição, intricamento e justaposição de códigos e critérios tanto entre os subsistemas sociais quanto em seu interior e, associada a ela, a relação entre sobreintegração e subintegração nos sistemas sociais modernos, neles incluído o direito positivo, tudo isso torna impossível a generalização de *um* código jurídico diferenciado, ou, mais exatamente, a conexão consistente das comunicações sob um código jurídico "lícito/ilícito" diferenciado. O resultado, no plano estrutural, é uma elevada insegurança jurídica, o que não é um problema das sociedades tradicionais, pois nelas as representações de valores válidas em todos os domínios sociais teriam servido à garantia das expectativas normativas, o que nitidamente não corresponde ao caso brasileiro.

No âmbito do pluralismo jurídico, em contradição com esse modo de apreciar o problema, poder-se-ia levantar o argumento de que no caso da experiência brasileira tratar-se-ia de diferentes "legalidades", de modo que, de acordo com os vários códigos "lícito/ilícito" "difusamente diferenciados", existiriam as correspondentes redundâncias jurídicas (conexões consistentes das comunicações jurídicas entre si e, consequentemente, orientações específicas de expectativas normativas – seguranças jurídicas instáveis!)[28]. Assim, haveria as "legalidades" das associações de moradores das favelas, as dos grupos criminosos, as das atividades in-

---

[28] Nessa perspectiva, poder-se-ia, então, concatenar a teoria jurídica pós-moderna (representada na Alemanha principalmente por Ladeur – cf. *supra* pp. 54-5) com a situação do "pluralismo jurídico" no Brasil. Assim, Sousa Santos, que antes recorreu à situação jurídica de uma favela no Rio de Janeiro para sustentar seus argumentos jurídico-pluralistas (cf. *supra* pp. 144-5 e Cap. V.2.1.3), hoje designa pluralismo e "interlegality" [interjuridicidade] como "conceitos-chave de um direito pós-moderno" (1987: 297-8; acompanhando essa linha de interpretação, cf. Teubner, 1989: 131).

constitucionais do aparato policial etc.[29]. Não cabe simplesmente contrapor a essa visão que, além do conceito universal-filosófico da legalidade, segundo o qual em todos os fenômenos ou sistemas poder-se-ia reconhecer certa "regularidade", em outro contexto existe um conceito jurídico-político autônomo de legalidade, que remonta à ampla virada semântica no âmbito do constitucionalismo do final do século XVIII e que remete à generalização do código jurídico em determinado território estatal. Outra coisa é mais importante aqui. De fato, ainda há no mundo social moderno e supercomplexo o "direito socialmente difuso" (assim como o "direito parcialmente autônomo" extraestatal)[30]. Mas, ao contrário das experiências na modernidade central (América do Norte e Europa Ocidental), nas quais o "direito socialmente difuso" manifesta-se como reação de outros sistemas funcionais autônomos ao fenômeno jurídico-positivo da juridificação ou como expressão de um domínio específico do crime organizado – como no caso da máfia[31] –, sem destruir a autorreferência elementar do direito positivo (legalidade) com consequências gerais[32], a situação no Brasil é bem diferente: trata-se do amálgama do código "lícito/ilícito", formado e aplicado difusamente, com os códigos econômico, po-

[29] Cf., por exemplo, Junqueira; Rodrigues, 1988: 129, 132, 135, 139, na mesma linha de interpretação de Sousa Santos (cf. última nota).

[30] Cf. a respeito Teubner, 1989: 49 ss., que em outra passagem (1989: 135-8) fala de direito de colisão para os conflitos "entre ordem jurídica estatal e *ordens sociais plurais quase-jurídicas* ou entre estas". Mas a questão permanece: nesse direito de colisão intersistêmico se trata de um direito autopoiético, parcialmente autônomo ou socialmente difuso? Caso se trate de uma dessas últimas duas formas, não existiria, em rigor, direito autopoiético; no caso de se tratar de um direito autopoiético, não haveria, em rigor, um direito parcialmente autônomo ou socialmente difuso. Cf. também *supra* nota 94 do Cap. V.

[31] Teubner, 1989: 51.

[32] Aqui se poderia comparar, por exemplo, os efeitos relativamente limitados da máfia no direito positivo na Itália e nos Estados Unidos com as consequências gerais da destruição do sistema jurídico pelo Cartel de Medellín na Colômbia.

lítico e outros códigos jurídicos diferenciados de forma "socialmente difusa", o que é uma expressão da heterogeneidade estrutural em um país tipicamente periférico-moderno; essa situação ocorre com tendências generalizantes ao rompimento da legalidade, sem que, para compensá-las, vigorem, para redundância normativa e a segurança das expectativas, representações (tradicionais) de valores válidos para todos os domínios sociais.

Como já foi observado (ver pp. 144-5), nessas condições, o fato de diferentes unidades sociais disporem de códigos jurídicos distintos não pode ser, de nenhuma maneira, caracterizado como potencial pluralístico para o rompimento da legalidade e para a mudança social[33]. Nessa perspectiva "romântica", desconsidera-se que se trata, antes, de "estratégias de sobrevivência" dos marginalizados ou de mecanismos de imposição de privilégios para os sobreintegrados. Muito menos se trata aqui de um pluralismo jurídico no sentido pós-moderno, pois para tanto falta não apenas a cadeia autorreferencial, mas também a rede das comunicações jurídicas[34]. Nessas condições, a multiplicidade do código jurídico afeta diretamente a segurança jurídica (cf. *supra* nota 157 do Cap. III), mas isso, é claro, ocorre principalmente em desfavor dos subintegrados (a maioria), na medida em que eles não têm acesso (no sentido positivo) ao sistema jurídico estatal, e, sob determinados aspectos, favoravelmente aos sobreintegrados (uma pequena parcela da população), tendo em vista que eles, passando por cima do código jurídico "geral", podem conseguir vantagens mediante a manipulação do aparato estatal de poder e direito.

A tendência à generalização da ilegalidade, em radical desacordo com o preceito da igualdade e o postulado da legalidade

[33] Assim, nos anos 1970 Sousa Santos (1977: espec. 103) via um potencial revolucionário no direito por ele pesquisado em uma favela no Rio de Janeiro; cf. *supra* nota 154 do Cap. III.

[34] Cf., a respeito, Ladeur, 1985: 419, 423.

como princípios constitucionais, relaciona-se ao fato de que o sistema jurídico não dispõe de capacidades de neutralização e imunização contra os interesses particularísticos dos sobreintegrados e as necessidades concretas dos marginalizados[35]. A inclusão de toda a população no sistema jurídico, o que implica ao mesmo tempo *dependência para com* esse sistema funcional e *acesso* (no sentido positivo) *a* ele[36], é, portanto, precondição da neutralização e imunização (normativa) contra exigências e codificações advindas do ambiente e, dessa maneira, pressuposto da legalidade como autorreferência elementar ou conexão consistente das comunicações com base em um código jurídico diferenciado e generalizado. De tais condições distancia-se acentuadamente a realidade jurídica e constitucional brasileira.

2. REFLEXIVIDADE E CONSTITUCIONALIDADE

2.1. Conceito de reflexividade

Da autorreferência de base como *conexão dos elementos sistêmicos* entre si, Luhmann distingue a reflexividade, *a referência de um processo* a si mesmo, ou melhor, a um processo da *mesma espécie*[37]. A reflexividade diz respeito, por exemplo, ao ensino do ensi-

[35] Com outra visão, Ferraz Jr. (1984: 118) fala de neutralização exatamente no caso em que ela não se realiza: nos conflitos em virtude das ocupações coletivas de terrenos urbanos para a construção de favelas (cf. *supra* Cap. V.2.1.4).

[36] Nesse sentido estrito, a *exclusão* inclui também os sobreintegrados, na medida em que eles não dependem do sistema jurídico, embora tenham acesso à sua prestação.

[37] A respeito, ver espec. Luhmann, 1987b: 601, 610-6. Para distinguir do conceito lógico de reflexividade, observa Luhmann (1984a: 109, nota 6): "Ele designa uma relação que preenche o pressuposto de que cada membro está para si mesmo na mesma relação que está para o outro [...]. Não nos atemos a essa definição, porque a identidade exata da relação reflexiva obstruiria justamente o argumento a que queremos chegar: o aumento da eficiência mediante a reflexividade. Por isso, um mecanismo deve ser então considerado reflexivo se tiver em vista um objeto caracterizado como um mecanismo da mesma espécie; se, portanto, referir-se a si mesmo no concernente à espécie."

no, à normatização da normatização, ao poder sobre o poder e à decisão sobre a tomada de decisão[38], mecanismos a que subjaz a diferença entre o antes e o depois[39].

Mas, formulado dessa maneira, o conceito resulta insuficiente para caracterizar a reflexividade como forma de autorreferência no âmbito de um sistema autopoiético. Diante disso, Luhmann tenta defini-lo mais exatamente: "Queremos nos referir à autorreferência processual ou reflexividade apenas, então, quando esse reingresso no processo é articulado com os meios do processo."[40] Seguindo o modelo sistêmico-teórico, pode-se formular de outra maneira essa questão: reflexividade como mecanismo no interior de um sistema autopoiético implica que o processo referente e o processo referido sejam estruturados pelo mesmo código binário e que, em conexão com isso, critérios e programas do primeiro reapareçam em parte no segundo. Por conseguinte, não é suficiente referir-se à normatização da normatização, pois a normatização religiosa ou ética da normatização jurídica, assim como a "normatização jusnaturalista" do processo de produção de normas jurídico-positivas, não constitui, nesse sentido estrito, formas de reflexividade da produção normativa. Além disso, conforme esse

---

38 Cf. Luhmann, 1984a: 94-9.

39 Luhmann, 1987b: 601. Cf. também *supra* p. 42. Mas o fato de a diferença entre antes e depois subjazer à reflexividade não deve significar, a meu ver, que o processo referido sempre se encontre no futuro; pois a decisão sobre as tomadas de decisão do passado e as normatizações referentes a normas legalmente postas no passado, inclusive a recepção jurídico-positiva de normas da "antiga" ordem jurídica pela "nova", também configuram reflexividade. Segundo a formulação de Luhmann, pode-se conceber a questão de outro modo, enquanto ele atribui o fortalecimento das prestações seletivas mediante reflexividade à *pré*-escolha de um mecanismo da mesma espécie, como no caso da *pré*-decisão sobre decisões; cf. Luhmann, 1984c: 184.

40 Luhmann, 1987b: 611. Segundo o próprio Luhmann (*ibid.*, nota 31), falta essa distinção em seu estudo anterior sobre esse tema, publicado primeiramente em 1966 (1984a).

universo conceitual, não ocorre reflexividade normativa entre ordens jurídicas "pluralistas", que dispõem de distintos códigos jurídicos, nem no "direito socialmente difuso"[41].

2.2. Constitucionalidade como a mais abrangente reflexividade no sistema jurídico

Como já foi salientado (Cap. II.2.), pode-se compreender a Constituição como a principal instância reflexiva do direito positivo. Ela não constitui simplesmente uma normatização da normatização referente a um ramo específico do sistema jurídico, como uma lei administrativa em virtude de determinados decretos ou o código de processo civil perante a normatização concretizante da jurisdição civil. Tampouco basta caracterizá-la como normatização da legislação, embora isso seja decisivo para o fechamento normativo do sistema jurídico (cf. *supra* pp. 67-8). Como instância reflexiva *mais abrangente* do direito positivo, a Constituição refere-se diretamente tanto à emenda constitucional e à legislação quanto às normatizações concretas do Executivo e do Judiciário. Isso está relacionado com a institucionalização da divisão dos poderes e, no plano estrutural, implica hierarquias *internas*: a Constituição se torna *norma das normas* e determina as relações hierárquicas entre as normas jurídicas[42]. Essa hierarquização

---

[41] Cabe observar que "reflexividade" tem aqui um significado bem diferente daquele que tem no âmbito do conceito de "direito reflexivo" de Teubner (1982; 1989: 81 ss.), que se refere à capacidade do sistema jurídico de regular seu ambiente social sem prejudicar sua autonomia nem a do sistema regulado; cf. *supra* Cap. I.4.3. Pode-se, porém, relacionar esse conceito com o de "reflexão" em Luhmann, ao qual subjaz a diferença entre sistema e ambiente (ver *supra* pp. 42-3; *infra* seção 3.1). Mas eles se distinguem claramente entre si, como confirma a seguinte afirmação de Luhmann: "É, pois, também inimaginável que a partir do direito se possa controlar e regular a autopoiese de todos os sistemas sociais – algo como a regulação da autorregulação" (1985: 7).

[42] Cf. Luhmann, 1990b: 190.

com base em um mecanismo do próprio sistema não resulta no rompimento da circularidade, uma vez que o sentido e a "força normativa" da Constituição dependem dos processos de concretização constitucional, que também se referem reflexivamente à Constituição. Fala-se, portanto, de "hierarquias entrelaçadas" (*tangled hierarchies*) (cf. *supra* pp. 68-9). De uma perspectiva semiótica, isso significa que a Constituição, perante normatizações que a aplicam e a interpretam, atua simultaneamente como metalinguagem e linguagem-objeto (cf. *supra* pp. 80-1)[43].

Se a Constituição é concebida como a instância reflexiva mais abrangente *do* direito positivo, pode-se compreender a constitucionalidade como expressão fundamental da reflexividade *no interior* desse sistema social. Nesse sentido, não se atribui a constitucionalidade a critérios, princípios e normas que estariam "sobre" o sistema jurídico-positivo, como a "ideia de direito"[44] e a "regra da solidariedade social"[45], muito menos se pode falar de "normas constitucionais inconstitucionais" "em virtude de infração contra o direito supralegal não positivado"[46]. Trata-se, ao contrário, de

---

[43] Cf. Hofstadter, 1986: 24-5, que se posiciona criticamente a respeito da concepção que remonta a Bertrand Russell, segundo a qual se afirmaria a hierarquização assimétrica entre metalinguagem e linguagem-objeto por meio da "proibição" de "voltas" na linguagem.

[44] Em conformidade com isso, Burdeau (1969: 368-70) designa o controle da constitucionalidade "como meio para garantir a ideia de direito". Mas, segundo Burdeau (1966: 210-24), a "ideia de direito" distingue-se do direito natural, já que ela, embora "transpositiva", seria "contingente".

[45] De acordo com Duguit, 1926: 36-7, 280-6. Cf. *supra* nota 64 do Cap. I.

[46] Bachof, 1979: 27-8. Também no caso da "infração contra o direito supralegal jurídico-constitucionalmente positivado", a razão última da "inconstitucionalidade de uma norma constitucional" reside, segundo Bachof (25-6) "na contradição com o direito supralegal". Com base em Radbruch, Bachof (32) esclarece "que o direito supralegal – o 'direito natural' não no sentido de princípios regulativos, mas no sentido de normas de conduta imediatamente jurídico-vinculativas – é apenas aquele mínimo sem o qual uma ordem já não mereceria a qualificação de ordem *jurídica*".

uma forma de relação intrassistêmica internormativa[47], em cujo âmbito a reflexividade da normatização jurídico-positiva é posta abrangentemente em funcionamento.

Mas esse tipo de reflexividade pode surgir e se desenvolver somente se, no plano de concretização constitucional, forem constituídos e efetivamente empregados mecanismos para o controle da constitucionalidade do direito. Eles não precisam estar regulados ou mencionados no texto constitucional, como confirma a experiência da *Judicial Review of Congress* nos Estados Unidos[48]; porém, os órgãos controladores têm de se referir à Constituição para executar suas atividades. Também não é decisivo se apenas um único órgão do Estado ("controle concentrado") ou qualquer tribunal ou juiz ("controle difuso") é responsável pelo teste de constitucionalidade da normatização jurídica, assim como tampouco é decisivo se se trata de um mecanismo de controle a ser ativado apenas no âmbito de um caso concreto ou de um mecanismo "abstrato" de controle, seja "por via de ação", seja "por via de exceção"[49]. Determinante para um legítimo sistema de controle da

---

[47] Cf. Neves, 1988: 68-73.

[48] "A própria Constituição não faz nenhuma menção ao controle judicial dos atos do Congresso, e as discussões na Convenção Constitucional de 1787 foram completamente irrelevantes", assim consta na primeira frase do famoso voto de John Marshall no caso *Marbury vs. Madison* (1803), ao qual remonta a institucionalização do controle judicial da constitucionalidade de leis nos Estados Unidos (entre outros, em: Marshall, 1967: 65-91). De acordo com a pesquisa de Stourzh (1989b) sobre o problema da inconstitucionalidade no século XVIII, esse voto encontra-se "não no começo, mas no final de um desenvolvimento": no século "entre a Revolução Gloriosa na Inglaterra (1689) e a conclusão da elaboração constitucional" nos Estados Unidos, "pode-se acompanhar o surgimento de uma concepção de Constituição, constitucionalidade e inconstitucionalidade, que, de fato, criou pela primeira vez os pressupostos para a formação de um instrumentário para o controle da manutenção da Constituição" (37).

[49] Ver abrangentemente sobre as diferentes sistemáticas organizacionais e procedimentos jurídicos para o controle da constitucionalidade (especialmente das leis), entre outros, Cappelletti, 1978b; Burdeau, 1969: 371 ss. Para outras referências, cf. Neves, 1988: espec. 81.

constitucionalidade e, portanto, para a garantia da reflexividade no interior do sistema jurídico parece ser, antes, que o teste da inconstitucionalidade seja executado por outra instância independente do órgão controlado; não basta, evidentemente, o "autocontrole", como no caso do controle da constitucionalidade de leis pelos legisladores[50]. Além disso, é importante se o controle é atribuído a órgãos "políticos"[51] ou a órgãos "jurídicos" (tribunais). Na primeira alternativa poder-se-ia ver um sintoma da politização do sistema jurídico[52]. Mas também se poderia dizer que ela faria justiça ao conceito de Constituição como "acoplamento estrutural entre direito e política" (Luhmann). O controle da constitucionalidade por tribunais, por outro lado, teria por base um conceito rigoroso de Constituição como instância do sistema jurídico[53]. Mas, uma vez que em ambos os casos os órgãos controladores se refiram ao *direito* constitucional e decidam segundo seus critérios e normas, esses órgãos serão aliviados da pressão política, e a politização de suas atividades será limitada. Considerando esse aspecto, pode-se afirmar que o controle efetivo da constitucionalidade serve à autodeterminação do direito e, conjuntamente, à reflexividade normatizante *no* direito. Com isso não se contestam, absolutamente, as implicações políticas do controle da constitucionalidade de leis[54].

---

50 Nesse sentido, Biscaretti di Ruffia (1974: 542) afirma que, desse modo, uma parte é identificada com o juiz.

51 Como ocorre tipicamente na França. Cf., a respeito, Burdeau, 1969: 406-24.

52 Poder-se-ia então pensar aqui no "*Sénat conservateur*" [Senado Conservador] (cf. Burdeau, 1969: 410-1).

53 Além disso, poder-se-iam constatar aí tendências de "judicialização da política". Nesse sentido, cf. Loewenstein, 1975: 261 ss., especialmente em relação à experiência do Tribunal Constitucional Federal na República Federal da Alemanha.

54 O que já era evidenciado por Tocqueville (1961: 101-4) como observador perspicaz da experiência dos Estados Unidos. Cf. também Luhmann, 1990b: 218-9.

2.3. O controle da constitucionalidade nos textos constitucionais brasileiros: significado para a reflexividade no sistema jurídico

Uma confrontação com o desenvolvimento constitucional brasileiro exclusivamente do ponto de vista dos diferentes textos constitucionais não conduziria, certamente, à negação do modelo da constitucionalidade como reflexividade mais abrangente no interior do sistema jurídico. Ao contrário, poder-se-ia verificar uma evolução significativa nesse sentido, especialmente quando se levasse em conta a ampliação dos institutos constitucionais para o controle da constitucionalidade das leis e outros atos normativos dos órgãos estatais: da omissão na Carta Constitucional de 1824 à extensa normatização no diploma constitucional de 1988 teria decorrido, então, um processo evolucionário. Mas um exame atencioso da realidade constitucional conduz ao desmantelamento desse quadro.

Na *Carta Constitucional de 1824* não foi citado nenhum mecanismo de controle da constitucionalidade[55]. Considerando-se a práxis constitucional nos Estados Unidos, é possível afirmar que no âmbito do texto "imperial" poderia ter sido desenvolvido um tipo de *judicial review*[56]. Mas com isso não se perceberia que havia uma contradição entre a figura do Poder Moderador como poder estatal supremo (cf. *supra* p. 172) e o controle judicial da constitucionalidade de leis[57]. Antes, seria de se supor que poderia

---

[55] O fato de que conforme o art. 15, incisos VIII e IX, a responsabilidade para interpretar e "velar na guarda da Constituição" tenha sido atribuída ao Legislativo (cf. Mendes, 1990: 169-70, com base em Pimenta Bueno, 1857: 69-70) não implica um controle da constitucionalidade no sentido estrito como controle interorgânico da Constituição, mas sim uma forma de controle intraorgânico (cf. nota 50 deste capítulo; sobre a distinção entre controle interorgânico e controle intraorgânico, ver Loewenstein, 1975: 167 ss.).

[56] Cf. nesse sentido Miranda, 1973: 620.

[57] Nesse sentido Bittencourt, 1968: 28; cf. também Mendes, 1990: 170.

ter surgido um controle mediante o Poder Moderador, ao qual cabia velar "sobre a manutenção da Independência, equilíbrio, e harmonia dos mais Poderes Políticos" (art. 98). Esse, porém, teria sido um controle político mediante um agente estatal não submetido político-juridicamente a nenhuma responsabilidade, o imperador (art. 99), de modo que tal controle não poderia ter servido à constitucionalidade como reflexividade *no* sistema jurídico. Mas a noção da constitucionalidade não foi adotada na prática política do Império. A respeito, há dois exemplos interessantes, levando em conta apenas a atividade oficial do poder estatal: a remodelação essencial da Emenda Constitucional descentralizadora de 1834 (Ato Adicional – Lei nº 16, de 12/08/1834)[58] mediante a centralizadora "Lei de Interpretação" de 1840 (Lei nº 105, de 12/05/1840), uma lei ordinária[59], e a introdução da eleição direta mediante legislação ordinária (Lei nº 3.029, de 09/01/1881), em contradição,

---

[58] Conforme essa emenda constitucional, seguindo uma fórmula de conciliação entre "federalistas", "liberais moderados" e "conservadores", a responsabilidade das províncias foi estendida, especialmente no que se refere ao Poder Legislativo (os "Conselhos Gerais de Província" – arts. 71-89 da Carta Constitucional – foram, correspondentemente, renomeados para "Assembleias Legislativas Provinciais" – art. 1º do Ato Adicional). A respeito, ver A. T. Bastos, 1937: 86 ss.; Leal, 1915: 167 ss.; Roure, 1914: 205-8; Martins Ferreira, 1954: 53-6; Melo Franco, 1960: 106-10; Bonavides; Andrade, 1989: 112 ss.; Pacheco, 1958: 215 ss.; e as observações críticas de Faoro, 1984: 307 ss., considerando a dissonância entre as pretensões registradas no Ato Adicional e a realidade política. É de observar aqui que, conforme o art. 20 do Ato Adicional, o "Poder Legislativo Geral" tinha autorização para revogar os atos dos legislativos das províncias que ofendessem a Constituição. Mas, na prática constitucional cotidiana, os inúmeros atos inconstitucionais dos legislativos locais subordinavam-se a um controle por "avisos ministeriais" (cf. J. C. Rodrigues, 1863: 183-8).

[59] Com isso, são restringidas as competências das "Assembleias Legislativas Provinciais" que foram conquistadas pelo Ato Adicional. Freire (1983: 91 ss.) criticou a "Lei de Interpretação" como reação "conservadora e centralizadora" contra "as conquistas liberais de 1834" e atribuiu-lhe consequências econômicas negativas. Cf. também nesse sentido A. T. Bastos, 1937: 94-5. Mas considerar a descentralização "formal" como meio eficaz para superar problemas econômicos e sociais constituía um posicionamento ilusório, como mostrou mais tarde a experiência "federalista" da "Primeira República".

portanto, com as determinações constitucionais sobre a eleição indireta (arts. 90-94)[60]. Nesses casos, não vale o argumento de que segundo o art. 178 da Carta Constitucional de 1824 apenas suas disposições que dizem "respeito aos limites, e atribuições respectivas dos Poderes Políticos, e aos Direitos Políticos, e individuais dos Cidadãos" estavam sujeitas às determinações constitucionais especiais sobre a reforma constitucional (arts. 174-177): as outras disposições do texto constitucional ("tudo o que não é constitucional") podiam ser alteradas pelas legislaturas ordinárias[61]. Nos exemplos dados tratava-se, evidentemente, de matéria constitucional no sentido do texto[62]. Em tais ofensas *oficiais* ao texto constitucional, porém, trata-se apenas de sintomas da falta de constitucionalidade, um problema que deve ser atribuído, em primeiro lugar, à prática "informal" do poder estatal e dos detentores extraestatais de poder[63].

---

[60] É de se observar que essa reforma eleitoral implicava uma limitação ainda mais forte do direito de voto, uma vez que o direito de participação eleitoral se tornou, então, dependente de um rendimento anual líquido de 200.000 réis (art. 2º da Lei nº 3.029, de 1881 – entre outros em: Soares de Souza, 1979: 335-69), o que, conforme a Carta Constitucional (art. 94, I), valia somente para quem votava no segundo turno ("eleitores"), não para os do primeiro turno ("votantes"), que deveriam dispor de um rendimento anual líquido de 100.000 réis (art. 92, V); cf. *supra* nota 103 do Cap. V. Nesse contexto, sobre a queda das inscrições e participações eleitorais na eleição direta de 1881, cf. Faoro, 1984: 375-6; 1985: 620, no entanto, com outras inferências.

[61] A esse respeito, comprova-se claramente a influência do art. 16 da Declaração dos Direitos do Homem e do Cidadão de 1789 (ver *supra* pp. 61-2).

[62] Contra essa posição, Soares de Souza (1979: 118-26) manifestou-se no que concerne à introdução do voto direto, mas não convincentemente. Quanto à "lei de interpretação", cf. também, em outra perspectiva, Melo Franco, 1960: 112, ainda com referência à competência do Poder Legislativo para interpretar as leis (art. 15, inciso VIII); com base nele, Bonavides; Andrade, 1989: 123.

[63] A respeito, Faoro, em sua brilhante interpretação político-sociológica da obra literária de Machado de Assis, afirma: "A Constituição só seria venerada pelos políticos em oposição, que, no governo – por ser governo – violavam, assenhoreando-se dos instrumentos de poder que ela só nominalmente limitava. O exercício do governo seria sempre a Constituição violada – daí o brado pitoresco e oco da oposição: 'Mergulhemos no Jordão constitucional'" (Faoro, 1976: 65-6).

Mediante uma formulação indireta, o *diploma constitucional de 1891* (art. 59, § 1º) assimilou o modelo norte-americano do controle difuso da constitucionalidade[64]. Foi decretada a admissibilidade do recurso perante o Supremo Tribunal Federal contra as sentenças nas quais a Justiça dos estados questionasse "a validade, ou a aplicação de tratados e leis federais" (alínea *a*) ou decidisse a favor da constitucionalidade de leis e atos dos governos estaduais cuja "validade em face da Constituição" tenha sido contestada no caso (alínea *b*)[65]. Com isso foi reconhecida a competência de juízes e tribunais para verificar a constitucionalidade de leis e atos de governo[66]. Mas as inconstitucionalidades dos atos de governo acumularam-se e tornaram-se mais graves do que no "Império" (cf. *supra* p. 182). Já pouco depois que o diploma constitucional entrou "formalmente" em vigor, o presidente da República (*Marechal* Deodoro da Fonseca) dissolveu o Congresso Nacional

---

[64] Mas ele já havia sido previsto pelo texto constitucional, art. 58, § 1º, "publicado" pelo governo provisório mediante o Decreto nº 510, de 22/06/1890 (entre outros, em Alencar; Rangel, 1986: 63-82), e introduzido no direito brasileiro pelo Decreto nº 848, de 11/10/1890 (cf., a respeito, Bandeira de Mello, 1980: 156: Miranda, 1960 VI: 417; Barbi, 1968: 37; Mendes, 1990: 171).

[65] Essa disposição (art. 59, § 1º) do diploma constitucional de 1891 corresponde quase literalmente a um adendo de Rui Barbosa, o autor mais importante do texto, ao projeto de Constituição da "comissão de juristas" do governo brasileiro (cf. Barbosa, 1946: 78). Assim se expressava sua admiração pela experiência da *judicial review* nos Estados Unidos. A abrangente Emenda Constitucional de 1926 também afetou essa disposição constitucional (a partir dela, então, art. 60, § 1º, alíneas *a* e *b*): em vez de "aplicação ou validade" foi escrito então "vigência ou validade"; não havia mais referência a "tratados".

[66] O fato de que essa disposição não fez referência às decisões da Justiça Federal não significava que os Tribunais Federais (exceto o Supremo Tribunal Federal) fossem excluídos do controle da constitucionalidade das leis e dos atos de governo. A razão para isso era que para suas decisões não valia a restrição de recurso perante o Supremo Tribunal Federal, como ocorria para os tribunais locais (art. 59, inciso II); além disso, os Tribunais Federais eram explicitamente responsáveis pela decisão das causas jurídicas em que uma das partes fundasse sua ação ou defesa em disposições da Constituição (art. 60, alínea *a*).

(03/11/1891), renunciou sob pressão do Exército (23/11/1891) e foi substituído inconstitucionalmente pelo vice-presidente[67]. O interregno militar (a partir de 1889), portanto, não se encerrou com a promulgação do texto constitucional de 1891, mas se manteve mediante a atividade violadora da Constituição por parte dos dois primeiros presidentes marechais até o ano de 1894[68]. Entretanto, após o final desse período, altera-se apenas a forma das atividades ofensivas à Constituição por parte do poder estatal: passa-se do "método militar" de violação constitucional para as fórmulas "políticas" de minar a Constituição. Se considerarmos a atividade inconstitucional dos agentes estatais exercida à margem dos atos e da normatização oficiais ("política dos governadores", arranjos "coronelistas" e assim por diante), perde-se toda noção de uma "ordem constitucionalmente conforme".

Com pequenas alterações técnico-jurídicas no texto integral, a *Constituição de 1934* (art. 76, inciso III, alíneas *b* e *c*) manteve a fórmula de controle de constitucionalidade segundo o modelo norte-americano, tal como ela se apresentou no texto de 1891 (especialmente na versão de 1926 – ver nota 65 deste capítulo). Como novidade, foi introduzido o controle da constitucionalidade da lei que decretasse a respectiva intervenção federal nos estados (art. 12, inciso V) em casos de inobservância dos princípios constitucionais da Federação (art. 7º, inciso I), como pressuposto para execução das medidas interventivas; nesse caso, o Supremo Tribunal

---

[67] Sobre os acontecimentos, ver Carone, 1971: 39 ss. A posse do vice-presidente (Marechal Floriano Peixoto) infringia a Constituição, porque ainda não havia expirado a metade do período do mandato do presidente "renunciante"; conforme o art. 42 da Constituição de 1891, nesse caso deveria ocorrer uma nova eleição presidencial. Cf. a respeito Barbosa, 1933 III: 149 ss.; Seabra Fagundes, 1982: 17-8; Pacheco, 1958: 241; Maximiliano, 1948: 115.

[68] Um "*intermezzo* de atividades políticas pelo lado militar" (!), segundo Moltmann, 1980: 106.

Federal devia decidir a requerimento do Procurador-Geral da República (art. 12, § 2º). Tratava-se de uma tentativa de evitar um problema que vinha da Primeira República, o abuso da intervenção federal. Além disso, foi estabelecida a competência do Senado Federal para "suspender a execução, no todo ou em parte, de qualquer lei ou ato, deliberação ou regulamento, quando hajam sido declarados inconstitucionais pelo Poder Judiciário" (art. 91, inciso IV) – pretensamente, tendo em vista o princípio da divisão dos poderes. Não menos importante como novidade foi o aparecimento da disposição segundo a qual os tribunais só poderiam declarar a inconstitucionalidade de leis ou atos do Poder Público por maioria absoluta de votos (art. 179)[69]. Mas, no breve período da vigência "formal" da Constituição nominalista de 1934, o poder estatal caracterizou-se antes por uma atividade que minava o texto constitucional (Cap. IV.3) do que por um mínimo de apoio aos mecanismos de controle da constitucionalidade.

Com exceção da exigência de maioria absoluta para a declaração de inconstitucionalidade pelos tribunais (art. 96), a *Carta Constitucional de 1937* rejeitou as inovações do texto de 1934; mas o controle difuso da constitucionalidade com base no modelo norte-americano foi adotado na fórmula que remontava ao texto de 1891 (art. 101, inciso III, alíneas *b* e *c*), mas com uma restrição: a requerimento do presidente da República, o Parlamento, com apoio da maioria formada por dois terços dos votos em ambas as câmaras (Conselho Federal e Câmara dos Deputados), podia anular as declarações judiciais de inconstitucionalidade de leis (art. 96, parágrafo único)[70]. O modelo de controle de constitucionalidade

---

[69] Sobre essas inovações do texto constitucional de 1934, ver estudo recente de Mendes, 1990: 175 ss.

[70] Diferentemente das determinações para a reforma constitucional, que poderia ser aprovada por maioria simples ou absoluta em ambas as câmaras parlamentares

estava em clara contradição com a posição superior do chefe de Estado, extremamente fortalecida no âmbito das determinações transitórias e finais do texto de 1937 (cf. *supra* Cap. IV.4); sem qualquer controle jurídico, ele detinha com exclusividade o poder de alterar a Carta Constitucional e de aposentar os juízes ou de pô-los em disponibilidade. Nessas condições, a noção de constitucionalidade como reflexividade do sistema jurídico não podia, de modo nenhum, impor-se: tratava-se de uma politização unilateral da "questão constitucional"[71].

Com algumas alterações técnico-jurídicas, a *Constituição de 1946* adotou, fundamentalmente (art. 8º, parágrafo único; art. 4º; art. 101, inciso III, alíneas *a*, *b* e *c*; art. 200), o esquema de controle da constitucionalidade do texto de 1934[72]. Não se contesta aqui que esse modelo começava a se desenvolver em medida reduzida (para os grupos integrados e sobreintegrados) na nova constela-

---

(art. 174), esse preceito constitucional implicava a cassação do julgamento pelo Parlamento; cf. Nunes, 1943: 593, nota 25; acompanhando-o, ver Bandeira de Mello, 1980: 179; Mendes, 1990: 180.

[71] Aqui cabe acrescentar que no âmbito do Poder Legislativo que lhe foi concedido pelo art. 180 (como "disposição transitória"), o presidente exerceu a competência fundamentalmente parlamentar do art. 96, parágrafo único, ou seja, cassou declarações judiciais de inconstitucionalidade mediante decreto-lei (Decreto-Lei nº 1.564, de 1939). A respeito, cf. Bittencourt, 1968: 139; acompanhando-o, Mendes, 1990: 180-1.

[72] O controle da constitucionalidade com fins de intervenção federal nos estados referia-se não mais à lei de intervenção da União como no diploma constitucional de 1934 (art. 12, §2º), mas àqueles atos dos estados contestados por sua inconstitucionalidade (texto de 1946, art. 8º, parágrafo único); a respeito, Bandeira de Mello, 1980: 187-8; Miranda, 1960 II: 72, 74. No que dizia respeito ao "recurso extraordinário" perante o Supremo Tribunal Federal para controle da constitucionalidade de leis e atos normativos no caso jurídico concreto (art. 101, inciso III, alíneas *a*, *b* e *c*), não se fazia mais referência apenas às decisões dos tribunais locais, como nos textos constitucionais de 1891, 1934 e 1937, mas a qualquer decisão judicial tomada em única ou última instância (a respeito, com elogio, Miranda, 1960 III: 317 – ver, porém, nota 66 deste capítulo); além disso, também constava a admissibilidade desse recurso nos casos em que o julgamento estivesse em desacordo com uma disposição da Constituição (alínea *a*). Para o controle da constitucionalidade no âmbito do diploma constitucional de 1946, ver Bandeira de Mello, 1980: 180 ss.; Mendes, 1990: 181 ss.

ção, apesar do nominalismo constitucional. Porém, com a ruptura constitucional de 1964, a noção de constitucionalidade como expressão da reflexividade *no* sistema jurídico foi totalmente repelida. Mesmo assim, as primeiras leis de exceção com força constitucional (os Atos Institucionais - cf. *supra* Cap. IV.6) não revogaram "formalmente" a Constituição de 1946 nem seus mecanismos de controle da constitucionalidade[73]. Além disso, mediante a Emenda Constitucional nº 16, de 26/11/1965 (art. 2º), foi introduzida, na direção do controle abstrato de normas, a representação direta contra a inconstitucionalidade de leis e atos normativos da União e dos estados, a ser encaminhada ao Supremo Tribunal Federal pelo procurador-geral da República (art. 101, inciso I, alínea *k*, conforme a nova redação)[74]. Nesse contexto de domínio de leis de exceção, tal intensificação das possibilidades de fiscalização judicial da constitucionalidade servia mais ao controle político dos órgãos estatais "subordinados" do que à reflexividade no sistema jurídico.

Os *textos constitucionais de 1967* (art. 11, § 1º, alínea *c*; art. 45, inciso IV; art. 111; art. 114, inciso I, alínea *l*, e inciso III, alíneas *a*, *b* e *c*) *e de 1969* (art. 11, § 1º, alínea *c*; art. 42, inciso VII; art. 116; art. 119, inciso I, alínea *l*, e inciso III, alíneas *a*, *b* e *c*) adotaram o modelo de controle da constitucionalidade do texto de 1946 com a inovação trazida pela Emenda Constitucional nº 16, de 1965. De maneira mais cuidadosa, em vez de "encaminhada pelo procurador-geral da República", a disposição sobre representação direta por inconstitucionalidade perante o Supremo Tribunal Federal pas-

[73] É claro que com essas leis de exceção a Constituição de 1946 foi não somente em parte neutralizada, mas também totalmente deturpada.

[74] A respeito, cf. Bandeira de Mello, 1980: 197 ss.; Mendes, 1990: 188 ss. Miranda (1970 IV: 44) equivoca-se, portanto, ao afirmar que esse tipo de procedimento de controle normativo tenha sido estabelecido pela primeira vez com a Constituição de 1967.

sou a ter seguinte redação: "representação do Procurador-Geral da República"[75]; nesses termos, ficava assegurado o controle autoritário e político do uso desse mecanismo pelo Poder Executivo militar (arts. 114 e 119, inciso I, alínea *l*)[76]. No âmbito da subordinação dos textos constitucionais às leis de exceção com força constitucional (Atos Institucionais n°s 5/68 a 17/69) ou simplesmente à ideologia da "Segurança Nacional", tornava-se inexequível ou até mesmo inimaginável um controle judicial da constitucionalidade de atos do governo militar ou um controle contra seus interesses[77]. Não se desconhece aqui que o controle judicial da constitucionalidade de normas emitidas por órgãos estatais *politicamente* subordinados funcionou em certa medida[78]. Com isso, porém, de

---

[75] De acordo com a linguagem jurídica usual alemã, a reformulação significaria que não mais constaria "procedimento de controle abstrato de normas *iniciado por meio* do procurador-geral da República" (Emenda Constitucional nº 16, de 1965), mas "procedimento de controle de normas *a requerimento* do procurador-geral da República" (textos de 1967 e 1969).

[76] A respeito, cf. as decisões do Supremo Tribunal Federal (STF, 1971) e do Conselho Federal da Ordem dos Advogados do Brasil (OAB-CF, 1971), que, tendo em vista a redação dessa disposição no texto constitucional de 1967/69, concordaram com a decisão do procurador-geral da República, que havia indeferido um requerimento do MDB (Movimento Democrático Brasileiro, o único partido de oposição oficial daquela época) para o "encaminhamento" de uma representação ao Supremo Tribunal Federal contra a inconstitucionalidade de atos normativos do governo. Para uma discussão jurídico-dogmática associada a esse tema, ver Mendes, 1990: 239 ss., que, no entanto, não percebe as implicações jurídicas da mencionada mudança de formulação (cf. também 192). Observe-se aqui que, conforme a Carta Constitucional de 1967 (art. 138), a nomeação do procurador-geral da República pelos presidentes, apesar do autoritarismo, ainda dependia da aprovação do Senado Federal; mas, segundo a "Emenda Constitucional nº 1", de 1969, o presidente da República obteve o poder de nomeá-lo livremente (art. 95).

[77] Cf. Löbsack-Füllgraf, 1985: 54-6, especialmente em relação à Lei de Segurança Nacional.

[78] Cabe mencionar aqui, especialmente, os inúmeros julgamentos do Supremo Tribunal Federal, pronunciados a pedido do procurador-geral da República, sobre a inconstitucionalidade de disposições das constituições estaduais; cf. STF, 1976-1984. Poder-se-ia ver nessa prática uma expressão da centralização política durante o regime militar.

nenhuma maneira se desenvolveu reflexividade *no* sistema jurídico, nem encontrou suporte a noção de uma "ordem constitucionalmente conforme".

O *texto constitucional de 1988* apresenta um amplo desenvolvimento do espaço de possibilidades para a fiscalização judicial da constitucionalidade de leis e de atos normativos do governo federal e dos estados. O esquema da Constituição anterior foi mantido: o controle judicial e difuso no caso jurídico concreto (art. 102, inciso III), que, seguindo o modelo norte-americano, remonta ao diploma constitucional de 1891; o teste de constitucionalidade como pressuposto para a intervenção do governo federal nos estados (art. 36, inciso III), a competência do Senado Federal para a suspensão da execução das leis declaradas inconstitucionais mediante decisão definitiva do Supremo Tribunal Federal (art. 52, inciso X) e a regra de maioria absoluta para a declaração judicial de inconstitucionalidade (art. 97) são três disposições que, apesar das alterações, derivam do texto constitucional de 1934. Além disso, a legitimação ativa para ação direta de inconstitucionalidade de leis e atos normativos do governo federal e dos estados foi mais significativamente ampliada; não é mais somente o procurador-geral da República[79] autorizado para isso, mas também o presidente da República, a Mesa de qualquer assembleia legislativa (dos estados), os governadores (dos estados), o Conselho Federal da Ordem dos Advogados do Brasil e qualquer partido político com representação no Congresso Nacional, assim como entidades sindicais e classistas de âmbito nacional (art. 103). Desse modo, o novo documento constitucional brasileiro fundiu elementos do controle "concentrado" de constitucionalidade

---

[79] Para cuja nomeação pelo presidente da República, o novo texto constitucional (art. 52, inciso III, alínea *e*; art. 128, § 1º) volta a exigir (diferentemente do texto de 1969) a aprovação do Senado Federal.

mediante um tribunal para isso especializado, segundo o modelo europeu, com elementos do controle de constitucionalidade norte-americano. Além disso, é prevista a declaração de inconstitucionalidade por omissão (art. 103, § 2º) (cf. *supra* pp. 230-1), na realidade sob influência da Constituição portuguesa (art. 283).

Não se pode contestar que essa abrangente regulação dos procedimentos jurídicos constitucionais de controle de constitucionalidade das leis e atos normativos serve, de fato, ao controle jurídico da atividade oficial do governo e, portanto, positivamente, à concretização do novo texto constitucional[80]. Mas o abuso de edição de "medidas provisórias com força de lei" pelo novo governo[81] já constitui um sintoma da falta de pressupostos político-econômicos para o desenvolvimento da constitucionalidade como reflexividade no interior do sistema jurídico. O fato de que, nessa matéria, em alguns casos importantes, o controle da constitucionalidade tenha sido imposto contra a edição de norma pelo Executivo não basta para a construção efetiva de uma "ordem constitucionalmente conforme". O cenário social (miséria, criminalidade incontrolada, inflação alta junto com recessão, dívida externa etc.)

---

[80] Cabe observar a esse respeito que o número de decisões tomadas pelo Supremo Tribunal Federal em relação a arguições de inconstitucionalidade de atos normativos governamentais e administrativos em 1988 subiu desproporcionalmente para 357 julgamentos, quando comparado aos anos anteriores (também exatamente 357 julgamentos de 1981 a 1987), o que está associado à promulgação da nova Constituição; entretanto, no ano de 1989, o número de decisões caiu para 26. Para os dados estatísticos, cf. os respectivos relatórios anuais do Supremo Tribunal Federal: STF, 1989: 218; 1988: 104: 1987: 130; 1986: 161; 1985: 197; 1984a: 177; 1983: 158; 1982: 167; 1981: 211.

[81] Trata-se, entre outras formas de atuação, especialmente da reedição – com nova numeração e pequenas alterações – de "medidas provisórias" que já haviam sido rejeitadas pelo Congresso Nacional, contornando o art. 62, parágrafo único, da Constituição: "As medidas provisórias perderão eficácia, desde a edição, se não forem convertidas em lei no prazo de trinta dias, a partir de sua publicação [...]" Cf., a respeito, Ferraz Jr., 1990b.

obstrui uma compatibilização do código econômico, do código do poder e dos respectivos critérios com o código e os programas do direito, ou seja, um acoplamento estrutural entre a economia ou a política e o direito como um sistema social autopoiético, fechado normativamente por uma Constituição.

2.4. Insuficiente relevância da constitucionalidade como critério do desenvolvimento jurídico

Essas observações sobre o controle da constitucionalidade da normatização jurídica no curso da história constitucional brasileira são, no entanto, muito limitadas para fornecer um quadro da carência de constitucionalidade como reflexividade mais abrangente *no* sistema jurídico. Para aqueles estratos da população que têm acesso às suas prestações, o sistema *jurídico-político* deixa certa margem de manobra para a alavancagem do controle judicial da constitucionalidade de leis e atos normativos do governo e da administração, conforme previsto no texto constitucional. Portanto, poder-se-ia deduzir do curso da história constitucional brasileira uma *evolução* que teria sido interrompida somente pelas violações constitucionais autoritárias. Analisando a questão além desse restrito ponto de vista, cumpre constatar primeiramente que a noção de constitucionalidade como reflexividade no sistema jurídico somente faz sentido se a produção normativa referida no texto constitucional se revelar efetiva e capaz de generalização no processo de concretização (eficácia e vigência social). Relacionado a isso, acrescente-se que a existência de constitucionalidade não depende apenas da concordância das normatizações ou decisões oficiais com o texto constitucional (o que, nesse contexto, é muito pouco relevante), mas também e sobretudo da prática constitucional cotidiana "informal". Como já foi observado em relação aos problemas de função e prestação (Cap. V), esse não é o caso no Brasil: a regularidade da extrema violação dos direitos fundamentais pelo aparato policial, a insignificância dos "direitos fundamentais sociais" declarados mediante as "normas constitucionais programáticas", a insuficiente prestação do direito para a solução de conflitos e sua deficiência de prestação perante a política, todos esses fatores estão em contradição com a constitucionalidade como a reflexividade mais abrangente no interior do sistema jurídico. Esse tipo de reflexividade é rompido no processo de concretização, quando não pela legiferação, como ocorre nos períodos autoritários. Nessas condições, não se pode afirmar, como Luhmann, que "o código lícito/ilícito gera a Constituição, porque a Constituição tem de gerar o código"[82]. Ao contrário, verifica-se o seguinte: o desenvolvimento de um código generalizado "lícito/ilícito" é bloqueado, porque o desenvolvimento de uma Constituição funcionalmente apta como instância reflexiva mais abrangente do direito é obstruído e vice-versa.

3. REFLEXÃO E LEGITIMIDADE

3.1. Conceito de reflexão e seus níveis no sistema jurídico

No âmbito do aparato conceitual de Luhmann, distingue-se a reflexão como referência recursiva do sistema a si mesmo, à sua própria identidade[83], tanto da autorreferência de base (elementar) quanto da reflexividade (autorreferência processual); mas esses três tipos de relações autorreferenciais pressupõem-se mutuamente (ver *supra* pp. 164-5). Segundo a formulação anterior de Luhmann,

---

[82] Luhmann, 1990b: 189.

[83] "A esse respeito, considerando a complexidade dos sistemas reais, nunca se pode ter uma plena atualização da realidade completa de todas as estruturas e processos do sistema" (Luhmann; Schorr, 1988: 37).

a reflexão pertence também aos mecanismos reflexivos[84], mas ela tem como fio condutor a diferença entre sistema e ambiente, não a diferença "antes/depois" dos processos, base da reflexividade[85]. Como "teoria do sistema no sistema", ela implica a elaboração conceitual da "identidade do sistema em oposição ao seu ambiente" (cf. p. 165, notas 18 e 20), o que serve, ao mesmo tempo, à reprodução operacional consistente do sistema e à sua adequada referência ao ambiente; por outro lado, porém, o sucesso de qualquer teoria de reflexão depende dessa consistência e adequabilidade.

Em dois diferentes graus de abstração, pertencem à reflexão no sistema jurídico a dogmática jurídica e a teoria do direito. Isso não corresponde à concepção anterior de Luhmann, segundo a qual a teoria do direito estaria inserida no sistema da ciência[86]; mais tarde ele passou a tratar a teoria do direito como *auto*rreflexão *do* sistema jurídico[87]. Se, por outro lado, observarmos "a inegabilidade dos pontos de partida de cadeias argumentativas" como "o traço distintivo mais importante" da dogmática[88], poder-se-ia, então, até mesmo contestar sua caracterização como reflexão do sistema jurídico, desde que valha o seguinte: "Para que as instâncias de reflexão possam funcionar, a identidade do sistema tem de ser problematizada, ou seja, poder afigurar-se como negável."[89] No entanto, podem-se caracterizar a teoria do direito e a dogmática jurídica como dois níveis da reflexão *no* sistema jurídico, que são passíveis de serem distinguidos entre si não apenas pelos respectivos graus de abstração, mas também pelas relações com a iden-

[84] Cf. Luhmann, 1984a: 100, 102, 104-5.

[85] Luhmann, 1987b: 601-2, 617.

[86] Cf. Luhmann, 1974: 13 e 18.

[87] Luhmann, 1981h: cf. também 1987a: 360 ss.; 1986b: 19.

[88] Luhmann, 1974: 15. Com base em Luhmann, cf. a respeito Ferraz Jr., 1980: 95 ss.

[89] Luhmann, 1982: 59.

tidade do sistema: no primeiro caso a sua negabilidade é permitida (reflexão abrangente), no segundo vigora, sem problemas, a "proibição de negação" (reflexão limitada). Com isso, não se desconhece que a teoria do direito realiza prestação científica e também pode ser disposta no sistema científico[90]; em virtude da intersecção, ela poderia, aliás, ser caracterizada como "acoplamento estrutural" entre ciência e direito. Para os fins da presente pesquisa, porém, ela é considerada, juntamente com a dogmática, instância de reflexão do sistema jurídico.

3.2. Problemas de reflexão do sistema jurídico no Brasil

No Brasil, fazem parte dos temas correntes da crítica jurídica a "alienação" e os limites da tentativa de se desenvolver uma observação jurídico-teórica ou jurídico-dogmática do direito. Esse problema é tratado de diferentes perspectivas. Costuma-se fazer referência à inadequação da formação jurídica, que, em virtude de currículos, métodos etc. estranhos à realidade, não seria apropriada à preparação dos juristas para a prática jurídica[91]. Esse problema remonta à fundação das duas primeiras faculdades de direito em 1827 (em Olinda e São Paulo): pressuposto que após a "independência formal" (1822) e a outorga de uma Carta Constitucional (1824) teria sido fundado um Estado nacional no sentido europeu, a falta de uma formação jurídica dirigida à nova ordem jurídica seria inconcebível; mas à importação do modelo jurídico

---

[90] Corresponde a esse reconhecimento a terminologia "ciência jurídica/jurisprudência" em Ballweg, 1970. Além disso, não se ignora aqui que, segundo "o uso linguístico dominante dos juristas", entende-se por "dogmática jurídica" a "ciência jurídica no sentido estrito e próprio" (Alexy, 1983: 307).

[91] Nessa orientação, cf. San Tiago Dantas, 1955; Falcão Neto, 1977; 1984c, que fala de fechamento (!) das faculdades de direito brasileiras (sistemas) perante seu ambiente social (o "mercado de trabalho") (cf. espec. 141-2). Sobre a história do sistema de ensino jurídico no Brasil, ver Venâncio Filho, 1977; 1978-1979.

estrangeiro deveria seguir, naturalmente, a imitação de modelos de formação[92]. De um ponto de vista abrangente, o *déficit* de reflexão da teoria ou da dogmática jurídica é tratado no âmbito de uma crítica da cultura jurídica em geral: faz-se referência, entre outros aspectos, ao "formalismo" alheio à realidade[93], às fórmulas retóricas vazias do chamado "bacharelismo"[94] e ao "colonialismo cultural" na esfera do direito[95]. No que se refere especificamente ao direito constitucional, o manuseio de questões constitucionais à luz da doutrina constitucional norte-americana durante a Primeira República (1889-1930)[96] foi o protótipo e ápice dessa situação de "alienação".

Entre elitismo e massificação, por um lado, e inadequação metodológica e dificuldades referentes à prática jurídica, por outro, a formação e a cultura jurídicas no Brasil ainda sofrem tais tipos de crítica; trata-se de manifestações específicas no âmbito do direito de problemas gerais dos sistemas científico e educacional nos países periféricos, problemas que não serão abordados aqui. Os limites dessa crítica estão no fato de que ela pode despertar a impressão de que com o auxílio de "novos" métodos de ensi-

---

[92] Para o importante papel dos modelos europeus de formação jurídica nas discussões das elites políticas sobre a fundação das duas primeiras faculdades de direito brasileiras após a "independência nacional", cf. A. W. Bastos (org.), 1978.

[93] Cf., por exemplo, Rosenn, 1971: 529 ss.

[94] O conceito de "bacharelismo" refere-se, sobretudo, a "um distanciamento retórico da pesquisa", que afeta "não só bacharéis em Direito, como médicos, economistas, engenheiros e outros" (Chacon, 1969: 21). Contra o emprego generalizante e simplificado dessa expressão para caracterização dos juristas brasileiros, cf. com razão Saldanha, 1978; 1968: 52-9. Sobre as diferentes concepções de "bacharelismo", ver Venâncio Filho, 1977: 271 ss.

[95] A respeito, por exemplo, Montoro, 1973. Sobre a história das "ideias jurídicas" no Brasil, ver Machado Neto, 1969.

[96] Isso constituía um dos mais importantes temas da crítica "realista" autoritário-conservadora daquela época – cf. Vianna, 1939: espec. 35-6; Torres, 1978: espec. 74. A respeito, cf. também Chacon, 1987: 45-6.

no e metodologias de reflexão possibilitar-se-ia uma reorientação do "saber jurídico" para a prática jurídica[97]. De fato, essa visão ganha significado quando se trata de uma postura de "observação externa" perante o direito, como, principalmente, a jurídico-sociológica. Mas a adequabilidade de conceitos e métodos sociológicos em relação à realidade jurídica não garante, absolutamente, a construção e o desenvolvimento de uma auto-observação adequada do direito pela teoria do direito, pela dogmática jurídica ou pela casuística, a não ser que se defenda uma jurisprudência sociológica, cujo caráter não sociológico já é evidente também para os sociólogos[98]. Além disso, o problema fica ainda mais complicado quando também se considera que, sob as condições brasileiras, a distinção entre auto-observação e observação externa se torna altamente questionável[99].

Tendo em vista o esquema conceitual de Luhmann, parto aqui da ideia de que a reflexão do sistema jurídico pressupõe a autorreferência de seus elementos e processos, ou seja, autorreferência de base e reflexividade (ver *supra* pp. 42-3, 165). Desse ponto de vista, a dogmática jurídica e a teoria do direito só são significativas se há uma diferenciação do direito, cuja manutenção, porém, depende delas[100]. Se a positividade (como autodeterminação) do direito no plano da reprodução de elementos e processos for bloqueada, então faltarão as condições de uma "ciência jurídica" ou "jurisprudência" eficiente. Em outras palavras: legalidade e cons-

---

[97] Por exemplo, a ingênua noção de que a introdução do estudo de caso segundo o modelo anglo-saxão (casuística) no lugar da aula de origem portuguesa, orientada por manuais, promoveria a adequação da formação jurídica à realidade social. Nesse sentido, cf. San Tiago Dantas, 1955: espec. 453-4; Falcão Neto, 1977: espec. 67 ss.

[98] Luhmann, 1974: 10.

[99] Sobre essa distinção relativamente à teoria ou à dogmática jurídica *versus* sociologia jurídica, ver Luhmann, 1989b; 1986b: espec. 19; 1987a: 360-1; Carbonnier, 1978: 22-3.

[100] Luhmann, 1974: 22, 59; 1981h: 438 ss.

titucionalidade são imprescindíveis para o desenvolvimento da dogmática e da teoria do direito como instâncias de reflexão do sistema jurídico. Como já foi constatado nas outras seções deste capítulo, apesar do contínuo aumento da complexidade da sociedade, faltam no Brasil essas condições concomitantes à autorreflexão dogmática e jurídico-teórica, seja por causa de sua instrumentalização política por legislação constitucional (1937, 1964), seja em virtude da deturpação do texto constitucional no processo de concretização (1824, 1891, 1934, 1946, 1988).

Nesse contexto de carência da autorreferência de base e processual do direito posto por decisão, pode-se refutar que a dogmática jurídica esteja em condições de, conforme a construção de Luhmann, cumprir satisfatoriamente sua função de "controle de consistência com vista à decisão de *outros* casos" e, no âmbito dessa função, definir com relevância prática "as *condições do juridicamente possível*, a saber, as possibilidades da construção jurídica de casos do direito"[101]. O aparato conceitual do direito, ou seja, a abstração da dogmática e as "abstrações de abstrações" da teoria do direito[102], não se reflete na prática jurídica, na medida em que constelações concretas de interesses obstruem uma interdependência consistente de decisões. Nas condições sociais brasileiras, ao contrário da situação da modernidade central, não se pode afirmar, segundo a formulação de Luhmann[103], que os problemas da dogmática jurídica não estariam mais, primariamente, nos limites de *input*, mas sim nos limites de *output* do sistema jurídico[104]; pelo contrário, trata-se ainda, "em primeira linha, de atenuar

---

[101] Luhmann, 1974: 19. Seguindo-o estritamente, ver Ferraz Jr., 1980: 99 ss.

[102] Luhmann, 1974: 13.

[103] Luhmann, 1974: 29-30.

[104] A. W. Bastos (1987) recorre à concepção de relações *input/output* (22 ss.), dominante no âmbito da teoria funcionalista dos sistemas dos anos 1960 nos Estados Unidos, a fim de criticar o fechamento do poder judiciário (sistema) perante a so-

a pressão imediata das distribuições das forças sociais sobre o sistema jurídico por entrelaçamentos particulares na fronteira de *input* – em outras palavras: de diferenciar o sistema jurídico nessa fronteira"[105]. Embora as variáveis tradicionais tenham perdido sua relevância, prossegue no Brasil o problema de se impor uma "prática universalista de decisão" contra fatores e critérios particularistas[106]. Não se desconhece a esse respeito que, em virtude do rápido aumento de complexidade da sociedade, uma orientação por consequências também é exigida no Brasil[107]; mas a orientação por consequências pressupõe consistência interna, "*conceitos jurídicos socialmente adequados*"[108] dependem de *aparato concei-*

---

ciedade (ambiente) (espec. 31). Aqui, em contrapartida, mediante o recurso à concepção sistêmico-teórica luhmanniana do esquema *input/output* (cf. Luhmann, 1987b: 275 ss.), o problema do sistema jurídico no Brasil é atribuído, antes, à insuficiência de fechamento normativo do que à falta de abertura cognitiva.

[105] Assim afirma Luhmann (1974: 29) ao se referir ao "antigo" problema fundamental da reflexão jurídica, que, em virtude de uma "rebelião" (que se realiza "há aproximadamente cem anos") a favor de uma orientação por *output*, foi deslocado para o segundo plano. Mas tal ponto de vista só pode ser válido para os Estados de direito consolidados da Europa e da América do Norte.

[106] Cf. Luhmann, 1974: 29; 1990a: 5. A respeito, ele acrescenta: "Certamente, o sistema jurídico não pode conectar-se, sem rupturas, a interesses sociais ou a linhas divisórias de pertencimentos sociais. A admissão ponto por ponto de tais condições não significaria outra coisa senão a impossibilidade de existência de um sistema diferenciado" (Luhmann, 1990a: 3).

[107] Quanto à questão sobre o emprego de consequências como critérios pela dogmática jurídica (1974: 31 ss.), Luhmann adverte do perigo de que o sistema jurídico se torne desdiferenciado mediante "o surgimento de critérios aparentes de orientação por consequências, de proveniência extrajurídica", ou por meio da orientação *direta* "pelas expectativas das consequências" (Luhmann, 1974: 48). Mas é nisso que, frequentemente, resulta a questão da orientação por consequências no Brasil, de sorte que ela é confundida com orientação concreta, particular; o fato de essa orientação, em muitas situações nas quais os afetados sofrem por falta de satisfação de necessidades vitais básicas, ser compreensível e até mesmo recomendável não significa, absolutamente, que, por essa via, o sistema jurídico se torne socialmente adequado e que os respectivos problemas sociais sejam resolvidos, pois no âmbito da estrutura social existente não há possibilidade de generalização dos respectivos critérios particulares.

[108] A respeito, ver Luhmann, 1974: 49 ss. Com o emprego dessa expressão, porém, não se nega que uma "plena e concreta consonância" do "modelo jurídico" com a

tual juridicamente adequado[109]. No caso brasileiro, a dificuldade está exatamente no fato de que, com a crescente complexidade da sociedade, uma orientação por consequências (orientação por *output*) adquire cada vez mais significado, sem que os problemas dos limites de *input* tenham sido superados ou controlados. Isso significa que, apesar da persistência de *déficits* seletivos, há emergência de pressão estabilizadora[110].

Esse problema torna-se especialmente vulnerável a tensões, quando nele se toma em consideração o direito constitucional. Cumpre assinalar sobretudo aqueles casos jurídicos para os quais, em virtude da exclusão de amplos grupos da população dos sistemas de prestações, a dogmática jurídica ou a teoria do direito constitucional não podem estar em condições de construir um aparato conceitual consistente que, na prática decisória, possa servir à consonância do direito constitucional com o restante do direito. Aqui nos deparamos com o seguinte problema: "Uma dogmática estaria sobrecarregada se ela tivesse sempre de considerar que o incremento do lícito sempre incrementa também o ilícito, e que a imposição do direito somente é possível como ilícito."[111] Um típico exemplo disso é oferecido pela questão já consi-

---

realidade social (Reale, 1968: 177) significaria precisamente a desdiferenciação do sistema jurídico e que, como resultado da "autoconstituição dos componentes do direito", este "certamente nem sempre reflete de forma adequada as necessidades e valores sociais" (Teubner, 1989: 53, na mesma linha de interpretação de Watson – ver *supra* nota 102 do Cap. III).

[109] Com Luhmann (1990a: 10), poder-se-ia afirmar a esse respeito que "o constante exame dos conceitos e construções conceituais com vista aos interesses que são afetados por eles (heterorreferência)" pressupõe "a constante conceitualização da satisfação de interesse, à procura de aspectos comuns e comparáveis" (autorreferência).

[110] Enquanto para Luhmann (1981c: 30-1) o problema atual da "dogmática jurídico-científica" está na estabilização de um "aparato conceitual jurídico-político" (ver também *supra* Cap. I.3.6), "seu valor jurídico-político", segundo Esser (1972: 91), reside no "aumento da capacidade jurídica de seleção".

[111] Luhmann, 1974: 57.

derada (Cap. V.2.1.4) sobre a posse de terrenos urbanos para a construção de favelas. A solução que segue estritamente a garantia constitucional do direito de propriedade e as disposições do Código Civil e do Código de Processo Civil, ou seja, a simples expulsão dos moradores, implica a desconsideração dos direitos sociais à satisfação das necessidades vitais básicas (cf. Cap. V.1.3) – estabelecidos no texto constitucional (nessa hipótese, o direito à moradia) – pela decisão de órgãos oficiais (nesse caso, juízes e tribunais); uma solução no sentido contrário não somente violaria o Código Civil e o Código de Processo Civil, mas também questionaria as garantias jurídico-constitucionais do instituto da propriedade[112]. A prevalência da primeira alternativa está em consonância com a manutenção das estruturas de dominação entre sobreintegração e subintegração nos sistemas funcionais; a implementação da segunda alternativa implicaria uma mudança radical efetiva na sociedade[113]. Como, no entanto, uma aplicação estrita da solução oficial conduziria à generalização de conflitos, surgem formas de contorno no processo de aplicação e execução jurídicas (ver *supra* pp. 242-3).

Em tais paradoxos da produção do ilícito pela imposição do direito, recorre-se à noção de "normas constitucionais programáticas", a fim de se justificar uma suposta consistência da construção dogmática, como se a programação não dependesse da possibilidade de sua realização no respectivo contexto (cf. *supra* pp. 229-32). Quando, porém, trata-se de construções dogmáticas ou jurídico-teóricas dirigidas a uma prática decisória oficial que confirma

[112] Aqui ganha força a tese de que, sob essas condições, não se realiza o acoplamento estrutural entre os sistemas jurídico e econômico mediante propriedade (cf. nota 92 do Cap. V).

[113] Sem considerar precisamente esse problema, Faria (1987: 27-8) refere-se à dificuldade de encontrar uma solução ou uma saída para ele em um país de "terceiro mundo" como o Brasil.

e promove a manutenção de uma situação *generalizada* de *exclusão*, manifesta-se claramente a contradição com as "normas constitucionais programáticas", na medida em que "a legislação, a execução e a própria justiça ficam sujeitas a esses ditames"[114]. Para isso o exemplo citado é expressivo: a imposição do direito dos proprietários pela justiça exige a confirmação da "exclusão social" dos moradores nas decisões concretas dos casos jurídicos, uma ilicitude à luz da Constituição[115]. Também no já mencionado caso das leis trabalhistas fixadoras de baixos salários mínimos (ver *supra* p. 231), a prática decisória direcionada à sua execução implica a confirmação da subintegração social de grande parte dos trabalhadores e de suas famílias, entrando, portanto, em contradição com as disposições constitucionais referentes a um salário mínimo "social" a ser fixado legalmente: imposição do direito legislado como *ilicitude* constitucional sob pressão do sistema econômico.

Ao se considerar que o aparato conceitual da dogmática jurídica e da teoria do direito está longe de encontrar ressonância coerente na prática jurídica, ou seja, não pode ser aplicado no "controle de consistência" da prática decisória, nem em uma definição relevante das "condições do juridicamente possível", e que esse *déficit* de reflexão remete, principalmente, ao problema da não imposição dos limites de *input*, podem-se compreender melhor os fenômenos do "bacharelismo", do "formalismo" e do "colonialismo cultural" na esfera do direito. A retórica vazia do "bacharelismo" poderia, talvez, ser interpretada como um escapismo em relação à prática jurídica que não é consistentemente definida em

---

[114] Conforme Miranda, 1960 I: 111; 1970 I: 127 (acompanhando-o, cf. J. A. Silva, 1982: 141), que, no entanto, não contempla com isso as consequências que daí são inferidas neste trabalho.

[115] Associa-se a isso o fato de que os não proprietários, como não proprietários, não reconhecem a propriedade (cf. *supra* pp. 243-4).

termos de dogmática jurídica e teoria do direito; por sua vez, o "formalismo" radical pode ser caracterizado como um tipo de "autossatisfação" em reação à realidade jurídica recusante; no "colonialismo cultural" poder-se-iam identificar sintomas de uma fuga simbólica em direção àquelas situações nas quais o modelo mental tem relevância prática. Além disso, a percepção de que, apesar de não ter sido superado ou controlado o problema dos limites de *input*, surgem exigências de orientações por consequências, permite uma compreensão melhor da força de sedução do sociologismo jurídico entre juristas "engajados"; e nesse contexto também se deve considerar que, nessas condições, a distinção entre auto-observação e observação externa perde significado (ver *supra* p. 301).

A solução ou até mesmo a redução do *déficit* de reflexão não podem, porém, ser simplesmente atribuídas às transformações dos métodos de formação e reflexão jurídicos. O problema é abrangente e muito grave: por falta de autorreferência de base e processual, quer dizer, legalidade e constitucionalidade, a prática jurídica não permite um aparato jurídico conceitual capaz de observá-la eficientemente, ou seja, uma reflexão adequada do direito; o *déficit* de reflexão atua, por seu turno, como fator negativo para o desenvolvimento da autorreferência de base e processual no sistema jurídico.

3.3. Conceito de legitimação

Pode-se associar a insuficiência de reflexão do sistema jurídico com o problema de sua legitimação; porém aqui não simplesmente no sentido de que teorias jurídicas têm um papel legitimador para o sistema jurídico[116], mas sim na medida em que, por falta de relevante "controle de consistência" para a prática de decisão e de

---

[116] Nesse sentido, Eder (1986: 20) afirma: "Teorias do direito não esclarecem, elas legitimam um sistema jurídico. Decisiva é sua função legitimadora e não sua verdade."

definição eficiente das "condições do juridicamente possível" por parte da dogmática e da teoria do direito, as expectativas normativas não se orientem pelo direito posto e aplicado pelos órgãos estatais e, nesse contexto, os agentes jurídicos *não possam justificar seus comportamentos pelo recurso a normatizações e argumentações próprias do sistema.*

Não se trata aqui do conceito weberiano da legitimidade racional moderna como "crença na legalidade"[117], nem da legitimidade como reconhecimento fático de decisão vinculante (consenso fático)[118] ou como internalização de instituições[119]. Também não interessa conduzir uma discussão com concepções axiológicas ou deontológicas de legitimidade que apresentam pretensão universalista, como o modelo habermasiano de fundamentação

---

[117] Weber, 1985: espec. 19-20, 124, 822; cf. também Weber, 1968a: 215 ss. Para posicionamento crítico a respeito, ver Habermas, 1973: 133 ss.; 1982a I: 354 ss. Afastando-se da interpretação dominante, Winckelmann (1952: 72-3, 75-6) vê no conceito de legitimação de Weber um fundamento "racional-valorativo". Por outro lado, Schluchter (1979: 155 ss.), mediante a noção de "princípios jurídicos", relaciona a legitimidade do direito com a "ética da responsabilidade". Contra essas duas interpretações referentes a valores, cf., com razão, respectivamente, Habermas, 1973: 136-8; 1982a I: 361, nota 197. Mas também não encontra fundamento, a meu ver, a afirmação de Luhmann (1965: 140, nota 12) de que Weber "via o problema de referência da legitimidade somente na efetividade da dominação". Ele mesmo acentua em outra passagem que a legitimidade, segundo Weber, "seria simplesmente a *consequência da crença fática no princípio da legitimação*" (144). A efetividade seria, nesse sentido, apenas um indício da legitimidade.

[118] Sobre essa concepção dominante, que tem de ser distinguida da weberiana, principalmente porque não se refere apenas à crença no *exercício legal* da dominação, mas, antes, também considera a crença no *título* jurídico ou nos *princípios* jurídicos do poder, cf. Friedrich, 1960; Heller, 1934: 175 ss., 191 e 221. Nesse contexto, para a distinção entre "legitimidade" como qualidade do título do poder e "legalidade" como qualidade do exercício do poder, ver Bobbio, 1967: espec. 48-9. Correspondentemente, a legitimidade no "Estado democrático de direito" é atribuída à legalidade, uma vez que as "leis" são concebidas como "expressão da vontade popular formada democraticamente" (Preuß, 1984: 28). Criticamente a respeito de teorias "participatórias" da legitimação, ver Luhmann, 1987d.

[119] A respeito, cf., criticamente em relação a Parsons, Luhmann, 1983a: 119.

do procedimento jurídico mediante uma moral procedimental[120], o que extrapolaria o marco referencial da presente análise. Restrinjo-me a uma confrontação com o conceito sistêmico-teórico de legitimação de Luhmann. Porém, tendo em conta que em formulações anteriores (decidibilidade → legitimidade)[121] esse conceito foi designado "decisionista"[122], gostaria aqui de excluir tal intepretação. Caso positividade fosse apenas decidibilidade e alterabilidade do direito (Cap. I.3.3), ela implicaria, então, de fato, a politização do sistema jurídico e um conceito "decisionista" de legitimação[123]. Mas também se deve acrescentar a autodeterminação do direito (Cap. I.4), ou seja, sua autonomia perante o sistema político, o qual somente pode atuar sobre o direito positivo mediante critérios próprios do direito. Não se trata aqui de "despolitização" do fundamento de legitimação do sistema jurídico, pois para além da abertura cognitiva no que concerne ao ambiente político, a positividade do direito depende do apoio político, mais exatamente, de um apoio democrático (ver Cap. I.3.5). Além disso, o

---

120 A respeito, Habermas, 1987a. Sobre sua formulação anterior de um conceito de legitimação "referente à verdade", ver Habermas, 1973: espec. 140 ss.

121 "A positivação do direito significa que a *validade jurídica legítima pode ser adquirida* para qualquer conteúdo, a saber, *mediante uma decisão*, a qual faça o direito valer e também possa retirar novamente sua validade" (Luhmann, 1984c: 180 – grifos meus).

122 Conforme Habermas, 1973: 135-6 e 138-9 e 1971: 242 ss., com destaque à vinculação de Luhmann a Weber e Schmitt e à classificação dos três na mesma escola: legitimação pelo procedimento (também Habermas, 1982a I: 358). Schmitt (1980: 14), no entanto, afirmou criticamente em relação a Weber: "Aqui, ambas, legitimidade e legalidade, são reduzidas a um conceito comum de legitimidade, enquanto a legalidade significa precisamente uma oposição à legitimidade". Sobre a concepção decisionista de legitimidade em Schmitt, cf., além desse trabalho, Schmitt, 1970: 87 ss.

123 De modo algum, portanto, sua despolitização; o que, no entanto, é a posição de Bonavides, 1988: 21 ss., estranhamente invocando Habermas (*ibid.*, 25-6), que, porém, insiste exatamente na amoralização e, a isso associada, na politização do conceito de legitimação (em sua orientação por relações puras de dominação) em Luhmann. A respeito, cf. as referências da nota 122 deste capítulo.

conceito de legitimação em Luhmann tem amplos pressupostos, não podendo, portanto, ser esgotado em uma fórmula decisionista.

Para os fins da presente pesquisa, pode-se esclarecer a concepção luhmanniana de legimitidade, considerando-se cinco princípios orientadores inter-relacionados: (1) o agente tem de ser desonerado de sua autorrepresentação individual[124]; (2) "a fixação estatal de premissas de decisão não deve, nas relações sociais, conduzir a dificuldades de entendimento e comportamento, ela precisa, como argumento (de que não se poderia agir de outra forma), possuir validade por toda a parte e, como uma moeda, poder continuar sendo dada como justificativa para a ação"[125]; (3) a legitimação significa "uma reestruturação de expectativas"[126]; (4) conforme tudo isso, então, a legitimidade deve ser definida como "consenso suposto" (institucionalização) sobre a vinculatoriedade de normas e decisões[127]; (5) a legitimação pressupõe autorreferência (autonomia e diferenciação)[128] e, em conexão com isso, inclusão de toda a população no respectivo sistema funcional (ver nota 19 deste capítulo). Para a *legitimação do sistema jurídico* tem de valer como regularidade, então, que, com base em *componentes próprios do sistema jurídico*, sejam normas, procedimentos, atos ou dogmática, qualquer pessoa, sem dificuldades, possa *justificar* suas ações jurídicas e esperar dos outros *reconhecimento* ou *reestruturação de expectativa* e que, no caso de conflitos jurídico-positivamente regulados, as argumentações das partes afetadas se orientem por esses componentes.

---

[124] Luhmann, 1965: 145; 1983a: espec. 34, 121.

[125] Luhmann, 1965: 145.

[126] Luhmann, 1983a: espec. 33 ss., 119, 171, 199, 252.

[127] Luhmann, 1983a: espec. 122; 1987a: 261; 1981b: 133. Sobre a crítica jurídica do problema do consenso no conceito de legitimação de Luhmann, ver Esser, 1972: 205 ss.

[128] Luhmann, 1983a: 59 ss.; 1965: espec. 140.

3.4. Problema de legitimação no Brasil

No curso desta segunda parte do presente estudo, torna-se claro que a experiência jurídica no Brasil diverge marcantemente do modelo acima exposto. O direito posto por decisão dos órgãos estatais não é capaz de funcionar de forma satisfatória para proporcionar a si mesmo legitimação (autolegitimação). Isso ganha um significado particular quando se considera a problemática constitucional. Podem-se distinguir duas situações, conforme o ponto de referência.

(1) Em primeiro lugar, tomam-se usualmente como referência os períodos de autoritarismo e instrumentalismo constitucional (1937, 1964), nos quais, mediante a instrumentalização política unilateral da ordem jurídica diretamente no plano da edição de texto constitucional, a justificativa das ações jurídicas por meio de recurso a critérios próprios do sistema é impedida. Como substituição, formam-se mecanismos de heterolegitimação, como a ideologia da segurança nacional e a eficiência econômica[129]; mas esse tipo de meio compensatório de legitimação está fadado ao fracasso, uma vez que, sob pressão das necessidades concretas "de baixo" e interesses particularistas "de cima", a consistência ideológica do Estado ou do regime é prejudicada e a eficiência econômica de um capitalismo periférico, além de limitada e estável, promove a *exclusão*.

(2) Mas também fora do período ditatorial sempre faltou e continua não se efetuando no Brasil a legitimação do sistema ju-

---

[129] Em relação ao autoritarismo de 1964-1974, Lafer (1978: 74, 102 e 115 ss.) falava de "legitimidade negativa" (da segurança nacional: "negação do caos, do comunismo e da corrupção" – 74) e de "legitimidade positiva" (do desenvolvimento econômico); cf. também Seabra Fagundes, 1982: 14. Mas, ainda com respeito a essa experiência autoritária, Lafer (1978: 127) afirmava a "autorreferibilidade" da legitimidade do sistema político; cumpre observar que se tratava exatamente de carência de autorreferência da política e do direito como sistemas funcionais, de falta de legalidade no sentido sistêmico-teórico de Luhmann: para o sistema jurídico, em virtude de sua instrumentalização política; para a política, na medida em que não se efetuava sua segunda codificação pelo direito e, com isso, sua autonomia era bloqueada.

rídico no sentido de uma justificativa abrangente e regular dos componentes sistêmicos (atos, normas, procedimentos e argumentos dogmáticos) mediante componentes sistêmicos. As Constituições nominalistas de 1824, 1891, 1934, 1946 e 1988 foram e são fortemente desfiguradas no processo de concretização: direitos fundamentais e institutos constitucionais característicos de um Estado de bem-estar (Cap. V.1), princípio da legalidade (Cap. VI.1) e controle de constitucionalidade (Cap. VI.2) nunca foram institucionalizados com suas consequências "universalistas" e includentes; o preceito de igualdade não tem significado, principalmente porque as necessidades vitais básicas dos "subcidadãos" não são satisfeitas[130]; a prestação do direito para a solução de conflitos (Cap. V.2.1) é prejudicada não apenas pelo acesso restrito à justiça, mas também pela impossibilidade de decidir eficazmente inúmeros casos jurídicos; o jogo político desenvolve-se acima e à margem da Constituição, faltando, portanto, "interpenetração" entre direito e política (Cap. V.2.2); assim como dantes, o órgão estatal especificamente responsável pela execução do direito, a polícia, continua representando o "modelo" de comportamento ilegal (ver *supra* pp. 222-3). Nesse contexto, a invocação do sistema jurídico, posto e aplicado por decisões oficiais, conduz, não raramente, à generalização e à politização dos conflitos jurídicos. É usual o agente não poder prescindir da autoexposição e até mesmo ter de contar com grandes riscos pessoais para exercer direitos subjetivos e competências ou cumprir seus deveres incontestáveis à luz do direito posto. É verdade que, para compensar a insuficiência de legitimação jurídica, o sistema político desenvolve sistemas particularistas de contato com caráter de troca[131]; mas, com o rápido

---

[130] Cf. Luhmann, 1983a: 198.

[131] Em relação aos "países em desenvolvimento" ou ao "capitalismo periférico", em geral, cf., respectivamente, Luhmann, 1965: 155 ss., 160-1; Elsenhans, 1977: espec. 39.

aumento de complexidade da sociedade no Brasil, eles se tornam cada vez mais insatisfatórios para a estabilização do jogo de poder e das relações de dominação (um sintoma disso é o crescimento escandaloso da criminalidade nos últimos tempos[132]).

Considerando-se tudo isso, não se pode falar de "legitimidade recuperada"[133] no que diz respeito à promulgação da Constituição nominalista de 1988 por um Congresso constituinte, muito menos reduzir sua legitimação à expectativa de uma realização futura[134], principalmente porque não existe uma perspectiva que possa ser tomada a sério a esse respeito. A legitimação do direito somente seria possível mediante a afirmação do princípio social de *inclusão* no lugar do princípio de exclusão, ainda hoje dominante no Brasil, de modo que o direito constitucional ocupasse um espaço importante no agir e no vivenciar cotidianos de toda a população e a orientação das expectativas normativas pelo direito positivo se tornasse a rotina da vida jurídica.

---

[132] Segundo reportagem da revista *Veja* (São Paulo, 27/06/1990, p. 66), ocorrem anualmente mais homicídios (acima de 13.000) na região Rio de Janeiro/São Paulo, a mais desenvolvida no Brasil, do que a média de pessoas que morrem na guerra civil do Líbano (conforme uma avaliação, seriam 100.000 em 15 anos).

[133] Para usar aqui uma expressão de Faoro (1981), que, em outra perspectiva, compreende a legitimidade como a crença fática no fundamento valorativo do poder (43 ss.; cf. *supra* nota 118 deste capítulo). Faria (1985) emprega, de modo semelhante, a expressão "restauração da legitimidade"; com base em Habermas (1973) e no âmbito de uma concepção eclética de legitimidade, ele refere-se, posteriormente (1989: 23 ss.), ao problema "governabilidade x legitimidade" como dilema da nova Constituição brasileira, como se a distinção habermasiana (cf. 1973: espec. 68-70, 87 ss.) entre crises de racionalidade e de legitimação, dirigida ao Estado de bem-estar, fosse passível de ser transferida diretamente aos países periféricos.

[134] Nessa linha, Ferraz Jr. (1989: 57-8) pretende reduzir a questão da legitimação da Constituição de 1988 à "expectativa de concretização" ou à "exigência de realização futura", ou ainda à "promessa de uma sociedade socialmente justa", à "esperança de sua realização", como se legitimidade fosse possível sem efetividade.

BIBLIOGRAFIA DA EDIÇÃO ALEMÃ

AI = Amnesty International (1988). *Brazil: Authorized Violence in Rural Areas*. Londres: AI.

_______ (1990). *Brasil: tortura e execuções extrajudiciais nas cidades brasileiras*. Londres: AI.

Alencar, Ana Valderez A. N. de; Rangel, Leyla Castello Branco (orgs.) (1986). *Constituições do Brasil (de 1824, 1891, 1934, 1937, 1946 e 1967 e suas alterações)*. Brasília: Senado Federal, 2 vols.

Alexy, Robert (1983). *Theorie der juristischen Argumentation. Die Theorie des rationalen Diskurses als Theorie der juristischen Begründung*. Frankfurt am Main: Suhrkamp.

_______ (1986). *Theorie der Grundrechte*. Frankfurt am Main: Suhrkamp.

Almeida, Paulo Roberto de (1987). "Uma interpretação econômica da Constituição brasileira. A representação dos interesses sociais em 1946 e em 1986". *Clínica e Cultura* (São Paulo: SBPC), vol. 39, nº 1, pp. 34-46.

Almino, João (1980). *Os democratas autoritários: liberdades individuais, de associação política e sindical na Constituinte de 1946*. São Paulo: Brasiliense.

_______ (1985). *Era uma vez uma constituinte*. São Paulo: Brasiliense.

Althusser, Louis (1976). "Idéologie et appareils idéologiques d'Etat (notes pour une recherche)". *In*: L. Althusser. *Positions (1964-1975)*. Paris: Editions Sociales, pp. 67-125.

Alvarez-Correra, Eduardo (1983). "La règle de droit et la réalité sociale. Quelques aspects de l'application du droit en Colombie". *Archiv für Rechts- und Sozialphilosophie* 69 (Wiesbaden: Steiner), pp. 74-87.

Amado, Gilberto (1917). *As instituições políticas e o meio social no Brazil*. Rio de Janeiro: Imprensa Nacional.

Amaral, Azevedo (1981). *O Estado autoritário e a realidade nacional*. Brasília: UnB (1ª ed.: Rio de Janeiro, 1938).

Americas Watch Committee (1987). *Relatório Americas Watch: violência policial no Brasil – execuções sumárias e tortura em São Paulo e Rio de Janeiro*. Trad. bras. de Mylnen Fazzio. São Paulo: OAB-SP *et al.*

Amin, Samir (1973). *Le développement inégal. Essai sur les formations sociales du capitalisme périphérique*. Paris: Minuit.

_______ (1974). "Zur Theorie von Akkumulation und Entwicklung in der gegenwärtigen Weltgesellschaft". *In*: Senghaas (org.), 1974a: 71-97.

Aristóteles (1968). *Politik*. Trad. alemã de Nelly Tsouyopoulos e Ernesto Grassi. Reinbek bei Hamburg: Rowohlt.

Armitage, John (1977). *História do Brasil: desde a chegada da real família de Bragança, em 1808, até a abdicação do Imperador D. Pedro I, em 1831*. 6ª ed. São Paulo/Brasília: Melhoramentos/INL (original: *The History of Brazil, from the Period of the Arrival of the Bragança Family in 1808, to the Abdication of Don Pedro the First in 1831*. Londres, 1836; trad. bras. anônima; 1ª ed. Rio de Janeiro, 1837).

Arnold, Thurman W. (1935). *The Symbols of Government*. New Haven: Yale University Press (5ª impr., 1948).

Assis Brasil, J. F. de (1931). *Democracia representativa: do voto e do modo de votar*. Rio de Janeiro: Imprensa Nacional (1ª ed.: Rio de Janeiro, 1893).

ATLAN, Henri (1979). *Entre le cristal et la fumée: essai sur l'organisation du vivant*. Paris: Seuil.

_______ (1983). "L'Émergence du nouveau et du sens". *In*: Paul Dumouchel e Jean-Pierre Dupuy. *L'auto-organisation: de le physique au politique*. Paris: Seuil, pp. 115-30.

AUBERT, Wilhelm (1967). "Einige soziale Funktionen der Gesetzgebung". *In*: Ernst E. Hirsch e Manfred Rehbinder (orgs.). *Studien und Materialien zur Rechtssoziologie* (*Sonderheft* [Suplemento] 11 do Kölner Zeitschrift für Soziologie und Sozialpsychologie). Colônia/Opladen: Westdeutscher Verlag, pp. 284-309.

_______ (1969). "Law as a Way of Resolving Conflicts: the Case of a Small Industrialized Society". *In*: Laura Nader (org.). *Law in Culture and Society*. Chicago: Aldine, pp. 282-303.

AUSTIN, J. L. (1968). "Performative und konstatierende Äußerung". *In*: Rüdiger Bubner (org.). *Sprache und Analysis: Texte zur englischen Philosophie der Gegenwart*. Göttingen: Vandenhoeck & Ruprecht, pp. 140-53.

BACHOF, Otto (1979). "Verfassungswidrige Verfassungsnormen?". *In*: O. Bachof. *Wege zum Rechtsstaat. Ausgewählte Studien zum öffentlichen Recht*. Königstein/Ts.: Athenäum, p. 1-48 (originariamente em: *Recht und Staat* 163/164, 1951).

BALLWEG, Otmar (1970). *Rechtswissenschaft und Jurisprudenz*. Basileia: Helbing & Lichtenhahn.

BANDEIRA DE MELLO, Osvaldo Aranha (1980). *A teoria das constituições rígidas*. 2ª ed. São Paulo: Bushatsky.

BARBI, Celso Agrícola (1968). "Evolução do controle da constitucionalidade das leis no Brasil". *Revista de Direito Público* (São Paulo: RT), ano I, nº 4, pp. 34-43.

_______ (1990a). "Mandado de segurança na Constituição de 1988". *In*: Sálvio de Figueiredo Teixeira (org.). *Mandados de segurança e de injunção*. São Paulo: Saraiva, pp. 67-74.

BARBI, Celso Agrícola (1990b). "Mandado de injunção". *In*: Sálvio de Figueiredo Teixeira (org.). *Mandados de segurança e de injunção*. São Paulo: Saraiva, pp. 387-96.

BARBOSA, Rui (Ruy) (1932-1934). *Comentários à Constituição Federal brasileira*. Org. Homero Pires. São Paulo: Livraria Acadêmica/Saraiva, 1932 (vol. I), 1933 (vols. II, III e IV), 1934 (vol. V).

_______ (1946). *A Constituição de 1891 (Obras Completas*, vol. XVII, 1). Rio de Janeiro: Ministério da Educação e Saúde.

BARBOSA MOREIRA, José Carlos (1980). "A proteção jurídica dos interesses coletivos". *Revista de Direito Administrativo* 139 (Rio de Janeiro: FGV), pp. 1-10.

_______ (1981). "A legitimação para a defesa dos interesses difusos no direito brasileiro". *Revista Forense* (Rio de Janeiro: Forense), ano 77, vol. 276, pp. 1-6.

BARELLI, Walter (1989). "Os direitos dos trabalhadores". *In*: Michiles *et al.*, 1989: 320-4.

BARRETO, Tobias (1977a). "A questão do poder moderador". *In*: T. Barreto. *A questão do Poder Moderador e outros ensaios brasileiros*. Org. Hildon Rocha. Petrópolis/Brasília: Vozes/INL, pp. 81-121.

_______ (1977b). "Um discurso em mangas de camisa". *In*: T. Barreto. *A questão do Poder Moderador e outros ensaios brasileiros*. Org. Hildon Rocha. Petrópolis/Brasília: Vozes/INL, pp. 173-84.

BARRETO, Wanderlei de Paula (1981). *Die Rechtsstellung der Slumbewohner Brasiliens im sozialen Miet- und Wohnrecht: Aspekte des sozialen Miet- und Wohnrechts in Brasilien im Vergleich mit dem deutschen Recht am Beispiel der Elendsviertelbewohner (favelados)*. Mettingen: Brasilienkunde.

BARTHES, Roland (1964). "Éléments de sémiologie". *Communications* 4 (Paris: Seuil), pp. 91-135.

BASTOS, Aureliano Tavares (1937). A província: estudo sobre a descentralização no Brasil. 2ª ed. São Paulo/Rio de Janeiro/Recife: Nacional (1ª ed. Rio de Janeiro, 1870).

BASTOS, Aurélio Wander (org.) (1978). *Os cursos jurídicos e as elites políticas brasileiras*. Brasília: Câmara dos Deputados.

_______ (1987). "O perfil sociológico do poder judiciário". *Cadernos Liberais* 41. [São Paulo:] Instituto Tancredo Neves.

BENDA-BECKMANN, Franz von (1979). "Modernes Recht und traditionelle Gesellschaften". *Verfassung und Recht in Übersee* 12 (Hamburgo: Hamburger Gesellschaft für Völkerrecht und Auswärtige Politik), pp. 337-51.

BENDIX, Reinhard (1969). *Nation-Building and Citizenship. Studies of our Changing Social Order*. Garden City, Nova York: Anchor (1ª ed. 1964).

BENEVIDES, Maria Victoria (1983). *Violência, povo e polícia (violência urbana no noticiário de imprensa)*. São Paulo: Brasiliense.

BERTALANFFY, Ludwig von (1957). "Allgemeine Systemtheorie: Wege zu einer neuen mathesis universalis". *Deutsche Universitätszeitung*, nº 5/6 (Bonn: Deutsche Universitätszeitung), pp. 8-12.

BICUDO, Hélio Pereira (1977). *Meu depoimento sobre o esquadrão da morte*. 6ª ed. São Paulo: Pontifícia Comissão de Justiça e Paz de São Paulo.

_______ (1982). *Direitos civis no Brasil, existem?* São Paulo: Brasiliense.

BISCARETTI DI RUFFÌA, Paolo (1974). *Introduzione al diritto costituzionale comparato: le "forme di Stato" e le "forme di governo", le Costituzioni moderne*. 3ª ed. Milão: Giuffrè.

BITTENCOURT, C. A. Lúcio (1968). *O controle jurisdicional da constitucionalidade das leis*. 2ª ed. Rio de Janeiro: Forense.

BLANKE, Thomas (1987). "Kritik der systemfunktionalen Interpretation der Demonstrationsfreiheit". *Kritische Justiz* 20 (Baden-Baden: Nomos), pp. 157-65.

BLANKENBURG, Erhard (1977). "Über die Unwirksamkeit von Gesetzen". *Archiv für Rechts- und Sozialphilosophie* 63 (Wiesbaden: Steiner), pp. 31-58.

BLANKENBURG, Erhard (1980). "Recht als gradualisiertes Konzept – Begriffsdimensionen der Diskussion um Verrechtlichung und Entrechtlichung". *In*: Blankenburg; Klausa; Rottleuthner (orgs.), 1980: 83-98.

_______; Klausa, Ekkehard; Rottleuthner, Hubert (orgs.) (1980). *Alternative Rechtsformen und Alternativen zum Recht* (*Jahrbuch für Rechtssoziologie und Rechtstheorie*, vol. 6). Opladen: Westdeutscher Verlag.

BLÜM, Norbert Sebastian (1967). *Willenslehre und Soziallehre bei Ferdinand Tönnies: ein Beitrag zum Verständnis von "Gemeinschaft und Gesellschaft"*. Bonn: Tese de doutorado.

BOBBIO, Norberto (1960). *Teoria dell'ordinamento giuridico*. Turim: Giappichelli.

_______ (1967). "Sur le principe de légitimité". *Annales de Philosophie Politique* 7 (Paris: Presses Universitaires de France), pp. 47-60.

_______ (1976a). "Quale socialismo?". *In*: *Il marxismo e lo Stato: il dibattito aperto nella sinistra italiana sulle tesi di Norberto Bobbio* (*Quaderni di Mondoperaio* 4 – nova série). Roma: Mondoperaio, pp. 199-215.

_______ (1976b). "Quali alternative alla democrazia rappresentativa?". *In*: *Il marxismo e lo Stato: il dibattito aperto nella sinistra italiana sulle tesi di Norberto Bobbio* (*Quaderni di Mondoperaio* 4 – nova série). Roma: Mondoperaio, pp. 19-37.

_______ (1977a). *Giusnaturalismo e positivismo giuridico*. 3ª ed. Milão: Edizioni di Comunità.

_______ (1977b). "L'analisi funzionale del diritto: tendenze e problemi". *In*: N. Bobbio. *Dalla struttura alla funzione: nuovi studi di teoria del diritto*. Milão: Edizioni di Comunità, pp. 89-121.

_______ (1979). *Il positivismo giuridico: lezioni di filosofia del diritto*. Org. Nello Morra. Turim: Giappichelli.

_______ (1988). *Die Zukunft der Demokratie*. Trad. alemã de Sophie G. Alf *et al.* Berlim: Rotbuch.

Böckenförde, Ernst-Wolfgang (1976). "Der deutsche Typ der konstitutionellen Monarchie im 19. Jahrhundert". *In*: E.-W. Böckenförde. *Staat, Gesellschaft, Freiheit: Studien zur Staatstheorie und zum Verfassungsrecht*. Frankfurt am Main: Suhrkamp, pp. 112-45.

_______ (1983). "Geschichtliche Entwicklung und Bedeutungswandel der Verfassung". *In*: *Festschrift für Rudolf Gmür*. Bielefeld: E. u. W. Gieseking, pp. 7-19.

Bodin, Jean (1977). *Les six livres de la République*. Aalen: Scientia Verlag (2ª reimpr. da ed. de Paris, 1583).

Bonavides, Paulo (1968). "O princípio ideológico nas constituições brasileiras visto através das declarações de direitos". *Revista de Ciência Política* (Rio de Janeiro: FGV), vol. II, nº 4, pp. 35-63.

_______ (1972). *Do Estado liberal ao Estado social*. 3ª ed. Rio de Janeiro: FGV.

_______ (1988). "A despolitização da legitimidade". *Revista da Ordem dos Advogados do Brasil* (Rio de Janeiro/São Paulo: OAB-CF/Brasiliense), vol. XIX, nº 49, pp. 5-28.

_______; Amaral Vieira, R. A. (orgs.) (s.d.). *Textos políticos da história do Brasil*. Fortaleza: Imprensa Universitária (UFCE).

_______; Andrade, Paes de (1989). *História constitucional do Brasil*. Brasília/Rio de Janeiro: Senado Federal/Paz e Terra.

Borges, José Souto Maior (1975). *Lei complementar tributária*. São Paulo: Revista dos Tribunais/Educ.

Brandão Cavalcanti, Themistocles (1976). "O Conselho de Estado". *Revista de Ciência Política* (Rio de Janeiro: FGV), vol. 19, nº 4, pp. 37-57.

Brühl, Dieter (1989). *A terra era nossa vida: Armut und Familie in Nordostbrasilien; eine Untersuchung zum familiären Wandel im Stadt-Land-Vergleich*. Frankfurt am Main: Verlag für Interkulturelle Kommunikation.

BRYDE, Brun-Otto (1982). *Verfassungsentwicklung: Stabilität und Dynamik im Verfassungsrecht der Bundesrepublik Deutschland*. Baden-Baden: Nomos.

_______ (1987). "Recht und Verwaltung nach der Unabhängigkeit – Entwicklungstendenzen". *In*: Hans F. Illy e Brun-Otto Bryde (orgs.). *Staat, Verwaltung und Recht in Afrika 1960-1985*. Berlim: Duncker & Humblot, pp. 27-40.

BUARQUE DE HOLANDA, Sérgio (1985). *Do Império à República* (vol. II, tomo 5: *História geral da civilização brasileira*. Org. Sérgio Buarque de Holanda). 4ª ed. São Paulo: Difel.

_______ (1988). *Raízes do Brasil*. 20ª ed. Rio de Janeiro: José Olympio (1ª ed. 1936).

BÜHL, Walter L. (1989). "Grenzen der Autopoiesis". *Kölner Zeitschrift für Soziologie und Sozialpsychologie* 39 (Opladen: Westdeutscher Verlag), pp. 225-53.

BULYGIN, Eugenio (1965). "Der Begriff der Wirksamkeit". *In*: Ernesto Garzón Valdés (org.). *Lateinamerikanische Studien zur Rechtsphilosophie* (*Archiv für Rechts- und Sozialphilosophie, Beiheft* [Suplemento] nº 41, nova série nº 4). Neuwied am Rhein/Berlim: Luchterhand, pp. 39-58.

BURDEAU, Georges (1962). "Zur Auflösung des Verfassungsbegriffs". *Der Staat* 1 (Berlim: Duncker & Humblot), pp. 389-404.

_______ (1966-1969). *Traité de science politique*. 2ª ed. Paris: Librairie Générale de Droit et de Jurisprudence, vol. I: 1966, vol. IV: 1969.

CALDEIRA, Teresa Pires do Rio (1980). "Para que serve o voto? (As eleições e o cotidiano na periferia de São Paulo)". *In*: Bolivar Lamounier (org.). *Voto de desconfiança. Eleições e mudança política no Brasil: 1970-1979*. Petrópolis/São Paulo: Vozes/Cebrap, pp. 81-115.

CALMON DE PASSOS, José Joaquim (1989). *Mandado de segurança coletivo, mandado de injunção,* habeas data *(constituição e processo)*. Rio de Janeiro: Forense.

CALÓGERAS, J. Pandiá (1980). *Formação histórica do Brasil*. 8ª ed. Nacional (1ª ed. 1930).

CAMPANHA NACIONAL PELA REFORMA AGRÁRIA (1985). *Violência no campo*. Petrópolis/Rio de Janeiro: Vozes/Ibase.

CAMPANHOLE, Adriano; Campanhole, Hilton Lôbo (orgs.) (1971). *Todas as constituições do Brasil*. São Paulo: Atlas.

CAMPOS, Francisco (1940). *O Estado nacional. Sua estrutura. Seu conteúdo ideológico*. Rio de Janeiro: José Olympio.

CAPELLA, Juan-Ramón (1968). *El derecho como lenguaje: un análisis lógico*. Barcelona: Ariel.

CAPPELLETTI, Mauro (1978a). "Formaciones sociales e intereses de grupo frente a la justicia civil". *Boletín Mexicano de Derecho Comparado* (nova série) (México: Unam), ano XI, nos 31-32, pp. 1-40.

_______ (1978b). *Il controllo giudiziario di costituzionalità delle leggi nel diritto comparato*. 7ª reimpr. Milão: Giuffrè.

_______; Garth, Bryant (1981). "Access to Justice and the Welfare State: an Introduction". *In*: M. Cappelletti (org.), com a colaboração de J. Weisner e M. Seccombe. *Access to Justice and the Welfare State*. Alphen aan den Rijn/Bruxelas/Stuttgart/Florença: Sijthoff/Bruylant/Klett-Cotta/Le Monnier, pp. 1-24.

CARBONNIER, Jean (1976). *Flexible droit. Textes pour une sociologie du droit sans rigueur*. 3ª ed. Paris: Librairie Générale de Droit et de Jurisprudence.

_______ (1978). *Sociologie juridique*. Paris: Presses Universitaires de France.

CARDOSO, Fernando Henrique (1979). *O modelo político brasileiro e outros ensaios*. 4ª ed. São Paulo/Rio de Janeiro: Difel.

_______ (1985). "Dos governos militares a Prudente-Campos Sales". *In*: Boris Fausto (org.). *História geral da civilização brasileira*, vol. III: *O Brasil republicano*, tomo 1: *Estrutura de poder e economia (1889-1930)*. 4ª ed. São Paulo: Difel, pp. 13-50.

CARDOSO, Fernando Henrique; Faletto, Enzo (1984). *Dependência e desenvolvimento na América Latina: ensaio de interpretação sociológica*. 7ª ed. Rio de Janeiro: Zahar.

CARNAP, Rudolf (1948). *Introduction to Semantics*. Cambridge, MA: Harvard University Press.

CARNELUTTI, Francesco (1953). "La morte del diritto". *In*: *La crisi del diritto*. Pádua: Cedam, pp. 177-190.

CARONE, Edgard (1969). *A Primeira República (1889-1930): texto e contexto*. São Paulo: Difel.

_______ (1971). *A República Velha (evolução política)*. São Paulo: Difel.

_______ (1972). *A República Velha (instituições e classes sociais)*. São Paulo: Difel.

_______ (1973). *A Segunda República (1930-1937)*. São Paulo: Difel.

_______ (1974). *A República Nova (1930-1937)*. São Paulo: Difel.

_______ (1982). *A Terceira República (1937-1945)*. 2ª ed. São Paulo: Difel.

_______ (1985). *A República Liberal I – evolução política (1945-1964)*. São Paulo: Difel.

_______ (1988). *O Estado Novo (1937-1945)*. 5ª ed. Rio de Janeiro: Bertrand Brasil.

CARRÉ DE MALBERG, R. (1922). *Contribution à la théorie générale de l'Etat*. Paris: Sirey, tomo II.

CARRIÓ, Genaro R. (1986). *Notas sobre derecho y lenguaje*. 3ª ed. Buenos Aires: Abeledo-Perrot.

CARVALHOSA, Modesto (1989). "A ordem econômica no projeto de Constituição". *In*: Paul (org.), 1989: 103-10.

CASTRO GOMES, Ângela Maria de (1986). "Confronto e compromisso no processo de constitucionalização (1930-1935)". *In*: Boris Fausto (org.). *História geral da civilização brasileira*, vol. III: *O Brasil republicano*, tomo 3: *Sociedade e política (1930-1964)*. 3ª ed. São Paulo: Difel, pp. 7-75.

CELSO, Afonso (1981). *Oito anos de parlamento*. Brasília: UnB.

CHACON, Vamireh (1969). *Da Escola do Recife ao Código Civil (Artur Orlando e sua geração)*. Rio de Janeiro: Simões.

_______ (1977). *Estado e povo no Brasil: as experiências do Estado Novo e da democracia populista, 1937-1964*. Rio de Janeiro: José Olympio.

_______ (1987). *Vida e morte das constituições brasileiras*. Rio de Janeiro: Forense.

CHERESKY, Isidoro (1980). "Democracia y autoritarismo en los capitalismos dependientes. Bases para un proyecto de investigación. Los casos de Argentina y Brasil". *Revista Mexicana de Sociología* (México: Unam), vol. XLII, nº 3, pp. 1071-103.

COMTE, Auguste (1987). *Discours sur l'esprit positif*. Paris: J. Vrin (1ª ed. Paris, 1844).

CONSTANT, Benjamin (1872). "Réflexions sur les constitutions et les garanties, avec une esquisse de Constitution (1814-1818)". *In*: B. Constant. *Cours de politique constitutionnelle ou collection des ouvrages publiés sur le gouvernement représentatif*. 2ª ed. Paris: Guillaumin, vol. II, pp. 167-217.

_______ (1957). "Principes de politique". *In*: B. Constant. *Oeuvres*. Org. Alfred Roulin. Paris: Gallimard, pp. 1063-215 (1ª ed. Paris, 1815).

COPI, Irwing M. (1978). *Introdução à lógica*. Trad. bras. de Álvaro Cabral. 2ª ed. São Paulo: Mestre Jou.

COSSIO, Carlos (1964). *La teoría egológica del derecho y el concepto jurídico de libertad*. 2ª ed. Buenos Aires: Abeledo-Perrot.

_______ (1965). "Betrachtungen über das Gesetz als Wissen und das Verhalten als interpretierter Gegenstand bei der Urteilssprechung". *In*: Ernesto Garzón Valdés (org.). *Lateinamerikanische Studien zur Rechtsphilosophie* (*Archiv für Rechts- und Sozialphilosophie, Beiheft* [Suplemento] nº 41, nova série nº 4). Neuwied am Rhein/Berlim: Luchterhand, pp. 71-100.

COUTO E SILVA, Golbery do (1981). *Conjuntura política nacional: o Poder Executivo & geopolítica do Brasil*. 3ª ed. Rio de Janeiro: José Olympio.

CRETELLA JÚNIOR, J. (1988). "O novo e inócuo 'writ' constitucional: o 'habeas data'". *Revista Forense* (Rio de Janeiro: Forense), ano 84, vol. 304, pp. 99-100.

DALLARI, Dalmo de Abreu (1977). "Constituição e evolução do Estado brasileiro". *Revista da Faculdade de Direito* 72 (São Paulo: USP), pp. 325-34.

DILLON SOARES, Gláucio Ary (1973). *Sociedade e política no Brasil (desenvolvimento, classe e política durante a Segunda República)*. São Paulo: Difel.

DREIER, Horst (1983). "Hans Kelsen und Niklas Luhmann: Positivität des Rechts aus rechtswissenschaftlicher und systemtheoretischer Perspektive". *Rechtstheorie* 14 (Berlim: Duncker & Humblot), pp. 419-58.

DREIER, Ralf (1981). "Zu Luhmanns systemtheoretischer Neuformulierung des Gerechtigkeitsproblems". *In*: R. Dreier. *Recht – Moral – Ideologie: Studien zur Rechtstheorie*. Frankfurt am Main: Suhrkamp, pp. 270-85.

DREIFUSS, René Armand (1981). *1964: a conquista do Estado – ação política, poder e golpe de classe*. Petrópolis: Vozes.

DUARTE, Nestor (1939). *A ordem privada e a organização política nacional (contribuição à sociologia política brasileira)*. São Paulo/Rio de Janeiro/Recife/Porto Alegre: Nacional.

DUARTE PEREIRA, Osny (1964). *Que é a Constituição? (crítica à Carta de 1946 com vistas a reformas de base)*. Rio de Janeiro: Civilização Brasileira.

DUGUIT, Léon (1901). *L'Etat, le droit objectif et la loi positive*. Paris: Fontemoing.

________ (1926). *Manual de derecho constitucional*. Trad. esp. de J. G. Acuña. 2ª ed. Madri: F. Beltrán.

DURKHEIM, Émile (1986). *De la division du travail social*. Paris: Presses Universitaires de France (1ª ed. Paris, 1893).

DUVERGER, Maurice (org.) (1966). *Constitutions et documents politiques*. Paris: PUF.

EDELMAN, Murray (1976). *Politik als Ritual: die symbolische Funktion staatlicher Institutionen und politischen Handelns*. Trad. alemã de H. Fliessbach. Org. Claus Offe. Frankfurt am Main/Nova York: Campus.

EDER, Klaus (1980). *Die Entstehung staatlich organisierter Gesellschaften: ein Beitrag zu einer Theorie sozialer Evolution*. Frankfurt am Main: Suhrkamp.

_______ (1986). "Prozedurale Rationalität: Moderne Rechtsentwicklung jenseits von formaler Rationalisierung". *Zeitschrift für Rechtssoziologie* 7 (Opladen: Westdeutscher Verlag), pp. 1-30.

EHRLICH, Eugen (1967). *Grundlegung der Soziologie des Rechts*. 3ª ed. Berlim: Duncker & Humblot (reimpr. inalterada da 1ª ed., 1913).

ELSENHANS, Hartmut (1977). "Die Staatsklasse/Staatsbourgeoisie in den unterentwickelten Ländern zwischen Privilegierung und Legitimationszwang". *Verfassung und Recht in Übersee* 10 (Hamburgo: Hamburger Gesellschaft für Völkerrecht und Auswärtige Politik), pp. 29-42.

_______ (1979). "Grundlagen der Entwicklung der kapitalistischen Weltwirtschaft". *In*: Senghaas (org.), 1979a: 103-48.

_______ (1984). *Nord-Süd-Beziehungen: Geschichte - Politik - Wirtschaft*. Stuttgart: Kohlhammer.

ENGELS, Friedrich (1988). "Die Lage Englands. II. Die englische Konstitution". *In*: Karl Marx e Friedrich Engels. *Werke*. 15ª ed. Berlim: Dietz Verlag, vol. I, pp. 569-92 (originariamente em: *Vorwärts!* 75, 18 de setembro de 1844).

ESSER, Josef (1972). *Vorverständnis und Methodenwahl in der Rechtsfindung: Rationalitätsgrundlagen richterlicher Entscheidungspraxis*. Frankfurt am Main: Athenäum.

EVERS, Hans-Dieter (1987). "Subsistenzproduktion, Markt und Staat. Der sogenannte Bielefelder Verflechtungsansatz". *Geographische Rundschau* 39 (Braunschweig: Westermann), pp. 136-40.

EVERS, Tilman Tönnies; Wogau, Peter von (1973). "'dependencia': lateinamerikanische Beiträge zur Theorie der Unterentwicklung". *Das Argument* 15 (Berlim/Karlsruhe: Argument-Verlag), pp. 404-52.

FALCÃO NETO, Joaquim de Arruda (1977). "Classe dirigente e ensino jurídico: uma releitura de San Tiago Dantas". *Revista da Ordem dos Advogados do Brasil* (Rio de Janeiro: OAB-CF), vol. VIII, nº 21, pp. 41-77.

_______ (org.) (1984a). *Conflito de direito de propriedade: invasões urbanas*. Rio de Janeiro: Forense.

_______ (1984b). "Justiça social e justiça legal: conflitos de propriedade no Recife". *In*: Falcão (org.), 1984a: 79-101.

_______ (1984 c). *Os advogados: ensino jurídico e mercado de trabalho*. Recife: Fundaj/Massangana.

FAORO, Raymundo (1976). *Machado de Assis: a pirâmide e o trapézio*. 2ª ed. São Paulo: Nacional/Secretaria de Cultura, Ciência e Tecnologia do Estado de São Paulo.

_______ (1981). *Assembleia constituinte: a legitimidade recuperada*. São Paulo: Brasiliense.

_______ (1984-1985). *Os donos do poder: formação do patronato político brasileiro*. 6ª ed. Porto Alegre: Globo, vol. 1: 1984, vol. 2: 1985 (1ª ed. 1958).

FARIA, José Eduardo (1985). *A crise constitucional e a restauração da legitimidade*. Porto Alegre: Fabris.

_______ (1987). "Ordem legal × mudança social: a crise do Judiciário e a formação do magistrado". *Leopoldianum – Revista de Estudos e Comunicações* (Santos: Soc. Visc. S. Leop.), vol. XIV, nº 40, pp. 17-31.

_______ (1989). *O Brasil pós-constituinte*. Rio de Janeiro: Graal.

FAUSTO, Boris (1987). *A revolução de 1930: historiografia e história*. São Paulo: Brasiliense (1ª ed. 1970).

FERRAZ JR., Tércio Sampaio (1980). *Função social da dogmática jurídica*. São Paulo: Revista dos Tribunais.

Ferraz Jr., Tércio Sampaio (1984). "O oficial e o inoficial: ensaio sobre a diversidade de universos jurídicos temporal e especialmente [*sic*: espacialmente] concomitantes". *In*: Falcão Neto (org.), 1984a: 103-24.

_______ (1989). "Legitimidade na Constituição de 1988". *In*: T. S. Ferraz Jr. *et al. Constituição de 1988: legitimidade, vigência e eficácia, supremacia*. São Paulo: Atlas, pp. 13-58.

_______ (1990a). "Das Recht als Konsumgut". *Archiv für Rechts- und Sozialphilosophie* 76 (Stuttgart: Steiner), pp. 367-72.

_______ (1990b). "Sobre a reedição de medidas provisórias". *In*: T. S. Ferraz Jr. *Interpretação e estudos da Constituição de 1988*. São Paulo: Atlas, pp. 93-4.

Ferreira, Pinto (1975). *Teoria geral do Estado*. 3ª ed. São Paulo: Saraiva, vol. I.

Ferreira Filho, Manoel Gonçalves (1975). "O modelo político na Constituição do Império". *Revista da Faculdade de Direito* 70 (São Paulo: USP), pp. 327-44.

_______ (1978). "A Constituição de 1967". *In*: *O pensamento constitucional brasileiro*. Brasília: Câmara dos Deputados, pp. 187-202.

Figueiredo, Paulo de (1983). *Aspectos ideológicos do Estado Novo*. Brasília: Senado Federal.

Fleischer, David (1986). "Eleições e democracia no Brasil – transição ou transformismo?". *Humanidades* (Brasília: UnB), ano III, nº 10, pp. 84-92.

_______ (1988). "As desventuras da engenharia política: sistema eleitoral *versus* sistema partidário". *In*: D. Fleischer (org.). *Da distensão à abertura: as eleições de 1982*. Brasília: UnB, pp. 61-88.

Fleury Teixeira, Sônia Maria (1989). "Assistência na previdência social – uma política marginal". *In*: Aldaiza Sposati *et al. Os direitos (dos desassistidos) sociais*. São Paulo: Cortez, pp. 31-108.

Franco Sobrinho, Manoel de Oliveira (1970). *História breve do constitucionalismo no Brasil*. 2ª ed. Curitiba.

FRANK, André Gunder (1969). *Do subdesenvolvimento capitalista*. Trad. port. de J. A. Mendonça da Cruz e M. Couto. Lisboa: Edições 70, s.d. [1969].

FREIRE, Felisbelo de Oliveira (1983). *História constitucional da República dos Estados Unidos do Brasil*. Brasília: UnB (1ª ed. 1894).

FREYRE, Gilberto (1984). *Casa-grande & senzala: formação da família brasileira sob o regime da economia patriarcal*. 23ª ed. Rio de Janeiro: José Olympio (1ª ed. Rio de Janeiro, 1933).

FRIEDMAN, Lawrence M. (1972). "Einige Bemerkungen über eine allgemeine Theorie des rechtsrelevanten Verhaltens". *In*: Manfred Rehbinder e Helmut Schelsky (orgs.). *Zur Effektivität des Rechts* (*Jahrbuch für Rechtssoziologie und Rechtstheorie*, vol. III). Düsseldorf: Bertelsmann, pp. 206-23.

FRIEDRICH, Carl Joachim (1960). "Die Legitimität in politischer Perspektive". *Politische Vierteljahresschrift* 1 (Opladen: Westdeutscher Verlag), pp. 119-32.

FUCHS, Werner *et al.* (orgs.) (1975). *Lexikon zur Soziologie*. Reinbek bei Hamburg: Rowohlt, vol. 2.

FURTADO, Celso (1972). "Externe Abhängigkeit und ökonomische Theorie". *In*: Senghaas (org.), 1972a: 316-34.

_______ (1974). "Unterentwicklung und Abhängigkeit". *In*: Senghaas (org.), 1974a: 159-65.

_______ (1978). *A hegemonia dos Estados Unidos e o subdesenvolvimento da América Latina*. 3ª ed. Rio de Janeiro: Civilização Brasileira.

_______ (1981). *O mito do desenvolvimento econômico*. Rio de Janeiro/São Paulo: Paz e Terra.

_______ (1986). *Formação econômica do Brasil*. 21ª ed. São Paulo: Nacional (1ª ed. Rio de Janeiro, 1959).

GAJOP = Gabinete de Assessoria às Organizações Populares (1988). "Violência policial em Pernambuco". *Cadernos Gajop* (Olinda: Centro Luiz Freire), nº 7, pp. 45-59.

GALANTER, Marc (1966). "The Modernization of Law". *In*: Myron Weiner (org.). *Modernization: the Dynamics of Growth*. Nova York/Londres: Basic Books, pp. 153-65.

GALTUNG, Johan (1972). "Eine strukturelle Theorie des Imperialismus". *In*: Senghaas (org.). 1972a: 29-104.

GARRN, Heino (1969). "Rechtswirksamkeit und faktische Rechtsgeltung. Ein Beitrag zur Rechtssoziologie". *Archiv für Rechts- und Sozialphilosophie* 55 (Wiesbaden: Steiner), pp. 161-81.

GAY, Robert (1990). "Popular Incorporation and Prospects for Democracy: Some Implications of the Brazilian Case". *Theory and Society* 19 ([Dordrecht:] Kluver Academic Publishers), pp. 447-63.

GEIGER, Theodor (1970). *Vorstudien zu einer Soziologie des Rechts*. 2ª ed. Neuwied/Berlim: Luchterhand.

GESSNER, Volkmar (1976). *Recht und Konflikt. Eine soziologische Untersuchung privatrechtlicher Konflikte in Mexico*. Tübingen: Mohr.

GLASYRIN, Viktor Wassiljewitsch *et al.* (1982). *Effektivität der Rechtsnormen. Theorie und Forschungsmethoden*. Trad. alemã de Leon Nebenzahl e Alfred Reißner. Berlim: Staatsverlag der DDR.

GODZIK, Wolfgang; Laga, Gerd; Schütt, Kurt-Peter (1976). "Zur Kritik der Dependenztheorie: Methodologische Anmerkungen zu einem neo-marxistischen Ansatz in der Entwicklungsländerforschung". *Kölner Zeitschrift für Soziologie und Sozialpsychologie* 28 (Opladen: Westdeutscher Verlag), pp. 537-56.

GÓES e VASCONCELOS, Zacarias de (1978). *Da natureza e limites do Poder Moderador*. Brasília: Senado Federal (1ª ed. Rio de Janeiro, 1860).

GRIMM, Dieter (1987a). "Entstehungs- und Wirkungsbedingungen des modernen Konstitutionalismus". *In*: *Akten des 26. Deutschen Rechtshistorikertages, Frankfurt am Main, 22. bis 26. September 1986*. Org. Dieter Simon. Frankfurt am Main: Klostermann, pp. 45-76.

_______ (1987b). "Die sozialgeschichtliche und verfassungsrechtliche Entwicklung zum Sozialstaat". *In*: D. Grimm. *Recht und Staat der bürgerlichen Gesellschaft*. Frankfurt am Main: Suhrkamp, pp. 138-61.

GRIMM, Dieter (1989). "Verfassung". *In*: *Staatslexikon: Recht · Wirtschaft · Gesellschaft*. Org. Die Görres-Gesellschaft. 7ª ed. 5º vol. (Freiburg/Basileia/Viena: Herder), colunas 633-43.

GRIMMER, Klaus (1976). "Zur Dialektik von Staatsverfassung und Gesellschaftsordnung". *Archiv für Rechts- und Sozialphilosophie* 62 (Wiesbaden: Steiner), pp. 1-26.

GRINOVER, Ada Pellegrini (1984). "A tutela dos interesses difusos no sistema brasileiro". *In*: A. P. Grinover (org.). *A tutela dos interesses difusos*. São Paulo: Max Limonad, pp. 177-86.

_______ (1989). "Remédios constitucionais processuais". *In*: Paul (org.), 1989: 83-94.

GURVITCH, Georges (1940). *Éléments de sociologie juridique*. Paris: Aubier.

GUSFIELD, Joseph R. (1963). *Symbolic Crusade: Status Politics and the American Temperance Movement*. Urbana: University of Illinois Press.

_______ (1967a). "Moral Passage: the Symbolic Process in Public Designations of Deviance". *Social Problems* (Brooklyn: Society for the Study of Social Problems), vol. 15, nº 2, pp. 175-88.

_______ (1967b). "Tradition and Modernity: Misplaced Polarities in the Study of Social Change". *The American Journal of Sociology* (Chicago: University of Chicago Press), vol. 72, nº 4, pp. 351-62.

HÄBERLE, Peter (1980). "Die offene Gesellschaft der Verfassungsinterpreten: ein Beitrag zur pluralistischen und 'prozessualen' Verfassungsinterpretation". *In*: P. Häberle. *Die Verfassung des Pluralismus: Studien zur Verfassungstheorie der offenen Gesellschaft*. Königstein/Ts.: Athenäum, pp. 79-105 (originariamente em: *Juristische Zeitung – JZ*, 1975, pp. 297-305).

HABERMAS, Jürgen (1969). *Technik und Wissenschaft als "Ideologie"*. Frankfurt am Main: Suhrkamp.

_______ (1971). "Theorie der Gesellschaft oder Sozialtechnologie? Eine Auseinandersetzung mit Niklas Luhmann". *In*: J. Habermas e

N. Luhmann. *Theorie der Gesellschaft oder Sozialtechnologie – Was leistet die Systemforschung?* Frankfurt am Main: Suhrkamp, pp. 142-290.

_______ (1973). *Legitimationsprobleme im Spätkapitalismus.* Frankfurt am Main: Suhrkamp.

_______ (1982a). *Theorie des kommunikativen Handelns.* 2ª ed. Frankfurt am Main: Suhrkamp, 2 vols.

_______ (1982b). *Zur Rekonstruktion des Historischen Materialismus.* 3ª ed. Frankfurt am Main: Suhrkamp.

_______ (1986). "Was heiflt Universalpragmatik? (1976)". *In*: J. Habermas. *Vorstudien und Ergänzungen zur Theorie des kommunikativen Handelns.* 2ª ed. Frankfurt am Main: Suhrkamp, pp. 353-440.

_______ (1987a). "Wie ist Legitimität durch Legalität möglich?". *Kritische Justiz* 20 (Baden-Baden: Nomos), pp. 1-16.

_______ (1987b). "Hannah Arendts Begriff der Macht". *In*: J. Habermas. *Philosophisch-politische Profile.* Frankfurt am Main: Suhrkamp, pp. 228-48.

_______ (1988). "Exkurs zu Luhmanns systemtheoretischer Aneignung der subjektphilosophischen Erbmasse". *In*: J. Habermas. *Der philosophische Diskurs der Moderne.* Frankfurt am Main: Suhrkamp, pp. 426-45.

Hart, H. L. A. (1961). *The Concept of Law.* Oxford: Oxford University Press (reimpr.: Oxford: Clarendon Press, 1972).

_______ (1983). "Self-referring Laws". *In*: H. L. A. Hart. *Essays in Jurisprudence and Philosophy.* Oxford: Clarendon Press, pp. 170-78 (originariamente em: *Festskrift till Karl Olivecrona.* Estocolmo, 1964, pp. 307-16).

Hegenbarth, Rainer (1981). "Symbolische und instrumentelle Funktionen moderner Gesetze". *Zeitschrift für Rechtspolitik* 14 (Munique/Frankfurt am Main: Beck), pp. 201-4.

Heidelberg, Wolfgang (1968). "Die Dualität zwischen traditionellem afrikanischen Recht und rezipiertem europäischen Recht". *Verfas-*

sung und Recht in Übersee 1 (Hamburgo: Hamburger Gesellschaft für Völkerrecht und Auswärtige Politik), pp. 354-66.

HELLER, Hermann (1934). *Staatslehre*. Org. Gerhart Niemeyer. Leiden: Sijthoff.

HENRIQUES DE SOUZA, Braz Florentino (1978). *Do Poder Moderador: ensaio de direito constitucional contendo a análise do título V, capítulo I, da Constituição Política do Brasil*. Brasília: Senado Federal (1ª ed. Recife, 1864).

HESSE, Konrad (1980). *Grundzüge des Verfassungsrechts der Bundesrepublik Deutschland*. 12ª ed. Heidelberg/Karlsruhe: Müller.

________ (1984). "Die normative Kraft der Verfassung". *In*: K. Hesse. *Ausgewählte Schriften*. Org. P. Häberle e A. Hollerbach. Heidelberg: Müller, pp. 3-18.

HINZ, Manfred O. (1971). "Der moderne Staat und die traditionellen Gesellschaften. Zum Beziehungsbereich von Staatstheorie und Ethnologie". *Archiv für Rechts- und Sozialphilosophie* 57 (Wiesbaden: Steiner), pp. 335-56.

HOBBES, Thomas (1966). *Leviathan*. Trad. alemã de Walter Euchner. Org. Iring Fetscher. Neuwied/Berlim: Luchterhand.

HOFSTADTER, Douglas R. (1986). *Gödel, Escher, Bach: ein endloses geflochtenes Band*. Trad. alemã de P. Wolff-Windegg e H. Feuersee com a colaboração de W. Alexi. 8ª ed. Stuttgart: Klett-Cotta.

HOLLERBACH, Alexander (1969). "Ideologie und Verfassung". *In*: Maihofer (org.), 1969: 37-61.

HOLMES, Stephen (1988). "Gag Rules or the Politics of Omission". *In*: Jon Elster e Rune Slagstad (orgs.). *Constitutionalism and Democracy (Studies in Rationality and Social Change)*. Cambridge: Cambridge University Press, pp. 19-58.

HOMEM DE MELLO, F. I. Marcondes (1973). "A Constituinte perante a história". *In*: Octaciano Nogueira (org.). *A Constituinte de 1823*. Brasília: Senado Federal, pp. 79-103 (originariamente: Rio de Janeiro, 1863).

HOPKINS, Terence; Wallerstein, Immanuel (1979). "Grundzüge der Entwicklung des modernen Weltsystems". *In*: Senghaas (org.), 1979a: 151-200.

IBGE = Instituto Brasileiro de Geografia e Estatística (1987). *Pesquisa Nacional por Amostra de Domicílios – 1987*. Rio de Janeiro: IBGE, vol. 11/1.

_______ (1989). *Anuário Estatístico do Brasil – 1989*. Rio de Janeiro: IBGE.

JACOBY, E. Georg (1971). *Die moderne Gesellschaft im sozialwissenschaftlichen Denken von Ferdinand Tönnies: eine biographische Einführung*. Stuttgart: Enke.

JAGUARIBE, Hélio *et al.* (1986). *Brasil, 2000 – para um novo pacto social*. Rio de Janeiro: Paz e Terra.

JEAMMAUD, Antoine (1983). "En torno al problema de la efectividad del derecho". *Contradogmáticas* (Santa Cruz do Sul: Fisc/Almed), vol. I, n°s 2/3, pp. 50-77.

JELLINEK, Georg (1976). *Allgemeine Staatslehre*. 3ª ed. Kronberg/Ts.: Athenäum.

JOERGES, Christian (1987). "Die Überarbeitung des BGB-Schuldrechts, die Sonderprivatrechte und die Unbestimmtheit des Rechts". *Kritische Justiz* 20 (Baden-Baden: Nomos), pp. 166-82.

JOLOWICZ, H. (1968). "Verfassung und politische Entwicklung in Brasilien". *Verfassung und Recht in Übersee* 1 (Hamburgo: Hamburger Gesellschaft für Völkerrecht und Auswärtige Politik), pp. 61-4.

JUNQUEIRA, Eliane Botelho; Souza Rodrigues, José Augusto de (1988). "A volta do parafuso: cidadania e violência". *In*: Belisário dos Santos Júnior *et al. Direitos humanos: um debate necessário*. São Paulo: Brasiliense, pp. 120-40.

KALINOWSKI, Georges (1971). *Introduzione alla logica giuridica*. Trad. ital. de Massimo Corsale. Milão: Giuffrè.

KANT, Immanuel (1986). *Metaphysische Anfangsgründe der Rechtslehre*. Org. Bernd Ludwig. Hamburgo: Meiner.

KASPRZIK, Brigitta (1985). "Ist die Rechtspositivismusdebatte beendbar? Zur Rechtstheorie Niklas Luhmanns". *Rechtstheorie* 16 (Berlim: Duncker & Humblot), pp. 367-81.

KELSEN, Hans (1946). *General Theory of Law and State*. Trad. ingl. de Anders Wedberg. Cambridge, MA: Harvard University Press.

_______ (1960). *Reine Rechtslehre*. 2ª ed. Viena: Franz Deuticke (reimpr. inalterada, 1983).

_______ (1966). *Allgemeine Staatslehre*. Bad Homburg v. d. Höhe/Berlim/Zurique: Gehlen (reimpr. inalterada da 1ª ed., 1925).

_______ (1979). *Allgemeine Theorie der Normen*. Org. Kurt Ringhofer e Robert Walter. Viena: Manz.

_______ (1980). *Compendio de teoría general del Estado*. Trad. esp. de Luis Recaséns Siches e Justino de Azcárate. 2ª ed. México: Nacional.

_______ (1982). *Vergeltung und Kausalität*. Viena/Colônia/Graz: Böhlau (nova impr. da ed. de 1941).

KINDERMANN, Harald (1988). "Symbolische Gesetzgebung". *In*: Dieter Grimm e Werner Maihofer (orgs.). *Gesetzgebungstheorie und Rechtspolitik* (*Jahrbuch für Rechtssoziologie und Rechtstheorie* 13). Opladen: Westdeutscher Verlag, pp. 222-45.

_______ (1989). "Alibigesetzgebung als symbolische Gesetzgebung". *In*: Rüdiger Voigt (org.). *Symbole der Politik, Politik der Symbole*. Opladen: Leske + Budrich, pp. 257-73.

KISS, Gábor (1986). *Grundzüge und Entwicklung der Luhmannschen Systemtheorie*. Stuttgart: Enke.

KOCH, Hans-Joachim (1977). "Einleitung: Über juristisch-dogmatisches Argumentieren im Staatsrecht". *In*: H.-J. Koch (org.). *Seminar "Die juristische Methode im Staatsrecht": Über Grenzen von Verfassungs- und Gesetzesbindung*. Frankfurt am Main: Suhrkamp, pp. 13-157.

KONDAKOW, N. I. (1983). *Wörterbuch der Logik*. Trad. alemã de H.-D. Hecker *et al.* Org. E. Albrecht e G. Asser. 2ª ed. Leipzig: Bibliographisches Institut.

KRAMER, Ernst A. (1972). "Integrative und repressive Wirksamkeit des Rechts". *In*: Manfred Rehbinder e Helmut Schelsky (orgs.). *Zur Effektivität des Rechts (Jahrbuch für Rechtssoziologie und Rechtstheorie*, vol. III). Düsseldorf: Bertelsmann, pp. 247-57.

KRÜGER, Herbert (1966). *Allgemeine Staatslehre*. 2ª ed. Stuttgart/Berlim/Colônian/Mainz: Kohlhammer.

_______ (1968). "Verfassung und Recht in Übersee". *Verfassung und Recht in Übersee* 1 (Hamburgo: Hamburger Gesellschaft für Völkerrecht und Auswärtige Politik), pp. 3-29.

_______ (1976). "Über Militärregime in Entwicklungsländern". *Verfassung und Recht in Übersee* 9 (Hamburgo: Hamburger Gesellschaft für Völkerrecht und Auswärtige Politik), pp. 5-18.

LACERDA, Paulo M. de (s.d.). *Princípios de direito constitucional brasileiro*. Rio de Janeiro: Azevedo, vol. I.

LACOMBE, Américo Jacobina (1973-1974). "Breves observações sobre o movimento constitucionalista no Brasil". *Anuário do Museu Imperial*, vols. 34/35 (ano 1973-1974, Brasília: MEC, 1977), pp. 46-60.

LADEUR, Karl-Heinz (1980). "Strukturwandel der Staatsrechtsideologie im Deutschland des 19. Jahrhunderts". *In*: Friedhelm Hasse e Karl-Heinz Ladeur. *Verfassungsgerichtsbarkeit und politisches System: Studien zum Rechtsstaatsproblem in Deutschland*. Frankfurt am Main/Nova York: Campus, pp. 15-44.

_______ (1983). "'Abwägung' – ein neues Rechtsparadigma? Von der Einheit der Rechtsordnung zur Pluralität der Rechtsdiskurse". *Archiv für Rechts- und Sozialphilosophie* 69 (Wiesbaden: Steiner), pp. 463-83.

_______ (1984). *"Abwägung" – ein neues Paradigma des Verwaltungsrechts: von der Einheit der Rechtsordnung zum Rechtspluralismus*. Frankfurt am Main/Nova York: Campus.

_______ (1985). "Perspektiven einer post-modernen Rechtstheorie: zur Auseinandersetzung mit Niklas Luhmanns Konzept der 'Einheit des Rechtssystems'". *Rechtstheorie* 16 (Berlim: Duncker & Humblot), pp. 383-427.

_______ (1986). "'Prozedurale Rationalität' – Steigerung der Legitimationsfähigkeit oder der Leistungsfähigkeit des Rechtssystems?". *Zeitschrift für Rechtssoziologie* 7 (Opladen: Westdeutscher Verlag), pp. 265-74.

_______ (1987). "Ein Vorschlag zur dogmatischen Neukonstruktion des Grundrechts aus Art. 8 GG als Recht auf 'Ordnungsstörung'". *Kritische Justiz* 20 (Baden-Baden: Nomos), pp. 150-57.

_______ (1990). "Selbstorganisation sozialer Systeme und Prozeduralisierung des Rechts: von der Schrankenziehung zur Steuerung von Beziehungsnetzen". *In*: Dieter Grimm (org.). *Wachsende Staatsaufgabe – sinkende Steuerungsfähigkeit des Rechts*. Baden-Baden: Nomos, pp. 187-216.

LAFER, Celso (1978). *O sistema político brasileiro: estrutura e processo*. 2ª ed. São Paulo: Perspectiva.

LAMBERT, Jacques (1986). *Os dois Brasis*. 13ª ed. São Paulo: Nacional.

LAMOUNIER, Bolivar (1981). "Representação política: a importância de certos formalismos". *In*: Bolivar Lamounier, Francisco C. Weffort e Maria Victoria Benevides (orgs.). *Direito, cidadania e participação*. São Paulo: T. A. Queiroz, pp. 230-57.

_______ (1989). *Partidos e utopias: o Brasil no limiar dos anos 90*. São Paulo: Loyola.

LANDGRAF PICOLO, Helga Iracema (1969). "A influência da Constituição de Weimar na Constituição brasileira de 1934". *Organon* 14 (Porto Alegre: UFRS), pp. 73-100.

LARENZ, Karl (1975). *Methodenlehre der Rechtswissenschaft*. 3ª ed. Berlim/Heidelberg/Nova York: Springer.

LASSALLE, Ferdinand (1987). "Über Verfassungswesen". *In*: F. Lassalle. *Reden und Schriften*. Org. Hans Jürgen Friederici. Colônia: Röderberg, pp. 120-47.

LEAL, Aurelino (1915). *Historia Constitucional do Brazil*. Rio de Janeiro: Imprensa Nacional.

LEAL, Carmen Teresa Filipe; Luz, Celso Bahia (1973-1974). "O projeto da Constituinte de 1823 e a Constituição de 1824: um estudo comparado". *Anuário do Museu Imperial*, vols. 34/35 (ano 1973-1974, Brasília: MEC, 1977), pp. 61-72.

LEFORT, Claude (1981). "Droits de l'homme et politique". *In*: C. Lefort. *L'invention démocratique: les limites de la domination totalitaire*. Paris: Fayard, pp. 45-83.

LENK, Kurt (org.) (1972). *Ideologie. Ideologiekritik und Wissenssoziologie*. 6ª ed. Darmstadt/Neuwied: Luchterhand.

LESBAUPIN, Ivo (1984). *As classes populares e os direitos humanos*. Petrópolis: Vozes.

LIMA, Hermes (1974). *Travessia: memórias*. Rio de Janeiro: José Olympio.

LÖBSACK-FÜLLGRAF, Lilli (1985). *Verfassung und Alltag: Verfassung, Menschenrechte und Verfassungswirklichkeit in Brasilien*. Sankt Augustin: Liberal-Verlag.

LOEWENSTEIN, Karl (1942). *Brazil under Vargas*. Nova York: Macmillan.

_______ (1956). "Gedanken über den Wert von Verfassungen in unserem revolutionären Zeitalter". *In*: Arnold J. Zurcher (org.). *Verfassungen nach dem zweiten Weltkrieg*. Trad. alemã de Ebba Vockrodt. Meisenheim am Glan: Hain, pp. 210-46.

_______ (1975). *Verfassungslehre*. Trad. alemã de Rüdiger Boerner. 3ª ed. Tübingen: Mohr.

LUHMANN, Niklas (1962). "Wahrheit und Ideologie: Vorschläge zur Wiederaufnahme der Diskussion". *Der Staat* 1 (Berlim: Duncker & Humblot), pp. 431-48.

_______ (1965). *Grundrechte als Institution: ein Beitrag zur politischen Soziologie*. Berlim: Duncker & Humblot.

_______ (1971). "Systemtheoretische Argumentationen: eine Entgegnung auf Jürgen Habermas". *In*: J. Habermas e N. Luhmann. *Theorie der Gesellschaft oder Sozialtechnologie – Was leistet die Systemforschung?* Frankfurt am Main: Suhrkamp, pp. 291-405.

_______ (1973a). *Zweckbegriff und Systemrationalität: Über die Funktion von Zwecken in sozialen Systemen*. Frankfurt am Main: Suhrkamp.

_______ (1973b). "Politische Verfassungen im Kontext des Gesellschaftssystems". *Der Staat* 12 (Berlim: Duncker & Humblot), pp. 1-22 e 165-82.

_______ (1974). *Rechtssystem und Rechtsdogmatik*. Stuttgart: Kohlhammer.

_______ (1975a). "Komplexität". *In*: N. Luhmann. *Soziologische Aufklärung 2: Aufsätze zur Theorie der Gesellschaft*. Opladen: Westdeutscher Verlag, pp. 204-20.

_______ (1975b). "Die Weltgesellschaft". *In*: N. Luhmann. *Soziologische Aufklärung 2: Aufsätze zur Theorie der Gesellschaft*. Opladen: Westdeutscher Verlag, pp. 51-71 (originariamente em: *Archiv für Rechts- und Sozialphilosophie* 57 [1971], pp. 1-35).

_______ (1975c). "Interaktion, Organisation, Gesellschaft: Anwendungen der Systemtheorie". *In*: N. Luhmann. *Soziologische Aufklärung 2: Aufsätze zur Theorie der Gesellschaft*. Opladen: Westdeutscher Verlag, pp. 9-20.

_______ (1975d). "Einführende Bemerkungen zu einer Theorie symbolisch generalisierter Kommunikationsmedien". *In*: N. Luhmann. *Soziologische Aufklärung 2: Aufsätze zur Theorie der Gesellschaft*. Opladen: Westdeutscher Verlag, pp. 170-92 (originariamente em: *Zeitschrift für Soziologie* 3 [1974], pp. 236-55).

_______ (1977). "Arbeitsteilung und Moral: Durkheims Theorie". *In*: Émile Durkheim. *Über die Teilung der Sozialen Arbeit*. Frankfurt am Main: Suhrkamp, 17-35.

_______ (1981a). *Ausdifferenzierung des Rechts*. Frankfurt am Main: Suhrkamp.

_______ (1981b). "Positivität des Rechts als Voraussetzung einer modernen Gesellschaft". *In*: Luhmann, 1981a: 113-53 (originariamente em: *Jahrbuch für Rechtssoziologie und Rechtstheorie* I [1970], pp. 175-202).

_______ (1981c). "Evolution des Rechts". *In*: Luhmann, 1981a: 11-34 (originariamente em: *Rechtstheorie* I [1970], pp. 3-22).

_______ (1981d). "Die Funktion des Rechts: Erwartungssicherung oder Verhaltenssteuerung". *In*: Luhmann, 1981a: 73-91 (originalmente em: *Beiheft* [Suplemento] nº 8 do *Archiv für Rechts- und Sozialphilosophie*. Wiesbaden, 1974, pp. 31-45).

_______ (1981e). "Machtkreislauf und Recht in Demokratien". *In*: *Zeitschrift für Rechtssoziologie* 2 (Opladen: Westdeutscher Verlag), pp. 158-67.

_______ (1981f). "Konflikt und Recht". *In*: Luhmann, 1981a: 92-112.

_______ (1981g). "Rechtstheorie im interdisziplinären Zusammenhang". *In*: Luhmann, 1981a: 191-240 (originariamente em: *Anales de la Cátedra Francisco Suárez* 12 [1972], pp. 201-53).

_______ (1981h). "Selbstreflexion des Rechtssystems: Rechtstheorie in gesellschaftstheoretischer Perspektive". *In*: Luhmann, 1981a: 419-50 (originariamente em: *Rechtstheorie* 10 [1979], pp. 159-85).

_______ (1981i). "Ausdifferenzierung des Rechtssystems". *In*: Luhmann, 1981a: 35-52 (originariamente em: *Rechtstheorie* 7 [1976], pp. 121-35).

_______ (1981j). "Funktionale Methode und juristische Entscheidung". *In*: Luhmann, 1981a: 273-307 (originariamente em: *Archiv des öffentlichen Rechts* 94 [1969], pp. 255-76).

_______ (1981k). "Gerechtigkeit in den Rechtssystemen der modernen Gesellschaft". *In*: Luhmann, 1981a: 374-418 (originariamente em: *Rechtstheorie* 4 [1973], pp. 131-67).

_______ (1981l). *Politische Theorie im Wohlfahrtsstaat*. Munique: Olzog.

_______ (1981m). "Erleben und Handeln". *In*: Luhmann. *Soziologische Aufklärung 3: Soziales System, Gesellschaft, Organisation*. Opladen: Westdeutscher Verlag, pp. 67-80 (originariamente em: Hans Lenk [org.]. *Handlungstheorien – interdisziplinär*. Munique, 1978, vol. 2, pp. 235-53).

LUHMANN, Niklas (1981n). "Schematismen der Interaktion". *In*: N. Luhmann. *Soziologische Aufklärung 3: Soziales System, Gesellschaft, Organisation*. Opladen: Westdeutscher Verlag, pp. 81-100 (originariamente em: *Kölner Zeitschrift für Soziologie und Sozialpsychologie* 31 [1979], pp. 237-55).

_______ (1981o). "Systemtheoretische Beiträge zur Rechtstheorie". *In*: Luhmann, 1981a: 241-72 (originariamente em: *Jahrbuch für Rechtssoziologie und Rechtstheorie* 2 [1972], pp. 255-76).

_______ (1981p). "Rechtszwang und politische Gewalt". *In*: Luhmann, 1981a: 154-72.

_______ (1982). *Funktion der Religion*. Frankfurt am Main: Suhrkamp.

_______ (1983a). *Legitimation durch Verfahren*. Frankfurt am Main: Suhrkamp.

_______ (1983b). "Die Einheit des Rechtssystems". *In*: *Rechtstheorie* 14 (Berlim: Duncker & Humblot), pp. 129-54.

_______ (1984a). "Reflexive Mechanismen". *In*: N. Luhmann. *Soziologische Aufklärung 1: Aufsätze zur Theorie sozialer Systeme*. 5ª ed. Opladen: Westdeutscher Verlag, pp. 92-112 (originariamente em: *Soziale Welt* 17 [1966], pp. 1-23).

_______ (1984b). "The Self-Reproduction of the Law and its Limits". *In*: Felipe Augusto de Miranda Rosa (org.). *Direito e mudança social*. Rio de Janeiro: OAB-RJ, pp. 107-28.

_______ (1984c). "Positives Recht und Ideologie". *In*: N. Luhmann. *Soziologische Aufklärung 1: Aufsätze zur Theorie sozialer Systeme*. 5ª ed. Opladen: Westdeutscher Verlag, pp. 178-203 (originariamente em: *Archiv für Rechts- und Sozialphilosophie* 53 [1967], pp. 531-71).

_______ (1985). "Einige Probleme mit 'reflexivem Recht'". *Zeitschrift für Rechtssoziologie* 6 (Opladen: Westdeutscher Verlag), pp. 1-18.

_______ (1986a). *Ökologische Kommunikation: Kann die moderne Gesellschaft sich auf ökologische Gefährdungen einstellen?* Opladen: Westdeutscher Verlag.

LUHMANN, Niklas (1986b). *Die soziologische Beobachtung des Rechts*. Frankfurt am Main: Metzner.

_______ (1986c). "Die Codierung des Rechtssystems". *Rechtstheorie* 17 (Berlim: Duncker & Humblot), pp. 171-203.

_______ (1987a). *Rechtssoziologie*. 3ª ed. Opladen: Westdeutscher Verlag.

_______ (1987b). *Soziale Systeme: Grundriß einer allgemeinen Theorie*. Frankfurt am Main: Suhrkamp.

_______ (1987c). "Die Unterscheidung von Staat und Gesellschaft". *In*: N. Luhmann. *Soziologische Aufklärung 4: Beiträge zur funktionalen Differenzierung der Gesellschaft*. Opladen: Westdeutscher Verlag, pp. 67-73.

_______ (1987d). "Partizipation und Legitimation: Die Ideen und die Erfahrungen". *In*: N. Luhmann. *Soziologische Aufklärung 4: Beiträge zur funktionalen Differenzierung der Gesellschaft*. Opladen: Westdeutscher Verlag, pp. 152-60.

_______ (1988a). *Die Wirtschaft der Gesellschaft*. Frankfurt am Main: Suhrkamp.

_______ (1988b). "Positivität als Selbstbestimmtheit des Rechts". *Rechtstheorie* 19 (Berlim: Duncker & Humblot), pp. 11-27.

_______ (1988c). *Macht*. 2ª ed. Stuttgart: Enke.

_______ (1989a). *Wirtschaft und Recht: Probleme struktureller Kopplung*. Bielefeld (impresso inédito).

_______ (1989b). "Le droit comme système social". *Droit et Société*, nºˢ 11/12 (Paris/Vaucresson: L.G.D.J./C.R.I.V.), pp. 53-66.

_______ (1990a). "Interesse und Interessenjurisprudenz im Spannungsfeld von Gesetzgebung und Rechtsprechung". *Zeitschrift für Neuere Rechtsgeschichte* 12 (Viena: Manz), pp. 1-13.

_______ (1990b). "Verfassung als evolutionäre Errungenschaft". *Rechtshistorisches Journal* 9 (Frankfurt am Main: Löwenklau), pp. 176-220.

_______; Schorr, Karl-Eberhard (1988). *Reflexionsprobleme im Erziehungssystem*. Frankfurt am Main: Suhrkamp.

LYOTARD, Jean-François (1979). *La condition postmoderne*. Paris: Minuit.

MACHADO NETO, A. L. (1969). *História das ideias jurídicas no Brasil*. São Paulo: Grijalbo/Edusp.

MAIHOFER, Werner (org.) (1969). *Ideologie und Recht*. Frankfurt am Main: Klostermann.

_______ (1970). "Die gesellschaftliche Funktion des Rechts". *In*: R. Lautmann, W. Maihofer e H. Schelsky (orgs.). *Die Funktion des Rechts in der modernen Gesellschaft* (*Jahrbuch für Rechtssoziologie und Rechtstheorie*, vol. I). Bielefeld: Bertelsmann, pp. 11-36.

MANSILLA, H. C. F. (1974). "Kritik der Modernisierungs- und Dependenztheorien". *Soziale Welt* 25 (Göttingen: Otto Schwartz), pp. 209-23.

MARINHO, Josaphat (1988). "A Constituição de 1934". *Revista de Direito Público* (São Paulo: RT), ano XXI, nº 85, pp. 52-60.

MARSHALL, John (1967). *Major Opinions and Other Writings*. Org. John P. Roche. Indianapolis/Nova York: Bobbs-Merrill.

MARSHALL, T. H. (1976). *Class, Citizenship, and Social Development*. Westport, Connecticut: Greenwood Press (reimpr. da ed. de Nova York, 1964).

MARTINS FERREIRA, Waldemar (1954). *História do direito constitucional brasileiro*. São Paulo: Max Limonad.

MARTINS RODRIGUES, Leôncio (1987). *Quem é quem na Constituinte. Uma análise sociopolítica dos partidos e deputados*. São Paulo: Oesp/Maltese.

MÁRTIRES COELHO, Inocêncio (1978). "Aspectos positivos da Constituição de 1937". *Revista de Ciência Política* (Rio de Janeiro: FGV), vol. 21, nº 2, pp. 103-8.

_______ (1989). "Sobre a aplicabilidade da norma constitucional que instituiu o mandado de injunção". *Revista de Informação Legislativa* (Brasília: Senado Federal), ano 26, nº 104, pp. 43-58.

MARX, Karl (1975). "Zur Kritik der politischen Ökonomie. Vorwort". *In*: Karl Marx e Friedrich Engels. *Werke*. Berlim: Dietz Verlag, vol. 13, pp. 7-11 (originariamente: Berlim, 1859).

MARX, Karl (1983). "Einleitung zu den 'Grundrissen der Kritik der politischen Ökonomie'". *In*: Karl Marx e Friedrich Engels. *Werke*. Berlim: Dietz Verlag, vol. 42, pp. 15-45 (originariamente em: *Die Neue Zeit* 21, 1902-1903).

_______ (1986). "Vorwort zur ersten Auflage". *In*: K. Marx. *Das Kapital: Kritik der politischen Ökonomie*. Berlim: Dietz Verlag, vol. 1 (Marx e Engels, *Werke*, 30ª ed., vol. 23), pp. 11-7 (originariamente: Hamburgo, 1867).

_______ (1987). *Das Kapital: Kritik der politischen Ökonomie*. Berlim: Dietz Verlag, vol. 3 (Marx e Engels, *Werke*, 28ª ed., vol. 25) (originariamente: Hamburgo, 1894).

_______ (1988). "Zur Judenfrage". *In*: Karl Marx e Friedrich Engels. *Werke*. 15ª ed. Berlim: Dietz Verlag, vol. I, pp. 347-77 (originariamente em: *Deutsch-Französische Jahrbücher*. Paris, 1844).

MATURANA, Humberto R. (1982). *Erkennen: Die Organisation und Verkörperung von Wirklichkeit. Ausgewählte Arbeiten zur biologischen Epistemologie*. Trad. alemã de Wolfgang K. Köck. Braunschweig/Wiesbaden: Vieweg.

_______; Varela, Francisco J. (1987). *Der Baum der Erkenntnis*. Trad. alemã de Kurt Ludewig. 3ª ed. Berna/Munique/Viena: Scherz.

MAXIMILIANO, Carlos (1948). *Comentários à Constituição brasileira*. 4ª ed. Rio de Janeiro/São Paulo: Freitas Bastos, vol. I.

MAYHEW, Leon H. (1968). "Introduction: a Case Study in Institutionalization". *In*: L. H. Mayhew. *Law and Equal Opportunity: a Study of the Massachusetts Commission Against Discrimination*. Cambridge, MA: Harvard University Press, pp. 1-31.

MAYNTZ, Renate (1983). "Zur Einleitung: Probleme der Theoriebildung in der Implementationsforschung". *In*: R. Mayntz (org.). *Implementation politischer Programme II: Ansätze zur Theoriebildung*. Opladen: Westdeutscher Verlag, pp. 7-24.

MAYNTZ, Renate (1988). "Berücksichtigung von Implementationsproblemen bei der Gesetzesentwicklung. Zum Beitrag der Implementationsforschung zur Gesetzgebungstheorie". *In*: D. Grimm e W. Maihofer (orgs.). *Gesetzgebungstheorie und Rechtspolitik* (*Jahrbuch für Rechtssoziologie und Rechtstheorie* 13). Opladen: Westdeutscher Verlag, pp. 130-50.

MECHAM, J. Lloyd (1959). "Latin American Constitutions: Nominal and Real". *The Journal of Politics* 21 (Nova York: AMS Press), pp. 258-75.

MELO FRANCO, Afonso Arinos de (1960). *Curso de direito constitucional brasileiro*. Rio de Janeiro: Forense, vol. II: *Formação constitucional do Brasil*.

_______ (1974). *História e teoria dos partidos políticos no Brasil*. 2ª ed. São Paulo: Alfa-Omega.

_______; Pilla, Raul (1958). *Presidencialismo ou parlamentarismo?* Rio de Janeiro: José Olympio.

MENDES, Gilmar Ferreira (1990). *Controle de constitucionalidade: aspectos jurídicos e políticos*. São Paulo: Saraiva.

MENDES DE ALMEIDA, Fernando H. (org.) (1954). *Constituições do Brasil*. São Paulo: Saraiva.

MERTON, Robert K. (1968). *Social Theory and Social Structure*. Nova York/Londres: The Free Press/Collier-Macmillan.

MICHILES, Carlos *et al.* (1989). *Cidadão constituinte: a saga das emendas populares*. Rio de Janeiro: Paz e Terra.

MICHILES, Carlos; Ramalho, José Everaldo; Martins, João Carlos F. (s.d.). "Patuleia, democracia e Constituinte: uma reflexão sobre a contemporaneidade de nossa formação sociopolítica na Constituinte". *In*: Vânia Lomônaco Bastos e Tânia Moreira da Costa (orgs.). *Constituinte: questões polêmicas* (*Caderno Ceac/UnB*, ano 1, nº 2). Brasília: UnB, pp. 17-27.

MIRANDA, Pontes de (1960). *Comentários à Constituição de 1946*. Rio de Janeiro: Borsoi, vols. I, II, III, VI.

MIRANDA, Pontes de (1970-1973). *Comentários à Constituição de 1967 com a Emenda nº 1 de 1969*. 2ª ed. São Paulo: Revista dos Tribunais, vols. I e IV: 1970, vol. III (2ª tir.): 1973.

MIRKINE-GUETZÉVITCH, B. (1932). *Les Constitutions des nations américaines*. Paris: Delagrave.

MOLTMANN, Bernhard (1980). "Konstitutionsbedingungen des Staates im Brasilien des 19. Jahrhunderts". *In*: Rolf Hanisch e Rainer Tetzlaff (orgs.), com a colaboração de Thomas Siebold. *Historische Konstitutionsbedingungen des Staates in Entwicklungsländern*. Frankfurt am Main: Metzner, pp. 99-117.

MONTESQUIEU (1973). *De l'esprit des lois*. Paris: Garnier, vol. I. (1ª ed. Genebra, 1748).

MONTORO, Franco (1973). "Filosofia do direito e colonialismo cultural: transplante de institutos jurídicos inadequados à realidade brasileira". *Revista de Informação Legislativa* (Brasília: Senado Federal), ano X, nº 37, pp. 3-20.

MORAES, Evaristo de (1986). *A escravidão africana no Brasil*. 2ª ed. Brasília: UnB/INL (1ª ed. São Paulo, 1933).

MORRIS, Ch. W. (1938). "Foundations of the Theory of Signs". *In*: *International Encyclopedia of Unified Science* (Chicago: Chicago University Press), vol. I, nº 2, (12ª impr., 1966).

MST = Movimento dos Trabalhadores Rurais Sem Terra (1987). *Assassinato no campo. Crime e impunidade, 1964-1986*. 2ª ed. São Paulo: Global.

MÜLLER, Friedrich (1975). *Recht – Sprache – Gewalt: Elemente einer Verfassungstheorie I*. Berlim: Duncker & Humblot.

_______ (1984). *Strukturierende Rechtslehre*. Berlim: Duncker & Humblot.

MÜLLER, Geraldo (1986). "Fome: o não direito do não cidadão". *In*: Maria de Lourdes Manzini Covre (org.). *A cidadania que não temos*. São Paulo: Brasiliense, pp. 13-38.

MÜNCH, Richard (1982). *Theorie des Handelns: Zur Rekonstruktion der Beiträge von Talcott Parsons, Emile Durkheim und Max Weber*. Frankfurt am Main: Suhrkamp.

MÜNCH, Richard (1985). "Die sprachlose Systemtheorie. Systemdifferenzierung, reflexives Recht, reflexive Selbststeuerung und Integration durch Indifferenz". *Zeitschrift für Rechtssoziologie* 6 (Opladen: Westdeutscher Verlag), pp. 19-28.

NABUCO, Joaquim (1936). *Um estadista do Império: Nabuco de Araújo – sua vida, suas opiniões, sua época*. São Paulo/Rio de Janeiro: Nacional/Civilização Brasileira, 2 vols.

NADER, Laura (1980). "Alternatives to the American Judicial System". *In*: L. Nader (org.). *No Access to Law: Alternatives to the American Judicial System*. Nova York: Academic Press, pp. 3-55.

NAHAMOWITZ, Peter (1985). "'Reflexives Recht': Das unmögliche Ideal eines post-interventionistischen Steuerungskonzepts". *Zeitschrift für Rechtssoziologie* 6 (Opladen: Westdeutscher Verlag), pp. 29-44.

NARR, Wolf-Dieter; Offe, Claus (1975). "Einleitung". W.-D. Narr e C. Offe (orgs.). *Wohlfahrtsstaat und Massenloyalität*. Colônia: Kiepenheuer & Witsch, pp. 9-46.

NEELSEN, John P. (1988). "Strategische Gruppen, Klassenbildung und Staat. Eine Kritik des Bielefelder Ansatzes". *Kölner Zeitschrift für Soziologie und Sozialpsychologie* 40 (Opladen: Westdeutscher Verlag), pp. 284-315.

NEPP-UNICAMP = Núcleo de Estudos em Políticas Públicas – Universidade Estadual de Campinas (1986). *Brasil 1985: relatório sobre a situação social do país*. Campinas: Unicamp, vol. I.

________ (1988). *Brasil 1986: relatório sobre a situação social do país*. Campinas: Unicamp.

NEQUETE, Lenine (1973). *O Poder Judiciário no Brasil a partir da independência. I – Império*. Porto Alegre: Sulina.

NERSESIANTS, Vladik (1982). "El derecho como factor del desarrollo social". *Memoria del X Congreso Mundial Ordinario de Filosofía del Derecho y Filosofía Social* (México: Unam), vol. 9, pp. 175-8.

NEUMANN, Franz L. (1980). *Die Herrschaft des Gesetzes: Eine Untersuchung zum Verhältnis von politischer Theorie und Rechtssystem in der Konkurrenzgesellschaft*. Trad. alemã de Alfons Söllner. Frankfurt am Main: Suhrkamp.

NEVES, Marcelo (1988). *Teoria da inconstitucionalidade das leis*. São Paulo: Saraiva.

NOGUEIRA Itagiba, Ivair (1947). *O pensamento político universal e a Constituição brasileira*. Rio de Janeiro: Tupy, vol. I.

NOHLEN, Dieter; Sturm, Roland (1982). "Über das Konzept der strukturellen Heterogenität". *In*: Dieter Nohlen e Franz Nuscheler (orgs.). *Handbuch der Dritten Welt*. 2ª ed. Vol. I (*Unterentwicklung und Entwicklung: Theorien, Strategien, Indikatoren*). Hamburgo: Hoffmann und Campe, pp. 92-116.

NOLL, Peter (1972). "Gründe für die soziale Unwirksamkeit von Gesetzen". *In*: Manfred Rehbinder e Helmut Schelsky (orgs.). *Zur Effektivität des Rechts* (*Jahrbuch für Rechtssoziologie und Rechtstheorie*, vol. III). Düsseldorf: Bertelsmann, pp. 259-69.

_______ (1981). "Symbolische Gesetzgebung". *Zeitschrift für Schweizerisches Recht* (nova série) 100 (Basileia: Helbing & Lichtenhahn), pp. 347-64.

NOZICK, Robert (1976). *Anarchie, Staat, Utopia*. Trad. alemã de Hermann Vetter. Munique: MVG, s.d. [1976].

NUNES, Castro (1943). *Teoria e prática do Poder Judiciário*. Rio de Janeiro: Forense.

NUNES LEAL, Victor (1975). *Coronelismo, enxada e voto: o município e o regime representativo no Brasil*. 2ª ed. São Paulo: Alfa-Omega (1ª ed. 1949).

NUSCHELER, Franz (1974). "Bankrott der Modernisierungstheorien?". *In*: Dieter Nohlen e Franz Nuscheler (orgs.). *Handbuch der Dritten Welt*. Hamburgo: Hoffmann und Campe, vol. I: *Theorien und Indikatoren von Unterentwicklung und Entwicklung*, pp. 195-207 e 368-9.

OAB-CF = Ordem dos Advogados do Brasil – Conselho Federal (1971). "Ação Direta de Inconstitucionalidade (Processo C. N. 1.336/71)".

Revista da Ordem dos Advogados do Brasil (Rio de Janeiro: OAB-CF), vol. III, nº 6, pp. 256-291.

OFFE, Claus (1976). "Editorial". *In*: Edelman, 1976: VII-X.

_______ (1977). *Strukturprobleme des kapitalistischen Staates: Aufsätze zur Politischen Soziologie*. 4ª ed. Frankfurt am Main: Suhrkamp.

_______ (1986). "Die Utopie der Null-Option. Modernität und Modernisierung als politische Gütekriterien". *In*: Johannes Berger (org.). *Die Moderne – Kontinuitäten und Zäsuren* (*Soziale Welt*, *Sonderband* [volume especial] 4). Göttingen: Otto Schwartz, pp. 97-117.

ÖHLINGER, Theo (1975). *Der Stufenbau der Rechtsordnung: Rechtstheoretische und ideologische Aspekte*. Viena: Manz.

OLIVEIRA, Luciano (1985). "Polícia e classes populares". *Cadernos de Estudos Sociais* (Recife: Fundaj), vol. I, nº 1, pp. 85-96.

_______; Pereira, Affonso Cezar B. F. (1988). *Conflitos coletivos e acesso à justiça*. Recife: Massangana.

OLIVEIRA TÔRRES, João Camillo de (1957). *A democracia coroada (teoria política do Império do Brasil)*. Rio de Janeiro: José Olympio.

_______ (1962). *O presidencialismo no Brasil*. Rio de Janeiro: O Cruzeiro.

OLIVEN, Ruben George (1980). "A violência como mecanismo de dominação e como estratégia de sobrevivência". *Dados – Revista de Ciências Sociais* (Rio de Janeiro: Iuperj/Campus), vol. 23, nº 3, pp. 371-76.

OPAŁEK, Kazimierz (1982). "Der Begriff des positiven Rechts". *Archiv für Rechts- und Sozialphilosophie* 68 (Wiesbaden: Steiner), pp. 442-62.

PACHECO, Cláudio (1958). *Tratado das constituições brasileiras*. Rio de Janeiro/São Paulo: Freitas Bastos, vol. I.

PARSONS, Talcott (1967). "Recht und soziale Kontrolle". *In*: Ernst E. Hirsch e Manfred Rehbinder (orgs.). *Studien und Materialien zur Rechtssoziologie* (*Sonderheft* [número especial] 11 do *Kölner Zeitschrift für Soziologie und Sozialpsychologie*). Colônia/Opladen: Westdeutscher Verlag, pp. 121-34.

PARSONS, Talcott (1975). *Gesellschaften: Evolutionäre und komparative Perspektiven*. Trad. alemã de Nils Thomas Lindquist. Frankfurt am Main: Suhrkamp.

PAUL, Wolf (org.) (1989). *Die Brasilianische Verfassung von 1988: Ihre Bedeutung für Rechtsordnung und Gerichtsverfassung Brasiliens*. Frankfurt am Main: Peter Lang.

PEIRCE, Charles Sanders (1985). "Über Zeichen". *In*: C. S. Peirce. *Die Festigung der Überzeugung und andere Schriften*. Trad. alemã de Elisabeth Walther. Frankfurt am Main/Berlim/Viena: Ullstein, pp. 143-67.

PEREIRA DE QUEIROZ, Maria Isaura (1976). "O mandonismo local na vida política brasileira". *In*: M. I. Pereira de Queiroz. *O mandonismo local na vida política brasileira e outros ensaios*. São Paulo: Alfa-Omega, pp. 31-159.

______ (1985). "O coronelismo numa interpretação sociológica". *In*: Boris Fausto (org.). *História geral da civilização brasileira*, vol. III: *O Brasil republicano*, tomo 1: *Estrutura de poder e economia (1889-1930)*. 4ª ed. São Paulo: Difel, pp. 153-90.

PESSOA, Álvaro (1984). "O uso do solo em conflito – a visão institucional". *In*: Falcão Neto (org.), 1984a: 185-216.

PIEPER, Richard (1987). "Region und Regionalismus: Zur Wiederentdeckung einer räumlichen Kategorie in der soziologischen Theorie". *Geographische Rundschau* 39 (Braunschweig: Westermann), pp. 534-39.

PIMENTA BUENO, José Antonio (1857). *Direito publico brazileiro e analyse da Constituição do Império*. Rio de Janeiro: Villeneuve.

PINHEIRO, Paulo Sérgio (1981). "Violência e cultura". *In*: Bolivar Lamounier, Francisco C. Weffort e Maria Victoria Benevides (orgs.). *Direito, cidadania e participação*. São Paulo: T. A. Queiroz, pp. 30-66.

PODGÓRECKI, Adam (1967). "Dreistufen-Hypothese über die Wirksamkeit des Rechts (Drei Variable für die Wirkung von Rechtsnormen)".

In: Ernst E. Hirsch e Manfred Rehbinder (orgs.). *Studien und Materialien zur Rechtssoziologie* (*Sonderheft* [número especial] 11 do *Kölner Zeitschrift für Soziologie und Sozialpsychologie*). Colônia/Opladen: Westdeutscher Verlag, pp. 271-83.

POULANTZAS, Nicos (1967). "A propos de la théorie marxiste du droit". *Archives de Philosophie du Droit* 12 (Paris: Sirey), pp. 145-62.

_______ (1978). *L'Etat, le pouvoir, le socialisme*. Paris: PUF.

PRADO JR., Caio (1983). *História econômica do Brasil*. 28ª ed. São Paulo: Brasiliense (1ª ed. 1945).

_______ (1988). *Evolução política do brasil – Colônia e Império*. 16ª ed. São Paulo: Brasiliense (1ª ed. 1933).

PREBISCH, Raúl (1962). "El desarrollo económico de la América Latina y algunos de sus principales problemas". *Boletín Económico de América Latina* (Santiago de Chile: Cepal), vol. VII, nº 1, pp. 1-24.

PREUß, Ulrich K. (1984). *Politische Verantwortung und Bürgerloyalität: von den Grenzen der Verfassung und des Gehorsams in der Demokratie*. Frankfurt am Main: S. Fischer.

_______ (1989). "Perspektiven von Rechtsstaat und Demokratie". *Kritische Justiz* 22 (Baden-Baden: Nomos), pp. 1-12.

QUIJANO, Anibal (1974). "Marginaler Pol der Wirtschaft und marginalisierte Arbeitskraft". *In*: Senghaas (org.), 1974a: 298-341.

RABANAL, César Rodríguez (1990). *Überleben im Slum. Psychosoziale Probleme peruanischer Elendsviertel*. Trad. alemã de H. Engelbrecht e C. Rodríguez-Drescher. Frankfurt am Main: Fischer.

RADBRUCH, Gustav (1973). *Rechtsphilosophie*. 8ª ed. Org. Erik Wolf e Hans-Peter Schneider. Stuttgart: Koehler.

RAMOS DE FIGUEIRÊDO, Sara (1972). "Aspectos de transplante inadequado à realidade brasileira na Constituição de 1891". *Revista de Informação Legislativa* (Brasília: Senado Federal), ano IX, nº 34, pp. 155-64.

RANGEL, Leyla Castello Branco (org.) (1986). *Constituição da República Federativa do Brasil: quadro comparativo*. 5ª ed. Brasília: Senado Federal.

REALE, Miguel (1968). *O direito como experiência (introdução à epistemologia jurídica)*. São Paulo: Saraiva.

_______ (1979). *Teoria tridimensional do direito*. 2ª ed. São Paulo: Saraiva.

_______ (1983). "Momentos decisivos do constitucionalismo brasileiro". *Revista de Informação Legislativa* (Brasília: Senado Federal), ano 20, nº 77, pp. 57-68.

REIS, Fabio Wanderley (1971). "Participación, movilización e influencia política: 'neo-coronelismo' en Brasil". *Revista Latinoamericana de Ciencia Política* (Santiago: Flacso), vol. II, nº 1, pp. 73-102.

RIPERT, Georges (1953). "Evolution et progrès du droit". *In*: G. Balladore Pallieri *et al*. *La crisi del diritto*. Pádua: Cedam, pp. 1-11.

RITTER, Ernst-Hasso (1968). "Die Verfassungswirklichkeit – eine Rechtsquelle?". *Der Staat* 7 (Berlim: Duncker & Humblot), pp. 352-70.

ROCHA CABRAL, João C. da (1929). *Sistemas eleitoraes do ponto de vista da representação proporcional das minorias*. Rio de Janeiro/São Paulo/Belo Horizonte: Francisco Alves.

ROCHA POMBO, José Francisco da (s.d.). *História do Brasil*. Rio de Janeiro: Benjamin de Aguila, vol. II.

RODRIGUES, José Carlos (1863). *Constituição Política do Império do Brazil*... Rio de Janeiro: Laemmert.

RODRIGUES, José Honório (1974). A Assembleia Constituinte de 1823. Petrópolis: Vozes.

RODRIGUES DE SOUSA, Joaquim (1867-1870). *Analyse e commentário da Constituição Política do Império do Brazil ou Theoria e pratica do governo constitucional brazileiro*. São Luiz: B. de Mattos, vol. I: 1867, vol. II: 1870.

RONNEBERGER, Franz (1968) – "Verfassungswirklichkeit als politisches System". *In*: *Der Staat* 7 (Berlim: Duncker & Humblot), pp. 409-29.

ROSENN, Keith S. (1971). "The Jeito: Brazil's Institutional Bypass of the Formal Legal System and its Developmental Implications". *The*

American Journal of Comparative Law (Baltimore: American Association for the Comparative Study of Law), vol. 19, pp. 514-49.

ROSS, Alf (1929). *Theorie der Rechtsquellen: Ein Beitrag zur Theorie des positiven Rechts auf Grundlage dogmenhistorischer Untersuchungen*. Leipzig/Viena: Franz Deuticke.

_______ (1959). *On Law and Justice*. Berkeley/Los Angeles: University of California Press.

_______ (1969). "On Self-Reference and a Puzzle in Constitutional Law". *Mind* 78 (Oxford: Blackwell), pp. 1-24.

_______ (1971). *Lógica de las normas*. Trad. esp. de José Hierro. Madri: Technos.

ROSTOW, Walt Whitman (1967). *Stadien wirtschaftlichen Wachstums. Eine Alternative zur marxistischen Entwicklungstheorie*. Trad. alemã de Elisabeth Müller. 2ª ed. Göttingen: Vandenhoeck & Ruprecht.

ROTTLEUTHNER, Hubert (1981). *Rechtstheorie und Rechtssoziologie*. Freiburg/Munique: Alber.

ROURE, Agenor de (1914). *Formação constitucional do Brazil*. Rio de Janeiro: Jornal do Commercio.

_______ (1918-1920). *A constituinte republicana*. Rio de Janeiro: Imprensa Nacional, 1918 (vol. II) – 1920 (vol. I).

ROUSSEAU, Jean-Jacques (1975). "Du Contrat Social". *In*: J.-J. Rousseau. *Du Contrat Social et autres œuvres politiques*. Paris: Garnier, pp. 235-336 (originariamente: Amsterdã, 1762).

RUBINSTEIN, David (1988). "The Concept of Justice in Sociology". *Theory and Society* 17 ([Dordrecht:] Kluver Academic Publishers), pp. 527-50.

RUIVO, Fernando (1989). "Aparelho judicial, Estado e legitimação". *In*: José Eduardo Faria (org.). *Direito e justiça: a função social do judiciário*. São Paulo: Ática, pp. 66-94.

RÜSCHEMEIER, Dietrich (1971). "Partielle Modernisierung". *In*: Wolfgang Zapf (org.). *Theorien des sozialen Wandels*. 3ª ed. Colônia/Berlim: Kiepenheuer & Witsch, pp. 382-96.

RYFFEL, Hans (1972). "Bedingende Faktoren der Effektivität des Rechts". *In*: Manfred Rehbinder e Helmut Schelsky (orgs.). *Zur Effektivität des Rechts (Jahrbuch für Rechtssoziologie und Rechtstheorie*, vol. III), Düsseldorf: Bertelsmann, pp. 225-46.

_______ (1974). *Rechtssoziologie. Eine systematische Orientierung*. Neuwied/Berlim: Luchterhand.

SÁ CORRÊA, Marcos (1977). *1964 visto e comentado pela Casa Branca*. Porto Alegre: L&PM.

SAES, Décio (1985). *A formação do Estado burguês no Brasil: 1888-1891*. Rio de Janeiro: Paz e Terra.

SALDANHA, Nelson Nogueira (1968). *História das ideias políticas no Brasil*. Recife: Imprensa Universitária (UFPE).

_______ (1978). "O chamado 'bacharelismo' brasileiro: ensaio de revisão". *Convivivm* (São Paulo: Convívio), ano XVII, vol. 21, pp. 477-84.

_______ (1982). "O pensamento constitucional no Brasil". *Revista Acadêmica* 68 (Recife: UFPE), pp. 13-28.

SAN TIAGO DANTAS, F. C. de (1955). "A educação jurídica e a crise brasileira". *Revista Forense* (Rio de Janeiro: Forense), ano 52, vol. 159, pp. 449-58.

SANTOS, Roberto Araújo de Oliveira; Barros, Ricardo Teixeira de; Vieira, Maria Goretti Guimarães (1986). "Com a trave no olho: a criminalidade policial no Pará". *Temas Imesc* 3/1 (São Paulo: Imesc), pp. 49-79.

SAUSSURE, Ferdinand de (1922). *Cours de linguistique générale*. Paris: Payot.

SAVIGNY, Friedrich Carl von (1840). *System des heutigen römischen Rechts*. Berlim: Veit, vol. I.

SCHELSKY, Helmut (1970). "Systemfunktionaler, anthropologischer und personfunktionaler Ansatz der Rechtssoziologie". *In*: R. Lautmann, W. Maihofer e H. Schelsky (orgs.). *Die Funktion des Rechts in der modernen Gesellschaft (Jahrbuch für Rechtssoziologie und Rechtstheorie*, vol. I), Bielefeld: Bertelsmann, pp. 37-89.

SCHINDLER, Dietrich (1967). *Verfassungsrecht und soziale Struktur*. 4ª ed. Zurique: Schulthess.

SCHLUCHTER, Wolfgang (1979). *Die Entwicklung des okzidentalen Rationalismus*. Tübingen: Mohr.

SCHMIDT-WULFFEN, Wulf D. (1987). "10 Jahre entwicklungstheoretischer Diskussion: Ergebnisse und Perspektiven für die Geographie". *In*: *Geographische Rundschau* 39 (Braunschweig: Westermann), pp. 130-5.

SCHMITT, Carl (1970). *Verfassungslehre*. 5ª ed. Berlim: Duncker & Humblot (reimpr. inalterada da 1ª ed. 1928).

_______ (1980). *Legalität und Legitimität*. 3ª ed. Berlim: Duncker & Humblot (reimpr. inalterada da 1ª ed. 1932).

SCHREIBER, Rupert (1962). *Logik des Rechts*. Berlim/Göttingen/Heidelberg: Springer-Verlag.

_______ (1966). *Die Geltung von Rechtsnormen*. Berlmn/Heidelberg/Nova York: Springer-Verlag.

SEABRA FAGUNDES, M. (1975). "A reforma do Poder Judiciário. Diagnóstico. Terapêutica". *Revista Brasileira de Estudos Políticos* (Belo Horizonte: UFMG), nº 41, pp. 37-52.

_______ (1982). *A legitimidade do poder político na experiência brasileira*. Recife: OAB-PE.

SEARLE, John (1973). "Linguistik und Sprachphilosophie". *In*: Renate Bartsch e Theo Vennemann (orgs.). *Linguistik und Nachbarwissenschaften*. Kronberg/Ts.: Scriptor, pp. 113-25.

SENGHAAS, Dieter (org.) (1972a). *Imperialismus und strukturelle Gewalt: Analysen über abhängige Reproduktion*. Frankfurt am Main: Suhrkamp.

_______ (1972b). "Editorisches Vorwort". *In*: Senghaas (org.). 1972a: 7-25.

_______ (org.) (1974a). *Peripherer Kapitalismus: Analysen über Abhängigkeit und Unterentwicklung*. Frankfurt am Main: Suhrkamp.

SENGHAAS, Dieter (1974b). "Vorwort. Elemente einer Theorie des peripheren Kapitalismus". *In*: Senghaas (org.), 1974a: 7-36.

_______ (org.) (1979a). *Kapitalistische Weltökonomie: Kontroverse über ihren Ursprung und ihre Entwicklungsdynamik*. Frankfurt am Main: Suhrkamp.

_______ (1979b). "Vorwort". *In*: Senghaas (org.), 1979a: 7-21.

_______ (1979c). "Dissoziation und autozentrierte Entwicklung. Eine entwicklungspolitische Alternative für die Dritte Welt". *In*: Senghaas (org.), 1979a: 376-412.

_______; Menzel, Ulrich (1979). "Autozentrierte Entwicklung trotz internationalem Kompetenzgefälle". *In*: Senghaas (org.), 1979a: 280-313.

SHILS, Edward (1961). "Centre and Periphery". *In*: *The Logic of Personal Knowledge: Essays Presented to Michael Polanyi on his Seventieth Birthday 11th March 1961*. Londres: Routledge & Kegan Paul, pp. 117-30.

SILVA, Hélio (1969). *1934 – A Constituinte* (*O ciclo Vargas*, vol. VII). Rio de Janeiro: Civilização Brasileira.

SILVA, José Afonso da (1982). *Aplicabilidade das normas constitucionais*. 2ª ed. São Paulo: Revista dos Tribunais.

_______ (1990). "Mandado de injunção". *In*: Sálvio de Figueiredo Teixeira (org.). *Mandados de segurança e de injunção*. São Paulo: Saraiva, pp. 397-403.

SILVA, Juary C. (1968). "Considerações em tôrno da inflação legislativa". *Revista de Direito da Procuradoria Geral* 18 (Rio de Janeiro: Procuradoria Geral do Estado da Guanabara/Borsoi), pp. 76-92.

SIMONIS, Georg (1981). "Autozentrierte Entwicklung und kapitalistisches Weltsystem – Zur Kritik der Theorie der abhängigen Reproduktion". *Peripherie* (Münster: Peripherie), nºˢ 5/6, pp. 32-48.

SINE, Barbakar (1976). *Imperialismo e teorias sociológicas de desenvolvimento*. Trad. port. de Rafael Gomes Filipe. Lisboa: Moraes.

SMEND, Rudolf (1968). "Verfassung und Verfassungsrecht" (1928). *In*: R. Smend. *Staatsrechtliche Abhandlungen und andere Aufsätze*. 2ª ed. Berlim: Duncker & Humblot, pp. 119-276.

Soares de Souza, Francisco Belisário (1979). *O sistema eleitoral no Império (com apêndice contendo a legislação eleitoral no período 1821-1889)*. Brasília: Senado Federal (1ª ed. 1872).

Sola, Lourdes (1988). "O Golpe de 37 e o Estado Novo". *In*: Carlos Guilherme Mota (org.). *Brasil em perspectiva*. 17ª ed. Rio de Janeiro: Bertrand Brasil, pp. 256-82.

Somló, Felix (1917). *Juristische Grundlehre*. Leipzig: Meiner.

Sousa Santos, Boaventura de (1977). "The Law of the Oppressed: the Construction and Reproduction of Legality in Pasargada". *Law & Society Review* 12 (Denver, Colorado: Law and Society Association), pp. 5-126.

_______ (1980). "Notas sobre a história jurídico-social de Pasárgada". *In*: Cláudio Souto e Joaquim Falcão (orgs.). *Sociologia e direito: leituras básicas de sociologia jurídica*. São Paulo: Pioneira, pp. 109-17.

_______ (1987). "Law: a Map of Misreading. Toward a Postmodern Conception of Law". *Journal of Law and Society* 14 (Oxford: Robertson), pp. 279-302.

_______ (1988). *O discurso e o poder; ensaio sobre a sociologia da retórica jurídica*. Porto Alegre: Fabris (originariamente em: *Boletim da Faculdade de Direito de Coimbra*, 1980).

Souto, Cláudio (1978). *Teoria sociológica do direito e prática forense*. Porto Alegre: Fabris.

_______ (1984). *Allgemeinste wissenschaftliche Grundlagen des Sozialen*. Wiesbaden: Steiner.

_______; Souto, Solange (1981). *Sociologia do direito*. Rio de Janeiro/São Paulo: Livros Técnicos e Científicos/Edusp.

Souza Esteves, Eunice Maria de (1984). *O parlamentarismo e a República: o pensamento parlamentar e o parlamentarismo (1946-1961)*. Brasília: Fundação Nacional Pró-Memória.

Souza Martins, José de (1981). *Os camponeses e a política no Brasil. As lutas sociais no campo e seu lugar no processo político*. Petrópolis: Vozes.

STAMMLER, Rudolf (1911). *Theorie der Rechtswissenschaft*. Halle a.d.S.: Buchhandlung des Waisenhauses.

_______ (1922). *Lehrbuch der Rechtsphilosophie*. Berlim/Leipzig: Walter de Gruyter.

STEPAN, Alfred (1971). *The Military in Politics. Changing Patterns in Brazil*. Princeton: Princeton University Press.

STERN, Klaus (1984). *Das Staatsrecht der Bundesrepublik Deutschland*. 2ª ed. Munique: Beck, vol. I.

STF = Supremo Tribunal Federal (1971). "Reclamação nº 849 – Distrito Federal". *Revista da Ordem dos Advogados do Brasil* (Rio de Janeiro: OAB-CF), vol. III, nº 6, pp. 292-316.

_______ (1976-1984). *Representações por inconstitucionalidade: dispositivos de constituições estaduais*. Brasília: STF/Senado Federal, vols. I e II: 1976, vol. III: 1984.

_______ (1981-1989). *Relatório dos trabalhos realizados no exercício de 1981, ... 1982, ... 1983, ... 1984 (1984 a), ... 1985, ... 1986, ... 1987, ... 1988, ... 1989*. Brasília: Imprensa Nacional.

_______ (1990). "Proc.: MI 168-RS/1990". *Diário de Justiça*. Brasília, 20/04/1990, p. 3047.

STOURZH, Gerald (1975 ou 1989a). "Vom aristotelischen zum liberalen Verfassungsbegriff. Zur Entwicklung in England und Nordamerika im 17. und 18. Jahrhundert". *In*: F. Engel-Janosi, G. Klingenstein e H. Lutz (orgs.). *Fürst, Bürger, Mensch: Untersuchungen zu politischen und soziokulturellen Wandlungsprozessen im vorrevolutionären Europa*. Munique: R. Oldenbourg, 1975, pp. 97-122. Posteriormente, com algumas alterações: "Vom aristotelischen zum liberalen Verfassungsbegriff. Staatsformenlehre und Fundamentalgesetze in England und Nordamerika im 17. und 18. Jahrhundert". *In*: G. Stourzh. *Wege zur Grundrechtsdemokratie: Studien zur Begriffs- und Institutionengeschichte des liberalen Verfassungsstaates*. Viena/Colônia: Böhlau, 1989a, pp. 1-35.

STOURZH, Gerald (1989b). "Vom Widerstandsrecht zur Verfassungsgerichtsbarkeit: Zum Problem der Verfassungswidrigkeit im 18. Jahrhundert". *In*: G. Stourzh. *Wege zur Grundrechtsdemokratie: Studien zur Begriffs- und Institutionengeschichte des liberalen Verfassungsstaates*. Viena/Colônia: Böhlau, pp. 37-74.

SUNKEL, Oswaldo (1972). "Transnationale kapitalistische Integration und nationale Desintegration: Der Fall Lateinamerika". *In*: Senghaas (org.), 1972a: 258-315.

TELAROLLI, Rodolpho (1977). *Poder local na República Velha*. São Paulo: Nacional.

TEUBNER, Gunther (1982). "Reflexives Recht: Entwicklungsmodelle des Rechts in vergleichender Perspektive". *Archiv für Rechts- und Sozialphilosophie* 68 (Wiesbaden: Steiner), pp. 13-59.

_______ (1987). "Hyperzyklus in Recht und Organisation. Zum Verhältnis von Selbstbeobachtung, Selbstkonstitution und Autopoiese". *In*: Hans Haferkamp e Michael Schmid (orgs.). *Sinn, Kommunikation und soziale Differenzierung: Beiträge zu Luhmanns Theorie sozialer Systeme*. Frankfurt am Main: Suhrkamp, pp. 89-128.

_______ (1988). "Gesellschaftsordnung durch Gesetzgebungslärm? Autopoietische Geschlossenheit als Problem für Rechtssetzung". *In*: D. Grimm e W. Maihofer (orgs.). *Gesetzgebungstheorie und Rechtspolitik* (*Jahrbuch für Rechtssoziologie und Rechtstheorie* 13). Opladen: Westdeutscher Verlag, pp. 45-64.

_______ (1989). *Recht als autopoietisches System*. Frankfurt am Main: Suhrkamp.

_______; Willke, Hellmut, (1984). "Kontext und Autonomie: Gesellschaftliche Selbststeuerung durch reflexives Recht". *Zeitschrift für Rechtssoziologie* 6 (Opladen: Westdeutscher Verlag), pp. 4-35.

THEODORO JR., Humberto (1990). "Ação popular, *habeas data* e mandado de injunção na nova Constituição Brasileira". *Revista Jurídica Mineira* (Belo Horizonte: Interlivros Jurídica), ano VII, nº 69, pp. 133-54.

THOMAS VON AQUIN (1977). *Summa Theologica*. Edição teuto-latina. Org. Philosophisch-Theologische Hochschule Walberberg bei Köln. Heidelberg/Graz/Viena/Colônia: F. H. Kerle/Verlag Styria, 13º vol.: *Das Gesetz* (I-II, 90-105)

TIMASHEFF (Timacheff), N. S. (1936). "Le droit, l'éthique, le pouvoir: essai d'une théorie sociologique du droit". *Archives de Philosophie du Droit et de Sociologie Juridique* (Paris: Sirey), nºs 1-2, pp. 131-65.

_______ (1937-1938). "What is 'Sociology of Law'?". *The American Journal of Sociology* 43 (Chicago: The University of Chicago Press), julho 1937 – maio 1938, p. 225-35.

TOCQUEVILLE, Alexis de (1961). *De la démocratie en Amérique*. Paris: Gallimard, livro I (Œuvres Complètes, vol. 11).

TÖNNIES, Ferdinand (1979). *Gemeinschaft und Gesellschaft: Grundbegriffe der reinen Soziologie*. Darmstadt: Wissenschaftliche Buchgesellschaft (nova impr. conforme a 8ª ed. 1935).

TOPITSCH, Ernst (1959). "Ideologie". *In*: *Staatslexikon: Recht · Wirtschaft · Gesellschaft*. Org. Görres-Gesellschaft, 6ª ed. 4º vol. (Freiburg: Herder), colunas 193-201.

TORRES, Alberto (1978). *A organização nacional: primeira parte, a Constituição*. 3ª ed. São Paulo: Nacional (1ª ed. 1914).

TREVES, Renato (1978). *Introducción a la sociología del derecho*. Trad. esp. de Manuel Atienza. Madri: Taurus.

TRUBEK, David M. (1972). "Toward a Social Theory of Law: an Essay on the Study of Law and Development". *The Yale Law Journal* 82 (New Haven, Connecticut: Yale Law Journal Company), pp. 1-50.

URICOECHEA, Fernando (1977). "Formação e expansão do Estado burocrático-patrimonial na Colômbia e no Brasil". *In*: *Estudos Cebrap* 21 (São Paulo: Cebrap/Editora Brasileira de Ciências), pp. 77-91.

URUGUAI, Visconde do (1960). *Ensaio sobre o direito administrativo*. Rio de Janeiro: Imprensa Nacional (1ª ed. Rio de Janeiro, 1862).

VARELA, Francisco (1983). "L'auto-organisation: de l'apparence au mécanisme". *In*: Paul Dumouchel e Jean-Pierre Dupuy. *L'auto-organisation: de la physique au politique*. Paris: Seuil, pp. 147-62.

VARNHAGEN, Francisco Adolfo de (1938). *História da independência do Brasil*. 2ª ed. Rio de Janeiro: IHGB (*Revista do Instituto Histórico e Geográfico Brasileiro*, vol. 173, pp. 23-634).

VELHO, Gilberto (1980). "Violência e cidadania". *Dados – Revista de Ciências Sociais* (Rio de Janeiro: Iuperj/Campus), vol. 23, nº 3, pp. 361-4.

VENÂNCIO FILHO, Alberto (1977). *Das arcadas ao bacharelismo (150 anos de ensino jurídico no Brasil)*. 2ª ed. São Paulo: Perspectiva, s.d. (1ª ed. 1977).

_______ (1978-1979). "Análise histórica do ensino jurídico no Brasil". *In*: *Encontros da UnB: Ensino Jurídico*. Brasília: UnB, pp. 11-36.

VERNENGO, Roberto José (1976). *Curso de teoría general del derecho*. 2ª ed. Buenos Aires: Cooperadora de Derecho y Ciencias Sociales.

VIANNA, Oliveira (1939). *O idealismo da Constituição*. 2ª ed. São Paulo/Rio de Janeiro/Recife/Porto Alegre: Nacional.

_______ (1987). *Instituições políticas brasileiras*. Belo Horizonte/São Paulo/Niterói: Itatiaia/Edusp/Eduff.

VIEHWEG, Theodor (1974). *Topik und Jurisprudenz*. 5ª ed. Munique: Beck.

VILANOVA, Lourival (1953). *O problema do objeto da teoria geral do Estado*. Recife: Tese de concurso para cátedra de teoria geral do Estado da Faculdade de Direito do Recife.

_______ (1977). *As estruturas lógicas e o sistema do direito positivo*. São Paulo: RT/Educ.

_______ (1979). "Teoria jurídica da revolução (anotações à margem de Kelsen)". Separata do *Anuário do Mestrado em Direito* (Recife: Faculdade de Direito – UFPE), ano II-III, nºs 2-3.

VISSER'T HOOFT, H. Ph. (1974). "La philosophie du langage ordinaire et le droit". *Archives de Philosophie du Droit* 19 (Paris: Sirey), pp. 19-23.

VOIGT, Rüdiger (1980). "Verrechtlichung in Staat und Gesellschaft". *In*: R. Voigt (org.). *Verrechtlichung: Analysen zu Funktion und Wirkung von Parlamentarisierung, Bürokratisierung und Justizialisierung sozialer, politischer und ökonomischer Prozesse*. Königstein/Ts.: Athenäum, pp. 15-37.

_______ (1983). "Gegentendenzen zur Verrechtlichung: Verrechtlichung und Entrechtlichung im Kontext der Diskussion um den Wohlfahrtsstaat". *In*: R. Voigt (org.). *Gegentendenzen zur Verrechtlichung* (*Jahrbuch für Rechtssoziologie und Rechtstheorie* 9). Opladen: Westdeutscher Verlag, pp. 17-41.

WALLERSTEIN, Immanuel (1979). "Aufstieg und künftiger Niedergang des kapitalistischen Weltsystems". *In*: Senghaas (org.), 1979a: 31-67.

WALTER, Robert (1975). "Besprechung zu Friedrich Müllers 'Juristische Methodik'". *Juristische Blätter* 97 (Viena/Nova York: Springer-Verlag), pp. 443-4.

WARAT, Luis Alberto (1972). Semiótica y derecho. Buenos Aires: Eikón.

_______ (1979). *Mitos e teorias na interpretação da lei*. Porto Alegre: Síntese.

_______ (1984). *O direito e sua linguagem*, com a colaboração de L. S. Rocha e G. G. Cittadino. Porto Alegre: Fabris.

WATSON, Alan (1977). "Legal Transplants". *In*: A. Watson. *Society and Legal Change*. Edimburgo: Scottish Academic Press, pp. 98-114.

WEBER, Max (1968a). "Die drei reinen Typen der legitimen Herrschaft". *In*: M. Weber. *Methodologische Schriften*. Org. Johannes Winckelmann. Frankfurt am Main: Fischer, pp. 215-28 (originariamente em: *Preußische Jahrbücher*, vol. 187, 1922).

_______ (1968b). "Idealtypus, Handlungsstruktur und Verhaltensinterpretation (Auszüge)". *In*: M. Weber. *Methodologische Schriften*. Org. Johannes Winckelmann. Frankfurt am Main: Fischer, pp. 65-167.

WEBER, Max (1973). "Die 'Objektivität' sozialwissenschaftlicher und sozialpolitischer Erkenntnis". *In*: M. Weber. *Gesammelte Aufsätze zur*

Wissenschaftslehre. Tübingen: Mohr, pp. 146-214 (originariamente em: *Archiv für Sozialwissenschaft und Sozialpolitik*, vol. 19, 1904).

_______ (1985). *Wirtschaft und Gesellschaft: Grundriß der verstehenden Soziologie*. 5ª ed. Org. Johannes Winckelmann, Tübingen: Mohr.

WEDEL, Henning von (1973). "Recht oder Gewalt? Zum Tode Salvador Allendes". *Verfassung und Recht in Übersee* 6 (Hamburgo: Hamburger Gesellschaft für Völkerrecht und Auswärtige Politik), pp. 379-80.

WEFFORT, Francisco Corrêa (1978). "Notas sobre a teoria da dependência: teoria de classe ou ideologia nacional?" *In*: F. C. Weffort. *O populismo na política brasileira*. Rio de Janeiro: Paz e Terra, pp. 165-81.

_______ (1981). "A cidadania dos trabalhadores". *In*: Bolivar Lamounier, Francisco Weffort e Maria Victoria Benevides (orgs.). *Direito, cidadania e participação*. São Paulo: T. A. Queiroz, pp. 139-50.

WEHLER, Hans-Ulrich (1975). *Modernisierungstheorie und Geschichte*. Göttingen: Vandenhoeck & Ruprecht.

WELTBANK (1989). *Weltentwicklungsbericht 1989*. Washington, DC: Weltbank.

WELZEL, Hans (1962). *Naturrecht und materiale Gerechtigkeit*. 4ª ed. Göttingen: Vandenhoeck & Ruprecht.

WERLE, Raymund (1982). "Aspekte der Verrechtlichung". *Zeitschrift für Rechtssoziologie* 3 (Opladen: Westdeutscher Verlag), pp. 2-13.

WERNECK SODRÉ, Nelson (1987). *Formação histórica do Brasil*. 12ª ed. Rio de Janeiro: Bertrand Brasil.

WHITAKER DA CUNHA, Luís Fernando (1973-1974). "Diretrizes políticas das constituições brasileiras". *Anuário do Museu Imperial* 34/35 (ano 1973-1974, Brasília: MEC, 1977), pp. 89-113.

WIEACKER, Franz (1967). Privatrechtsgeschichte der Neuzeit unter besonderer Berücksichtigung der deutschen Entwicklung. 2ª ed. Göttingen: Vandenhoeck & Ruprecht.

WINCKELMANN, Johannes (1952). *Legitimität und Legalität in Max Webers Herrschaftssoziologie*. Tübingen: Mohr.

WITTGENSTEIN, Ludwig (1960). "Philosophische Untersuchungen". *In*: L. Wittgenstein. *Schriften* 1. Frankfurt am Main: Suhrkamp, pp. 279-544.

WÖHLKE, Manfred; Wogau, Peter von; Martens, Waltraud (1977). *Die neuere entwicklungstheoretische Diskussion. Einführende Darstellung und ausgewählte Bibliographie*. Frankfurt am Main: Vevuert.

ZAPF, Wolfgang (1975). "Die soziologische Theorie der Modernisierung". *Soziale Welt* 26 (Göttingen: Otto Schwartz), pp. 212-26.

POSFÁCIO À EDIÇÃO BRASILEIRA (2018)

CONSTITUCIONALISMO PERIFÉRICO 26 ANOS DEPOIS*

Como foi adiantado no prefácio, este posfácio serve tanto à atualização de tema tratado há mais de um quarto de século quanto a esclarecimentos de caráter teórico. A seção 1 será dedicada a responder a certas críticas que me parecem infundadas, apresentando algumas elucidações teóricas. Na seção 2, considerarei a ressonância do original na teoria dos sistemas de Niklas Luhmann e posicionar-me-ei sobre a sua postura tardia a esse respeito. Por fim, na seção 3, tratarei do significado de minha tese perante as mudanças sociais e político-jurídicas por que passou o Brasil no contexto da sociedade mundial nessas três décadas, para concluir com breves comentários sobre a situação atual.

1. Persistindo em alguns esclarecimentos conceituais em face de críticas infundadas

Após a publicação do original em 1992 e trabalhos posteriores em torno do mesmo tema, minha tese deparou-se com algumas resistências e críticas que me parecem equivocadas. Considerarei

---

* Na elaboração deste posfácio, contei com a leitura, sugestões e críticas de Pablo Holmes, Maurício Palma, Edvaldo Moita, Gilberto Guerra Pedrosa, Pedro Henrique Ribeiro, Nathaly Mancilla, Ramón Negócio e Fernanda Martins Torres, que me foram muito valiosas. Sou muito grato a esses acadêmicos exemplares, mas esclareço que eles não têm nenhuma responsabilidade por eventuais falhas ou excessos do presente texto.

nesta seção dois blocos de objeções que se apresentaram no contexto brasileiro e estrangeiro. A primeira, a que me dedicarei mais amplamente, refere-se à diferença entre modernidade periférica e modernidade central, especialmente às suas implicações jurídicas e constitucionais (1.1). A segunda concerne à estranha e absurda insinuação de que haveria um culturalismo "racista" em minha obra (1.2).

1.1. Centro e periferia: distinção "absoluta" e "ontológica" (Aldo Mascareño e Roberto Dutra)?

Afirmou-se que a distinção entre modernidade central e modernidade periférica seria uma distinção essencialista ou um dualismo simplista, uma "diferença absoluta", "idealização" sem base empírica[1], ontológica[2], que apontaria para a existência de "região de estruturas puras"[3]. A ingenuidade que atribuem à diferença, chegando-se ao absurdo de afirmar que, de acordo com minha obra, não haveria problemas de exclusão nos centros dominantes e que, neles, a inclusão e a exclusão seriam necessariamente meritocráticas e "pautadas exclusivamente por normas constitucionais"[4], indica a falta de acuidade sociológica das críticas apressadas. Por um lado, parte-se de um modelo realista, de uma empiria a ser perfeitamente correspondida na teoria. Por outro, tende-se a uma ontologização do primado da diferenciação funcional, sem nenhuma base empírica, especialmente no

---

[1] Dutra, 2016: 77, 78, 81, 87, 88. Estranhamente interessante é o fato de que esse autor (2014, nota 2) toma uma posição positiva sobre minha diferença entre centro e periferia: "Uma das mais importantes contribuições para a análise da relação entre a diferenciação centro-periferia e a diferenciação funcional é a do brasileiro Marcelo Neves."

[2] Mascareño, 2012: 44, 47.

[3] Mascareño, 2010: 118.

[4] Assim, por exemplo, Dutra, 2016: 86.

que concerne aos sistemas político e jurídico (como, por exemplo, se esse primado e a correspondente preferência estrutural por inclusão se aplicassem à Somália tanto quanto à Dinamarca). Desconsidera-se que minha perspectiva, dentro do espectro da teoria dos sistemas, é construtivista, implicando algo próximo de um "tipo ideal", ou melhor, de uma redução seletiva no sentido sistêmico. Trata-se de uma diferença contingente e relativa, que afasta a ontologia de uma necessária diferença funcional, apontando os limites da teoria luhmanniana da sociedade mundial, nos termos em que se apresentava à época.

Nesse contexto de críticas infundadas, invoca-se tanto o conceito de modernidades múltiplas[5] quanto se alega o caráter puramente quantitativo das diferenças entre ordens jurídicas e constitucionais no âmbito da sociedade mundial, afirmando-se, sem restrições, o primado da diferenciação funcional[6].

Tornou-se lugar-comum afirmar que a modernidade é múltipla. Também do ponto de vista da teoria dos sistemas, a noção de sociedade multicêntrica, policontextural ou heterárquica[7] aponta precisamente para uma compreensão da múltipla modernidade. Nessa perspectiva, porém, a multiplicidade da sociedade moderna reside na presença de uma pluralidade de diferenças, seja dos sistemas funcionais (ter/não ter, governo/oposição, lícito/ilícito etc.), seja de outras modalidades (exclusão/inclusão, classe inferior/classe superior, centro/periferia, a favor da sociedade/contra a sociedade, amor/prazer, consideração/desprezo etc.). Essas diferenças poderão fortificar-se, fragilizar-se ou, inclusive, desaparecer conforme as transformações da sociedade.

---

[5] Eisenstadt, 2000a; 2000b.

[6] Dutra, 2016: 79.

[7] Luhmann, 1984: 284; 1997: 36-7, 312; Teubner, 2012: 228 ss. (especificamente a respeito do direito).

Quando utilizei centro e periferia como diferença da sociedade moderna (mundial), na virada da década de 1980 para a década de 1990, considerei-a apenas uma diferença que se apresentava, entre outras, como relevante para a reflexão da sociedade mundial e o contexto brasileiro, levando em conta que ela tinha fundamentos econômicos e era condicionada pela segmentação político-jurídico territorial em Estados, em consonância, neste particular, com o próprio Luhmann:

> É por fundamentos políticos que se persiste na segmentação regional do sistema político da sociedade mundial em Estados, apesar de permanente perigo de guerra; e são fundamentos econômicos que forçam a diferenciação da sociedade em centro e periferia, em regiões superdesenvolvidas e regiões carentes de desenvolvimento.[8]

Não a apresentei como a única diferença característica ou válida para a autorreflexão da sociedade mundial. Outras diferenças eram relevantes à época, como aquela entre bloco soviético ("Oriente") e bloco "liberal", liderado pelos Estados Unidos ("Ocidente"), no âmbito da chamada "Guerra Fria". Essa diferença desapareceu e outras se afirmaram, como aquelas entre fundamentalismo islâmico e laicidade política, entre o capitalismo de Estado chinês e o capitalismo "liberal". A essas e outras diferenças não se aplica o modelo "centro e periferia" e, nesse sentido, o bloco soviético, o Irã e a China não se apresenta(ra)m, na relação com o ocidentalismo, primacialmente nem como modernidade central nem como modernidade periférica.

Nesses termos, parece-me uma obviedade insistir que a sociedade moderna vai muito além da diferença entre centro e periferia para afirmar a sua multiplicidade.

---

[8] Luhmann, 1986: 168. Traduzi esse e outros trechos citados de obras em língua estrangeira.

Sem negar, portanto, que a sociedade moderna (mundial) é múltipla, parto de diferenças, não de identidade coletiva. Ao contrário, o modelo de modernidade múltipla proposto por Eisenstadt está relacionado primacialmente à noção de "identidade coletiva"[9]. Nos termos da teoria dos sistemas, a diferença entre identidades coletivas é secundária. Ela só é relevante quando os conflitos decorrentes de valores-identidade tornam-se inegociáveis e podem ter efeitos desdiferenciantes[10]. Portanto, entendo que o modelo de Eisenstadt de múltipla modernidade deve ser visto com grande restrição por quem parte de *diferenças* orientadoras da comunicação e das expectativas, das ações e das vivências, e não de *identidades* coletivas.

Em consonância com a ideia de modernidade múltipla, que se sugere não ser assimétrica, pode vislumbrar-se que a ideia de modernidade *periférica* como modernidade *negativa*[11] carregaria uma postura valorativa ou normativa que serviria para que se falasse de uma "sociedade" "desviante", "defeituosa", "insuficiente" etc. (na periferia) em comparação com uma "sociedade" "perfeita" (no centro)[12]. Em nenhuma parte da minha obra encontra-se uma afirmação normativa ou uma valoração na relação entre modernidade central e modernidade periférica, muito menos em termos de uma teleologia. O "negativo", nesse contexto, é apenas uma referência ao lado de uma diferença no sentido da teoria dos sistemas, sem implicar nenhuma valoração ou mora-

---

[9] Eisenstadt, 2000a: 15. Também baseados primariamente em identidades coletivas (flexíveis), no âmbito do chamado "pós-colonialismo", cf. Costa; Gonçalves, 2011: espec. 59. Nesse sentido, fala-se de "princípio da comunidade local" (Gonçalves, 2010: 320).

[10] Cf. Luhmann, 2000: 218-9.

[11] Neves, 1996: espec. 98; 2008: 237-9

[12] Por exemplo, Dutra, 2016: 104, que me atribui a noção normativa de "realização imperfeita".

lização. Assim como nas formas-diferença luhmannianas, o lado negativo da diferença "centro/periferia" não implica nenhuma postura valorativa, normativa ou moral. O não ter, a oposição, a ilicitude, a exclusão e o "estar a favor da sociedade" (lado negativo do protesto), por exemplo, embora lados negativos de diferenças, não são superiores nem melhores axiológica, normativa ou moralmente do que o ter, o governo, a licitude, a inclusão e o "estar contra a sociedade" (lado positivo do protesto). Na fragmentação moral da sociedade moderna, também há opções morais pelos pobres, pela oposição, pela ilicitude (luta contra criminalização do aborto e do uso das drogas), pelos excluídos e pelos que são a favor da sociedade. Da mesma maneira, às vezes, há opções morais pela periferia em relação ao centro, por se desenvolver, por exemplo, a crença de que as "formas de vida" na periferia são mais flexíveis e envolvem a dimensão do sentimento e da solidariedade. Tudo isso, porém, não deve contaminar nenhuma diferença sistêmico-teórica, sempre limitada a um campo de observação específico.

Ao criticar-se a assimetria *estrutural* entre centros e periferias, afirma-se a forma simétrica da "modernidade múltipla". Parece-me equivocada, porém, a concepção segundo a qual a "multiplicidade da modernidade", no sentido de Eisenstadt, não comporta assimetrias. Na própria obra de Eisenstadt, ao se falar do "surgimento" da modernidade na Europa Ocidental e da "transformação da modernidade euro-ocidental na América (o exemplo dos Estados Unidos)", da "transformação da modernidade ocidental na Ásia (o exemplo do Japão)" e do "fundamentalismo como movimento moderno contra a modernidade"[13], aponta-se para uma assimetria entre núcleos irradiadores de estruturas e ideias (se-

[13] Esses são os títulos dos capítulos do livro de Eisenstadt, 2000a.

mântica), de um lado, e espaços sociais que as reproduzem e as transformam ou se confrontam com elas, de outro.

Nesse particular, parece-me que, também no plano da semântica, a migração ou o deslocamento de ideias constitucionais não deve ser compreendido, de forma genérica, nos termos de relações simétricas na sociedade mundial. Não se podem negar assimetrias na circulação dessas (e outras) ideias jurídico-políticas na sociedade mundial, ao deslocarem-se entre os seus diversos Estados. Em relação ao período colonial e pós-colonial latino-americanos, desconhecer que havia centros predominantemente irradiadores e periferias primariamente receptoras ou apropriadoras de ideias liberais significa deixar de lado aspectos cruciais da experiência jurídica e política dos respectivos países. A respeito do Brasil, é incontroversa a presença de certo colonialismo cultural (ver *supra* p. 300). Nesse sentido, não se devem excluir inteiramente os termos "importação", "transplante", "cópia", "imitação" etc., nem mesmo as noções de "deformação" de ideias e de "impureza" de teorias[14]. As assimetrias estruturais na diferenciação e na inclusão reverberam, ontem e hoje, na formação e na disseminação de ideias.

Luhmann não desconhece que a bifurcação entre modernidade central e periférica, que não é identificável com a distinção pré-moderna entre centro e periferia[15] e tem um sentido completamente distinto da diferença entre centro e periferia de um sistema funcional[16], encontra-se em uma relação de tensão com a diferenciação funcional[17], que, segundo a sua teoria dos sistemas, tem o primado na sociedade (mundial) moderna[18]. Além disso,

---

14 Medina, 2008.

15 Luhmann, 1997: 613, 663-78.

16 Luhmann, 1993: 321 ss., 333 ss.; 2000: 244 ss., 316 ss.

17 Luhmann, 1997: 169.

18 Luhmann, 1997: 707 ss., 743 ss.; 1993: 572.

Luhmann destaca que essa bifurcação, em nenhum caso, implica a negação da existência da sociedade mundial:

> A queixa disseminada acerca da exploração pós-colonial dos países periféricos pelas nações industriais – teoria sob títulos como dependência e marginalidade – não é uma prova contra a sociedade mundial, seja o que for sustentado em relação a ela em termos de conteúdo. O entrelaçamento em escala mundial de todos os sistemas funcionais é difícil de ser contestado.[19]

Apesar disso, cabe perguntar se o paradigma teórico-sistêmico, por ter sido demasiadamente impregnado pelo seu contexto de surgimento, isto é, pela experiência dos Estados na modernidade central, não estaria em condição de dar conta das diferenças de construção e desenvolvimento estatal entre centro(s) e periferia(s) da sociedade mundial, e extrair disso as consequências corretas para a descrição e a explicação dos limites do primado da diferenciação funcional nessa sociedade. Não haveria algo de provinciano na formulação ortodoxa desse primado?

Ainda que a sociedade mundial importe cada vez mais condições limitativas comuns para a capacidade funcional e para a força legitimadora do Estado em todas as regiões do globo terrestre, os diferentes desenvolvimentos da sociedade moderna no(s) centro(s) e na(s) periferia(s) supõem problemas diversos para as respectivas organizações político-jurídicas. Não utilizei o esquema "centro/periferia" de forma simplificadora. Propus uma reconstrução teórica da diferença econômica entre capitalismo central e periférico (cf. *supra* pp. 101-2)[20]. Não se trata de

---

[19] Luhmann, 1993: 572

[20] Daí por que, recentemente, tem-se procurado vincular a minha obra a essa tradição (cf. Medeiros Filho, 2017; Dantas, 2016, também reinterpretando minha obra à luz de certo modelo "pós-colonial"), que vem sendo recuperada no novo horizonte do "capitalismo financeiro" (cf. Amaral, 2012).

uma concepção puramente econômica do sistema mundial como economia mundial capitalista[21], mas sim de algo abarcante de toda a estrutura da sociedade mundial. Como salientei à época, não se deve negligenciar que o surgimento da sociedade moderna foi acompanhado por uma forte desigualdade no desenvolvimento inter-regional (cf. *supra* p. 105)[22] com consequências significativas para a reprodução de todos os sistemas sociais, sobretudo para o direito e a política como sistemas estatalmente organizados. Mas essa situação também não diz respeito a um sistema de relações entre diversas sociedades regionais, que corresponderia a um conceito de sociedade centrado no Estado nacional[23]. Trata-se de uma cisão paradoxal que surge dentro da sociedade (mundial) moderna, cujas consequências para os Estados como fatores e resultados da diferenciação segmentária secundária do direito e da política em contextos sociais centrais ou periféricos são, em cada caso, diferentes.

Não se pode negar, portanto, que a atual sociedade mundial é altamente fragmentada e, por isso, é possível a aplicação do esquema "centro/periferia" em diferentes níveis (ver *supra* p. 103). Também é necessário chamar a atenção para o fato de que, no transcurso dos recentes desenvolvimentos da sociedade mundial, constatam-se tendências em direção à crescente "mobilida-

---

[21] A esse respeito, ver Wallerstein, 2006. Luhmann apresenta objeções a esse modelo: "Immanuel Wallerstein certamente fala de *world-system*, mas indica, com isso, um sistema de interação de diversas sociedades regionais, inclusive para a modernidade" (1997: 158-9). Luhmann adiciona: "A especificidade do sistema mundial moderno é, então, apenas a possibilidade ilimitada da acumulação de capital" (1997: 159, nota 215). Cf. também Teubner, 1996: 259.

[22] Nesse sentido, Giddens (1991: 71, 75-6) inclui a divisão internacional do trabalho como uma dimensão da "globalização".

[23] Luhmann 1997: 159; 1998: 374-5; 2000: 220-1; 1995: 117, nota 30; Teubner, 1996: 258, nota 1.

de nas distribuições" de centros e periferias[24], por um lado, e em direção a uma periferização paradoxal dos centros, por outro[25]. Nesses termos, não há nada, portanto, de "ontologização das regiões" nem de "região de estruturas puras", mas apenas uma diferença-guia contingente.

Parece-me, porém, que a distinção entre modernidade central e periférica era então e ainda é analiticamente frutífera, na medida em que, definindo-se a modernidade pela complexidade social e pela dissolução de conteúdos morais imediatamente válidos para todas as esferas da sociedade (em termos de uma semântica moral-religiosa legitimadora da estrutura de dominação política prevalente diretamente sobre todas as esferas sociais, como saber, política, direito, saúde, família e arte), pode-se constatar que, em determinadas regiões estatalmente delimitadas ("países periféricos"), não houve a realização adequada da autonomia sistêmica de acordo com o primado da diferenciação funcional, tampouco a preferência predominante pela inclusão generalizada da população nos distintos sistemas funcionais da sociedade (mundial) – traços que (ao menos supostamente) caracterizam outras regiões estatalmente organizadas ("países centrais"). O fato de que existem graus diversos quanto à diferenciação funcional e à inclusão por ela pressuposta não debilita o potencial analítico do esquematismo "modernidade central/periférica", mas sim indica sua função como estrutura cognitiva de seleção das ciências sociais.

Retorno aqui a salientar que se trata de algo aproximado de "tipos ideais", a saber, modelos conceituais das ciências sociais

---

[24] "Em uma perspectiva de longo prazo, haverá mais mobilidade [...] nas distribuições de centros e periferias do que a distinção instantânea permite supor à luz do atual estado de desenvolvimento" (Luhmann, 1998: 377; 2000: 224).

[25] Neves, 2007: 191 ss. (original: 1998: 153 ss.).

que servem para a organização do material de conhecimento em determinada perspectiva de observação, nunca se encontrando plenamente na realidade. Não se nega também a existência de "tipos mistos", tais como nas formas intermediárias entre capitalismo e socialismo ou entre parlamentarismo e presidencialismo, na relação entre sociedade tradicional e moderna, na "cotidianização do carisma"[26] e, no presente estudo, nas semiperiferias (cf. nota 17 do Cap. III). Nesse caso, a situação não se enquadra primacialmente em nenhum dos tipos básicos. Em vez de "tipo ideal" weberiano, que parte da consciência de um sujeito cognoscente, remontando à filosofia kantiana (ver *supra* pp. 159-62), seria mais adequado falar de categorias decorrentes da "redução" nos termos mais genéricos de Guerreiro Ramos, que, similarmente ao tipo ideal weberiano, "consiste na eliminação de tudo aquilo que, pelo seu caráter acessório e secundário, perturba o esforço de compreensão e a obtenção do essencial de um dado"[27]. Em termos de teoria dos sistemas, estamos diante de uma redução seletiva de complexidade como "esquematismo" necessário à teoria social, mas que remonta ao surgimento da escrita[28]. A "redução sociológica" ou o "esquematismo" teórico como tipificação conceitual é inafastável no plano das ciências sociais. O fato de não haver capitalismo ou socialismo puros, sociedade moderna ou sociedade tradicional puras, inclusive que haja for-

---

[26] Weber, 1985 [1922]: 142-3. Sobre formas ou "tipos mistos" e misturas, cf. também Weber, 1985 [1922]: 13, 20, 153-4, 550, 730, 823.

[27] Ramos, 1996: 71. Advirta-se, porém, que a "redução sociológica" em Ramos (71-4) não se limita à "redução" em seu "sentido mais genérico" aqui citado, tendo outros elementos definidores.

[28] Nesse particular, afirma Luhmann em relação ao contexto do surgimento da escrita: "Isso, por sua vez, impõe o desenvolvimento de esquematismos semânticos que podem dissolver mais inconsistências e, ao mesmo tempo, suportar mais redundância e mais variedade. Assim, surge uma conceituação mais abstrata, que a comunicação oral sozinha nunca teria podido produzir" (Luhmann, 1997: 271).

mas mistas entre esses tipos e formas ou níveis diversos de capitalismo (*versus* socialismo) e de modernidade (*versus* tradição), não impede que se usem os conceitos de capitalismo e de modernidade nas ciências sociais. Seria ingênuo afastá-los somente por essa razão. Restar-nos-iam formulações *ad hoc* sobre o material bruto de conhecimento. O mesmo se dá com os conceitos de modernidade central e modernidade periférica, com a diferença entre exclusão primária (estrutural) e exclusão secundária, como também com a noção de primado da diferenciação funcional. Mesmo a pesquisa empírica não pode deixar de usar "conceitos típicos" dessa natureza, pois precisa de tais conceitos para indicar diversos níveis, limites e variações da experiência social em relação a eles. Evidentemente, há situações empíricas típicas alocáveis em um lado ou outro dessas diferenças, assim como situações atípicas a exigir, conforme as circunstâncias, a afirmação de "tipos mistos", mas não se podem afastar os conceitos simplesmente com base no argumento de que há variações diversas no material da experiência.

1.2. "Racismo mal disfarçado de culturalismo" (Jessé Souza)?

Um ponto mais problemático e que merece uma resposta mais drástica é a insinuação de que haveria um tipo de culturalismo na minha abordagem. Nesse contexto, confrontei-me com algo intelectualmente desonesto. Em um rasgo de desinformação e irresponsabilidade acadêmicas, nos termos de típico populismo sociológico[29], Jessé Souza pretendeu enquadrar-me entre os

---

[29] Assim como se pode atribuir ao populismo político um sentido positivo na luta contra grupos oligárquicos que tentam entravar conquistas populares (Mouffe, 2017, por exemplo, defende um "populismo de esquerda"), pode-se atribuir ao populismo sociológico um significado positivo, referente à divulgação de ideias para um público mais amplo do que o estritamente acadêmico, possibilitando o acesso mais "democrático" ao conhecimento. Mas falo de populismo sociológico aqui em

"intérpretes do Brasil" na busca de uma "singularidade" brasileira ou latino-americana[30], atribuindo a mim e também a Niklas Luhmann uma postura "culturalista" e imputando-nos, em uma deformação gritante de nossas obras, "racismo mal disfarçado em 'culturalismo' das teorias da modernização tradicional – que substancializam e 'essencializam' supostas heranças culturais como até cem anos atrás se 'essencializavam' supostas diferenças raciais"[31]. Além disso, apõe à minha obra apocrifamente a expressão "sociedades avançadas" para caracterizar o contexto social da modernidade central, sugerindo que eu consideraria o Brasil uma sociedade atrasada[32]. Souza aponta para um artigo no qual me referia exclusivamente ao caso latino-americano[33]. É claro que, quando menciono um "caso" *específico*, no contexto de minha obra, estou falando de algo próximo a um exemplo, no escopo de um espectro conceitual mais abarcante, que se refere também a "outras regiões do globo terrestre"[34]. Minha obra é inundada de passagens em que rejeito a noção de singularidade da experiência brasileira ou latino-americana, ainda mais se isso implica uma noção de unidade ou herança cultural[35]. Assim como

---

um sentido negativo, quando o alcance de uma ampla audiência vem em primeiro lugar, mesmo que isso importe simplificações excessivas de ideias, distorções agudas de argumentos, criação de falsas polêmicas, deformação de teses de autores contemporâneos e, principalmente, de autores do passado, tudo para se apresentar como inovador e "singular".

30 Souza, 2013a: 152. Quanto à "singularidade", ver, no mesmo sentido, Dutra, 2016: espec. 87.

31 Souza, 2013a: 153.

32 Souza, 2013a: 167.

33 Neves, 2012a.

34 Neves, 2012a: 204.

35 Cf., por exemplo, *supra*, pp. 258-9, distanciando-me de Faoro (especialmente refutando o "patrimonialismo" como resquício tradicional em termos de Weber, conceito cujo uso me é atribuído por Dutra, 2016: 79-81); Neves, 1994a, pp. 269-70, nota 8, distanciando-me de DaMatta, 1991: 100 (particularmente criticando a noção an-

o contexto social de outras organizações políticas territoriais denominadas "Estados", o Brasil (assim como a Alemanha, a França, os Estados Unidos e qualquer Estado como organização política territorial), a rigor, não existe como sociedade no modelo da teoria dos sistemas[36]. Também recuso a noção de "sociedades avançadas" levada a cabo pelas teorias "clássicas" da modernização[37]. Antes, estudo problemas de assimetrias estruturais na sociedade mundial (moderna), que são dinâmicas e contingentes nos termos da teoria dos sistemas, não tendo nada de "essencial". Não cabe falar, portanto, em "déficit de modernidade"[38] na noção de modernidade periférica, no sentido de que eu assumiria um modelo de "tradição/modernidade" orientado teleologicamente para "um ponto de chegada normativo"[39]. Na minha obra, há sincronia estrutural entre periferias e centros dentro da mesma so-

---

tropológico-culturalista dos brasileiros em geral como "supercidadãos" em "casa" e "subcidadãos" na "rua"). Cabe ainda citar um trecho contundente, em que também me afasto expressamente desses autores e de outros intérpretes do Brasil como Souza: "Não se trata aqui de um problema estritamente antropológico-cultural do Brasil. Ele é indissociável do próprio tipo de relações sociais em que se encontra envolvido o Estado na modernidade periférica em geral, ultrapassando os limites de 'antropologias nacionais' e correspondentes *singularidades culturais*" (Neves, 2008: 247-8 [original: 2000: 186] – grifei).

36 É claro que o Estado como organização político-jurídica territorial tem seus interesses e estratégias, assim como define de forma consistente ou não valores institucionais, com repercussão no respectivo contexto social territorialmente delimitado e no seu "povo" constitucionalmente estabelecido. Mas não cabe, em nenhuma hipótese, na perspectiva da teoria dos sistemas de base luhmanniana, o entendimento da unidade do "Estado como personificação da nação", considerada esta como "a coletividade – unificada – dos cidadãos" (Carré de Malberg, 1920: 13-5), tampouco o conceito de "nação como comunidade social" ["*the nation as societal community*"] (Parsons, 1965: 1010 ss.). O espaço social do Estado apresenta-se como uma arena heterogênea de valores, interesses, discursos e expectativas, marcada por dissenso, conflitos e lutas entre pessoas, grupos, organizações e movimentos sociais.

37 Enfaticamente, *supra*, pp. 99-102.

38 Dutra, 2016: 77.

39 Dutra, 2016: 82.

ciedade mundial (cf. *supra* p. 101)[40]. As periferias na minha obra são "*hiper*modernas", por serem bem mais complexas e mais contingentes do que os centros dominantes da sociedade mundial, tendo um futuro bem mais aberto (cf. *supra* pp. 14-5). Quando admito, por exemplo, que o constitucionalismo pressupôs revolução nos centros dominantes, enfatizo que, nas periferias, uma eventual revolução constitucionalista, tanto no seu sentido quanto em suas consequências, divergiria "fortemente daquelas das revoluções burguesas nos países centrais" (*supra* pp. 155-6).

Seria de se supor que o açodado crítico estava ciente disso, pois tomou emprestado o meu argumento sobre subcidadania na modernidade periférica para se opor ao culturalismo que atribui a Roberto DaMatta, dando os créditos, em escritos do passado[41]; porém, estranhamente, eximiu-se, mais tarde, de qualquer referência aos meus trabalhos no livro em que utilizou essas expressões no próprio título[42]. Além de tudo, é o próprio Souza quem,

---

40 Nesse sentido parece-me equivocada a ressalva apresentada por Holmes (2013: 157-8) no excelente livro sobre desenvolvimentos transnacionais no âmbito de política e direito, segundo a qual eu não teria levado em conta essa sincronia e teria colocado a periferia fora ["*outside*"] da sociedade mundial, atribuindo-me ainda, estranha e contraditoriamente sob influência de autores "pós-coloniais" orientados por identidade local, "um tipo de *naturalização nacional da 'condição periférica'*". Mas é claro que, na minha perspectiva, trata-se de sincronia em condições assimétricas (sendo absurdo atribuir-me algo como "naturalização nacional" – cf., por exemplo, *supra* p. 104 e nota 27 do Cap. III) e não de primado da diferenciação funcional na sociedade mundial, nos termos estritamente luhmannianos seguidos por Holmes (cf. citações referentes às notas 8 e 19 deste posfácio, que demonstram o reconhecimento dessas assimetrias por Luhmann, apesar da insistência no "primado").

41 Souza, 2001: 147; 2000: 196, 268, nota 87, na qual afirma: "Evitamos aqui, por ser sociologicamente impreciso, o conceito de 'exclusão social'. A exclusão pressupõe não participação na sociedade, quando a relação mais adequada é de subcidadania ou subintegração como prefere Marcelo Neves" (cf. referências da nota 35 deste posfácio). Mas agora me vincula contraditoriamente ao culturalismo de Roberto DaMatta (Souza, 2013a: 152).

42 Souza, 2003.

em verdade, fala de "singularidade brasileira"[43] e mesmo de "*singularidade cultural brasileira*"[44] (para não falar de uso de "atraso" para o Brasil[45], o que sugere algo "avançado" alhures[46]). Essa singularidade estaria expressa, por exemplo, no "sadomasoquismo" e, correlativamente, na "baixa autoestima da ralé"[47], que correspondem de certa maneira a "enteléquias na interpretação" do Brasil nos termos de Guerreiro Ramos[48]. Por um lado, ao deformar simplisticamente e com desprezo as obras de outros autores brasi-

---

[43] Souza, 2003: 93 ss.

[44] Souza, 2000: 234 ss. (ou 2001: 128 ss.), onde se sustenta que "Freyre tem, portanto, razão, em apontar uma *especificidade* brasileira na questão racial", "menos pelos efeitos de uma maior 'benignidade' da escravidão brasileira [...] do que pelo contexto *peculiar* do processo de modernização brasileiro" (2000: 249; 2001: 143 – grifei). Souza tem uma verdadeira compulsão pelo termo "singularidade", tendo se referido também à "singularidade da desigualdade social periférica" (Souza, 2005). Portanto, ao atribuir criticamente a mim, que nego qualquer noção de "singularidade" em minha obra, uma defesa da "singularidade" latino-americana ou brasileira, Souza parece entrar em uma grave e estranha contradição, por atribuir criticamente a outrem o que é peculiar ao seu entendimento do tema.

[45] Souza, 2017.

[46] Souza (2003: 178), por exemplo, contrapõe as "sociedades avançadas" à sociedade brasileira como periférica.

[47] Com base em Gilberto Freyre, cf. Souza, 2003: 106, 114 ss.; 2000: 226-34 (espec. 228-30, 234) ou 2001: 120-8 (espec. 122-3, 128). Seguindo Freyre, Souza vincula o "sadomasoquismo" como "singularidade" brasileira à "escravidão muçulmana" (2003: 103), enfatizando que a "identificação do masoquista, ou seja, o prazer pervertido da identificação com o opressor", é "fundamental para que possamos compreender a continuidade e permanência secular da relação sadomasoquista do escravismo muçulmano sob outras formas históricas e sociais" (2000: 259). Nesse contexto, outra singularidade residiria na "baixa autoestima dos grupos dominados" (2003: 106, 121). Mais tarde, ele salienta a "*baixa autoestima*, baixa capacidade de concentração e autocontrole etc., que caracteriza o cotidiano de muitas das famílias *da ralé* (2013b: 62 – grifei; agradeço essa referência a Gilberto Guerra Pedrosa).

[48] Ramos, 1995 [1954]: 282 ss., onde se define: "De modo geral, essas interpretações se caracterizam pelo fato de atribuírem ao povo brasileiro um *caráter*, uma *vocação*, ou tendências e inclinações fixas. Como os antigos, admite-se aqui a existência de qualquer coisa, 'impalpável, mas real' [enteléquia] que torna os povos diferentes entre si" (283). Ramos acrescenta: "A interpretação de um país passa a ser, portanto, uma proeza e admite tantas variantes quantas são as equações espirituais de cada autor" (*ibid.*)

leiros (que, evidentemente, são suscetíveis de críticas academicamente respeitosas) para admoestá-las infundadamente[49], Souza tenta apresentar-se como o único intérprete correto da "singularidade brasileira". Por outro, ao atribuir culturalismo nacional estático e "racista" à minha obra, que, a rigor, rejeita o seu nacionalismo metodológico[50] e assume antes um anticulturalismo metodológico, alimenta equívocos na busca de afastar pelo rebaixamento academicamente fraudulento um modelo do qual se alimentou, mas que se lhe apresenta como concorrente do seu.

A esse respeito, Luhmann, ironicamente, afirma que "o conceito 'cultura'" constitui "um dos piores conceitos que já foram construídos"[51]. E, quando o admite, é com a seguinte reserva: "O conceito 'cultura' [...] observa a si mesmo e tudo o que cai sob sua compreensão como contingente. [...] Daí que a semântica da cultura cobre tudo o que se pode comunicar com a contingência. Libera-se de qualquer tipo de sentido necessário [...]. Toda pretensão de autenticidade retrocede como algo incomunicável ou é tratada como *capricho* de determinadas pessoas ou grupos."[52]

---

[49] Nesse sentido, atribuir "a tolice da inteligência brasileira" (Souza, 2015) a autores clássicos brasileiros como Raymundo Faoro e Sérgio Buarque de Holanda é um desserviço a uma reconstrução crítica séria da história das ideias no Brasil.

[50] A esse respeito, esclarecem sinteticamente Chernilo e Mascareño: "O termo nacionalismo metodológico foi cunhado por Herminio Martins para referir-se, em analogia com a ideia de individualismo metodológico, a uma certa concepção de 'sociedade nacional' como um ente isolado, autônomo [autocontido] e autossuficiente que interage exclusivamente com outras 'sociedades nacionais' que possuem as mesmas características" (Chernilo; Mascareño, 2005: 31, nota 36). Por sua vez, Martins (1974: 276) referia-se a "uma presunção geral – apoiada por uma grande variedade de acadêmicos no inteiro espectro da opinião sociológica – de que a 'sociedade inclusiva' ou 'total', de fato, o Estado nacional, seja considerada como o padrão 'isolado' ótimo ou mesmo máximo para a análise sociológica", acrescentando: "Em geral, o trabalho macrossociológico tem-se submetido amplamente a predefinições nacionais das realidades sociais: uma espécie de nacionalismo metodológico."

[51] Luhmann, 1995a: 398.

[52] Luhmann, 1995b: 48, 51 – grifei.

Nessa perspectiva, a cultura como contingência fica em um plano que não é abarcante de um Estado "nacional", muito menos da sociedade, entendida primariamente como sociedade mundial. No mesmo sentido, não há algo como cultura brasileira, muito menos há uma cultura da sociedade mundial, mas sim culturas variáveis e instáveis na sociedade moderna e no interior do Estado "nacional".

Insiste-se, porém, em conectar minha obra com a existência de uma sociedade brasileira e com a distinção entre sociedades boas e más[53]. A esse debate subjaz a concepção de que há uma sociedade brasileira com identidade própria, que a distingue das sociedades europeias. Daí decorre a busca incessante pela peculiaridade, singularidade ou autenticidade do Brasil. Nesse contexto, a noção de sociedade fica vinculada ao conceito político-cultural de Estado nacional, envolvendo a própria territorialidade. A "nação" como conceito cultural desempenha, nos termos da tradição romântica do século XIX, um papel decisivo. A nação brasileira é apresentada como expressão cultural de uma sociedade determinada, enquanto o Estado é compreendido como manifestação política da nação. Disso resultariam uma semântica e uma estrutura próprias da sociedade brasileira que possibilitariam a sua compreensão e explicação. É nesse sentido que se construiu o rótulo "intérpretes do Brasil"[54].

Como já repetido, parto, porém, do pressuposto teórico segundo o qual a sociedade moderna emerge como sociedade mundial[55]. Ao contrário das sociedades pré-modernas, formações ter-

[53] Cf., por exemplo, Villas Bôas Filho, 2009: 397, com base em Lévi-Strauss (1996: 365): "Descobre-se então que nenhuma sociedade é fundamentalmente boa; mas nenhuma é inteiramente má."

[54] Para um panorama, ver Santiago, 2002.

[55] Ver mais tarde Neves, 2009: 26 ss.; 2008: 215 ss.; 2015a.

ritorialmente delimitadas, desenvolve-se, a partir do século XVI, a mundialização da sociedade, que se intensifica no século XIX e se consolida nos fins do século XX, com a afirmação, inclusive no plano semântico da autodescrição, da mundialidade da sociedade, mediante o discurso da globalização[56]. Característico da sociedade mundial é o fato de que o horizonte das comunicações e das expectativas passa a ser *primariamente* mundial, não se limitando a determinado território.

Portanto, não se trata de uma tese fundada em certa identidade cultural. Associo a questão a problemas estruturais da sociedade moderna como sociedade mundial, na qual uma assimetria entre centros e periferias relaciona-se sobretudo a processos coloniais, neocoloniais e pós-coloniais. Contudo, assim como não adoto o cosmopolitismo eurocêntrico, não me identifico com os modelos de abordagem pós-colonial na medida em que eles enfatizam o discurso da autenticidade cultural[57], tendendo a reduzir o problema a uma questão *semântica* de dominação mediante uma linguagem indutora de compreensões impostas, deformadas e heterônomas, e a encobrir assimetrias *estruturais* por meio da distinção eufemística entre "Norte Global" e "Sul Global"[58]. O argumento pós-colonial em favor da expansão de su-

---

[56] Neves, 2009: 27-8. Cf. Luhmann, 1997: 148; Holmes, 2013: 144; Brunkhorst, 1999: 374. Por sua vez, Stichweh (2000: 7) sustenta mais estritamente que "a sociedade mundial é uma ideia do século XVIII europeu". Mas aí se trata da semântica de certas elites, sem a abrangência reflexiva que a ideia alcança no contexto da chamada "globalização" no fim do século XX.

[57] Não me parece, portanto, suficiente a seguinte assertiva: "A tarefa de encontrar narrativas puramente africanas não é mais fácil se deslocarmos nossa atenção dos acadêmicos da universidade para os camponeses" (Feierman, 1993: 198 – cf. também *supra* referências da nota 9 deste posfácio); muito além disso, tem-se de reconhecer que não é mais possível na sociedade mundial hodierna encontrar narrativas puramente locais, regionais ou nacionais.

[58] Ver, com certas ressalvas, Rajagopal, 2012; Ochoa; Greene, 2011.

postas identidades culturais no chamado "Sul Global", sustentado principalmente por acadêmicos que afluem do "Sul Global" para universidades ou centros de pesquisa no "Norte Global", não dá a devida atenção a formas de dominação excludentes que prevalecem nas periferias da sociedade mundial. O "outro" simplificado, o Norte, não deve, na análise social, servir de álibi para a manutenção de estruturas sociais excludentes e de desigualdades abismais nas periferias, em nome de uma suposta autenticidade cultural controlada semanticamente pelos grupos privilegiados locais.

Isso não significa que os problemas da modernidade periférica possam ser tratados de forma isolada, sem que se considerem historicamente o surgimento e o desenvolvimento da sociedade moderna (mundial) a partir da perspectiva dos centros dominantes. O lixo dos centros foi e é jogado nas periferias em forma de escravidão, invasão, guerra, apoio a ditaduras, corrupção de servidores públicos e governantes por corporações multinacionais etc.[59]. Todas essas experiências foram descritas em suas diferentes fases com termos como colonialismo, imperialismo, neocolonialismo e pós-colonialismo.

Em uma perspectiva semântica, o "lado escuro" do iluminismo, que, conforme Sala-Molins[60], influencia-nos desde o passado, é uma característica marcante dessas experiências. Não me parece que se trate apenas de uma matéria atinente aos países periféricos. Os centros irradiadores de ideias constitucionais, ao mesmo tempo, externalizaram ou "exportaram" amplamente problemas de exclusão jurídica e política para as periferias da sociedade mundial, apoiando regimes antidemocráticos e excludentes

---

59 Cf. Neves, 2017a: 392.

60 Sala-Molins, 1987; 2006.

que lhes eram favoráveis. Para ilustrar essa situação, cabe considerar, por exemplo, o *Code Noir* (Código Negro), adotado na França em 1685 por Luís XIV e imposto às colônias francesas por quase dois séculos[61]. Ele permaneceu em vigor até 1848, sem ser questionado de maneira relevante durante a revolução e no período pós-revolucionário (foi revogado em 1794, mas entrou novamente em vigor em 1802[62]). Não houve nenhum questionamento significativo do *Code Noir* nem mesmo entre os principais autores do iluminismo europeu. Sala-Molins[63] aponta com acuidade para o silêncio e a cumplicidade de autores como Montesquieu, Rousseau, Diderot e Voltaire para com a escravidão negra nas colônias. Essa posição indica que o constitucionalismo e a democracia apresentavam-se como um conjunto de arranjos para a inclusão dos cidadãos europeus (e, mais tarde, dos norte-americanos) brancos como formadores de um povo, como totalidade de pessoas isoladas, sem nenhum compromisso com aqueles que trabalhavam na periferia para incrementar o bem-estar nos países centrais. Essas observações não se destinam a negar que as elites privilegiadas das periferias se beneficiaram desse estado de coisas, mas apenas que a existência dessa situação foi construída primariamente a partir dos centros hegemônicos, na medida em que eles externalizaram e exportaram medidas excludentes.

Essa situação não se restringiu ao período colonial, em que a Europa desempenhou um papel central. No âmbito do "neocolonialismo" e "pós-colonialismo", os "avanços" do constitucionalismo e da democracia concernentes à ampliação da inclusão nos

---

[61] O texto encontra-se disponível em: https://archive.org/stream/lecodenoirouedioofran#page/n5/mode/2up. A esse respeito, ver Sala-Molins, 1987; Mignot, 2007; Richard, 2010.

[62] Sala-Molins, 2006: 115, 158, nota 11.

[63] Sala-Molins, 1987: 206 ss.; 2006.

centros dominantes durante o século XX associaram-se a posições geopolíticas estratégicas de luta, que pressupõem posturas inteiramente anticonstitucionais e antidemocráticas por parte dos mesmos agentes políticos em países estrangeiros. Nesse contexto, cumpre admitir, no plano semântico, que "o imperialismo racional revelou ser uma fachada para o imperialismo cínico"[64], assim como o "imperialismo da democracia constitucional"[65] tem-se mantido persistente. De um ponto de vista estrutural e operativo, tanto a política externa dos Estados Unidos na América Latina nos anos 1960 e 1970, mediante a qual se deu sustentação a ditaduras, quanto as políticas externas dos países ocidentais no Oriente Médio, com implicações destrutivas da organização estatal, constituem evidências impressionantes das mencionadas posturas políticas.

Por exemplo, quando, em 1963, a legislação promotora das ações afirmativas estava sendo aprovada nos Estados Unidos, o governo democrático de Lyndon Johnson encontrava-se ocupado, ao mesmo tempo, na preparação, em conjunto com os militares brasileiros, de um golpe de Estado para derrubar o governo civil democraticamente eleito que propunha reformas políticas e sociais na busca de caminhos para a inclusão. Sob o pretexto de lutar contra o perigo comunista e proteger os direitos individuais, os Estados Unidos apoiaram a opressão no momento de fundação da ditadura, inclusive com o envio de navios de guerra para áreas próximas ao porto de Santos, que interviriam no caso de fracasso da operação das forças armadas brasileiras (ver *supra* pp. 197-8). Além disso, os Estados Unidos sustentaram a opressão destinada à manutenção da ditadura: por exemplo, mais de 300 oficiais brasileiros foram à Escola Militar dos Estados Unidos,

---

[64] Koskenniemi, 2002: 500.

[65] Tully, 2007: espec. 328 ss.

então localizada no Panamá (mudada em 1984 para Fort Benning, Georgia), para aprender métodos mais eficientes de torturas e outras sérias violações aos direitos humanos com seus parceiros americanos, como foi anunciado oficialmente em dezembro de 2014 no Relatório Final da Comissão da Verdade estabelecida pelo governo brasileiro[66].

Esses exemplos apontam para assimetrias marcantes entre centros e periferias na sociedade mundial, o que persiste com impacto negativo nas desigualdades abismais e na exclusão estrutural nos países periféricos, o que vai muito além de supostas "culturas nacionais". Enquanto em contextos sociais de certos Estados foram implementados historicamente modelos constitucionais includentes, em outros foram minadas as alternativas democráticas e constitucionais conforme o cenário local. Falar simplesmente de modernidade complexa ou insistir em singularidade cultural a esse respeito é encobrir com a estopa da ideologia problemas estruturais graves da sociedade mundial.

É nesse sentido complexo de uma sociedade mundial assimétrica que desenvolvi a distinção entre modernidade central e periférica e, a partir dela, propus uma interpretação do *caso* constitucional brasileiro. Caberia a expectativa à postura "caritativa" no sentido de Donald Davidson[67], que importa um esforço do crítico em entender a obra do outro antes de admoestá-la. Mas temos de reconhecer que expectativas desse tipo nem sempre se afirmam e são correspondidas, uma vez que podem ser frustradas como modelos normativos de certa ética acadêmica.

---

[66] Brasil, 2014: 330 ss. Oficiais do exército brasileiro também foram enviados à Inglaterra para aprender métodos de tortura com seus parceiros britânicos (ver Brasil, 2014: 333 ss.).

[67] "Caridade é imposta a nós; gostemos ou não, se queremos entender outros, devemos considerá-los corretos na maioria das matérias" (Davidson, 1984: 197).

2. Virada posterior na teoria dos sistemas em face do original e minha posição perante a postura tardia de Niklas Luhmann

Na época em que elaborei o original, entre 1987 e 1991, Luhmann, apesar de alguns deslizes anteriores na referência aos "países em desenvolvimento" como "sociedades simples", tradicionais (cf. *supra* nota 124 do Cap. III), já havia consolidado a sua concepção de que a sociedade moderna surgiu como sociedade mundial, caracterizada pelo primado da diferenciação funcional (e, radicalizando sua tese, pela autonomia operacional como autopoiese dos subsistemas funcionais), o qual pressuporia a prevalência estrutural do princípio da inclusão:

> O fenômeno que é designado como inclusão tem um caráter histórico próprio. Só surgiu com a dissolução da sociedade estratificada dos "estamentos" europeus. [...] Com a transição para uma diferenciação orientada primariamente por funções, essa ordem teve de ser abandonada. [...] Como indivíduo, uma pessoa vive fora dos sistemas funcionais. Mas todo indivíduo tem de ter acesso a todos os sistemas funcionais se e na medida em que seu modo de vida exige o uso das funções da sociedade. [...] Visto do ponto de vista do sistema da sociedade, essa exigência é formulada pelo princípio da inclusão. [...] Todos gozam de *status* jurídico e de proteção do direito. Todos são educados nas escolas. Todos podem adquirir dinheiro etc.[68]

---

[68] Luhmann, 1981: 25-6. Daí por que constitui um erro grosseiro a seguinte assertiva de Dutra (2016: 81) em relação ao original (mas também ao desenvolvimento da teoria de Luhmann): "Sua [minha] leitura da teoria luhmanniana postula uma relação necessária entre o primado da diferenciação funcional e a realização do imperativo da inclusão universal de todos os indivíduos em cada um dos sistemas funcionais." Ele ignora aqui que, à época em que elaborei o original, Luhmann vinculava o princípio da inclusão (ou a preferência estrutural por inclusão) ao primado da diferenciação funcional como características da sociedade moderna (mundial) (ver *supra* pp. 226-7, 232). A introdução da metadiferença "inclusão/exclusão" como ca-

O meu ponto crítico foi no sentido de que, embora seja plenamente sustentável a afirmação da sociedade moderna como sociedade mundial, não seria sustentável, na perspectiva típica da modernidade periférica, a tese do primado da diferenciação funcional, muito menos da preferência sistêmica por inclusão. Argumentei que, no contexto de dinâmicas coloniais, neocoloniais, pós-coloniais e imperialistas, houve uma bifurcação estrutural no desenvolvimento (no sentido fraco e neutro dessa palavra) da sociedade mundial: nos centros dominantes, no âmbito de sistemas políticos diferenciados segmentariamente com base em Estados, a democracia política e o Estado de direito foram, em certa medida, suficientemente fortes para fazer uma concorrência exitosa contra a expansão destrutiva da economia ou amortecer os seus danos, de tal maneira que se viabilizaram o primado da diferenciação funcional e a prevalência do princípio da inclusão, apesar de toda a precariedade de seu caráter regional e "nacionalista"; nos Estados das regiões periféricas, especialmente na África, grande parte da Ásia e América Latina, a fragilidade da política e do direito em face dos mecanismos predadores da economia e de outras formas de particularismos, advindos tanto do exterior quanto do interior, torna ilusórias a crença no primado da diferenciação funcional e a preferência estrutural por inclusão nos respectivos contextos sociais. É claro que com os recentes desenvolvimentos da sociedade essa diferença se aplainou, tanto pela paradoxal tendência à periferização dos centros quanto por força de mudanças sociais em alguns países periféricos. Mas

racterística da sociedade moderna (mundial) é exatamente uma revisão por Luhmann de sua teoria, em resposta expressa às minhas críticas, como se verá a seguir. Com o devido cuidado acadêmico, Rodríguez Mansilla e Torres Nafarrate (2008: 437 ss.) enfatizam, nesse particular, a influência de minha tese nas posições posteriores de Luhmann. Em sentido similar a esse respeito, mas com outras implicações, cf. Ribeiro, 2013.

ela ainda está presente, dependendo da manutenção de rígidas fronteiras políticas. Caso desaparecessem totalmente as fronteiras políticas, a diferença entre modernidade central e modernidade periférica perderia relevância, afirmando-se em todo globo terrestre, nas condições atuais, a diferença entre inclusão e exclusão, com efeitos danosos sobre o primado da diferenciação funcional em todas as regiões da Terra indistintamente.

Luhmann, ao admitir, com razão, que este livro não deve ser lido simplesmente "como informação sobre as relações jurídicas um tanto exóticas em um país da modernidade periférica, mas que também sirva de estímulo para se refletir em que tipo de sociedade vivemos hoje", reagiu às minhas críticas de forma marcante no próprio prefácio do original, sustentando que esta tese "remete a problemas para os quais nem a teoria marxista de classes, ou de proveniência pós-marxista, nem a concepção usual de diferenciação funcional da sociedade sabem dar uma resposta", arguindo ser necessária outra teoria para refutar essas teorias (*supra*, pp. XXI-XXII). Assim, antecipa sua resposta ao afirmar que "talvez já existam, entrementes, indícios para uma diferença preordenada, primordial, que regule o acesso às vantagens da diferenciação funcional, a saber, a diferença entre inclusão e exclusão" (*supra*, p. XXI).

Essa nova concepção vai ser desenvolvida mediante a introdução da diferença entre "setores de inclusão" e "setores de exclusão" da sociedade mundial. Nesse novo contexto teórico, ele revê a noção de inclusão, que antes era considerada nas duas dimensões de dependência e acesso (ver *supra* p. 226), e passa a distinguir a integração (sistêmica) da inclusão (lado interno da diferença "inclusão/exclusão") como "chance da consideração social de pessoas"[69],

[69] Luhmann, 1997: 620.

pretendendo com isso "substituir" o tema da integração social, concernente à relação entre pessoas e sistemas sociais, "pela distinção inclusão/exclusão"[70]. Nessa perspectiva, argumenta que o "setor de inclusão", no qual "os seres humanos contam como pessoas", seria menos integrado, enquanto o "setor de exclusão", no qual "os seres humanos não são mais percebidos como pessoas, mas sim como corpos", seria superintegrado[71]. Nos termos dessa formulação, a integração é compreendida "como redução dos graus de liberdade de subsistemas" ou "como limitação dos graus de liberdade para seleções"[72] e, portanto, negativamente como *dependência*, não como *acesso*. Ele fala, porém, de "apenas integração negativa" no setor de exclusão e de "integração de indivíduo e sociedade" no setor de inclusão, assim como de "pessoas e grupos não integráveis" em referência à exclusão[73]. Dessa forma, na obra tardia de Luhmann o termo "integração" é empregado com relação ao problema da "inclusão/exclusão", sem que haja univocidade a esse respeito. Parece-me que ele emprega um jogo de palavras que pode servir para desqualificar a minha distinção anterior entre subintegração e sobreintegração, baseada no conceito de inclusão como acesso e dependência. Nada muda conceitualmente de maneira relevante.

É verdade que os setores subintegrados são excessivamente dependentes dos subsistemas funcionais, tendo um baixíssimo grau de liberdade em relação a eles; nesse sentido, são altamente integrados em termos sistêmicos. Por sua vez, os setores sobreintegrados são insuficientemente dependentes dos subsistemas funcionais, tendo um excessivo grau de liberdade em relação a eles;

---

[70] Luhmann, 1997: 619.

[71] Luhmann, 1993a: 584-5; 1997: 631 ss.; 1995e: 259 ss. (262).

[72] Luhmann, 1997: 603, 631.

[73] Luhmann, 1995c: 148.

nesse sentido, são infimamente integrados em termos sistêmicos. Nessa perspectiva, subintegração e sobreintegração são o mesmo que subinclusão e sobreinclusão. Tal como tenho formulado, subintegração e sobreintegração implicam a insuficiente inclusão, seja, respectivamente, por falta de acesso (de "integração positiva") ou de dependência (de "integração negativa"), constituindo posições hierárquicas faticamente condicionadas (não classificações baseadas em princípio), a saber, o fato de ser integrado nos sistemas funcionais "por baixo" ou "por cima". Em ambas as direções (para "baixo" ou para "cima"), trata-se de limitação e unilateralidade na capacidade de imputação dos sistemas sociais em suas referências a pessoas[74].

Luhmann vai além de reformular seu conceito de inclusão. Ele introduz a diferença entre inclusão e exclusão como um metacódigo ou uma metadiferença que mediatiza os códigos ou as diferenças de todos os sistemas funcionais[75]. Mas, se assim é, parece-me difícil que se possa continuar a sustentar que a sociedade moderna se caracteriza pelo primado da diferenciação funcional e que a diferença "sistema/ambiente" é intrassocialmente a principal. Para ser consequente com a proposição de que "inclusão/exclusão" serve como metacódigo que mediatiza todos os outros códigos, caberia admitir – radicalizando a tese – que a sociedade mundial é diferenciada primariamente de acordo com essa "metadiferença". Parece-me, porém, que, no caso de "inclusão/exclusão" *versus* a diferença (orientada funcionalmente) "sistema/ambiente", trata-se de diferenças em concorrência na sociedade mundial contemporânea, não cabendo falar de "metacódigo" em termos luhmannianos. Rudolf Stichweh, discípulo que insiste

74 Neves, 2008: 253 ss.; 2015a: 127-8; cf. também 1994a: espec. 260-2; *supra* pp. 109-10, 132-3, 228-9.

75 Luhmann, 1997: 632; 1993: 583.

nas premissas luhmannianas da fase anterior ao meu livro, sustenta que essa conclusão estaria presente na própria obra tardia do seu mestre: "Em Niklas Luhmann, encontra-se a tese de que a diferenciação entre inclusão e exclusão se impõe como diferenciação primária do sistema da sociedade, prevalecendo sobre a diferenciação funcional."[76] Luhmann mesmo insistia – apesar de caracterizar a diferença "inclusão/exclusão" como metadiferença – no primado da diferenciação funcional na sociedade mundial do presente[77]. Seu argumento apontava para um paradoxo:

> É de se supor que o problema de partida resida na deficiente inclusão de grandes partes da população na comunicação dos sistemas funcionais, ou dito de outra maneira: na aguda diferença entre inclusão e exclusão, que, de fato, é produzida pela diferenciação funcional, mas é incompatível com ela no resultado e mina-a.[78]

Em primeiro lugar, tal formulação permanece em um nível teórico muito genérico, tornando irrelevante a distinção entre exclusão estrutural ou primária em certas áreas do globo terrestre e exclusão secundária em outras regiões[79]. Como já afirmei, somente se desaparecessem as fronteiras políticas, com ilimitada liberdade jurídica de migração, a exclusão estrutural poderia espraiar-se indistintamente nas diversas regiões da Terra, levando à insignificância da diferença entre centros e periferias nesse

---

[76] Stichweh, 1997: 132. Ele refere-se a Luhmann, 1995d.

[77] Luhmann, 1997: 743; 1993: 572.

[78] Luhmann, 1993: 582. Em uma tentativa de oferecer uma releitura marxista da teoria luhmanniana, Bachur (2010: 226 ss.) só vê um lado desse paradoxo, afirmando que a diferenciação funcional *necessariamente* engendra exclusão estrutural, mas é incapaz de considerar as variáveis empíricas decorrentes da segmentação político-jurídica em Estados territorialmente delimitados e das relações coloniais e neocoloniais entre centros e periferias, variáveis que implicaram historicamente a externalização da exclusão estrutural dos centros para as periferias.

[79] Cf. Müller, 1997: 20 ss., em atenção ao meu argumento.

particular. Também não se considera, na nova formulação de Luhmann, a relação da exclusão dos subintegrados ou, no campo político-jurídico, subcidadãos, com os privilégios dos sobreintegrados ou sobrecidadãos, relação essa estrutural na modernidade periférica. Na obra de Luhmann, não há espaço para os privilegiados que estão, de certa maneira, acima dos sistemas funcionais, podendo manipulá-los, instrumentalizá-los conforme seus interesses concretos. Entretanto, parece-me inconcebível a subintegração estrutural, a exclusão dos que estão abaixo dos sistemas funcionais, sendo por eles usáveis ou descartáveis conforme o contexto, sem que haja os privilégios da sobreintegração.

Em segundo lugar, embora insista na tese do primado da diferenciação funcional no plano da sociedade mundial e, nesse contexto conceitual, na noção de autopoiese dos sistemas funcionais, com ênfase para o direito, Luhmann parece titubeante. Em determinado momento, ao considerar a "corrupção" sistêmica invocando minha obra, ele admite que, alcançadas certas situações-limite, "o direito atua orientado em si mesmo apenas de maneira ocasional e desconexa, sendo, na realidade, vivenciado como mero instrumento de poder"; acentua, então, que, "em caso extremo, não se pode mais falar de fechamento operativo"[80]. Em outro momento, reconhece, sem restrições, em relação ao meu argumento da "constitucionalização simbólica como alopoiese do sistema jurídico", que, entre outros fatores, formas de relações econômicas que ultrapassam fronteiras "podem impedir também a autonomia autopoiética dos sistemas funcionais – de maneira particularmente típica, do sistema jurídico"[81]. É certo que

[80] Luhmann, 1993: 82.

[81] Luhmann, 1997: 810. Para um estudo sociológico-empírico sobre condições alopoiéticas de reprodução do direito no Brasil, com base na teoria sistêmica de Luhmann em conexão com minha obra, ver Costa, 2016.

Luhmann considera essas situações no plano das "peculiaridades regionais", que não atingiriam o primado da diferenciação funcional no plano da sociedade mundial. Tal argumento parece-me insustentável, pois não se trata de situações excepcionais, mas de condições sociais que caracterizam a maioria dos contextos de comunicação na maior parte das regiões político-juridicamente organizadas em Estados na sociedade mundial, especialmente na África, na América Latina e na Ásia. Os contextos locais e regionais contaminam, nesse particular, o espectro global. A plausibilidade da diferenciação funcional e da autopoiese do direito perante outras variáveis sociais, sobretudo as políticas e econômicas, permanece um traço de alguns países da modernidade central, constituindo antes exceções na sociedade mundial, que hoje estão fragilizadas. O próprio Luhmann, na conclusão de sua obra-prima sobre o direito como sistema social, parece-me admitir de certa maneira essa tese, ao sustentar ser plenamente possível que a autonomia do sistema jurídico, a saber, a dependência da sociedade de "um funcionamento do código jurídico não seja nada mais do que uma anomalia europeia que se enfraquecerá no curso da evolução da sociedade mundial"[82]. Com essas e outras ressalvas, Luhmann afasta-se de certo provincianismo europeu, para não dizer alemão, que marcou sua obra sobre a diferenciação funcional da sociedade mundial e a autonomia dos respectivos subsistemas funcionais, principalmente o direito, até o início da década de 1990. Grande parte de seus discípulos não levou a sério sua obra tardia no que diz respeito aos limites da diferenciação funcional e aos efeitos da exclusão, como que elevando o primado da diferenciação funcional a uma categoria ontológica do social, necessariamente abarcante de toda

[82] Luhmann, 1993: 586.

sociedade mundial (moderna), sendo-lhes irrelevantes as condições contingentes da diferenciação funcional e as evidências empíricas da ausência de seu primado em amplos contextos sociais.

Caberia então enfrentar duas situações típicas de diferenciação social entre modernidade central e modernidade periférica. Trata-se evidentemente de uma distinção contingente, referente a um material empírico variável que envolve, com frequência, casos atípicos ou formas mistas.

Nos países dominantes da modernidade central, vale o primado da diferenciação funcional, do que resulta que a rede de boas relações na forma de "sistemas de contato" e a diferenciação hierárquica mediante estratificação social são postas em segundo plano. A rede de boas relações só provocará "corrupção" operativa ou "corrupção" estrutural localizada, não, porém, "corrupção" sistêmica[83] com efeitos generalizados sobre os sistemas funcionais e o respectivo Estado. A estratificação, por sua vez, só provocará exclusão secundária, não levando à exclusão primária (ver figura 1). Nesse contexto, Estado de direito (no sistema jurídico) e demo-

[83] Esclareça-se que "corrupção" não é entendida aqui no sentido jurídico-penal ou no sentido vulgar da moral, mas sim conforme a teoria dos sistemas como sobreposição destrutiva, bloqueante, paralisante de um sistema sobre outro ou sobre vários outros sistemas mediante a "sabotagem de código" (Luhmann, 1997: 1043), particularmente da política e do direito. É uma forma de exploração de um sistema por outro. Por exemplo: ter/não ter sobre governo/oposição, governo/oposição sobre lícito/ilícito. A "corrupção" em sentido sistêmico pode permanecer no nível *operacional*. Nesse caso, é eventual e não é estabilizada socialmente. Esse tipo de "corrupção" está presente em todo o mundo. A "corrupção" pode atingir o nível *estrutural* dos sistemas sociais. Dessa maneira, ela é socialmente estabilizada. Então, é suportada por expectativas de comportamento estabilizadas. No plano estrutural, a "corrupção" pode permanecer setorial, atingindo apenas certas conexões de comunicação ou organizações. Mas a "corrupção" pode evoluir e assim desencadear uma tendência à generalização. Essa é a *"corrupção" sistêmica em sentido estrito*. Ela geralmente se desenvolve em conexão com determinado Estado como organização política territorial e está associada à exclusão estrutural e extrema desigualdade social (cf. Neves, 2012b).

Figura 1
Modelo típico do primado da diferenciação funcional
na modernidade central

cracia (na política) fazem uma concorrência efetiva e exitosa contra o caráter expansivo e destrutivo da economia (aliada à técnica e à ciência) no plano estrutural e dos meios de comunicação de massa no plano semântico da sociedade mundial.

Nos países da modernidade periférica, podemos falar de formas mistas de diferenciação, nas quais a diferenciação funcional não possui o primado. Assim, a rede difusa das boas relações transmuta-se em redes abrangentes e difusas de "corrupção" sistêmica, que se sobrepõem à diferenciação funcional e bloqueiam o Estado como centro do sistema político territorial. Da mesma maneira, a estratificação condicionada economicamente transforma-se em relações de sobreintegração (sobreinclusão) e subintegração (subinclusão) nos sistemas funcionais, do que decorre que a exclusão primária bloqueia o correspondente código sistêmico funcionalmente estruturado, especialmente do direito (ver figura 2). Nesse cenário, Estado de direito e democracia mostram-se frágeis perante a economia no plano estrutural e diante

Figura 2
Modelo típico de diferenciação concorrente
na modernidade periférica

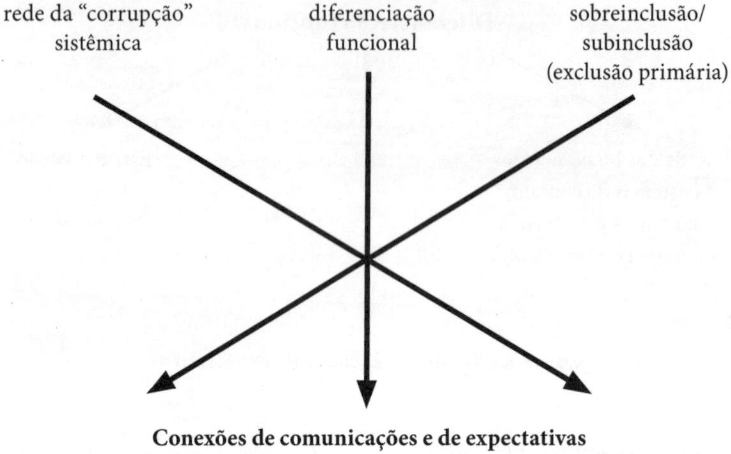

dos meios de comunicação de massa no plano semântico, sucumbindo frequentemente às suas injunções.

Essa diferença típica pode perder força nas novas dinâmicas da sociedade mundial. O lixo jogado pelos centros dominantes nas formas de escravidão, exploração econômica, corrupção de governos e agentes estatais, imposição de regimes autoritários, guerras, bombas, poluição, entre outras, começa a refluir na forma de refugiados da opressão, da miséria, da guerra, assim como por via do chamado "terrorismo global". Essa tendência à paradoxal periferização do centro está em nosso horizonte. O caminho oposto, mas ainda imanente à formação social do presente, seria a afirmação do modelo transdemocrático, que implicaria ressignificação da soberania do povo, a apontar para uma responsabilidade sustentável das democracias consolidadas em relação ao seu ambiente político e social na sociedade mundial. Tal situação importa que, além da fórmula "*we the people*", a democracia tem de incorporar semanticamente "*the others, the peoples*". Essa concepção ecológica da democracia está em um horizonte distante, mas deve ser levada a sério como um dos caminhos pelos quais se possa evitar uma catástrofe global irremediável[84].

3. Transformações na realidade social e político-jurídicas após a publicação do original

Após a publicação do original, houve transformações nas condições sociais e na realidade política e jurídica que, em certa medida, tornaram superadas algumas considerações feitas naquele contexto de entrada em vigor de uma nova Constituição. Nesse particular, cabe considerar as mudanças na situação social (3.1) e as mutações na prática e teoria político-jurídica constitucionalmente relevantes (3.2), assim como uma breve reflexão sobre o momento atual do país (3.3).

3.1. Transformações nas condições sociais da Constituição

Considerando que há pressupostos não constitucionais do constitucionalismo[85], cabe observar que, sem certas condições sociais mínimas, um modelo textual de Constituição tem pouca relevância prática. Nesse sentido, se há ampla exclusão social, relações generalizadas de subinclusão e sobreinclusão, torna-se improvável a força normativa da Constituição. A esse respeito, não é apropriada a objeção de que o constitucionalismo dos países centrais no século XIX e parte do século XX conviveu com ampla exclusão social. Entretanto, aquele constitucionalismo era formalmente liberal, ainda estando insatisfatoriamente orienta-

---

[84] Neves, 2017a: 393-4.

[85] Aqui cabe relembrar a ênfase dada por Durkheim (1986 [1893]: 183 ss.) às condições não contratuais do contrato.

do nas noções de democracia como inclusão política generalizada e de Estado de bem-estar como promotor da efetiva inclusão social. No Brasil e em outros Estados periféricos, apesar da adoção do modelo textual de constitucionalismo democrático-social, as condições de exclusão de amplas parcelas da sociedade e de privilégios de uma parcela minoritária persistem. Embora os modelos textuais das Constituições brasileiras de 1934, 1946 e 1988 tenham se orientado por padrões do constitucionalismo democrático-social nos termos da experiência do Estados euro-ocidentais na mesma época, perduravam intocáveis ainda no período de formação da ordem constitucional de 1988 altos níveis de exclusão social, incompatíveis com o texto constitucional (ver *supra* pp. 208-9, 231). Teria essa situação de tal maneira sido transformada trinta anos depois da entrada em vigor da Constituição que poderíamos afirmar já estarem hoje presentes os pressupostos não constitucionais do constitucionalismo?

É verdade que, especialmente após 2003, nos dois mandatos presidenciais de Luiz Inácio Lula da Silva, houve uma redução importante da exclusão social. Uma parcela relevante saiu da situação de pobreza caracterizadora de exclusão social[86]. Entre outros indicadores, o índice de analfabetismo foi reduzido[87], o Serviço Único de Saúde (SUS) serviu para minorar graves limites do

[86] Segundo a FAO (2015: 34), a taxa de pobreza no Brasil caiu de 47,7% em 1990 para 37,4 em 2001, reduzindo-se a 18% em 2013, enquanto a taxa de pobreza extrema caiu de 23,3% em 1990 para 13,2 em 2001, diminuindo para 5,9% em 2013. Por sua vez, a prevalência de subnutrição reduziu-se de 14,8% em 1990 a 11,2% em 2000, ficando em menos de 5% em 2014.

[87] Por exemplo, de 2004 a 2015, a taxa de analfabetismo de pessoas de 15 anos ou mais caiu de 11,5% para 8,0% (IBGE, 2016a). Por sua vez, de 2000 a 2010, "a taxa de analfabetismo para a população com idade entre 15 e 24 anos diminuiu de 5,8% para 2,5%" (Almeida; Araújo Júnior; Ramalho, 2016: 136, também com base em dados do IBGE). Dessa maneira, verifica-se que as taxas de analfabetismo se distanciaram das do passado (ver *supra* notas 57 e 83 do Cap. IV e nota 110 do Cap. V).

sistema de saúde[88], o Programa Bolsa Família reduziu as situações de extrema pobreza e de fome[89].

Contudo, além de não ter havido mudança significativa na desigualdade social, o combate à exclusão não foi suficiente para uma transformação fundamental necessária às exigências do modelo textual de constitucionalismo democrático-social, nem teve a persistência temporal que se exigiria para sedimentar uma estrutura social de preferência por inclusão, havendo claras tendências ao agravamento do quadro com o governo de Michel Temer, que decorreu da destituição da presidente Dilma Rousseff mediante controverso processo de *impeachment*, em 2016. Ainda em 2005, em estudo sobre desigualdades, Marcelo Medeiros apontava para a firme continuidade de condições de exclusão, enfatizando que as "consequências dessas desigualdades são graves para uma parte expressiva da população que vive em condições miseráveis"[90]. Essa situação não se transformou fundamentalmente até hoje, como comprovam estudos mais recentes[91]. Novos dados oficiais do IBGE

---

88 Apesar de todas as deficiências, afirmam especialistas em saúde pública: "A criação do Sistema Único de Saúde (SUS) tem sido analisada como a mais bem-sucedida reforma da área social empreendida sob o novo regime democrático" (Lima; Gerschman; Edler; Suárez, 2015: 15).

89 Criado pela Medida Provisória nº 132, de 20/10/2003, transformada em Lei nº 10.836, de 09/01/2004, o Programa Bolsa Família foi considerado exemplar por Relatório do Conselho Econômico e Social das Nações Unidas, de 11 de fevereiro de 2011 (United Nations, 2011: 13).

90 Medeiros, 2005: 249. Mais tarde se verifica que "os tão celebrados pilares do sistema brasileiro de combate à pobreza – o PBF e o BPC – funcionam muito bem, mas são apenas uma gota de redistribuição em meio a um mar de ações estatais regressivas" (Medeiros; Souza, 2013: 26).

91 A respeito da persistência da desigualdade (e também pobreza), Pedro Herculano Guimarães Ferreira de Souza, em tese duplamente premiada pela Anpocs e pela Capes, apresenta as seguintes conclusões: "A maior permeabilidade do Estado às reivindicações das camadas mais pobres resultou mais em uma acomodação do que em uma reviravolta no seu padrão de atuação. [...] Essas conclusões, é bom lembrar, relacionam-se essencialmente à concentração no topo. É possível ser bem

também revelam que mais de 52 milhões (25,4% da população) de brasileiros viveram em 2016 com renda mensal de R$ 387,00 (US$ 5,50 por dia), enquanto 13,4 milhões (6,5% da população) têm renda mensal de R$ 133,70 (US$ 1,90 por dia); 12,1% viveram com renda mensal de até ¼ do salário mínimo (R$ 220,00), ao passo que 17,8% receberam mensalmente mais de um ¼ a ½ salário mínimo (R$ 440,00)[92]. Tal situação não difere decisivamente do quadro em que nos encontrávamos na virada da década de 1980 para a década de 1990 (ver *supra* nota 60 do Cap. V). Nesse contexto, as condições do sistema penitenciário (este marcado claramente por um forte crivo racial, com predominância desproporcional de negros)[93], o altíssimo grau de criminalidade violenta[94], as deficiências dos sistemas de saúde[95] e edu-

---

mais otimista quanto à redistribuição entre as camadas mais pobres ou menos afluentes da distribuição de renda, e mais ainda quanto à perspectiva de redução da pobreza absoluta e aumento do padrão de vida médio via crescimento econômico. Dada a intensidade da concentração da renda no topo, contudo, é difícil fugir ao pessimismo quanto à questão distributiva mesmo quando se olha para indicadores sintéticos, como o coeficiente Gini" (Souza, 2016: 334). Cf. também o relatório de Alvaredo; Chancel; Piketty; Saez; Zucman (coords.), 2018: 138-44, no qual se aponta para a manutenção "relativamente estável" da extrema desigualdade no Brasil (país mais desigual do mundo em relação ao 1% mais rico e 3º mais desigual quanto aos 10% mais ricos da população – 2018: 9-10, 44, 141) e se indica que a média de renda dos adultos que pertencem a 50% da parte inferior da pirâmide social foi abaixo de R$ 9.200,00 em 2015 (2018: 140), o que significa uma média inferior ao salário mínimo mensal daquele ano (R$ 788,00), mesmo se excluindo o 13º salário.

92 IBGE, 2017.

93 Basta conferir os próprios levantamentos e avaliações oficiais: Depen, 2014; CNMP, 2016. Sobre a gravidade da situação atual, a ONU se manifestou em relatório: United Nations, 2016.

94 Em 2015, o Brasil teve a taxa de 30,5 homicídios por 100.000 habitantes, a nona posição no mundo conforme estatística da OMS (WHO, 2017: 82). As mortes violentas intencionais chegaram ao número absoluto de 58.459 em 2015 e a 61.283 em 2016 (FBSP, 2017: 13), sendo o Brasil o país com o maior número de mortes violentas em termos absolutos (cf. Mc Evoy; Hideg, 2017: 23, 25). Cf. *supra* nota 132 do Cap. VI.

95 Ainda em 2008, discutiam-se "as causas sociais das iniquidades em saúde no Brasil" (CNDSS – Comissão Nacional sobre Determinantes Sociais da Saúde, 2008), que parecem não terem sido relevantemente superadas até o momento.

cação[96], entre outras variáveis sociais, convencem-me de que as condições de um constitucionalismo periférico, no qual os pressupostos não constitucionais da Constituição estão ausentes, ainda perduram no Brasil, havendo atualmente probabilidade de agravamento da situação social[97].

3.2. Mutações na prática e teoria político-jurídica constitucionalmente relevantes

Mas não apenas o contexto social da Constituição passou por mudanças relevantes em um quarto de século desde a publicação do original. Algumas transformações são decorrentes de circunstâncias históricas particulares e não têm tanta relevância. Assim, por exemplo, a assertiva de que a desproporcionalidade das representações estaduais na Câmara dos Deputados beneficiava as regiões mais "conservadoras", válida àquela época (ver *supra* p. 252), perdeu todo e qualquer sentido na atualidade. Ao menos a partir de 2003, quando assumiu a presidência Luiz Inácio Lula da Silva, do Partido dos Trabalhadores, o discurso "conservador" fortificou-se na região Sudeste (mais densa em termos populacionais e considerada sub-representada na Câmara dos Deputados), enquanto o Norte e o Nordeste passaram a ser a base de sustentação dos governos do PT e da candidatura de Lula em 2018[98].

---

[96] Em 2013, 38,9% da população adulta (com 18 anos de idade ou mais) era considerada pelo IBGE "sem acesso à educação" por não ter "ao menos nível de instrução fundamental completo" (IBGE, 2016b: 87).

[97] Observe-se que, segundo a FAO (2015: 35), já de 2012 a 2013 a pobreza extrema voltava a crescer, passando de 5,4% para 5,9% da população.

[98] Segundo uma pesquisa eleitoral de referência (*Datafolha*) realizada em 29 e 30 de novembro de 2017, no Nordeste, Lula teria 56% das intenções de voto e o extrema-direita Jair Bolsonaro teria 12% para o segundo turno da eleição presidencial de 2018, enquanto no Sudeste Lula cairia para 27% e Bolsonaro subiria para 21%. Dados disponíveis em: http://www.gazetadopovo.com.br/eleicoes/2018/lula-ou-bolsonaro-quem-vence-em-cada-regiao-do-pais-e-mais-a-surpresa-do-sul-ahe6wjpjo4ewmpr34tmo6vm1t. Já em pesquisa de intenções de voto do *Instituto*

Tais circunstâncias, porém, são altamente contingentes e não dizem muito sobre as transformações do constitucionalismo de 1990 a 2018.

Outra transformação tem mais a ver com o risco de cairmos em falácia de ambiguidade (cf. *supra* p. 16). Quando tratava de favelas na virada da década de 1980 para a de 1990, estava me referindo a ocupações e moradias *ilegais*, sem nenhum saneamento ou condições sanitárias de habitação. O que hoje se chama de "favelas" são muitas vezes antigas favelas que foram legalizadas e urbanizadas, constituindo antes bairros de setores mais pobres da população que nem sempre estão em condições de exclusão. Esse esclarecimento é fundamental para que não se venha a aplicar aquele conceito de favela (ilegal), de que tratei à época, a certos bairros mais pobres, como Brasília Teimosa no Recife, que antes eram favelas.

Mais relevantes são algumas metamorfoses no perfil das relações entre os poderes políticos. Não se pode mais afirmar uma prevalência do Executivo sobre os demais poderes na forma que persistiu de 1889 até a entrada em vigor da Constituição de 1988 (cf. *supra* pp. 135, 261-2). Em particular, o mandado de injunção e a ação de inconstitucionalidade por omissão não podem mais ser considerados remédios jurídicos inócuos, como se tendia a afirmar logo após a entrada em vigor da atual ordem constitucional (cf. *supra* nota 58 do Cap. V). Ambas as ações constitucionais têm sido utilizadas de forma efetiva, com decisões judiciais que

---

Paraná Pesquisa para o primeiro turno da eleição presidencial de 2018, por estados, divulgada em 9 de setembro de 2017, Lula teria 17,7% no Rio de Janeiro e 45,3% em Sergipe, enquanto Bolsonaro ficaria com 22,8% no Rio de Janeiro e 8,5% em Sergipe. Dados disponíveis em: https://www.noticiasagricolas.com.br/noticias/politica-economia/198510-pesquisa-inst-parana-lula-ainda-lidera-no-nordeste-bolsonaro-ganha-no-sul.html#.Wk5cVmXXmu4.

suprem as omissões[99]. Esse novo quadro foi caracterizado como judicialização, especialmente como judicialização da política[100]. Mas qual é o seu significado prático, uma fortificação e expansão do direito e da constituição?

É verdade que, nos países centrais, quando se fala de "judicialização", aponta-se correntemente para um excesso de significado das variáveis jurídicas, significando uma dimensão fundamental da juridificação (cf. *supra* pp. 36-9, 139-40). Entretanto, no caso brasileiro pós-1988, a judicialização não significou uma ampliação e intensificação do direito, muito menos a constitucionalização do direito, como pleitearam juristas do *mainstream* constitucional[101]. O argumento é que teria sido superado o caráter predominantemente simbólico da Constituição, tendo havido sua efetivação normativamente relevante em todos os ramos do direito e na prática social. Entretanto, nesse particular, o argumento se baseou sobretudo na "judicialização" da política. Cumpre notar que, no Brasil, esse fenômeno tem-se apresentado inseparável da politização do Judiciário, principalmente do Supremo Tribunal Federal. Isso implica o envolvimento juridicamente inconsistente do STF como parte interessada em temas de conflitos políticos. Mesmo que tenha havido inserção relevante em temas jurídicos de indiscutível relevância moral e social[102], esses

---

99 Um exemplo marcante é o julgamento do mandado de injunção referente à greve dos servidores públicos, no qual o Supremo Tribunal Federal editou um verdadeiro diploma normativo sobre a matéria: MI 670/ES – Espírito Santo, TP, rel. min. Maurício Corrêa, rel. p/ acórdão min. Gilmar Mendes, julg. 25/10/2007, DJe-206, divulg. 30/10/2008, public. 31/10/2008.

100 Ver, entre muitos, Vianna; Carvalho; Melo; Burgos, 1999; Vianna; Burgos; Salles, 2007; Machado, 2009.

101 Souza Neto; Sarmento (orgs.), 2007; Barroso, 2010: 352 ss.; Silva, 2008.

102 São especialmente dignos de menção o julgamento sobre a antecipação terapêutica do parto em caso de fetos anencefálicos (STF, ADPF 54/DF – Distrito Federal, TP, rel. min. Marco Aurélio, julg. 12/04/2012, DJe-080, divulg. 29/04/2013, public.

permaneceram no campo do reconhecimento de grupos, sem relevante impacto na questão da exclusão de origem primariamente econômica[103]. O controle abstrato de constitucionalidade concentrou-se, na vasta maioria dos casos, em interesses corporativos de servidores públicos, não em questões de direitos fundamentais[104]. No que concerne ao direito à saúde, as intervenções diretas do Judiciário, interpretando direitos sociais como direitos civis, serviram em ampla medida aos interesses de camadas economicamente privilegiadas, tendo a finalidade de obrigar a União, os estados e os municípios a pagar tratamentos caros, à custa de programas sociais comprometidos com o acesso universal à saúde conforme a Constituição. A esse respeito se falou que a judicialização da saúde estaria "tomando dos pobres para dar aos ricos"[105]. Nesse contexto, ganhou significado a noção de "judicialização simbólica"[106], que se apresentou com uma nova dimensão da constitucionalização simbólica. A articulação da linguagem constitucional pelo Judiciário não afeta de maneira fundamental as relações e práticas anticonstitucionais, mas antes forja crenças e movimentos políticos em torno do figurino constitucional.

Assim, a judicialização da política como politização do Judiciário não teve impacto na desjuridificação da política e das relações sociais nem na desconstitucionalização do direito no plano

---

30/04/2013) e a decisão que definiu a união homoafetiva estável como entidade familiar (STF, ADPF 132/RJ – Rio de Janeiro, TP, rel. min. Ayres Britto, julg. 05/05/2011, DJe-198, divulg. 13/10/2011, public. 14/10/2011).

[103] Para a distinção entre reconhecimento entre pessoas e grupos, por um lado, e inclusão nos sistemas sociais, por outro, ver Neves, 2015c, considerando que os direitos humanos são primariamente uma questão de inclusão e só secundariamente uma questão de reconhecimento.

[104] Costa; Benvindo, 2014.

[105] Silva, 2007. Ver também Lima, 2018.

[106] Carneiro, 2013. Cf., com referência específica ao STF e ao direito à saúde, Lima, 2017; 2018: 171 ss.

da concretização jurídica; antes, serviu para encobri-las. As próprias práticas inconstitucionais e ilegais no cotidiano dos poderes públicos, sobretudo do Judiciário[107], indicam que interesses particularistas e corporativos prevaleceram à mercê da ordem jurídica constitucional. As ações policiais[108] e o sistema penitenciário[109] permanecem à margem da Constituição. As eleições políticas e as relações particularistas entre Executivo e Congresso fogem de qualquer parâmetro constitucional.

Associados à equivocada interpretação da judicialização da política como fortificação do direito constitucional, surgiram no período pós-1988 dois *déficits* reflexivos. Por um lado, o chamado "neoconstitucionalismo"[110], ao superestimar o uso dos princípios como panaceia para a concretização constitucional, superestimou o papel do Judiciário em detrimento do Legislativo e do Executivo. Tal situação levou ao abuso dos princípios, à inserção do Judiciário na política partidária e à judicialização simbólica

---

[107] Um dos pontos que ressalta é a altíssima percentagem de magistrados que, nos termos das próprias informações dos bancos de dados oficiais, recebem remuneração acima do teto constitucional, mas não há nenhuma medida dos órgãos de controle, especialmente do Conselho Nacional de Justiça (CNJ). Cf., por exemplo, matérias do jornal *O Globo*, de 23 de outubro de 2016 e 17 de dezembro de 2017, respectivamente: https://oglobo.globo.com/brasil/mais-de-dez-mil-magistrados-recebem-remuneracoes-superiores-ao-teto-20340033; https://oglobo.globo.com/brasil/com-extras-71--dos-juizes-do-pais-recebem-acima-do-teto-de-33-mil-22201981.

[108] A situação de uma polícia "contra a lei" e "acima da lei", que Kant de Lima verificou na cidade do Rio de Janeiro na década de 1990, vinculando-a corretamente às "práticas judiciais como fator de distorção da ideologia igualitária constitucional" (Lima, 1995: 49-53, 99-118, 155-6), assim como as "atrocidades brasileiras" perpetradas por "policiais torturadores e assassinos", que Huggins, Haritos-Fatouros e Zimbardo (2002) apresentaram no início dos anos 2000, estende-se a todo território nacional e persiste até hoje como regra (a obediência à lei é "a exceção que confirma a regra" – Lima, 1995: 37-45). Cf., por exemplo, Carvalho (org.), 2003; Misse; Grillo; Teixeira; Neri, 2013; Misse; Grillo; Neri, 2015; AI, 2017: 82-7.

[109] Ver *supra* referências da nota 93 deste posfácio.

[110] Quaresma; Oliveira; Riccio de Oliveira (coords.), 2009; Maia, 2007; 2009; Barroso, 2006; 2007; Sarmento, 2009; Streck, 2009. Em posição crítica, cf. Dimoulis, 2009.

em prejuízo da concretização jurídica da Constituição[111]. Com um principialismo *ad hoc*, a flexibilização constitucional chegou a extremos, facilitando a entrada de toda sorte de interesses particulares no direito. Por outro lado, a noção de "Constituição dirigente"[112] fortificou a pretensão de juízes e tribunais em assumir um papel de domesticação constitucional da sociedade. O resultado só poderia ser desastroso. Em primeiro lugar, porque a ideia de "Constituição dirigente" (ou "Constituição governante") da sociedade é uma impossibilidade epistemológica. A sociedade é muito mais complexa do que a Constituição. A pretensão ideológica de "Constituição dirigente" só teria sentido em uma experiência totalitária. A constituição do Estado constitucional toma distância da realidade para poder exercer sua função normativa (ver *supra* p. 89). Em segundo lugar, a ideia de "Constituição dirigente" exige um Judiciário que atue como vanguarda da domesticação constitucional da realidade. Dessa maneira, o espaço político que a Constituição deixa aberto à luta política fica encoberto e juízes e tribunais, especialmente em sua função jurídico-constitucional, tornam-se o centro da política, paradoxalmente, asfixiando-a como espaço de lutas entre diversas forças sociais.

3.3. O cenário atual: da constitucionalização simbólica à degradação constitucional?

Esse contexto de atuação dos agentes públicos, especialmente do Judiciário, fora dos parâmetros constitucionais aprofunda-se a partir do *impeachment* da presidente Dilma Rousseff e a consequente assunção do cargo de presidente por Michel Temer em

---

[111] Cf. Neves, 2014: 171 ss.

[112] A partir de Canotilho, 1994 (que buscou o conceito em Lerche, 1961: 61 ss.), ver Coutinho (org.), 2005; Bercovici, 1999; 2003. Já com certa distância crítica, ver Bercovici; Massonetto, 2006.

2016. Em ampla campanha midiática e manifestações públicas que exigiam a destituição da então presidente, forjou-se, em nome do combate à corrupção, um processo de *impeachment* sem uma tipificação convincente dos crimes de responsabilidade atribuídos à presidente Dilma Rousseff[113]. A corrupção era apenas um pretexto para o *impeachment*: os promotores das manifestações pelo *impeachment* foram, em geral, políticos e empresários altamente envolvidos na corrupção. Estavam ocorrendo investigações independentes contra a "corrupção". Essa era a diferença em relação aos governos do passado.

Nesse novo cenário, desvelou-se outro *déficit* reflexivo, aquele que afirma, especialmente a partir do período presidencial que se inicia em 1995, ter-se formado um presidencialismo de coalizão no Brasil[114]. Para tanto, teria de haver programas de governo, uma base programática mínima sustentada pelos diversos partidos da chamada "base aliada". Mas o que ocorreu no regime constitucional de 1988 foi um presidencialismo, por assim dizer, de base "arcana", atuando em grande parte de maneira extrainstitucional[115], inclusive com marcas de funcionamento de acordo com práticas "extorsivas". A maioria congressual era formada, em ampla medida, com base em certas concessões particularistas, em barganhas concretas de cargo ou em distribuição de benesses, sem nenhuma base em um programa mínimo. Isso levava

---

113 Os documentos do processo que se iniciou a partir da Denúncia nº 1/2016, da Câmara dos Deputados, estão disponíveis no seguinte *site* de notícias do Senado Federal: https://www12.senado.leg.br/noticias/materias/2016/08/22/veja-os-principais-documentos-do-processo-de-impeachment-de-dilma-rousseff.

114 Essa noção foi proposta por Abranches, 1988, tendo tido ampla repercussão na teoria e no discurso político pós-1988, com empregos que foram muito além das pretensões do autor. Cf., entre muitos, Limongi; Figueiredo, 1998; Limongi, 2006. Para uma revisão crítica a partir da teoria dos sistemas, ver Palma, 2018.

115 Palma, 2018.

a uma fragilidade do governo, sempre dependente da capacidade de satisfazer pedidos particularistas, muitas vezes "extorsivos", para obter maioria congressual eventual, caso a caso. Quando se perdia a capacidade de corresponder a esses pedidos, sem nenhum pano de fundo programático, o governo era derrotado no Congresso. Por fim, a derrubada final do governo de Dilma Rousseff parece estar associada também à sua indisposição para dar resposta satisfatória e consistente a pedidos particularistas de caráter "extorsivo".

Nesse contexto, parece-me que o *impeachment* atuou como equivalente funcional de um "golpe" no sentido tradicional, no qual a violência física aparece no primeiro plano. A ruptura constitucional ganhou, então, uma aparência de legalidade e constitucionalidade, tendo um revestimento parlamentar simbólico e retórico, com respaldo do Judiciário. Por um lado, a oposição política não aceitou a vitória da presidente Dilma Rousseff na eleição de 2014. Por outro, membros da chamada "base aliada" ao governo não se sentiam contemplados por ações presidenciais capazes de corresponder às suas demandas particularistas, de caráter difuso e incontrolável. A "judicialização" simbólica do Supremo Tribunal Federal foi substituída por uma abstinência judicial, que nem sequer levou em consideração as alegações consistentes da defesa de ter havido falhas jurídico-formais no processo[116]. O *impeachment* foi o meio eficiente utilizado pelos então adversários do governo para encobrir o fato de que não reconheceram a vitória eleitoral *ab initio*, assim como o instrumento *ad*

[116] Entre o conjunto de ações que questionaram aspectos formais do processo de *impeachment*, como também o desvio de poder pelo então presidente da Câmara dos Deputados, Eduardo Cunha, e a falta de justa causa, permanecem em andamento no STF o Mandado de Segurança nº 34.441/DF e o Mandado de Segurança nº 34.371/DF, que poderão perder o seu objeto, caso não haja uma decisão até 31 de dezembro de 2018, quando se encerra o mandato presidencial de Michel Temer.

hoc dos descontentes para recuperarem um governo capaz de satisfazer suas barganhas à margem da lei e da Constituição.

A partir do processo de *impeachment*, a diferença considerada constitutiva da política na concepção de Carl Schmitt, "amigo/inimigo"[117], passou a ter um significado especial. Um de seus discípulos, Otto Kirchheimer, era peremptório a esse respeito: "Todo regime político tem seus inimigos ou, no devido tempo, os cria."[118]

Divergindo do modelo schmittiano, entendo que a diferença "amigo/inimigo" é típica dos regimes autocráticos ou de regimes de "exceção". Na democracia, a diferença "amigo/inimigo" cede à diferença "aliado/adversário". Essa situação se apresenta mediante a institucionalização da oposição, o que leva à "cisão da cúpula do sistema político"[119]. Os opositores são vistos, então, como adversários fundamentais para a afirmação do pluralismo democrático. Não são considerados indignos de uma convivência política dentro dos parâmetros da ordem democrática.

Entretanto, um dos aspectos mais graves da recente ruptura constitucional no Brasil é o fato de que o próprio Judiciário assumiu *instrumentalmente* o controle da diferença "amigo/inimigo". A postura típica da política autocrática e de exceção, na qual alguns políticos e setores sociais são considerados amigos e, portanto, dignos de respeito, enquanto outros são merecedores do desprezo moral por serem definidos como inimigos, é adotada por parte significativa do Judiciário, Ministério Público e Polícia Federal.

Os tribunais e os juízes passaram a agir, em ampla medida, como se eles estivessem acima das leis e da Constituição. Há caso típico de ministro do STF partidário, a atuar abertamente, fora e

---

[117] Schmitt, 1996 [1932]: 26.

[118] Kirchheimer, 1961: 3.

[119] Luhmann, 1987: 127.

dentro de suas funções, conforme a diferença "amigo/inimigo", à margem dos preceitos legais e constitucionais[120]. Há também a atuação emblemática de juiz parcial, que se comporta à maneira de inimigo do réu, afirmando assim publicamente sua proximidade e simpatia por setores de grupos políticos das elites tradicionais[121]. Em nenhum desses casos, os mecanismos constitucionais e legais de controle têm funcionado.

A primeira consequência é a tendência de passarmos da constitucionalização simbólica para a degradação da Constituição. A "discrepância entre a norma e a realidade" parece que tende a deixar de estar associada à fórmula "a ficção tornando-se realidade e a realidade ficção"[122], para transformar-se em manifesto desrespeito à Constituição e ao direito. Por um lado, o cinismo das elites prevalece. Por outro, aprofunda-se a apatia do público. Em contradição com isso, os movimentos sociais radicalizam-se e, correspondentemente, o "Estado de repressão policial" encontra o pretexto para assumir a dianteira.

---

120 Esse é o caso conspícuo do ministro Gilmar Ferreira Mendes. A esse respeito, cf. Hartmann, 2017; Mendes, 2017. Ver também a Denúncia nº 12/2016-SF (13/09/2016) e a Denúncia nº 06/2017–SF (14/06/2017), nas quais se atribuem crimes de responsabilidade ao ministro. Ambas foram arquivadas liminarmente pelos presidentes do Senado Renan Calheiros (réu por crime comum no STF) e Eunício de Oliveira (investigado criminalmente no STF), respectivamente. Contra esses arquivamentos foram impetrados perante o STF o Mandado de Segurança nº 34.560/DF e o Mandado de Segurança nº 35.377/DF, ainda em andamento. Também relevante a petição de apuração administrativa sob o protocolo nº 0033394-STF (14/06/2017), sem nenhum movimento desde que foi apresentada.

121 O Tribunal Regional Federal da 4ª Região rejeitou reclamação disciplinar contra o juiz Sérgio Moro alegando que se tratava de uma situação de exceção. Cf. Neves, 2017b: 273-84. Criticamente sobre o processo que levou à condenação do ex-presidente Lula da Silva, ver Proner; Cittadino; Ricobom; Dornelles (orgs.), 2017.

122 Carvalho, 1988: 130, 164 (cf. *supra* pp. 176-7). Nesse contexto, Carvalho distancia-se – parece-me com razão – do entendimento otimista de Guerreiro Ramos (1966: 331) a respeito do chamado "formalismo" ("a discrepância entre a conduta concreta e a norma prescrita" – 1966: 333), relacionado à "transplantação" de instituições estrangeiras (Ramos, 1995 [1954]: espec. 273), como "estratégia para mudança social" "a serviço da construção nacional" (1966: espec. 387 ss.).

Nesse contexto, destaca-se o desmonte das instituições do Estado social, já muito precárias. Esse desmonte contribuirá para aumentar a já elevada desigualdade e exclusão social. Para tanto, a Emenda Constitucional nº 95/2017 e a nova legislação trabalhista são cruciais. A Emenda Constitucional nº 95 praticamente congela o orçamento por vinte anos. Isso terá um efeito destrutivo sobre o já precário sistema escolar, o carente sistema de saúde e o já esgotado sistema universitário e de pesquisa[123]. Essa emenda constitucional não afeta, porém, os setores sociais e políticos privilegiados, tais como, nomeadamente, juízes, promotores e oficiais de alta patente do exército, que formam uma verdadeira "burguesia de Estado" (ver *supra* p. 133). Por sua vez, a Lei nº 13.467/2017, que afeta profundamente os direitos sociais dos trabalhadores, tem sido avaliada pelas próprias associações de magistrados trabalhistas e amplos setores dos especialistas em direito do trabalho como inconstitucional em vários dos seus dispositivos[124].

Também cumpre enfatizar que as perspectivas para a "luta" contra a corrupção após a mudança de Dilma Rousseff para Michel Temer não melhoraram nem se têm mantido no mesmo nível. Ao contrário, as perspectivas são bastante negativas. Ou seja, há uma transição da autonomia irresponsável à pretensão de domesticação dos órgãos de investigação (Ministério Público e Polícia Federal). O maior paradoxo da ruptura constitucional de 2016 no Brasil pode ser expresso da seguinte maneira: a "luta" contra a "corrupção" sistêmica para manter a "corrupção" sistêmica (e, consequentemente, a exclusão). Há uma "transparência" paradoxal: a corrupção tornou-se aberta e de conhecimento pú-

---

123 Cf. Dweck; Rossi, 2016; Rossi; Dweck, 2016.

124 Cf., respectivamente, Feliciano; Treviso; Fontes (orgs.), 2017; Souto Maior; Souto (coords.), 2017.

blico, mas não há *accountability*, não ocorre a responsabilização dos respectivos agentes.

A nova situação de degradação constitucional associa-se com a tendência de as Constituições simbólicas serem mantidas apenas na medida em que favorecem os sobreincluídos em detrimento dos subincluídos. Mais especificamente, isso significa: se elas tendem a ser concretizadas jurídico-normativamente em benefício dos subcidadãos, o resultado é uma alta probabilidade de ruptura constitucional de "exceção".

O "padrão" dominante no contexto do Estado brasileiro é um "padrão" de ilegalidade, que serve antes aos setores privilegiados do que aos subalternos. Uma alternativa dos subalternos seria exigir e lutar por um modelo de legalidade amparado constitucionalmente.

É claro que não se trata de uma experiência isolada no âmbito da sociedade mundial. As experiências de constitucionalismo periférico não são, em geral, separadas das experiências correlatas de constitucionalismo central. Essa não é apenas uma questão referente ao período colonial. Como já afirmado (pp. 387-9), na esteira do "neocolonialismo" e do "pós-colonialismo", para não falar do imperialismo, os "avanços" do constitucionalismo no que diz respeito à inclusão jurídica e política nos centros dominantes durante o século XX estiveram associados a posições geopolíticas estratégicas de luta que envolveram posturas anticonstitucionais por parte dos mesmos agentes políticos dos países centrais nos países periféricos. E nada indica que essa situação tenha sido superada. Isso dependeria do próprio enfraquecimento ou irrelevância da diferença entre centro e periferia na sociedade mundial.

Nada impede, porém, que possa haver movimentos internos de constitucionalização includente, conforme projetos de Estado que correspondam às exigências locais. Nesse sentido, para que se reencontre o caminho do Estado constitucional no Brasil são necessárias certas medidas, a maior parte delas independentes de novas emendas constitucionais.

Antes de tudo, é fundamental que sejam radicalmente retomadas políticas de inclusão. Não se podem conceber democracia como inclusão política realizada e Estado de direito com vínculo generalizado das autoridades e dos cidadãos ao direito se prevalece uma preferência estrutural por exclusão de amplos setores populacionais.

Não me entusiasma, porém, o lugar-comum da reforma política como panaceia para superar os "vícios" e as deficiências do nosso sistema eleitoral e político-partidário. A chamada reforma política implica um conjunto de emendas constitucionais, na crença de modificar a realidade política mediante novos textos salvadores. Nesse particular, caímos naquilo que chamo de reconstitucionalização simbólica permanente. As reformas constitucionais transformam-se em programas de governo. O mandato presidencial extingue-se em amplas discussões sobre a reforma constitucional da política, mas o *status quo*, com ou sem promulgação das correspondentes emendas constitucionais, não é atingido em sua estrutura básica. Mudança na forma oficial de financiamento, introdução de "cláusula de barreira" excludente de pequenos partidos, adoção de sistema eleitoral majoritário ou misto, entre outras medidas, embora possam ter algum impacto, não garantem superação de práticas políticas violadoras da Constituição. Reforma política deveria ser entendida como reorientação das expectativas estabilizadas de um padrão de conduta jurídico-política à margem da Constituição para um modelo de ação político-jurídica dentro do horizonte constitucional, o que implica transformações estruturais da sociedade no Brasil.

É por isso que cabe refletir em termos paradoxais se, ao contrário de um conceito jurídico de revolução nos termos da tradição kelseniana[125], que implica a substituição factual de uma Constituição por outra Constituição, a concretização e a realização satisfatória do modelo textual da Constituição de 1988 não suporiam uma ruptura estrutural na sociedade brasileira, que envolveria uma "revolução" social. Tal reflexão não significa admitir que essa situação resultaria necessariamente, em termos clássicos, de um momento heroico de predomínio da violência física contra o *status quo*, mas sim de um processo conflituoso de busca de um projeto hegemônico sustentável de natureza democrática e, portanto, includente.

[125] Vilanova, 1979.

REFERÊNCIAS BIBLIOGRÁFICAS DO PREFÁCIO E DO POSFÁCIO À EDIÇÃO BRASILEIRA

ABRANCHES, Sérgio Henrique Hudson de (1988). "Presidencialismo de coalizão: o dilema institucional brasileiro". *Dados – Revista de Ciências Sociais* (Rio de Janeiro: Iuperj), vol. 31, nº 1, pp. 5-34.

AI – Anistia Internacional (2017). *Informe 2016/2017: o estado dos direitos humanos no mundo*. Londres: Amnesty International.

ALMEIDA, Aléssio Tony Cavalcanti de; Araújo Júnior, Ignácio Tavares de; Ramalho, Hilton Martins de Brito (2016). "Esforços na gestão escolar na rede pública fundamental e o desempenho dos estudantes no Brasil". *Planejamento e Políticas Públicas – PPP* (Brasília: Ipea), nº 47, pp. 135-66.

ALVAREDO, Facundo; Chancel, Lucas; Piketty, Thomas; Saez, Emmanuel; Zucman, Gabriel (coords.) (2018). *World Inequality Report 2018*. [Paris:] World Inequality Lab.

AMARAL, Marisa (2012). *Teorias do imperialismo e da dependência: a atualização necessária ante a financeirização do capitalismo*. Tese de doutorado em economia. São Paulo: USP. Disponível em: http://www.teses.usp.br/teses/disponiveis/12/12140/tde-09102012-174024/pt-br.php.

BACHUR, João Paulo (2010). *Às portas do labirinto: para uma recepção crítica da teoria social de Niklas Luhmann*. São Paulo: Azougue.

BARROSO, Luís Roberto (2006). "Neoconstitucionalismo e transformações do direito constitucional". *In*: Martônio Mont'Alverne Barreto

Lima e Paulo Antônio Menezes de Albuquerque (orgs.). *Democracia, direito e política: estudos em homenagem a Friedrich Müller.* Florianópolis: Conceito Editorial, pp. 481-92.

BARROSO, Luís Roberto (2007). "Neoconstitucionalismo e constitucionalização do direito (O triunfo tardio do direito constitucional no Brasil)". *In*: Cláudio Pereira de Souza e Daniel Sarmento (coords.). *A constitucionalização do direito: fundamentos teóricos e aplicações específicas.* Rio de Janeiro: Lumen Juris, pp. 203-49.

_______ (2010). *Curso de direito constitucional contemporâneo: os conceitos fundamentais e a construção do novo modelo.* 2ª ed. São Paulo: Saraiva.

BERCOVICI, Gilberto (1999). "A problemática da Constituição dirigente: algumas considerações sobre o caso brasileiro". *Revista de Informação Legislativa* (Brasília: Senado Federal), ano 36, nº 142, pp. 35-51.

_______ (2003). "A Constituição dirigente e a crise da teoria da constituição". *In*: C. Pereira de Souza Neto, G. Bercovici, J. Filomeno de Moraes Filho e M. Mont'Alverne Barreto Lima. *Teoria da Constituição: estudos sobre o lugar da política no direito constitucional.* Rio de Janeiro: Lumen Juris, 2003, pp. 114-20.

_______; Massonetto, Luís Fernando (2006). "A Constituição dirigente invertida: a blindagem da Constituição financeira e a agonia da Constituição econômica". *Boletim de Ciências Económicas* (Coimbra: Faculdade de Direito da Universidade de Coimbra), vol. XLIX, pp. 57-77.

BRASIL, Comissão Nacional da Verdade (2014). *Relatório.* Brasília: CNV, vol. 1.

BRUNKHORST, Hauke (1999). "Heterarchie und Demokratie". *In*: H. Brunkhorst e P. Niesen (orgs.). *Das Recht der Republik.* Frankfurt am Main: Suhrkamp, pp. 373-85.

CANOTILHO, J. J. Gomes (1994). *Constituição dirigente e vinculação do legislador: contributo para a compreensão das normas constitucionais programáticas.* Coimbra: Coimbra Editora.

CARNEIRO, Wálber Araújo (2013). "A cidadania tutelada e a tutela da cidadania: o deslocamento da função simbólica da Constituição para a tutela jurisdicional". *In*: Wilson Alves de Souza, Wálber Araújo Carneiro e Fábio Periandro de Almeida Hirsch (coords.). *Acesso à justiça, cidadania, direitos humanos e desigualdade socioeconômica: uma abordagem multidisciplinar*. Salvador: Dois de Julho, pp. 131-52.

CARRÉ DE MALBERG, R. (1920). *Contribution à la théorie générale de l'Etat*. Paris: Sirey, tomo I.

CARVALHO, José Murilo (1988). *Teatro de sombras: a política imperial*. São Paulo: Vértice, RT/Rio de Janeiro: Iuperj.

CARVALHO, Sandra (org.) (2003). *Execuções sumárias no Brasil – 1997/2003*. Rio de Janeiro: Centro de Justiça Global/Florianópolis: Núcleo de Estudos Negros (NEN).

CHERNILO, Daniel; Mascareño, Aldo (2005). "Universalismo, particularismo y sociedad mundial: obstáculos y perspectivas de la sociología en América Latina". *Persona y Sociedad* (Santiago: Universidad Alberto Hurtado), vol. XIX, nº 3, pp. 17-45.

CNDSS – Comissão Nacional sobre Determinantes Sociais da Saúde (2008). *As causas das iniquidades em saúde no Brasil*. Rio de Janeiro: Fiocruz.

CNMP – Conselho Nacional do Ministério Público (2016). *A visão do Ministério Público sobre o sistema prisional brasileiro – 2016*. Brasília: CNMP.

COSTA, Alexandre Araújo; Benvindo, Juliano Zaiden (2014). "A quem interessa o controle concentrado de constitucionalidade? O descompasso entre teoria e prática na defesa dos direitos fundamentais". Disponível em SSRN: https://papers.ssrn.com/sol3/papers.cfm?abstract_ id=2509541.

COSTA, Antônio Luz (2016). *Irritationen und Allopoiesis im Rechtssystem: eine Systemtheoretische Analyse der polizeilichen Beobachtung in der Staat Teixeira de Freitas, Brasilien*. Saarbücken: Südwestdeutscher Verlag für Hochschulschriften.

Costa, Sérgio; Gonçalves, Guilherme Leite (2011). "Human Rights as Collective Entitlement: Afro-Descendants in Latin-America and the Caribbean". *Zeitschrift für Menschenrechte/Journal of Human Rights* (Schwalbach/Ts: Wochenschau Verlag), nº 2/2011, pp. 52-71.

Coutinho, Jacinto Nelson de Miranda (org.) (2005). *Canotilho e a Constituição dirigente*. Rio de Janeiro: Renovar.

DaMatta, Roberto (1991). *A casa & a rua*. 4ª ed. Rio de Janeiro: Guanabara Koogan.

Dantas, Maria Eduarda (2016). *Constitucionalismo periférico e teoria dos sistemas sociais: por uma interpretação pós-colonial da tese da constitucionalização simbólica*. Dissertação de mestrado em ciência política. Brasília: UnB.

Davidson, Donald (1984). "On the Very Idea of a Conceptual Scheme (1974)". *In*: D. Davidson. *Inquiries into Truth and Interpretation*. Oxford: Clarendon Press, pp. 183-98.

Depen – Departamento Penitenciário Nacional (2014). *Levantamento de Informações Penitenciárias – Infopen – Junho de 2014*. Brasília: Ministério da Justiça.

Dimoulis, Dimitri (2009). "Neoconstitucionalismo e moralismo jurídico". *In*: Daniel Sarmento (coord.). *Filosofia e teoria constitucional contemporânea*. Rio de Janeiro: Lumen Juris, pp. 213-27.

Durkheim, Emile (1986). *De la division du travail social*. Paris: Presses Universitaires de France (1ª ed. Paris, 1893).

Dutra, Roberto (2014). "O problema da desigualdade social na teoria da sociedade de Niklas Luhmann". *CRC Cadernos* (Salvador: UFBA), vol. 27, nº 72. Disponível em: http://www.scielo.br/scielo.php?script=sci_arttext&pid=S0103-49792014000300007&lng=en&nrm=iso&tlng=pt#top2.

Dutra, Roberto (2016). "Diferenciação funcional e a sociologia da modernidade brasileira". *Política & Sociedade* (Florianópolis: UFSC), vol. 15, nº 34, set./dez. 2016, pp. 77-109.

Dweck, Esther; Rossi, Pedro (2016). "A aritmética da PEC 55: o alvo é reduzir saúde e educação". *Brasil Debate*, 16 nov. 2016. Disponível em: http://brasildebate.com.br/a-aritmetica-da-pec-55-o-alvoe-reduzir-saude-e-educacao/.

Eisenstadt, S. N. (2000a). *Die Vielfalt der Moderne*. Trad. alemã de B. Schluchter. Frankfurt am Main: Velbrück.

_______ (2000b). "Multiple Modernities". *Daedalus* (Cambridge, MA: The MIT Press), vol. 129, nº 1, pp. 1-29.

FAO – Food and Agriculture Organization of United Nations (2015). *Regional Overview of Food Insecurity: Latin America and The Caribbean*. [Roma:] FAO. Disponível em: http://www.fao.org/3/a-i4636e.pdf.

FBSP – Fórum Brasileiro de Segurança Pública (2017). *Anuário Brasileiro de Segurança Pública 2017*. São Paulo: FBSP. Disponível em: http://www.forumseguranca.org.br/wp-content/uploads/2017/12/ANUARIO_11_2017.pdf.

Feierman, Steven (1993). "African Histories and the Dissolution of World History". *In*: R. H. Bates, V. Y. Mudimbe e J. O'Barr (orgs.). *Africa and the Disciplines: The Contributions of Research in Africa to the Social Sciences and Humanities*. Chicago/Londres: University of Chicago Press, pp. 167-212.

Feliciano, Guilherme G.; Treviso, Marco Aurélio M.; Fontes, Saulo T. C. (orgs.) (2017). *Reforma trabalhista: visão, compreensão e crítica*. São Paulo: LTr.

Giddens, Anthony (1991). *The Consequences of Modernity*. Cambridge: Polity Press.

Gonçalves, Guilherme Leite (2010). "Rechtssoziologische Interpretationen des Rechtsdiskurses in Lateinamerica: eine postkoloniale

Kritik". *Juridikum: Zeitschrift für Kritik, Recht, Gesellschaft* (Viena: Verlag Österreich), nº 3/2010, pp. 311-20.

HARTMANN, Ivar (2017). "Gilmar Mendes é contraexemplo da discrição esperada do Judiciário". *Folha de S.Paulo*, 27 maio 2017. Disponível em:http://www1.folha.uol.com.br/ilustrissima/2017/05/1887640-para-preservar-a-imparcialidade-juizes-precisam-cultivar-a-discricao.shtml.

HOLMES, Pablo (2013). *Verfassungsevolution in der Weltgesellschaft: Differenzierungsprobleme des Rechts und der Politik im Zeitalter der Globalen Governance*. Baden-Baden: Nomos.

HUGGINS, Martha K.; Haritos-Fatouros, Mika; Zimbardo, Philip G. (2002). *Violence Workers: Police Torturers and Murders Reconstruct Brazilian Atrocities*. Berkeley/Los Angeles: University of California Press.

IBGE – Instituto Brasileiro de Geografia e Estatística (2016a). *Pesquisa nacional por amostra de domicílios: síntese de indicadores 2015*. Rio de Janeiro: IBGE. Disponível em: https://biblioteca.ibge.gov.br/visualizacao/livros/liv98887.pdf.

_______ (2016b). *Síntese de indicadores sociais: uma análise das condições de vida da população brasileira 2016*. Rio de Janeiro: IBGE. Disponível em: https://biblioteca.ibge.gov.br/visualizacao/livros/liv98965.pdf.

_______ (2017). *Síntese de indicadores sociais: uma análise das condições de vida da população brasileira 2017*. Rio de Janeiro: IBGE. Disponível em: https://biblioteca.ibge.gov.br/visualizacao/livros/liv101459.pdf.

KIRCHHEIMER, Otto (1961). *Political Justice: The Use of Legal Procedure for Political Ends*. New Jersey: Princeton Legacy Library.

KOSKENNIEMI, Martti (2002). *The Gentle Civilizer of Nations: The Rise and Fall of International Law 1870-1960*. Cambridge: Cambridge University Press.

LERCHE, Peter (1961). *Übermass und Verfassungsrecht: Zur Bindung des Gesetzgebers na die Grundsätze der Verhältnismäßigkeit und der Erforderlichkeit.* Colônia/Berlim/Munique/Bonn: Carl Heymanns Verlag.

LÉVI-STRAUSS, Claude (1996). *Tristes tópicos.* Trad. bras. de Rosa Freire Aguiar. São Paulo: Companhia das Letras.

LIMA, Fernando Rister de Sousa (2017). *Simbolismo da atuação do STF em direito à saúde.* Curitiba: Juruá.

_______ (2018). *Saúde e Supremo Tribunal Federal.* 2ª ed. Curitiba: Juruá.

LIMA, Nísia Trindade; Gerschman, Sílvia; Edler, Flavio Coelho; Suárez, Julio Manuel (2015). "Apresentação". *In*: N. T. Lima, S. Gerschman, F. C. Edler e J. M. Suárez (orgs.). *Saúde e democracia: histórias e perspectivas dos SUS.* 4ª reimpr. Rio de Janeiro: Fiocruz, pp. 15-23.

LIMA, Roberto Kant de (1995). *A polícia da cidade do Rio de Janeiro: seus dilemas e paradoxos.* 2ª ed. rev. Rio de Janeiro: Forense.

LIMONGI, Fernando (2006). "Presidencialismo, coalizão partidária e processo decisório". *Novos Estudos Cebrap* (São Paulo: Cebrap), nº 76, pp. 17-41.

LIMONGI, Fernando; Figueiredo, Argelina (1998). "Bases institucionais do presidencialismo de coalizão". *Lua Nova* (São Paulo: Cedec), nº 44, pp. 81-106.

LUHMANN, Niklas (1981). *Politische Theorie im Wohlfahrtsstaat.* Munique: Olzog.

_______ (1984). *Soziale Systeme. Grundriß einer allgemeinen Theorie.* Frankfurt am Main: Suhrkamp.

_______ (1986). *Ökologische Kommunikation: Kann die moderne Gesellschaft sich auf ökologische Gefährdungen einstellen?* Opladen: Westdeutscher Verlag.

_______ (1987). "Die Zukunft der Demokratie". *In*: N. Luhmann. *Soziologische Aufklärung 4: Beiträge zur funktionalen Differenzierung der Gesellschaft.* Opladen: Westdeutscher Verlag, pp. 126-32.

LUHMANN, Niklas (1993). *Das Recht der Gesellschaft*. Frankfurt am Main: Suhrkamp.

_______ (1995a). *Die Kunst der Gesellschaft*. Frankfurt am Main: Suhrkamp.

_______ (1995b). "Kultur als historischer Begriff". *In*: N. Luhmann. *Gesellschaftsstruktur und Semantik: Studien zur Wissenssoziologie der modernen Gesellschaft*, Frankfurt am Main: Suhrkamp, vol. 4, pp. 31-54.

_______ (1995c). "Jenseits der Barbarei". *In*: N. Luhmann. *Gesellschaftsstruktur und Semantik: Studien zur Wissenssoziologie der modernen Gesellschaft*. Frankfurt am Main: Suhrkamp, vol. 4, pp. 138-50.

_______ (1995d). "Inklusion und Exklusion". *In*: N. Luhmann. *Soziologische Aufklärung 6: Die Soziologie und der Mensch*. Opladen: Westdeutscher Verlag, pp. 237-64.

_______ (1997). *Die Gesellschaft der Gesellschaft*. Frankfurt am Main: Suhrkamp, 1997, 2 tomos.

_______ (1998). "Der Staat des politischen Systems: Geschichte und Stellung in der Weltgesellschaft". *In*: Ulrich Beck (org.). *Perspektiven der Weltgesellschaft*. Frankfurt am Main: Suhrkamp, pp. 345-80.

_______ (2000). *Die Politik der Gesellschaft*. Frankfurt am Main: Suhrkamp.

MACHADO, Igor Suzano (2009). "A Constituição de 1988 e a judicialização da política: o caso do controle de constitucionalidade exercido pelo STF". *In*: Maria Alice Rezende de Carvalho, Cícero Araújo e Júlio Assis Simões (orgs.). *A Constituição de 1988: passado e futuro*. São Paulo: Hucitec/Anpocs, pp. 202-48.

MAIA, Antônio Cavalcanti (2007). "As transformações dos sistemas jurídicos contemporâneos: apontamentos acerca do neoconstitucionalismo". *Revista de Direito do Estado* (Rio de Janeiro: Renovar), ano 2, nº 5, pp. 243-65.

_______ (2009). "Nos vinte anos da carta cidadã: do pós-positivismo ao neoconstitucionalismo". *In*: Cláudio Pereira de Souza Neto, Daniel Sarmento e Gustavo Binenbojm (coords.). *Vinte anos da Constituição Federal de 1988*. Rio de Janeiro: Lumen Juris, pp. 117-68.

Martins, Herminio (1974). "Time and Theory in Sociology". *In*: John Rex (org.). *Approaches to Sociology: An Introduction to Major Trends in British Sociology*. Londres/Boston: Routledge & Kegan Paul, pp. 246-94.

Mascareño, Aldo (2010). *Diferenciación y contingencia en América Latina*. Santiago: Universidad Alberto Hurtado.

_______ (2012). "Strukturelle und normative Interdependenz in der Weltgesellschaft und der lateinamerikanische Beitrag". *In*: Peter Birle, Matias Dewey e Aldo Mascareño (orgs.). *Durch Luhmanns Brille: Herausforderungen an Politik und Recht in Lateinamerika und in der Weltgesellschaft*. Wiesbaden: Springer VS, pp. 29-57.

Mc Evoy, Claire; Hideg, Gergely (2017). *Global Violent Deaths 2017: Time to Decide*. Genebra: Small Arms Survey.

Medeiros, Marcelo (2005). *O que faz os ricos ricos?* São Paulo: Hucitec/Anpocs.

_______; Souza, Pedro (2013). "Gasto público, tributos e desigualdade de renda no Brasil". *Texto para discussão 1844 – Instituto de Pesquisa Econômica Aplicada*. Brasília/Rio de Janeiro: Ipea. Disponível em: http://www.en.ipea.gov.br/agencia/images/stories/PDFs/TDs/td_1844.pdf.

Medeiros Filho, João Telésforo (2017). *Neoconstitucionalismo, democracia neoliberal e colonialidade do poder: o caso da criação do Tribunal Constitucional da Bolívia (1992-1999)*. Dissertação de mestrado em direito. Brasília: UnB.

Medina, Diego Eduardo López (2008). *Teoría impura del derecho. La transformación de la cultura jurídica latinoamericana*. Bogotá: Legis.

Mendes, Conrado Hübner (2017). "O inimigo do Supremo". *Jota*, 5 jun. 2017. Disponível em: https://jota.info/colunas/supra/o-inimigo-do-supremo-05062017.

MIGNOT, Dominique-Aimé (2007). "La matrice romaine de l'Édit de Mars 1865, dit le Code Noir". *In*: Jean-François Niort (org.). *Du Code Noir au Code Civil: Jalons pour l'histoire du droit en Guadeloupe. Perspectives comparées avec Martinique, la Guyane et la République d'Haïti*. Paris: L'Harmattan, pp. 87-98.

MISSE, Michel; Grillo, Carolina Christoph; Teixeira, César Pinheiro; Neri, Natasha Elbas (2013). *Quando a polícia mata: homicídios por "autos de resistência" no Rio de Janeiro (2001-2011)*. Rio de Janeiro: Booklink.

MISSE, Michel; Grillo, Carolina Christoph; Neri, Natasha Elbas (2015). "Letalidade policial e indiferença legal: a apuração judiciária dos 'autos de resistência' no Rio de Janeiro (2001-2011)". *Dilemas: Revista de Estudos de Conflito e Controle Social* (Rio de Janeiro: UFRJ) – Edição Especial nº 1, pp. 43-71.

MOUFFE, Chantal (2017). "Il me semble urgent et nécessaire de promouvoir un populisme de gauche". *Regards*. Paris, 25 jul. 2017. Disponível em: http://www.regards.fr/web/article/chantal-mouffe-parler-de-populisme-de-gauche-signifie-prendre-acte-de-la-crise.

MÜLLER, Friedrich (1997). *Wer ist das Volk? Die Grundfrage der Demokratie – Elemente einer Verfassungstheorie VI*. Berlim: Duncker & Humblot.

NEVES, Marcelo (1994a). "Entre subintegração e sobreintegração: a cidadania inexistente". *Dados – Revista de Ciências Sociais* (Rio de Janeiro: Iuperj), vol. 37, nº 2, pp. 253-76.

_______ (1994b). "Crise do Estado: da modernidade central à modernidade periférica – anotações a partir do pensamento filosófico e sociológico alemão". *Revista de Direito Alternativo* 3 (São Paulo: Acadêmica), pp. 64-78.

_______ (1995a). "Do pluralismo jurídico à miscelânea social: o problema da falta de identidade da(s) esfera(s) de juridicidade na modernidade periférica e suas implicações na América Latina".

Direito em Debate (Ijuí: Universidade de Ijuí), ano 5, nº 5, jan.-jun. 1995, pp. 7-37.

NEVES, Marcelo (1995b). "Da autopoiese à alopoiese do direito". *Revista Brasileira de Filosofia* (São Paulo: IBF), vol. XLII, nº 178, abr.-jun. 1995, pp. 117-41.

______ (1996). "Luhmann, Habermas e o Estado de direito". *Lua Nova – Revista de Cultura e Política* 37 (São Paulo: Cedec), pp. 93-106.

______ (1998). *Symbolische Konstitutionalisierung*. Berlim: Duncker und Humblot, 1998.

______ (2000). *Zwischen Themis und Leviathan: eine schwierige Beziehung. Eine Rekonstruktion des demokratischen Rechtsstaates in Auseinandersetzung mit Luhmann und Habermas*. Baden-Baden: Nomos.

______ (2007). *A constitucionalização simbólica*. São Paulo: WMF Martins Fontes.

______ (2008). *Entre Têmis e Leviatã: uma relação difícil – o Estado democrático de direito a partir e além de Luhmann e Habermas*. 2ª ed. São Paulo: WMF Martins Fontes.

______ (2009). *Transconstitucionalismo*. São Paulo: WMF Martins Fontes.

______ (2012a). "Aumento de complexidade nas condições de insuficiente diferenciação funcional: o paradoxo do desenvolvimento social da América Latina". *In*: Germano Schwartz (org.). *Judicialização das esferas sociais e fragmentação do direito na sociedade contemporânea*. Porto Alegre: Livraria do Advogado, pp. 199-207.

______ (2012b). "Systemkorruption von der Organisation zur Gesellschaft: Grenzen der funktionalen Differenzierung von Recht und Politik in den peripheren Ländern". *In*: Rainer Schmidt e Virgílio Afonso da Silva (orgs.). *Verfassung und Verfassungsgericht: Deutschland und Brasilien im Vergleich*. Baden-Baden: Nomos, pp. 59-70.

______ (2014). *Entre Hidra e Hércules: princípios e regras constitucionais como diferença paradoxal do sistema jurídico*. 2ª ed. São Paulo: WMF Martins Fontes.

NEVES, Marcelo (2015a). "Os Estados no(s) centro(s) e os Estados na(s) periferia(s): alguns problemas com a concepção de Estados da sociedade mundial em Niklas Luhmann". *Revista de Informação Legislativa* (Brasília: Senado Federal), vol. 52, nº 206, abr.-jun. 2015, pp. 111-36.

_______ (2015b). "Ideias em outro lugar? Constituição liberal e codificação do direito privado na virada do século XIX para o século XX no Brasil". *Revista Brasileira de Ciências Sociais* (São Paulo: Anpocs), vol. 30, nº 88, pp. 5-27.

_______ (2015c). "Direitos humanos: inclusão ou reconhecimento?". *In*: Carolina Valença Ferraz e Glauber Salomão Leite (coords.). *Direito à diversidade*. São Paulo: Atlas.

_______ (2017a). "From Transconstitutionalism to Transdemocracy". *European Law Journal* (Chichester: Willey), vol. 23, nº 5, pp. 380-94.

_______ (2017b). "Parcialidade de magistrados, ofensa a direitos humanos e transconstitucionalismo: por que é legítima a reclamação do ex-presidente Luiz Inácio Lula da Silva perante o Comitê de Direitos Humanos da Organização das Nações Unidas?". *In*: C. Z. Martins, V. T. Z. Martins e R. Valim (coords.). *O caso Lula: a luta pelos direitos fundamentais no Brasil*. São Paulo: Contracorrente, pp. 269-89.

OCHOA, Christiana; GREENE, Shane (2011). "Introduction: Human Rights and Legal Systems Across the Global South". *Indiana Journal of Global Legal Studies* (Bloomington: Indiana University Maurer Law School), vol. 18, pp. 1-6.

PALMA, Maurício (2018). "Coalitions of Brazil's Coalitional Presidentialism: a Systemic Criticism to the Neo-Institutionalist Analysis". *In*: Alberto Febbrajo, Marcelo Melo, Marcelo Neves e Fernando Rister de Sousa Lima (orgs.). *Law, Constitution and Society in Brazil: Between Legal and Social Struggles*. Farnham: Ashgate (no prelo).

PARSONS, Talcott (1965). "Full Citizenship for the Negro American? A Sociological Problem". *In*: *Daedalus* (Cambridge: The MIT Press), vol. 94, nº 4, pp. 1009-54.

PRONER, Carol; Cittadino, Gisele; Ricobom, Gisele; Dornelles, João Ricardo (orgs.) (2017). *Comentários a uma sentença anunciada: o processo Lula*. Bauru: Canal 6.

QUARESMA, Regina; Oliveira, Maria Lúcia de Paula; Riccio de Oliveira, Farlei Martins (coords.) (2009). *Neoconstitucionalismo*. Rio de Janeiro: Forense.

RABANAL, César Rodriguez (1990). *Überleben im Slum. Psychosoziale Probleme peruanischer Elendsviertel*. Trad. alemã de H. Engelbrecht e C. Rodriguez-Drescher. Frankfurt am Main: Fischer.

RAJAGOPAL, Balakrishnan (2012). "International Law and Its Discontents: Rethinking the Global South". *In*: *American Society of International Law Proceedings* (Cambridge: Cambridge University Press), vol. 106, pp. 176-81.

RAMOS, Alberto Guerreiro (1966). *Administração e estratégia do desenvolvimento: elementos de uma sociologia especial da administração*. Rio de Janeiro: FGV.

______ (1995). "O tema da transplantação na sociologia brasileira. Enteléquias da interpretação". *In*: A. G. Ramos. *Introdução crítica à sociologia brasileira*. Rio de Janeiro: UFRJ [originariamente em: *Serviço Social*, São Paulo, ano XIV, nº 74, 1954].

______ (1996). *A redução sociológica*. 3ª ed. Rio de Janeiro: UFRJ.

RIBEIRO, Pedro Henrique (2013). "Luhmann 'fora do lugar'? Como a 'condição periférica' da América Latina impulsionou deslocamentos na teoria dos sistemas". *Revista Brasileira de Ciências Sociais* (São Paulo: Anpocs), vol. 28, nº 83, pp. 105-23.

RICHARD, Jérémy (2010). "Du Code Noir de 1685 au Projet de 1829: de la semi-réification à l'humanisation de l'esclave noir". *In*: T. le Marc'Hadour e M. Carius. *Esclavage et droit: du Code Noir à nos jours*. Arras: Artois Presses Université, pp. 53-90.

RODRÍGUEZ MANSILLA, Darío; Torres Nafarrate, Javier (2008). *Introducción a la teoría de la sociedad de Niklas Luhmann*. México: Herder/Universidad Iberoamericana.

ROSSI, Pedro; Dweck, Esther (2016). "Impacto do novo regime fiscal na saúde e educação". *CSP – Cadernos de Saúde Pública* 32(2). Disponível em: http://www.scielo.br/pdf/csp/v32n12/1678-4464-csp-32-12-e00194316.pdf.

SALA-MOLINS, Louis (1987). *Le Code Noir ou le calvaire de Canaan*. Paris: Presses Universitaires de France.

_______ (2006). *Dark Side of the Light: Slavery and the French Enlightenment*. Trad. ingl. de J. Conteh-Morgan. Minneapolis: Minnesota University Press.

SANTIAGO, Silviano (2002). "Introdução". *In*: S. Santiago (org.). *Intérpretes do Brasil*. Rio de Janeiro: Nova Aguilar, vol. 1, pp. xiii-xlviii.

SARMENTO, Daniel (2009). "O neoconstitucionalismo no Brasil: riscos e possibilidades". *In*: D. Sarmento (coord.). *Filosofia e teoria constitucional contemporânea*. Rio de Janeiro: Lumen Juris, pp. 113-46.

SCHMITT, Carl (1996). *Der Begriff des Politischen: Text von 1932 mit einem Vorwort und drei Corollarien*. 6ª ed. Berlim: Duncker und Humblot.

SILVA, Virgílio Afonso da (2007). "Taking from the Poor to Give to the Rich: the Individualistic Enforcement of Social Rights". Disponível em: http://citeseerx.ist.psu.edu/viewdoc/download?doi=10.1.1.624.9890&rep=rep1&type=pdf.

_______ (2008). *A constitucionalização do direito: os direitos fundamentais nas relações entre particulares*. 1ª ed. 2ª tir. São Paulo: Malheiros.

SOUTO MAIOR, Jorge; Souto, Valdete Severo (coords.) (2017). *Resistência – aportes teóricos contra o retrocesso trabalhista*. São Paulo: Expressão Popular.

SOUZA, Jessé (2000). *A modernidade seletiva: uma reinterpretação do dilema brasileiro*. Brasília: UnB.

_______ (2001). "Multiculturalism and Democracy in Gilberto Freyre's Thinking". *In*: Marcelo Neves e Julian Hottinger (orgs.). *Federa-*

lism, Rule of Law and Multiculturalism in Brazil. Fribourg/Basileia: Institute of Federalism/Helbing & Lichtenhahn, pp. 103-49.

Souza, Jessé (2003). *A construção social da subcidadania: para uma sociologia política da modernidade periférica*. Belo Horizonte/Rio de Janeiro: UFMG/Iuperj.

_______ (2005). "The Singularity of the Peripheral Social Inequality". *In*: J. Souza e V. Sinder (orgs.). *Imagining Brazil*. Lanham: Lexington Books, pp. 9-35.

_______ (2013a). "Niklas Luhmann, Marcelo Neves e o 'culturalismo cibernético' da moderna teoria sistêmica". *In*: Roberto Dutra e João Paulo Bachur (orgs.). *Dossiê Niklas Luhmann*. Belo Horizonte: UFMG, pp. 149-82.

_______ (2013b). "A invisibilidade da luta de classes ou a cegueira do economicismo". *In*: Dawid Danilo Bartelt (org.). *A "nova classe média" no Brasil como conceito e projeto político*. Rio de Janeiro: Fundação Heinrich Böll, pp. 55-68.

_______ (2015). *A tolice da inteligência brasileira. Ou como o país se deixa manipular pela elite*. São Paulo: Casa da Palavra.

_______ (2017). *A elite do atraso: da escravidão à Lava Jato*. Rio de Janeiro: Leya.

Souza, Pedro Herculano Guimarães Ferreira de (2016). *A desigualdade vista do topo: a concentração de renda entre ricos no Brasil, 1926-2013*. Tese de doutorado. Brasília: UnB.

Souza Neto, Cláudio Pereira de; Sarmento, Daniel (orgs.) (2007). *A constitucionalização do direito: fundamentos teóricos e aplicações específicas*. Rio de Janeiro: Lumen Juris.

Stichweh, Rudolf (1997). "Inklusion/Exklusion, funktionale Differenzierung und die Theorie der Weltgesellschaft". *Soziale Systeme: Zeitschrift für soziologische Theorie* 3. Opladen: Leske + Budrich, pp. 123-36.

_______ (2000). *Die Weltgesellschaft*. Frankfurt am Main: Suhrkamp.

STRECK, Lenio Luiz (2009). "A crise paradigmática do direito no contexto da resistência positivista ao (neo)constitucionalismo". *In*: Cláudio Pereira de Souza Neto, Daniel Sarmento e Gustavo Binenbojm (coords.). *Vinte anos da Constituição Federal de 1988*. Rio de Janeiro: Lumen Juris, pp. 203-28.

TEUBNER, Gunther (1996). "Globale Bukowina: Zur Emergenz eines transnationalen Rechtspluralismus". *Rechtshistorisches Journal* (Frankfurt am Main: Lövenklau), nº 15, pp. 255-90.

_______ (2012). *Verfassungsfragmente: gesellschaftlicher Konstitutionalismus in der Globalisierung*. Berlim: Suhrkamp.

TULLY, James (2007). "The Imperialism of Modern Constitutional Democracy". *In*: M. Loughlin e N. Walker (orgs.). *The Paradox of Constitutionalism: Constituent Power and Constitutional Form*. Oxford: Oxford University Press, pp. 315-38.

UNITED NATIONS, Economic and Social Council (2011). *Eradication of Poverty – Report of the Secretary General*. Nova York: ONU. Disponível em: https://documents-dds-ny.un.org/doc/UNDOC/GEN/N11/590/98/PDF/N1159098.pdf?OpenElement.

UNITED NATIONS, General Assembly (2016). *Report of the Special Rapporteur on Torture and Other Cruel, Inhuman or Degrading Treatment or Punishment on his Mission to Brazil*. Nova York: ONU. Disponível em: https://documents-dds-ny.un.org/doc/UNDOC/GEN/G16/ 014/13/PDF/G1601413.pdf?OpenElement.

VIANNA, Luiz Werneck; Burgos, Marcelo Baumann; Salles, Paula Martins (2007). "Dezessete anos de judicialização da política". *Tempo Brasileiro* (São Paulo: USP), vol. 19, nº 2, pp. 39-85.

_______; Carvalho, Maria Alice Rezende de; Melo, Manuel Palácios Cunha; Burgos, Marcelo Baumann (1999). *A judicialização da política e das relações sociais no Brasil*. Rio de Janeiro: Revan.

VILANOVA, Lourival (1979). "Teoria jurídica da revolução – anotações à margem de Kelsen". Separata do *Anuário do Mestrado* (Recife: Faculdade de Direito do Recife/UFPE), nºs 2 e 3.

VILLAS BÔAS FILHO, Orlando (2009). *Teoria dos sistemas e direito brasileiro*. São Paulo: Saraiva.

WALLERSTEIN, Immanuel (2006). *World-Systems Analysis: An Introduction*. 4ª ed. Durham/Londres: Duke University Press.

WEBER, Max (1985). *Wirtschaft und Gesellschaft: Grundriß der verstehenden Soziologie*. Org. J. Winckelmann. 5ª ed. Tübingen: Mohr [1ª ed. 1922].

WHO – World Health Organization (2017). *World Health Statistics 2017: Monitoring Health for the SDGs, Sustainable Development Goals*. Genebra: WHO. Disponível em: http://apps.who.int/iris/bitstream/10665/255336/1/9789241565486-eng.pdf?ua=1.

ÍNDICE ONOMÁSTICO

GRÁFICA PAYM
Tel. [11] 4392-3344
paym@graficapaym.com.br